JN443175

제2판

시계열 분석

이론 및 SAS 실습

이상열 지음

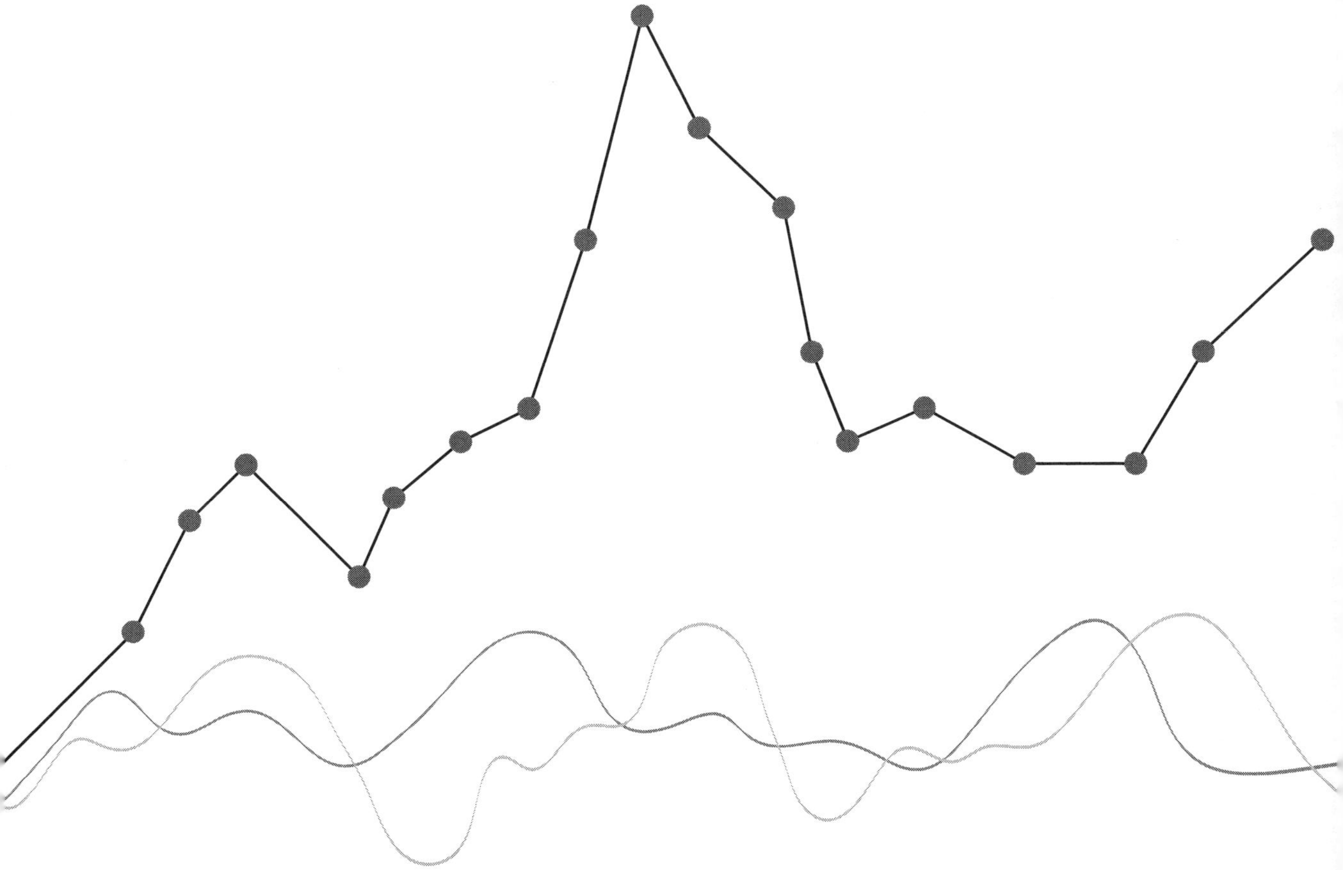

자유아카데미

머리말

시계열 분석은 상호연관 관계가 강한 자료를 분석하는 통계학의 방법으로서, 경제 및 재정 시계열 자료의 분석에 널리 쓰이고 있다. 이 책은 시계열 분석의 이론과 그 응용을 다루는 입문서이다. 시계열 분석의 기초이론과 SAS를 통한 자료분석기법의 소개에 큰 비중을 두고 있으며, 특히 정상시계열, ARMA 모형, GARCH 모형 등을 통해 재정 시계열 자료의 분석에 널리 쓰이고 있는 최신 분석방법을 마스터하도록 하였다. 이 과정에서 고전적인 방법론인 평활기법에 대해서는 세세하게 다루지 않았고 대신 재정 시계열 분석에 널리 쓰이는 GARCH 모형에 대해서는 그 모형이 고안된 원리와 성질 그리고 실용성 모두를 폭넓게 접할 수 있도록 하였다. 일례로 기존의 시계열 교재들이 다루지 않은 시계열 모형 구조의 변화점 탐지 문제를 소개하여 좀 더 심화된 형태의 모형수립 체계 방법론을 소개하였다. 또한, 스펙트럴 분석 및 장기억 확률과정 그리고 다변량 시계열 분석 방법을 수록하여 다양하고 심화된 시계열 분석의 이론 및 응용에 대한 이해도를 높이려고 노력하였다.

1장부터 6장까지는 시계열 분석의 기초적 원리를 다루었으므로 한 학기용으로 적절하다고 할 수 있다. 증명은 학부 수준의 기초적인 부분은 수록하였으나 이를 넘어서는 경우에는 과감히 생략하고 얻어진 사실들의 설명에 더 주안점을 두었다. 또한 다양한 SAS 응용방법을 수록하였으며, 특히 프로그램 code를 별도로 수록하고 이에 대한 자세한 설명을 부가하여 SAS를 처음 접하는 학생도 큰 어려움 없이 자료분석 방법을 습득하도록 배려하였다. 이론적인 사실보다도 실제 데이터를 분석하는 방법론의 습득에 좀 더 주안점을 두어, 수록된 SAS 부분을 중심으로 수업이 이루어질 수 있도록 내용을 구성하였다.

2013년 초판 출간 이후 10년 만에 개정판을 출간하게 되었다. 이번 개정판에서는 기존의 ARMA 모형 및 GARCH 모형에 더하여 최근 많은 연구자들의 주목을 끌고 있는 이산형 시계열 분석을 위한 INAR 및 INGARCH 모형을 소개하였다. 또한, 이 모형들에 대한 통계적 추론 방법을 함께 소개하여 정수값을 갖는 시계열 자료를 분석하는 방법을 독자들이 보다 쉽게 이해하게끔 하였다.

좋은 책을 위해 최선을 다했지만 미흡한 부분이 있을 수 있다. 출간 후에 나올 수 있는 수정 사항 등은 자유아카데미 홈페이지(www.freeaca.com) 자료실에 제공할 예정이니 참고하기를 바란다. 마지막으로 이 책의 2판을 완성하는 데 조민영 군과 김동원 군이 각고의 노력을 기울였으며 이에 깊은 감사의 마음을 전한다. 또한, 책의 개정판을 위해 애써 주신 자유아카데미에도 깊은 감사를 표한다.

2023년 2월

저자 이상열

차례

1장 시계열 자료

2장 ARMA 모형

3장 정상 ARMA 모형에서의 추론

6장 이분산성 모형

7장 스펙트럴 분석

8장 비선형 및 장기억 시계열 모형

9장 다변량 시계열

10장 이산형 시계열 모형

1장

시계열 자료

1-1 종속이 있는 시계열 자료

통계학을 처음 배우는 사람은 통계학의 입문과정에서 IID(independent and identically distributed) (즉, 서로 독립적이고 동일한 분포를 갖는) 가정을 자주 접해 보았을 것이다. 동전이나 주사위를 던지는 실험에서 **난수생성**(random number generation)에 의해 생성된 자료에 이르기까지 이 가정을 만족시키는 자료는 무수히 많다고 할 수 있다. 이 가정은 모든 실험의 조건이 동일하다는 원칙에 기초하고 있으나 일상생활에서는 이러한 동일성 원칙이 만족되지 않는 경우가 매우 많다. 예를 들어 온도를 생각해 보자. 오늘의 기온이 20℃인 경우 내일의 기온은 어떻게 될까? 오늘의 온도가 내일의 온도에 어떠한 영향도 미치지 않는다고 가정하는 것은 매우 불합리하며, 체험상 강한 상호 연관성이 있다고 쉽게 유추해 볼 수 있다. 이는 온도를 습도, 바람의 세기, 또는 주식가격 등으로 바꾸어 놓아도 마찬가지일 것이다. 이렇듯 시간의 추이에 따라 관찰되는 확률변수들에는 IID 가정을 할 수 없는 경우가 많으므로 상호 연관성이 있는 자료의 분석 기법을 연구하는 것은 현실적으로 매우 중요할 것이다. 시계열 자료가 생성되는 분야는 자연과학, 경제학, 재정학, 공학, 의학 등 매우 다양하며 각 분야별로 그에 알맞은 시계열 분석 기법들이 잘 개발되어 있다. 1장에서는 시계열 분석의 이론을 공부하는 첫걸음으로서 시계열을 수리적으로 정의하고, 시계열 분석에서 가장 기본적으로 가정하고 있는 시계열의 정상성에 대하여 알아보도록 한다.

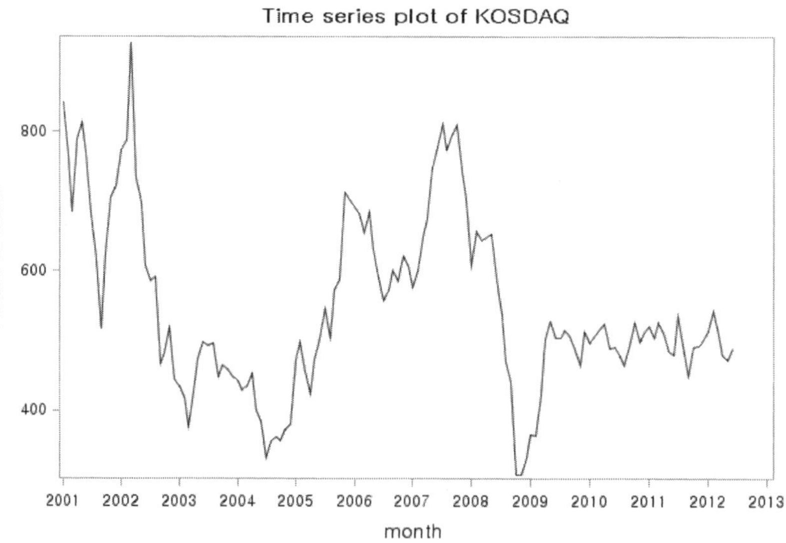

그림 1.1.1 2001년 1월부터 2012년 6월까지의 KOSDAQ 지수의 시계열도

우선 현실 생활에 적용되는 일례를 보기 위하여 다음의 주식가격 그래프를 생각해 보자. 그림 1.1.1에서 볼 수 있듯이 주가는 변동폭이 매우 크기 때문에 어떠한 형태로 가격이 변화하고 있는지 그 추세를 한눈에 보기가 쉽지 않다는 특성이 있다. 지금 주식가격의 자료를 $x_1,\cdots,x_n$으로 표시하고

$$y_t = \frac{x_{t-m} + \cdots + x_t}{m+1}, \qquad t = 1,\cdots,n$$

으로 놓자.

그림 1.1.2와 그림 1.1.3은 각각 $m=3$, $m=10$인 경우의 y_t들을 **플로팅**(plotting)한 것으로 y_t가 원래의 x_t보다 추세를 분명히 하는 효과가 있음을 알 수 있다. 또한 m의 크기에 따라 그래프의 모양이 변하는데 m이 클수록 그래프의 형태가 좀 더 부드러워지는 것을 볼 수 있다. 이는 큰 m값이 각 점에서의 추세를 평균적으로 희석시키기 때문이다. 이렇게 추세를 보기 위한 작업을 **평활**(smoothing)이라 부르며 이 평활의 원리는 다음과 같다.

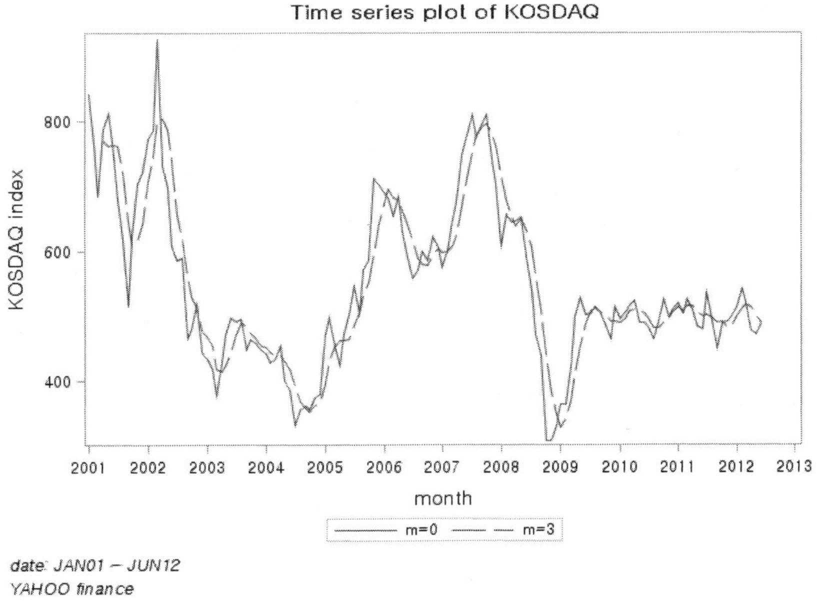

그림 1.1.2 $m=3$인 경우의 평활

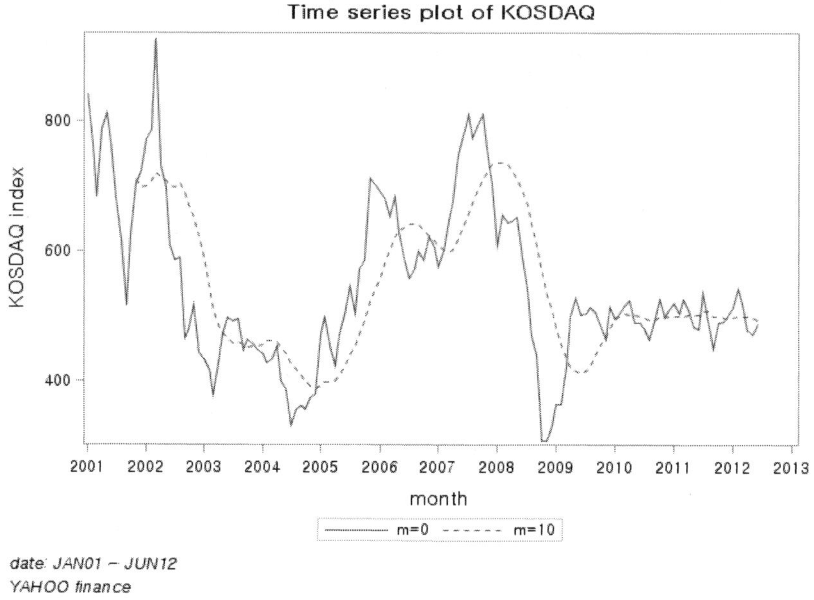

그림 1.1.3 $m=10$인 경우의 평활

지금 자료 x_t가

$$x_t = f(t) + z_t, \qquad t = 1, \cdots, n \tag{1.1.1}$$

의 모형을 따른다고 가정하자. 단, f는 알고자 하는 미지의 함수이며 z_t는 평균이 0이고 분산이 σ^2인 IID 오차항을 나타낸다. 이때

$$y_t = \frac{f(t-m) + \cdots + f(t)}{m+1} + \frac{z_{t-m} + \cdots + z_t}{m+1} \tag{1.1.2}$$

이며, m이 적절히 큰 경우 대수의 법칙에 의하여

$$\frac{z_{t-m} + \cdots + z_t}{m+1} \approx Ez_1 = 0$$

가 되기 때문에

$$f_m(t) = \frac{f(t-m) + \cdots + f(t)}{m+1}$$

으로 놓으면 $f_m(t)$는 $f(t)$값들의 평균값을 가지게 되어, $y_t(\approx f_m(t))$들은 관찰값들의 추세를 보여 주게 된다. 이때 m이 커질수록 추세선을 나타내는 y_t들이 평평해지는 경향을 보여 주게 된다. 큰 m에서의 추세는 보다 장기적인 추세를 나타내며 작은 m에서의 추세는 그보다 단기적인 추세를 나타내어, 단기 추세선이 장기 추세선 밑에 있는 경우 어느 시점에 가서는 단기 추세선이 장기 추세선에 수렴할 것이므로, 주식투자자들에게는 이러한 경우가 좀 더 유리한 매수시점으로 받아들여지기도 한다.

위에서 $f(t)$를 추세(trend)의 의미로 T_t라고 표시하기도 하며 계절적 요인을 나타내는 S_t를 더하여 좀 더 복합적인

$$x_t = T_t + S_t + z_t$$

의 모형을 고려하기도 한다. 계절적 요인이란 $S_t = S_{t+s}$와 같이 주기성을 갖는 요인을 말한다. 보통 경제 시계열 자료에서는 $s = 4, 12$인 경우가 많은데, $s = 4$인 경우는 분기 자료인 경우이며 $s = 12$인 경우는 월별 자료인 경우에 해당된다. 이에 대해서는 5장을 참조하기 바란다.

위에서 우리는 z_t가 IID임을 가정하였으나 이는 편의상의 가정일 뿐 주식가격들 간에는 매우 강한 상호 연관성이 있으므로 이 가정을 완화하는 보다 현실적인 접근 방법이 필요하다고 할 수 있다. 따라서 다음 절에는 이를 완화하는 방법으로서 자료의 정상성을 고려하도록 한다.

1-2 정상시계열

이 절에서는 시계열을 정의하고 시계열 분석에서 가장 기본적인 역할을 하고 있는 시계열의 **정상성**(stationarity)에 대하여 공부하기로 한다. 정상시계열은 시계열 분석에서 널리 쓰이고 있는 가정이며 이를 만족하지 않는 시계열을 비정상시계열이라고 한다.

1.2.1 정의

T가 정수의 집합 Z 또는 양의 정수의 집합 $Z^+ = \{1, 2, \cdots\}$일 때 $\{X_t : t \in T\}$를 **시계열**(time series)이라고 한다.

1.2.2 정의

시계열 $\{X_t\}$가 임의의 정수 $t_1,\cdots,t_k$와 h(단, h와 k는 1 이상의 정수) 그리고 임의의 실수 $x_1,\cdots,x_k$에 대하여

$$P(X_{t_1} \le x_1,\cdots,X_{t_k} \le x_k) = P(X_{t_1+h} \le x_1,\cdots,X_{t_k+h} \le x_k)$$

이면, $\{X_t\}$를 강정상확률과정(strictly stationary process)이라고 한다.

1.2.3 정의

시계열 $\{X_t\}$가 다음의 조건을 만족하면 (약)정상시계열((weakly) stationary time series)이라고 한다.

(1) 모든 t에 대하여 $EX_t = \mu$

(2) 모든 t에 대하여 $EX_t^2 < \infty$

(3) 모든 t, h에 대하여 $Cov(X_t, X_{t+h}) = Cov(X_0, X_h)$

각 항이 의미하는 바를 고찰해 보면 다음과 같다. (1)은 자료의 수준(level) 또는 평균이 일정함을 의미하고 (2)는 분산의 존재성을 의미한다. (3)은 정상성의 조건 중 가장 중요한 것으로 시간 t와 무관하게 일정한 간격을 두고 떨어져 있는 두 변수의 공분산이 동일함을 의미하며 특별히 분산이 동일함을 의미한다. 이러한 조건은 각 자료의 성질뿐 아니라 자료들 간의 구조 또는 패턴의 항상성을 의미하는 것이다. 위의 세 가지 조건이 실제 자료분석에 큰 무리 없이 적용되므로 이들이 단지 공리적인 차원의 것이 아님이 폭 넓게 인정되고 있다.

- **1.2.4 예**

(1) $\{X_t : t \in T\}$가 IID 확률변수 열이면 강정상시계열이다.

(2) $\{X_t : t \in T\}$가 IID 확률변수 열이고 $EX_1^2 < \infty$이면 강정상시계열인 동시에 정상시계열이다. $EX_1^2 = \infty$이면 강정상시계열이지만 정상시계열은 아니다. 예를 들면, Cauchy 분포를 따르는 시계열은 분산이 존재하지 않으므로 정상시계열이 될 수 없다.

(3) $X_t = \epsilon_t + \epsilon_{t-1}$이고 ϵ_t들이 평균 0, 분산 1인 IID 확률변수들이면 X_t는 강정상 시계열이며 동시에 정상시계열이다.

강정상 그리고 정상시계열은 별개의 개념으로 어느 하나가 다른 하나를 포함하는 것이 아니다. 그러나 강정상성을 만족하고 분산들이 존재하는 시계열이 약정상성을 만족함은 명백하다.

1.2.5 정의

$\{X_t\}$가 정상시계열일 때 다음과 같이 정의되는 실함수 $\gamma(\cdot)$

$$\gamma(h) = Cov(X_t, X_{t+h}), \qquad h = 0, \pm 1, \pm 2, \cdots$$

를 자기공분산함수(autocovariance function)라고 한다.

1.2.6 정리

자기공분산함수 $\gamma(\cdot)$는 다음의 성질을 만족한다.

(1) $\gamma(0) \geq 0$

(2) $\gamma(-h) = \gamma(h)$

(3) $|\gamma(h)| \leq \gamma(0)$

[증명] (1)과 (2)는 자명하므로 (3)만 증명하기로 한다. Cauchy-Schwarz의 정리에 의하여

$$|Cov(X_t, X_{t+h})| \leq (Var(X_t))^{1/2}(Var(X_{t+h}))^{1/2} \tag{1.2.1}$$

이므로 (3)이 성립한다.

1.2.7 정리

자기공분산함수 $\gamma(\cdot)$는 임의의 실수 $x_1, \cdots, x_k$와 임의의 정수 $t_1, \cdots, t_k$에 대하여

$$\sum_{i,j=1}^{k} x_i \gamma(t_i - t_j) x_j \geq 0$$

을 만족한다.

[증명] 아래와 같이 분산이 0 이상이라는 성질을 이용하면 쉽게 증명할 수 있다:

$$0 \leq Var\left(\sum_{i=1}^{k} x_i X_{t_i}\right) = Cov\left(\sum_{i=1}^{k} x_i X_{t_i}, \sum_{j=1}^{k} x_j X_{t_j}\right) = \sum_{i,j=1}^{k} x_i \gamma(t_i - t_j) x_j$$

본서에서는 증명하지 않으나 정리 1.2.7의 역도 성립한다. 즉, 임의의 실수 $x_1, \cdots, x_k$와 임의의 정수 $t_1, \cdots, t_k$에 대하여

$$\sum_{i,j=1}^{k} x_i \gamma(t_i - t_j) x_j \geq 0$$

을 만족하는 $\gamma(\cdot)$가 주어져 있을 때 자기공분산함수가 $\gamma(\cdot)$인 정상시계열 $\{X_t\}$가 존재한다.

1.2.9 정의

자기공분산함수 $\gamma(h)$가 $h \neq 0$에서 0인 정상시계열 $\{X_t\}$를 백색잡음(white noise)이라 하고 $\{X_t\} \sim \mathrm{WN}(0, \sigma^2)$이라 표기한다. 단, $\sigma^2 = \gamma(0)$이다. 특별히 IID인 경우에는 $\{X_t\} \sim \mathrm{IID}(0, \sigma^2)$로 표기한다.

1.2.10 정의

$\{X_t\}$가 정상시계열일 때 다음과 같이 정의되는 실함수 $\rho(\cdot)$

$$\rho(h) = \gamma(h)/\gamma(0)$$

를 자기상관함수(autocorrelation function: ACF)라고 하고, 고정된 h에 대하여 $\rho(h)$를 자기상관계수라고 부른다.

1.2.11 정의

$\boldsymbol{\mu}=(\mu_1,\cdots,\mu_k)^T$가 k차원의 실벡터이고 $\Sigma=(\sigma_{ij})_{i,j=1}^k$가 $k\times k$ 대칭인 양의 행렬, 즉 $1\le i,j\le k$인 i,j에 대해 $\sigma_{ij}=\sigma_{ji}$이고 모든 $\mathbf{0}$이 아닌 $\boldsymbol{a}\in R^k$에 대하여 $\boldsymbol{a}^T\Sigma\boldsymbol{a}>0$을 만족할 때, 확률벡터 $\boldsymbol{Z}=(Z_1,\cdots,Z_k)^T$의 결합확률밀도함수가

$$f(\boldsymbol{z})=\frac{1}{(2\pi)^{k/2}|\Sigma|^{1/2}}\exp\left\{-\frac{1}{2}(\boldsymbol{z}-\boldsymbol{\mu})^T\Sigma^{-1}(\boldsymbol{z}-\boldsymbol{\mu})\right\}\quad (\text{단, } \boldsymbol{z}=(z_1,\cdots,z_k)^T)$$

이면, $\boldsymbol{Z}$가 평균이 $\boldsymbol{\mu}$, 공분산이 Σ인 다변량정규분포(multivariate normal distribution)를 따른다고 한다. 단, $\mu_i=EX_i$, $\sigma_{ij}=Cov(Z_i,Z_j)$이다.

1.2.12 정의

임의의 $t_1,\cdots,t_k$에 대하여 $(X_{t_1},\cdots,X_{t_k})^T$가 다변량정규분포를 따르면 $\{X_t\}$를 정규시계열(Gaussian time series)이라고 한다.

시계열의 정규성은 시계열 분석에 매우 중요한 역할을 하는 개념으로서 주어진 자료들이 정규분포를 따름을 가정하고 있다. 자료가 실제로 정규분포를 따르는 경우는 많지 않겠지만 정규성을 가정함으로 인하여 이론의 개발이 용이해지며 이로써 비정규분포에 대한 이론의 확장을 용이하게 해준다는 이점이 있다. 특히 정규성을 갖는 정상시계열은 매우 중요한 시계열이다.

다음과 같이 평균이 0인 정상시계열에서 X_{k+1}의 조건부 기댓값을 보면 그 값이 주어진 자료 $X_1,\cdots,X_k$의 선형결합이라는 것을 알 수 있다:

$$E(X_{k+1}|X_1,\cdots,X_k)=\sum_{i=1}^k a_iX_i\quad (\text{단, } a_i\text{는 실수})$$

이는 정규성의 매우 중요한 성질 중의 하나로서 예측의 간편성을 보여 주고 있다. 물론 a_i들은 자료로부터 직접 구해야 하는데 이에 대한 알고리즘이 잘 개발되어 있다. 자료 $X_1,\cdots,X_n$이 주어져 있는 경우 그 계수들을 회귀분석에서 최소제곱추정량을 구하는 방법과 같이 다음의 값을 최소로 해주는 a_i들을 구하면 될 것이다:

$$\sum_{t=k+1}^n (X_t-a_1X_{t-1}-\cdots-a_kX_{t-k})^2 \tag{1.2.2}$$

지금까지 우리는 정상시계열의 정의를 살펴보고 그와 관련된 사실들에 대하여 간략히 알아 보았다. 시계열 자료의 정상성 가정은 시계열 자료 분석의 근간이 된다고 할 수 있다. 물론 실제에서 자료가 정상시계열 모형만 따르는 것은 아니며 많은 자료가 비정상적인 성질을 가지고 있다. 그러나 이 경우에도 자료에 함수를 적용하여 정상시계열화할 수 있는 방법이 개발되어 있다. 5장에 소개되는 자기회귀누적이동평균(ARIMA) 모형이 바로 그 중 하나이다.

1-3 SAS 실습

1-3-1 SAS 데이터 불러오기

SAS에서 외부 파일을 읽어들이는 여러 가지 방법이 있으나 이 절에서는 IMPORT 프로시저를 이용하여 자료를 입력하는 방법에 대하여 간단히 소개하겠다. IMPORT 프로시저의 기본적인 형식은 다음과 같다.

```
PROC IMPORT DATAFILE='filename' OUT=SAS-data-set DBMS=identifier REPLACE;
RUN;
```

DATAFILE에는 불러올 데이터의 위치와 파일명를 입력하고 OUT에는 불러온 데이터가 저장될 SAS 데이터 세트의 이름을 지정한다. REPLACE option을 쓸 경우 불러올 데이터와 같은 이름을 가진 기존 데이터가 있을 때 새로 입력된 데이터로 대체된다. DBMS option에서는 identifier를 이용하여 불러올 데이터의 확장자에 맞게 데이터 형식을 지정할 수 있다. 자주 쓰이는 identifier와 그에 따른 데이터 확장자의 종류는 다음과 같다.

identifier	확장자
ACCESS : Microsoft Access database 2000, 2002, 2003, 2007	.MDB .ACCDB
SAV : SPSS 파일	.SAV
XLS : Microsoft Excel 5.0, 95, 97, 2000, 2002, 2003	.XLS
XLSX : Microsoft Excel 2007, 2010	.XLSX
DLM : 공백으로 분리	.*
CSV : 쉼표로 분리	.CSV
TAB : 탭으로 분리	.TXT

예를 들어 D드라이브에 있는 ex.csv 파일을 SAS로 불러오고자 할 때는 IMPORT 프로시저를 이용하여 DATAFILE에 경로를 지정해주고 csv 확장자에 해당하는 identifier가 CSV이므로 DBMS option에 CSV로 지정해주면 OUT에서 지정한 exout의 데이터명을 갖는 SAS 데이터가 SAS 라이브러리에 생성되게 된다.

```
PROC IMPORT DATAFILE='D:₩ex.csv' OUT=exout DBMS=CSV REPLACE;
/* 자료를 불러옴 */
```

1-3-2 시계열도

그림 1.3.1은 SGPLOT 프로시저를 이용하여 2006년 1월부터 2012년 10월까지 일별 S&P500 지수[1]를 그린 시계열도이다(code-(1) 참조).

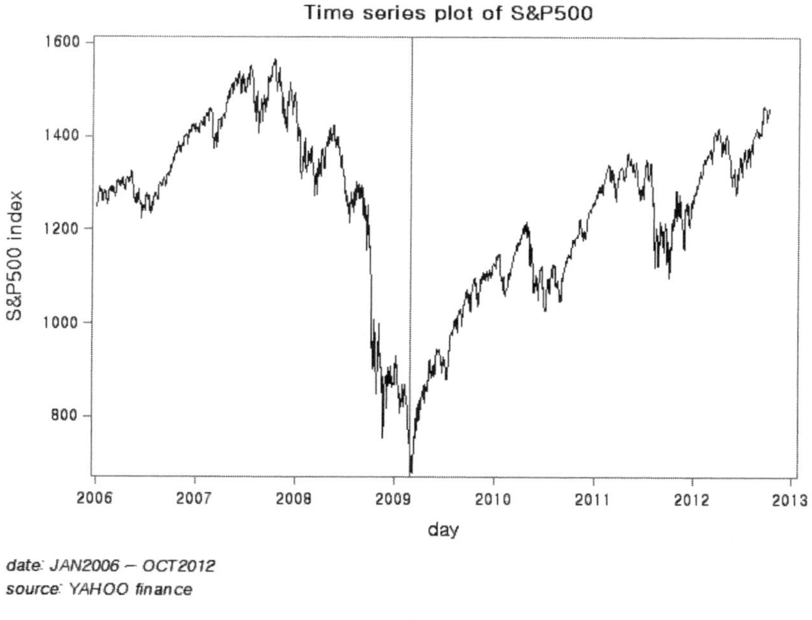

그림 1.3.1 2006년 1월부터 2012년 10월까지의 일별 S&P500 지수의 시계열도

이와 같이 시계열 자료를 분석하는 첫 단계는 자료를 그려보고 그 자료의 패턴을 보는 것이다. 자료의 추세와 퍼짐의 정도를 보면서 시계열의 정상성 등을 확인하기도 한다. 시계열도는 가로축을 시간, 세로축을 관측값으로 하여 시간의 경과에 따라 시

1) 출처: Yahoo Finance(http://finance.yahoo.com)

계열 자료의 값이 변하는 것을 그린 그림이다. 회귀모형에서는 산점도(scatter plot)를 사용하는 데 반해, 시계열 모형에서는 시간에 따른 자료의 패턴을 한눈에 보기 위해 자료를 시간에 따라 연결해서 그린다. 그림 1.3.1의 시계열도를 보면 2007년에 발생한 미국의 서브프라임 모기지(subprime mortgage) 사태로 인한 전 세계적인 금융위기의 시작으로 미국의 주가지수가 급락하기 시작함을 확인할 수 있다. 또한 2008년 하반기부터 하락하기 시작한 주가지수는 2009년 3월을 정점으로 가장 큰 위기를 맞은 이후 미국의 금융시장 안정화 정책으로 인해 조금씩 높아지는 경향을 보이고 있으며 2011년 이후에는 금융위기 전 수준으로 회복된 것을 알 수 있다. 이렇듯 시계열도는 시간에 따라 변동하는 자료의 특성을 시각적으로 쉽게 파악하게 해주며 통계적인 분석에 앞서 자료의 특징을 개괄적으로 파악하는 데 많은 도움을 준다.

SAS에서는 PROC GPLOT이나 PROC PLOT과 같이 그래프를 그릴 수 있는 다양한 프로시저들이 있으나 본서에서는 통계적 분석에 자주 이용되는 그래프에 초점을 맞춘 SGPLOT 프로시저를 사용하기로 한다. SGPLOT 프로시저는 산점도, 히스토그램, 상자그림 등의 기초적인 그래프는 물론 회귀직선이나 신뢰구간도 추가적으로 표시해 주며 정규분포나 커널함수를 추정하여 그려 주는 등 간단한 조작으로 다양한 통계적 option을 갖춘 그래프를 그릴 수 있고, 다른 타입의 그래프들을 쉽게 비교 분석할 수 있어 시계열 분석에 매우 유용하다. SGPLOT 프로시저에서 사용되는 중요한 구문들은 다음과 같다.

```
PROC SGPLOT DATA=SAS-data-set;
   BAND X=variable | Y=variable
        UPPER=numeric-value | numeric-variable
        LOWER=numeric-value | numeric-variable </options>;
   SCATTER X=variable Y=variable </options>;
   SERIES X=variable Y=variable </options>;
   REFLINE values </options>;
   XAXIS <options>;
   YAXIS <options>;
RUN;
```

BAND문은 미리 계산된 자료에서 UPPER에서 지정한 값을 상한으로 LOWER에서 지정한 값을 하한으로 설정하여 하이라이트 시켜 준다. SCATTER문은 X에 저장된 variable을 x축으로 하고 Y에 저장된 variable을 y축으로 하여 산점도를 그려주고, SERIES문은 보간법을 사용해서 그래프를 그려 준다. 또한 그래프를 그릴 때, 전후의 사정을 비교해서 분석해야 되는 경우 REFLINE문을 사용하여 참고선을 그릴 수 있다. 어떤 시점을 기준으로 전후의 사정을 분석할 것인가는 value에 저장된 값에 의존한다. XAXIS와 YAXIS문은 축의 option을 설정할 수 있도록 해 준다. 예를 들어 축의 이름, 색깔, 간격, 구조 등을 바꿀 수 있다.

1-3-3 SAS 날짜변수

시계열 자료의 특징은 자료의 관측시점을 나타내는 시간변수가 있다는 것이다. SAS에서는 SAS 날짜변수라는 특별한 형태의 시간변수가 있어서 이를 사용하도록 하고 있다. 그러나 실제 자료 분석 시 자료를 입력받는 과정에서 원자료의 시간을 나타내는 날짜 변수가 존재하지 않거나 SAS가 지원하지 않는 형식일 때가 있다. 이때는 원자료의 날짜변수를 새로 생성하거나 날짜변수의 형태를 SAS 날짜변수의 형태로 바꿔야 하는 문제가 생긴다. 이 절에서는 SAS 날짜변수를 생성하는 몇 가지 함수와 SAS 날짜변수의 형식에 대해 알아보도록 한다. 다음은 날짜가 누락된 월별 NASDAQ 지수 자료[2)]에 2008년 1월부터 2009년 12월까지의 날짜를 생성하여 새로운 데이터 세트를 만드는 과정이다.

표 1.3.1 날짜가 누락된 NASDAQ 지수

	open	high	low
1	1467,97	1471,77	1270,05
2	1378,6	1396,02	1316,75
3	1330,45	1359,68	1256,98
4	1326,41	1404,57	1324,35
5	1385,97	1440,24	1373,07
6	1399,62	1404,05	1272
7	1276,69	1292,17	1200,44
8	1269,42	1313,15	1247,45
9	1287,83	1303,04	1106,42
10	1164,17	1167,03	839,8
11	968,67	1007,51	741,02
12	888,61	918,85	815,69
13	902,99	943,85	804,3
14	823,09	875,01	734,52
15	729,57	832,98	666,79
16	793,59	888,7	783,32
17	872,74	930,17	866,1
18	923,26	956,23	888,86
19	920,82	996,68	869,32
20	990,22	1039,47	978,51
21	1019,52	1080,15	991,97
22	1054,91	1101,36	1019,95
23	1036,18	1113,69	1029,38
24	1098,89	1130,38	1085,89

2) 출처: Yahoo Finance(http://finance.yahoo.com)

SAS의 날짜변수는 INTNX 함수를 이용하여 생성할 수 있다. INTNX 함수를 이용하여 자료의 시작점과 관측주기 등을 지정하면 원하는 시점을 시작으로 일별, 분기별, 월별 자료를 쉽게 생성할 수 있다. INTNX 함수의 간단한 문법은 다음과 같다.

```
INTNX('interval',start-from,increment)
```

위의 형식에서 interval은 자료의 관측 주기를 나타내며 'day', 'week', 'month', 'year' 등이 사용된다. start-from은 생성할 자료의 시작 시점을 나타내는 것으로 SAS의 날짜변수 형식에 맞춰 표기해야 한다. increment의 경우는 정수 값을 지정할 수 있으며 자료의 시작점으로부터 interval에서 정의한 주기의 증가분을 나타낸다. 예를 들어 INTNX('week','17oct03'd, 6)의 경우, 2003년 10월 17일보다 6주 뒤인 2003년 11월 23일을 나타낸다. 그러나 SAS에서는 1960년 1월 1일을 날짜변수 0으로 잡고 이를 기준으로 며칠이 경과하였는지를 수치로 환산한 값을 내부의 날짜변수로 사용하기 때문에 실제 결과는 2003년 11월 23일을 수치로 환산한 16032이라는 숫자가 출력된다.

INTNX 함수를 이용하여 날짜가 누락된 NASDAQ 지수 자료에 SAS 날짜변수를 생성시키는 프로그램과 그 결과는 다음과 같다.

```
DATA NASDAQ2; /* NASDAQ2 자료를 생성 */
  SET NASDAQ2; /* NASDAQ2 자료를 가져옴 */
  date=INTNX('month','01jan08'd,_n_-1); /* 2008년 1월부터 한달 간격으로 날짜 생성 */
RUN;
```

여기서는 SAS 내부변수 _n_을 사용하여 시작 시점 2008년 1월 1일로부터 한 달씩 날짜를 더해나가는 방식으로 날짜변수 date를 생성하였다. 변수 _n_은 SAS 내부에서 자동으로 생성되며 DATA문이 몇 번이나 수행되었는지를 알려주는 변수로 각 관측값의 번호를 저장한다. 첫 번째 관측값의 경우 내부변수 _n_의 값은 1로 생성되므로 이 관측값의 날짜를 2008년 1월 1일로 맞추기 위해 INTNX 함수의 increment 부분을 _n_-1로 지정하였다. 표 1.3.2의 결과를 보면 INTNX 함수에 의해 date라는 새로운 날짜 변수가 생성되었으며 첫 번째 관측값의 date가 2008년 1월 1일을 나타내는 17532의 값을 가짐을 확인할 수 있다. 두 번째 관측값의 경우 내부변수 _n_의 값은 2이므로 시작 시점보다 한 달 뒤인 2008년 2월 1일을 나타내는 17563의 값이 날짜변수로 생성되었음을 알 수 있다.

표 1.3.2 날짜변수가 생성된 NASDAQ 지수

	open	high	low	date
1	1467.97	1471.77	1270.05	17532
2	1378.6	1396.02	1316.75	17563
3	1330.45	1359.68	1256.98	17592
4	1326.41	1404.57	1324.35	17623
5	1385.97	1440.24	1373.07	17653
6	1399.62	1404.05	1272	17684
7	1276.69	1292.17	1200.44	17714
8	1269.42	1313.15	1247.45	17745
9	1287.83	1303.04	1106.42	17776
10	1164.17	1167.03	839.8	17806
11	968.67	1007.51	741.02	17837
12	888.61	918.85	815.69	17867
13	902.99	943.85	804.3	17898
14	823.09	875.01	734.52	17929
15	729.57	832.98	666.79	17957
16	793.59	888.7	783.32	17988
17	872.74	930.17	866.1	18018
18	923.26	956.23	888.86	18049
19	920.82	996.68	869.32	18079
20	990.22	1039.47	978.51	18110
21	1019.52	1080.15	991.97	18141
22	1054.91	1101.36	1019.95	18171
23	1036.18	1113.69	1029.38	18202
24	1098.89	1130.38	1085.89	18232

INTNX 함수를 이용하여 날짜변수를 생성한 경우 위와 같이 수치로 환산된 SAS 내부의 날짜변수로 생성되므로 보다 쉽게 알아볼 수 있는 형태로 변환해 주는 작업이 필요하다. 이를 위해 SAS에서는 FORMAT문이나 INFORMAT문을 사용하여 날짜변수를 적절한 형식으로 지정하거나 변환할 수 있다. FORMAT문과 INFORMAT문은 모두 DATA문에서 사용되는 문장으로서 FORMAT문은 데이터 세트에 이미 있는 SAS 내부의 날짜변수를 지정한 형태로 보기 쉽게 변환해 주기 위해, INFORMAT문은 외부에서 입력받은 자료의 날짜변수를 SAS 내부에서 인식 가능한 SAS의 날짜변수 형태로 읽어올 때 사용한다. 간단한 형식은 아래와 같다.

```
INFORMAT informat_variables 〈informat〉;
FORMAT format_variables 〈format〉;
```

또한 〈informat〉과 〈format〉에서 공통적으로 쓰일 수 있는 날짜 형식은 다음과 같다.

```
2007-01-27    :  yymmdd10.
2007JAN27     :  yymmdd9.
07/01/27      :  yymmdd8.
```

```
070127        : yymmdd6.
01-27-2007    : mmddyy10.
01/27/07      : mmddyy8.
27/01/07      : ddmmyy8.
27JAN07       : ddmmyy7.
JAN07         : monyy.
07Q1          : yyq.
```

예를 들어 date라는 날짜를 나타내는 변수를 07/01/27의 형태로 외부에서 입력 받았다면 이를 SAS가 날짜변수로 인식하게 하기 위해 INFORMAT date yymmdd8.의 명령을 사용하면 date라는 변수는 SAS 내부에서 인식 가능한 날짜변수로 변환되어 17193의 값을 갖게 된다. 반대로 SAS 내부의 날짜변수를 알아보기 쉬운 형태로 변환하기 위해서는 FORMAT문을 이용한다. FORMAT date yymmdd9.의 명령을 사용하면 SAS의 날짜변수로 17193의 값을 갖는 date라는 변수를 2007JAN27의 형태로 변환할 수 있다. INTNX 함수를 사용하여 생성한 표 1.3.2의 NASDAQ 지수의 날짜변수 형태를 FORMAT문을 이용하여 다음과 같이 변형하여 보자.

```
DATA NASDAQ2;
  SET NASDAQ2;
  FORMAT date yymmdd10.; /* date변수를 2008-01-01의 날짜형식으로 변환 */
RUN;
```

표 1.3.3 날짜변수의 형태를 바꾼 NASDAQ 지수

	open	high	low	date
1	1467.97	1471.77	1270.05	2008-01-01
2	1378.6	1396.02	1316.75	2008-02-01
3	1330.45	1359.68	1256.98	2008-03-01
4	1326.41	1404.57	1324.35	2008-04-01
5	1385.97	1440.24	1373.07	2008-05-01
6	1399.62	1404.05	1272	2008-06-01
7	1276.69	1292.17	1200.44	2008-07-01
8	1269.42	1313.15	1247.45	2008-08-01
9	1287.83	1303.04	1106.42	2008-09-01
10	1164.17	1167.03	839.8	2008-10-01
11	968.67	1007.51	741.02	2008-11-01
12	888.61	918.85	815.69	2008-12-01
13	902.99	943.85	804.3	2009-01-01
14	823.09	875.01	734.52	2009-02-01
15	729.57	832.98	666.79	2009-03-01
16	793.59	888.7	783.32	2009-04-01
17	872.74	930.17	866.1	2009-05-01
18	923.26	956.23	888.86	2009-06-01
19	920.82	996.68	869.32	2009-07-01
20	990.22	1039.47	978.51	2009-08-01
21	1019.52	1080.15	991.97	2009-09-01
22	1054.91	1101.36	1019.95	2009-10-01
23	1036.18	1113.69	1029.38	2009-11-01
24	1098.89	1130.38	1085.89	2009-12-01

표 1.3.3의 결과를 보면 표 1.3.2에서 수치값을 갖던 날짜변수 date가 yymmdd10.의 형식으로 알아보기 쉽게 변환되었음을 확인할 수 있다.

그림 1.3.2는 표 1.3.3에서 생성된 날짜변수 date에 대하여 NASDAQ 지수의 시가(open), 최고가(high), 최저가(low)를 SGPLOT 프로시저를 이용하여 그린 시계열도이다(code-(2) 참조). SGPLOT 프로시저를 이용하면 이처럼 다양한 형태의 그래프들을 겹쳐 그리는 것이 용이하여 두 개 이상의 시계열 자료의 특징을 비교 분석하는 데 많은 도움이 된다.

이외에 SAS에는 시간 변수와 함께 사용되는 함수와 options가 있다. 이에 대한 보다 자세한 형식과 내용은 SAS help를 참조하기 바란다.

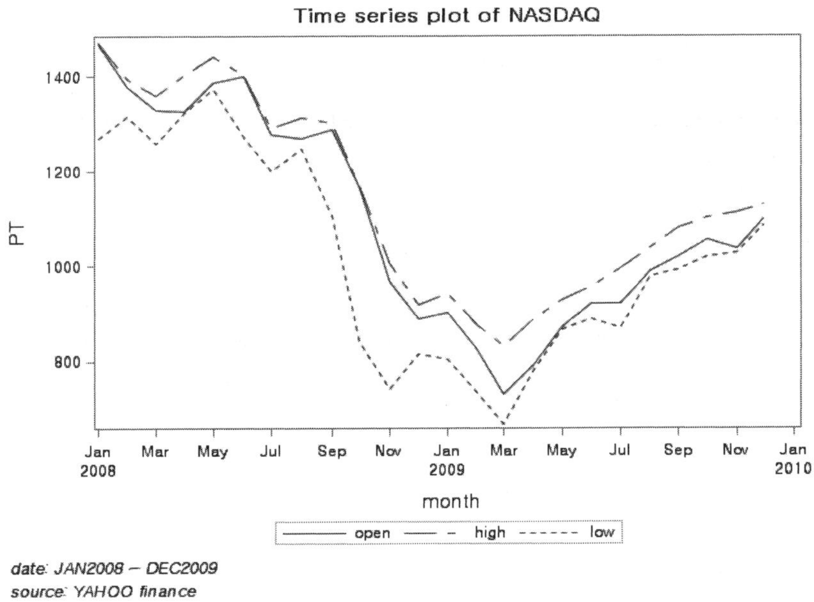

그림 1.3.2 NASDAQ 지수의 시계열도

SAS 코드

```
/* (1) 일별 S&P500 지수 그래프 */
PROC IMPORT OUT=SnP DATAFILE='D:₩sas_ch1_SnP.txt' DBMS=TAB REPLACE;
RUN;

PROC SGPLOT DATA=SnP;
```

```
  TITLE1 BOLD "Time series plot of S&P500"; /* 제목 */
  SERIES X=date Y=open; /* 보간법을 통해서 일별 S&P500 지수 그래프를 그림 */
  REFLINE '02mar09'd /AXIS=X; /* 참고선을 그려서 전후의 S&P500 지수 변화를 확인 */
  XAXIS LABEL="day";
  YAXIS LABEL="S&P500 index";
  FOOTNOTE1 JUSTIFY=LEFT 'date: JAN2006 ~ OCT2012';
  FOOTNOTE2 JUSTIFY=LEFT 'source: YAHOO finance';
RUN;

/* (2) 2008년 1월부터 2009년 12월까지의 NASDAQ 지수 */
PROC IMPORT OUT=NASDAQ2 DATAFILE='D:₩sas_ch1_NASDAQ2.txt'
      DBMS=TAB REPLACE;
RUN;

PROC SGPLOT DATA=NASDAQ2;
  TITLE1 BOLD "Time series plot of NASDAQ";
  SERIES X=date Y=pt /LEGENDLABEL="open";
  SERIES X=date Y=high /LEGENDLABEL="high"
      LINEATTRS=(pattern=longdashshortdash);
  SERIES X=date Y=low /LEGENDLABEL="low" LINEATTRS=(pattern=shortdash);
  XAXIS LABEL="month";
  YAXIS LABEL="PT";
  FOOTNOTE1 JUSTIFY=LEFT 'date: JAN2008 ~ DEC2009';
  FOOTNOTE2 JUSTIFY=LEFT 'source: YAHOO finance';
RUN;
```

1-4 연습문제

01 강정상시계열이 반드시 약정상시계열이 되지는 않음을 IID 경우가 아닌 반례를 통하여 보여라. 또한 약정상시계열이 반드시 강정상시계열이 되지 않음도 보여라.

02 예 1.2.4 (3)에 있는 $\{X_t\}$의 자기공분산함수를 구하여라.

03 (X, Y)가 이변량 정규분포를 따를 때 $E(X|Y) = aY + b$가 됨을 보여라(단 a, b는 상수).

04 위의 사실을 이용하여 $\{X_t\}$가 정규분포를 따르는 정상시계열일 때 $E(X_t|X_{t-1})$를 X_t의 평균 μ 그리고 자기공분산함수 $\gamma(\cdot)$를 이용하여 표기하여라.

05 $\{X_t\}$와 $\{Y_t\}$가 서로 독립인 정상시계열일 때 $\{X_t + Y_t\}$가 정상시계열임을 보이고 자기공분산함수를 구하여라.

06 (1.2.1)을 증명하여라.(힌트: 임의의 확률변수 X, Y 및 실수 t에 대하여 $Var(X+tY) \geq 0$임을 이용하여 $|Cov(X, Y)|^2 \leq Var(X)Var(Y)$임을 증명하여라.)

07 $X_0 = 0$이고 $\epsilon_t \sim \text{IID } N(0,1)$, $t = 1, 2, \cdots$일 때, $X_t = 0.3X_{t-1} + \epsilon_t$를 플로팅하고 $\{X_t\}$가 정상시계열인지 아닌지 검토하여라. 또 $Y_t = X_t + t$와 $Z_t = X_t + \sin t$를 플로팅하고 정상시계열인지를 검토하여라.

08 ex_ch1_8.txt[3]는 2004년 1월부터 2012년 4월까지 코스피지수를 나타낸 것이다. 이 자료를 플로팅하고 $m = 5, 7, 10, 15, 20$인 경우의 추세선을 그려 비교하여라.

09 ex_ch1_9.txt[4]는 2012년 5월 28일부터 9월 4일까지 우리나라의 일평균 기온을 나타낸 것이다. 자료에서 식 (1.2.2)에 있는 계수 a_i를 구하고 $X_{n+1}, \cdots, X_{n+10}$의 예측값을 구하여라(단, $n = 100, k = 20$).

3) 출처: 한국거래소(http://www.krx.co.kr)
4) 출처: 기상청(http://www.kma.go.kr)

2장

ARMA 모형

2-1 서론

현실에서 쓰이는 정상시계열 모형 중 가장 중심적인 역할을 하는 모형은 **자기회귀이동평균 모형**(autoregressive moving average model: ARMA model)이다. 이 ARMA 모형은 자료의 IID 가정을 좀 더 완화하여 현실에 알맞은 모형을 고안하는 방법을 생각하는 과정에서 창안되었다고 말할 수 있으며 그 유용성이 입증되어 1970년대부터 현재까지 매우 각광을 받고 있는 모형이다.

지금, 평균이 0이고 분산이 σ^2인 IID 확률변수 $\epsilon_1, \epsilon_2, \cdots$이 주어져 있다고 하고 이들을 이용하여 정상시계열을 생성시키는 과정을 생각해 보자. 만일

$$X_t = \epsilon_t + \theta \epsilon_{t-1} \tag{2.1.1}$$

(단, θ는 실수)이면, $\{X_t\}$는

(1) $EX_t = 0$

(2) $Var(X_t) = (1+\theta^2)\sigma^2$

(3) $\gamma(h) = \begin{cases} (1+\theta)\sigma^2, & h = 0 \\ \theta\sigma^2, & h = 1 \\ 0, & h \geq 2 \end{cases}$

을 만족하고 따라서 $\{X_t\}$는 정상시계열이다. 이러한 모형을 **차수**(order)가 1인 MA 모형(moving average model)이라 부르며 MA(1)로 표기한다. 이는 MA 모형 중에서 가장 간단한 형태의 정상시계열 모형이다.

한편, 정상시계열을 만드는 하나의 방편으로써 통계학 입문에서 배웠던 회귀모형을 이용하는 방법을 생각해 보자. X_t들 간의 회귀모형 중 가장 간단한 형태를 갖는 모형으로는

$$X_t = \phi X_{t-1} + \epsilon_t, \ \{\epsilon_t\} \sim \mathrm{IID}(0, \sigma^2) \tag{2.1.2}$$

을 생각할 수 있다. (2.1.2) 모형을 만족하는 정상시계열 모형이 있는지 확인하기 위해 먼저 $\phi = 1$인 경우를 생각해 보자.

식 (2.1.2)으로부터

$$X_t = X_0 + \epsilon_1 + \cdots + \epsilon_t$$

을 얻을 수 있고, 따라서

$$Var(X_t - X_0) = t\sigma^2$$

임을 알 수 있다. 만약 $\{X_t\}$가 정상시계열이면, 자기공분산함수 $\gamma(\ \cdot\ )$가

$$Var(X_t - X_0) = 2\gamma(0) - 2\gamma(t) \qquad (2.1.3)$$

을 만족해야만 한다. 이때

$$2\gamma(0) - 2\gamma(t) = t\sigma^2$$

인데 좌변은 모든 t에 대하여 $4\gamma(0)$보다 작은 반면, 우변은 t가 증가함에 따라 무한대로 발산하므로 모순이 된다. 따라서 이 경우는 $\{X_t\}$가 정상성을 만족하지 못함을 알 수 있다. $\phi = -1$인 경우도 마찬가지 방법으로 정상시계열이 되지 않음을 보일 수 있다(연습문제 6 참조).

그림 2.1.1은 모형 (2.1.2)에서 $\phi = 1$인 경우의 시계열도이며 이때 $\{X_t\}$를 **확률보행과정(random walk)**이라고 한다. 그림 2.1.1에서 X_t가 계속 증가하는 추세를 보이므로 정상성을 만족하지 않음을 한눈에 확인할 수 있다.

그림 2.1.1 $X_t = X_{t-1} + \epsilon_t$의 시계열도

다음 $|\phi| < 1$인 경우를 고려해 보자. 식 (2.1.2)를 만족시키는 정상시계열이 있다

고 가정하자. 식 (2.1.2)를 순차적으로 반복하면

$$X_t = \phi X_{t-1} + \epsilon_t = \phi(\phi X_{t-2} + \epsilon_{t-1}) + \epsilon_t = \cdots = \sum_{j=0}^{n-1} \phi^j \epsilon_{t-j} + \phi^n X_{t-n} \quad (2.1.4)$$

을 얻을 수 있다. 이때 가정에서 $|\phi| < 1$이므로 n이 충분히 크면 $\phi^n X_{t-n}$가 매우 작아져 식 (2.1.2)을 만족하는 가능한 정상시계열은

$$X_t = \sum_{i=0}^{\infty} \phi^i \epsilon_{t-i} \quad (2.1.5)$$

임을 알 수 있다.

지금, $\{X_t\}$가 다음을 만족하므로

(1) $EX_t = 0$

(2) $Cov(X_t, X_{t+h}) = Cov\left(\sum_{j=0}^{\infty} \phi^j \epsilon_{t-j}, \sum_{k=0}^{\infty} \phi^k \epsilon_{t+h-k}\right) = \sum_{j=0}^{\infty} \phi^j \phi^{j+h} \sigma^2 = \phi^h \frac{\sigma^2}{1-\phi^2}$

정상시계열이라고 할 수 있다. 식 (2.1.5)의 시계열이 식 (2.1.2)을 만족함은 다음으로부터 자명하다:

$$\phi X_{t-1} + \epsilon_t = \phi\left(\sum_{i=0}^{\infty} \phi^i \epsilon_{t-1-i}\right) + \epsilon_t = \sum_{i=0}^{\infty} \phi^{i+1} \epsilon_{t-1-i} + \epsilon_t = \sum_{j=1}^{\infty} \phi^j \epsilon_{t-j} + \epsilon_t = X_t$$

식 (2.1.2)와 같은 형태의 시계열 모형을 AR(1) 모형이라고 한다.

지금까지 우리는 IID 확률변수에서 정상시계열을 만드는 두 가지 방법을 배웠다. 하나는 두 개의 IID 확률변수를 더해 나가는 방식이고, 다른 하나는 회귀식을 이용하는 방법이다. 이 두 가지 방법은 정상시계열 모형의 가장 기본적인 모형으로 이를 토대로 좀 더 발전된 모형을 고안해 낼 수 있다.

2-2 자기회귀모형

2.2.1 정의

시계열 $\{X_t\}$가

$$X_t - \phi_1 X_{t-1} - \phi_2 X_{t-2} - \cdots - \phi_p X_{t-p} = \epsilon_t, \quad \{\epsilon_t\} \sim \mathrm{WN}(0, \sigma^2) \qquad (2.2.1)$$

을 만족할 때, $\{X_t\}$가 차수가 p인 **자기회귀모형**(autoregressive model: AR model)을 따른다고 하고 간단히 $\{X_t\} \sim \mathrm{AR}(p)$로 표기한다.

(2.2.1) 모형이 정상시계열인지 아닌지 판명하는 엄밀한 과정은 본서의 영역을 넘어가므로 엄밀한 증명 없이 그 대략적인 방법만을 참고로 소개하면 다음과 같다. 다음과 같은 **특성함수**(characteristic function) $\phi: C \to C$ (단, C는 복소평면)

$$\phi(z) = 1 - \phi_1 z - \phi_2 z^2 - \cdots - \phi_p z^p \qquad (2.2.2)$$

을 고려하자.

이때 이 함수의 근, 즉 $\phi(z) = 0$를 만족하는 z가 항상 $|z| > 1$을 만족하면 $\{X_t\}$는 정상시계열이 됨을 보일 수 있다. 또한, 이 경우 무한급수 Taylor의 전개식을 이용하면 임의의 $|z| \le 1$에 대하여

$$\frac{1}{\phi(z)} = \sum_{i=0}^{\infty} a_i z^i \qquad (2.2.3)$$

로 표시할 수 있으며, 식 (2.2.1)을 만족하는 정상시계열이

$$X_t = \sum_{i=0}^{\infty} a_i \epsilon_{t-i} \qquad (2.2.4)$$

가 됨을 보일 수 있다.

위에서 보듯이 식 (2.2.4)의 X_t는 ϵ_s, $s \le t$들만의 함수이므로 X_t와 ϵ_s, $s > t$ 들 간의 상관관계는 없다고 할 수 있다. 특별히 오차항이 IID인 경우는 서로 독립인 관계에 있다.

그림 2.2.1은 특성함수의 근이 단위원 밖에 있는 경우 AR(2) 모형의 시계열도로부터 정상시계열임을 확인할 수 있다.

식 (2.2.1)에서 보듯이 모형식의 표기가 번거로우므로 다음과 같이 **후행연산자**(back shift operator) B를 쓰기로 한다. 후행연산자의 법칙을 예로 들면 다음과 같다:

(1) $BX_t = X_{t-1}$

(2) $Bf(t) = f(t-1)$ (단, f는 함수)

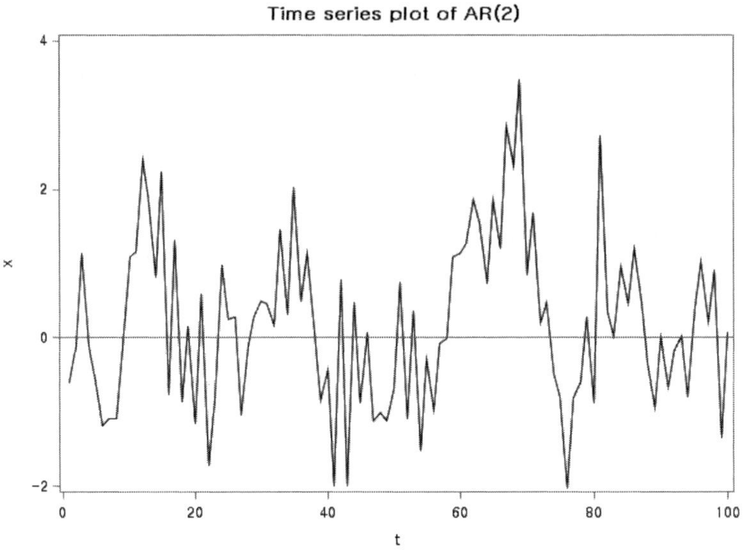

[그림 2.2.1] $X_t = 0.3X_{t-1} + 0.5X_{t-2} + \epsilon_t$의 시계열도

이를 이용하면 식 (2.2.1)은 $\phi(B)X_t = \epsilon_t$로 간단히 쓸 수 있다. 이 경우,

$$\frac{1}{\phi(B)} = \sum_{j=0}^{\infty} a_i B^i$$

이므로 식 (2.2.3)과 식 (2.2.4)를 참조하면 간략하게

$$X_t = \frac{1}{\phi(B)} \epsilon_t \tag{2.2.5}$$

로 표기할 수도 있음을 알 수 있다.

2.2.2 참고

평균이 μ가 되는 정상 AR(p) 모형식은 다음과 같음을 알 수 있다:

$$X_t - \mu - \phi_1(X_{t-1} - \mu) - \phi_2(X_{t-2} - \mu) - \cdots - \phi_p(X_{t-p} - \mu) = \epsilon_t,$$

$$\{\epsilon_t\} \sim \mathrm{WN}(0, \sigma^2)$$

● 2.2.3 예

다음과 같은 정상 AR(1) 모형을 생각해 보자:

$$X_t = \phi X_{t-1} + \epsilon_t, \qquad |\phi| < 1$$

X_t의 분산은 다음처럼 구할 수 있고 그 값은 아래와 같다:

$$\begin{aligned}\gamma(0) = Var(X_t) &= Var(\phi X_{t-1} + \epsilon_t) \\ &= \phi^2 Var(X_{t-1}) + 2\phi Cov(X_{t-1}, \epsilon_t) + Var(\epsilon_t) \\ &= \phi^2 \gamma(0) + \sigma^2\end{aligned}$$

따라서 이 식을 정리하면,

$$\gamma(0) = \frac{\sigma^2}{1-\phi^2}$$

이다.

2-3 이동평균모형

2.3.1 정의

시계열 $\{X_t\}$가

$$X_t = \epsilon_t + \theta_1 \epsilon_{t-1} + \cdots + \theta_q \epsilon_{t-q}, \quad \{\epsilon_t\} \sim \mathrm{WN}(0, \sigma^2) \qquad (2.3.1)$$

을 만족할 때, $\{X_t\}$가 차수가 q인 **이동평균모형(moving average model: MA model)**을 따른다고 하고 간단히 $\{X_t\} \sim \mathrm{MA}(q)$로 표기한다.

후행연산자를 이용하면 보다 간략하게

$$X_t = \theta(B)\epsilon_t, \qquad \theta(z) = \sum_{i=0}^{q} \theta_i z^i, \ \theta_0 = 1 \qquad (2.3.2)$$

로 표기된다.

지금 MA 모형 중에서 $q=1$로 가장 간단한 모형인 MA(1) 모형을 살펴보자.

MA(1) 모형이

$$X_t = \epsilon_t + \theta\epsilon_{t-1}, \quad \{\epsilon_t\} \sim \mathrm{WN}(0, \sigma^2)$$

과 같이 주어졌을 때, $\{X_t\}$의 자기공분산함수를 구하면 아래와 같고, 특히 $|h| \geq 2$ 인 경우에는 모두 그 값이 0이 됨을 알 수 있다:

$$\begin{aligned}\gamma(h) &= Cov(X_t, X_{t+h}) \\ &= Cov(\epsilon_t + \theta\epsilon_{t-1}, \epsilon_{t+h} + \theta\epsilon_{t+h-1}) \\ &= \begin{cases}(1+\theta^2)\sigma^2, & h = 0 \\ \theta\sigma^2, & |h| = 1 \\ 0, & |h| \geq 2\end{cases}\end{aligned} \tag{2.3.3}$$

이 결과를 MA(q) 모형으로 일반화시키면 $|h| > q$에서 자기공분산값이 모두 0이다. 즉, $h \neq 0$인 경우,

$$\gamma(h) = \begin{cases}0 & |h| \geqq q+1 \\ (\theta_{|h|} + \theta_1\theta_{1+|h|} + \cdots + \theta_{q-|h|}\theta_q)\sigma^2 & |h| \leqq q\end{cases} \tag{2.3.4}$$

이고, 식 (2.3.4)에서 보듯이 자기공분산함수가 h에만 의존하므로 MA(q) 모형은 항상 정상시계열이 된다. MA(q) 모형은 $|h| > q$에서 자기상관함수의 값이 0이라는 특징을 가지며, 특히 기댓값과 분산이 각각 0과 $(1+\theta_1^2+\theta_2^2+\cdots+\theta_q^2)\sigma^2$이 된다. 따라서 ACF가 어느 순간부터 모두 0의 값을 갖는다면 그 시계열이 MA(q) 모형을 따름을 알 수 있다.

그림 2.3.1은 MA(1) 모형의 시계열도로서 $\{X_t\}$가 정상시계열을 만족함을 한눈에 확인할 수 있다.

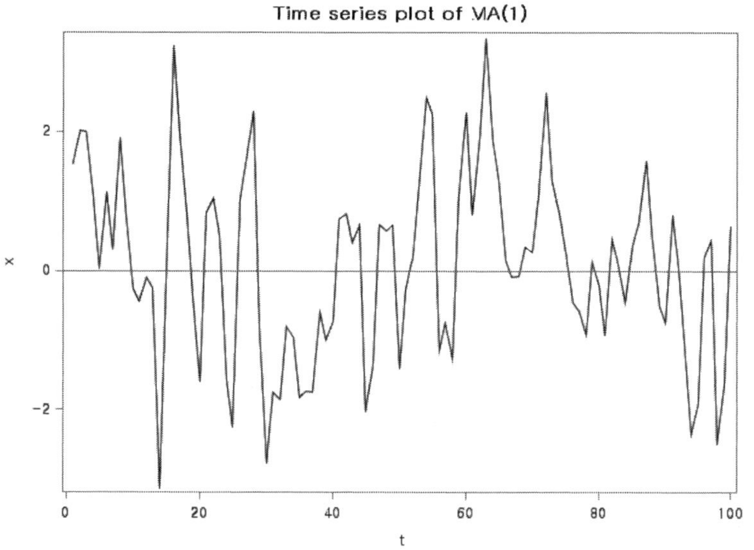

[그림 2.3.1] $X_t = 0.6\epsilon_{t-1} + \epsilon_t$의 시계열도

2-4 자기회귀이동평균모형

위에서 우리는 AR 모형 및 MA 모형의 정의를 살펴보았다. 다음은 이들 AR 모형과 MA 모형의 특성을 결합한 ARMA 모형의 정의이다.

2.4.1 정의

시계열 $\{X_t\}$가

$$X_t - \phi_1 X_{t-1} - \cdots - \phi_p X_{t-p} = \epsilon_t + \theta_1 \epsilon_{t-1} + \cdots + \theta_q \epsilon_{t-q}, \quad \{\epsilon_t\} \sim \mathrm{WN}(0, \sigma^2) \tag{2.4.1}$$

를 만족할 때 $\{X_t\}$를 차수가 p와 q인 **자기회귀이동평균모형(autoregressive moving average model: ARMA model)**이라고 하며 간단히 $\{X_t\} \sim \mathrm{ARMA}(p, q)$로 표기한다. 여기서

$$\phi(z) = 1 - \phi_1 z - \cdots - \phi_p z^p,$$

$$\theta(z) = 1 + \theta_1 z + \cdots + \theta_q z^q$$

로 놓으면, 식 (2.4.1)은

$$\phi(B)X_t = \theta(B)\epsilon_t \qquad (2.4.2)$$

으로 표현된다. $\{X_t\}$가 정상시계열이고 평균이 0이 아닌 μ인 경우는 식 (2.4.2)의 X_t를 $X_t - \mu$로 대체시킨다.

ARMA 모형의 도입은 AR 모형에서 차수가 큰 경우 이를 이용하는 통계적 모형이 효율적이지 않다는 경험에서 나온 결과의 부산물이다. 이와 같이 동일한 현상을 설명해 주는 모형들이 두 개 이상 존재할 때 모수의 개수가 적은 모형을 택하는 원리를 **간결의 원리(principle of parsimony)**라 하며 모든 모형선택이론에 이 원리가 적용되고 있다. 물론, 간결의 원리에 의해 선택된 ARMA 모형이 실제로 자료를 잘 설명해 주고 있음은 경험적으로 잘 알려져 있는 사실이다.

AR(p) 모형에서와 마찬가지로 모든 $|z| \le 1$에 대하여 $\phi(z) \ne 0$일 때, $\{X_t\}$는 정상시계열이며

$$X_t = \sum_{i=0}^{\infty} a_i \epsilon_{t-i} \qquad (2.4.3)$$

로 표시될 수 있다. 단, a_i들은

$$\sum_{i=0}^{\infty} a_i z^i = \frac{\theta(z)}{\phi(z)}$$

의 항등식에 의해 얻어진 계수들이다. 이때 더욱 간결하게 식 (2.4.3)의 모형을

$$X_t = \frac{\theta(B)}{\phi(B)}\epsilon_t \qquad (2.4.4)$$

로 표기하기도 한다.

그리고 $\gamma(\cdot)$가 식 (2.4.3)에 있는 $\{X_t\}$의 자기공분산함수일 때 다음이 성립한다:

$$|\gamma(h)| \le c\rho^h, \quad 단,\ 0 < \rho < 1,\ c > 0 \qquad (2.4.5)$$

즉, 자기공분산함수는 h가 커감에 따라 기하급수적으로 0으로 수렴함을 알 수 있다.

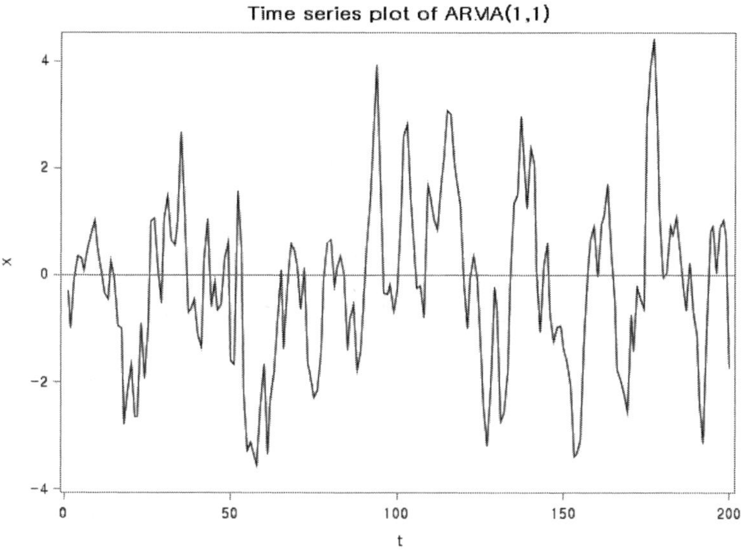

[그림 2.4.1] $X_t - 0.5X_{t-1} = \epsilon_t + 0.5\epsilon_{t-1}$의 시계열도

한편, $\{X_t\}$가 정상 ARMA 모형을 따르고 $\theta(z) = 0$의 근이 $|z| \le 1$위에서 존재하지 않을 때 다음과 같은 표현이 가능하다:

$$\sum_{j=0}^{\infty} \pi_j X_{t-j} = \epsilon_t \tag{2.4.6}$$

단, π_j는 다음의 항등식을 만족하는 계수이다:

$$\sum_{j=0}^{\infty} \pi_j z^j = \frac{\phi(z)}{\theta(z)}, \quad \pi_0 = 1 \tag{2.4.7}$$

이 경우, $\{X_t\}$를 **가역적(invertible)**이라고 한다. 즉, 현재의 값은 무한개의 과거 자료들의 선형결합체이다.

● 2.4.2 예

식 (2.4.9)의 두 모형들은 동일한 자기상관함수

$$\rho(h) = \begin{cases} 1, & h = 0 \\ \frac{2}{5}, & h = 1 \\ 0, & h \ge 2 \end{cases} \tag{2.4.8}$$

를 갖지만 하나는 가역적이고 다른 하나는 비가역적인 것을 알 수 있다:

$$X_t = \epsilon_t + 2\epsilon_{t-1} : \text{비가역적} \quad (2.4.9)$$
$$X_t = \epsilon_t + \frac{1}{2}\epsilon_{t-1} : \text{가역적}$$

예 2.4.2에서 보듯이 하나의 자기상관함수에 대하여 가역적인 모형과 비가역적 모형들이 동시에 존재할 수 있음을 알 수 있다. 이 경우 식 (2.4.9)의 두 모형들 중에서 가역적인 모형이 선호된다.

그러면 왜 가역적인 모형이 선호되는지 고찰해 보자. 지금 n이 충분히 크고 $X_1, \cdots, X_n$이 주어졌을 때 미래의 값 X_{n+1}을 예측하고 싶다고 하자. 가역인 경우에는 (2.4.6)의 식을 이용하여 다음과 같이 쉽게 예측값을 추정할 수 있다:

$$\widehat{X}_{n+1} = -\pi_1 X_n - \pi_2 X_{n-1} - \cdots - \pi_n X_1 \quad (2.4.10)$$

그러나 비가역적인 경우에는 위와 같은 추론이 불가능하다. 이로부터 가역적인 모형이 비가역적인 모형보다 더 다루기 쉬운 성질을 갖고 있음을 알 수 있다.

정상 ARMA(p, q) 모형의 차수 p, q는 실제로는 자료로부터 결정된다. 간결의 원리에 의해서 차수의 개수가 많은 것도 바람직하지 못하지만 차수의 개수가 실제보다 적으면 모형의 편의(model bias) 현상이 나타나 더욱 좋지 않은 결과를 가져다준다. 따라서 적절한 차수 p, q를 구하는 것은 매우 중요하며 그 최적의 방법으로 AIC(Akaike's information criterion) 및 BIC(Bayesian information criterion) 방법이 이용되고 있다. 정확한 차수의 결정은 그 후속 단계인 통계적 추론에 매우 중대한 영향을 미치는데, 예를 들면 예측의 경우 오차항이 IID인 AR(p) 모형을 따르는 $X_1, \cdots, X_n$이 주어졌을 때 X_{n+1}의 예측값은 다음과 같다:

$$\begin{aligned} E(X_{n+1} | X_1, \cdots, X_n) &= E(\phi_1 X_n + \cdots + \phi_p X_{n-p+1} + \epsilon_{n+1} | X_1, \cdots, X_n), \quad n > p \\ &= \phi_1 X_n + \cdots + \phi_p X_{n-p+1} \end{aligned}$$

위의 식으로부터 잘못 산출된 p의 값이 부정확한 예측값을 산출하는 것이 자명함을 알 수 있다.

● 2.4.3 예

다음과 같은 ARMA(1,1) 모형을 생각해 보자:

$$X_t = \phi X_{t-1} + \epsilon_t + \theta \epsilon_{t-1}$$

$h \geq 0$에서 자기공분산함수를 구하면 아래와 같다. $h \geq 2$인 경우,

$$\begin{aligned}\gamma(h) &= Cov(X_t, X_{t-h}) = Cov(\phi X_{t-1} + \epsilon_t + \theta \epsilon_{t-1}, X_{t-h}) \\ &= \phi \gamma(h-1)\end{aligned}$$

이다. 그러므로 $\gamma(h) = \phi^{h-1}\gamma(1)$가 성립한다.

한편, $h = 1$인 경우에는

$$\begin{aligned}\gamma(1) &= Cov(X_t, X_{t-1}) = Cov(\phi X_{t-1} + \epsilon_t + \theta \epsilon_{t-1}, X_{t-1}) \\ &= \phi\gamma(0) + \theta\, Cov(\epsilon_{t-1}, X_{t-1}) \\ &= \phi\gamma(0) + \theta\, Cov(\epsilon_{t-1}, \phi X_{t-2} + \epsilon_{t-1} + \theta \epsilon_{t-2}) \\ &= \phi\gamma(0) + \theta\sigma^2\end{aligned}$$

이며, $h = 0$일 경우에는

$$\begin{aligned}\gamma(0) &= Cov(X_t, X_t) = Cov(\phi X_{t-1} + \epsilon_t + \theta \epsilon_{t-1}, \phi X_{t-1} + \epsilon_t + \theta \epsilon_{t-1}) \\ &= \phi^2\gamma(0) + 2\phi\theta\sigma^2 + \sigma^2 + \theta^2\sigma^2 \\ &= \phi^2\gamma(0) + \sigma^2(2\phi\theta + 1 + \theta^2)\end{aligned}$$

이다. 따라서

$$\gamma(0) = \frac{\sigma^2}{1-\phi^2}(2\phi\theta + 1 + \theta^2)$$

이며

$$\begin{aligned}\gamma(1) &= \frac{\phi\sigma^2}{1-\phi^2}(2\phi\theta + 1 + \theta^2) + \theta\sigma^2 \\ &= \frac{\sigma^2}{1-\phi^2}(2\phi^2\theta + \phi + \phi\theta^2 + \theta - \phi^2\theta) \\ &= \frac{\sigma^2}{1-\phi^2}(\phi + \theta)(1 + \phi\theta)\end{aligned}$$

이 된다.

2-5 부분자기상관함수

지금 평균 0인 정상시계열 $X_1, \cdots, X_{1+k}$에서 이들의 중간에 있는 확률변수들의 효과를 제거한 순수한 X_1과 X_{1+k}의 상관관계를 구하는 방법을 고려해 보자. 이를 수리적으로 명확히 정의하기 위하여 우선 다음 기호들을 도입하자:

$$F = sp\{X_2, \cdots, X_k\} = \left\{ \sum_{i=2}^{k} a_i X_i : a_i \in R \right\}$$

$$P_F Y = Y\text{의 } F\text{으로의 정사영(projection)}$$

즉, $P_F Y$는 모든 $l = 2, \cdots, k$에 대하여

$$E(Y - P_F Y) \cdot X_l = 0$$

을 만족하는 F의 원소를 의미한다. 이때 부분자기상관함수의 정의는 다음과 같다.

2.5.1 정의 (부분자기상관함수)

$k \geq 1$에 대하여

$$\phi_{kk} = Corr\left(X_{k+1} - P_{sp\{X_2, \cdots, X_k\}} X_{k+1}, X_1 - P_{sp\{X_2, \cdots, X_k\}} X_1\right)$$

를 부분자기상관함수(partial autocorrelation function: PACF)라고 하며 고정된 k에 대하여 ϕ_{kk}를 부분자기상관계수라고 한다.

부분자기상관계수를 구체적으로 구하는 방법은 다음과 같다. 지금 $\{X_t\}$가 정상시계열이고 $\rho(\cdot)$은 ACF이다. 이때 방정식

$$\begin{pmatrix} \rho(0) & \rho(1) & \cdots & \rho(h-1) \\ \rho(1) & \rho(0) & \cdots & \rho(h-2) \\ \vdots & \vdots & \ddots & \vdots \\ \rho(h-1) & \rho(h-2) & \cdots & \rho(0) \end{pmatrix} \begin{pmatrix} \phi_{h1} \\ \phi_{h2} \\ \vdots \\ \phi_{hh} \end{pmatrix} = \begin{pmatrix} \rho(1) \\ \rho(2) \\ \vdots \\ \rho(h) \end{pmatrix} \qquad (2.5.1)$$

의 해 $(\phi_{h1}, \cdots, \phi_{hh})^T$의 마지막 성분 ϕ_{hh}가 바로 h시점에서 $\{X_t\}$의 부분자기상관계수가 된다. ϕ_{hh}는 Cramer의 공식에 의해 다음과 같이 구할 수 있다:

$$\phi_{hh} = \frac{\begin{vmatrix} \rho(0) & \rho(1) & \rho(2) & \cdots & \rho(h-2) & \rho(1) \\ \rho(1) & \rho(0) & \rho(1) & \cdots & \rho(h-3) & \rho(2) \\ \vdots & \vdots & \vdots & \ddots & \vdots & \vdots \\ \rho(h-1) & \rho(h-2) & \rho(h-3) & \cdots & \rho(1) & \rho(h) \end{vmatrix}}{\begin{vmatrix} \rho(0) & \rho(1) & \rho(2) & \cdots & \rho(h-2) & \rho(h-1) \\ \rho(1) & \rho(0) & \rho(1) & \cdots & \rho(h-3) & \rho(h-2) \\ \vdots & \vdots & \vdots & \ddots & \vdots & \vdots \\ \rho(h-1) & \rho(h-2) & \rho(h-3) & \cdots & \rho(1) & \rho(0) \end{vmatrix}} \tag{2.5.2}$$

단, $|\cdot|$는 행렬식(determinant)이다.

● **2.5.2 예**

AR(1) 모형에서의 PACF를 구해 보자. 우선 $\rho(h) = \phi^h$임을 상기하자. $h=1$인 경우에 $1 \cdot \phi_{11} = \rho(1) = \phi$을 이용하여 $\phi_{11} = \phi$임을 쉽게 알 수 있다. $h=2$인 경우,

$$\begin{pmatrix} 1 & \rho(1) \\ \rho(1) & 1 \end{pmatrix} \begin{pmatrix} \phi_{21} \\ \phi_{22} \end{pmatrix} = \begin{pmatrix} \rho(1) \\ \rho(2) \end{pmatrix}$$

를 풀면

$$\begin{pmatrix} \phi_{21} \\ \phi_{22} \end{pmatrix} = \frac{1}{1-\phi^2} \begin{pmatrix} 1 & -\phi \\ -\phi & 1 \end{pmatrix} \begin{pmatrix} \phi \\ \phi^2 \end{pmatrix} = \begin{pmatrix} \phi \\ 0 \end{pmatrix}$$

가 되어 $\phi_{22} = 0$이 된다. 또한 $h \geq 3$인 경우 역시 $\phi_{hh} = 0$가 됨을 보일 수 있다.

예 2.5.2에서 보듯이 AR(1) 모형의 경우에는 부분자기상관계수가 2 이상의 모든 h에 대해서 $\phi_{hh} = 0$이다. 그리고 이것을 AR(p) 모형의 경우로 일반화시키면 모든 $h > p$에 대하여 $\phi_{hh} = 0$임을 알 수 있다(연습문제 16 참조). 이상의 사실로부터 AR(p) 모형은 부분자기상관계수가 $p+1$ 이상에서 0이고, MA(q) 모형은 자기상관계수가 $q+1$ 이상에서 0임을 알 수 있다. 이를 토대로 주어진 자료로부터 차수 p, q를 추정할 수 있는데 자세한 내용은 3장 및 4장을 참조하기 바란다.

2-6 SAS 실습

이 절에서는 SAS DATA문에서 RAND 함수를 이용하여 ARMA 모형을 따르는 시계열 자료를 생성해 보기로 한다.

2-6-1 난수생성

먼저 난수생성함수를 이용하여 난수를 반복적으로 생성해 보자. SAS에서는 특정한 분포를 따르는 시계열 자료를 난수생성함수인 RAND 함수를 이용하여 쉽게 생성할 수 있다.

RAND 함수의 형식과 사용할 수 있는 분포는 다음과 같다.

```
RAND(distribution,parameter-1,…,parameter-n);
/* distribution : 난수를 생성할 분포, parameter : 분포의 모수 */
```

	RAND (distribution,parameter-1,…,parameter-n)
$X \sim Bernoulli(p)$	RAND("bernoulli",p)
$X \sim B(a,b)$	RAND("beta",a,b)
$X \sim Binomial(n,p)$	RAND("binomial",p,n)
$X \sim \chi^2(df)$	RAND("chisquare",df)
$X \sim Exponential(\lambda)$	RAND("exponential",λ)
$X \sim F(ndf,ddf)$	RAND("f",ndf,ddf)
$X \sim Gamma(k,\theta)$	RAND("gamma",k,θ)
$X \sim Geometric(p)$	RAND("geometric",p)
$X \sim Hypergeometric(N,R,n)$	RAND("hypergeometric",N,R,n)
$X \sim N(\mu,\sigma^2)$	RAND("normal",μ,σ)
$X \sim Poisson(\lambda)$	RAND("poisson",λ)
$X \sim T(df)$	RAND("t",df)
$X \sim Uniform(a,b)$	RAND("uniform",a,b)

그러나 RAND 함수를 이용하여 생성할 수 있는 난수는 한 개이므로 여러 개의 자료를 생성하기 위해서는 DO문을 이용하여 반복적으로 난수를 생성하여야 한다. 다음은 SAS DATA문에서 DO문을 이용하여 $N(3,4)$를 따르는 난수 100개를 생성하는 프로그램이다.

```
DATA random;
  DO i=1 TO 100; /* 100번의 수행을 반복 */
    X=RAND("normal",3,2);   /* N(3,4)를 따르는 난수를 생성 */
    OUTPUT;
```

```
  END;
RUN;
```

반복문 DO문은 반드시 DO 첨자변수 = 시작값 TO 끝값; 으로 시작하여 END; 로 끝나며 이 프로그램에서는 난수 100개를 생성하는 것이므로 첨자변수 이름을 i로 하고 편의상 1부터 100까지로 정하였다. DO문 안에서 OUTPUT; 을 써 주지 않으면 반복문의 마지막 결과만 저장된다. 그러므로 생성된 100개의 자료를 모두 저장하기 위해서는 RAND 함수를 이용하여 난수를 생성한 뒤 OUTPUT; 을 반드시 붙여 주어야 한다.

2-6-2 AR(1) 모형을 따르는 자료생성

그림 2.6.1~그림 2.6.5는 각각 Gaussian AR(1) 모형을 따르는 300개의 자료를 생성하여 그린 시계열도이다(code-(1) 참조). 초기값의 영향을 배제하기 위해서 400개의 자료를 생성하여 뒤의 300개의 자료만을 결과 값으로 저장하였다.

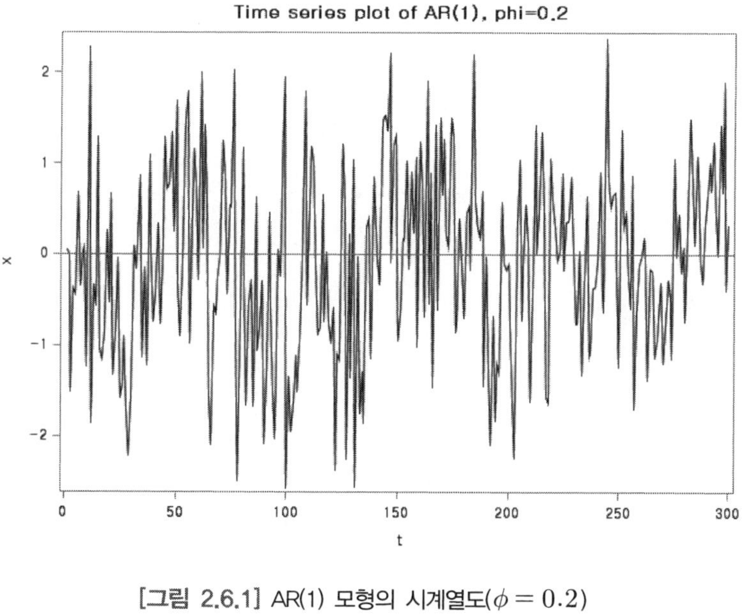

[그림 2.6.1] AR(1) 모형의 시계열도($\phi = 0.2$)

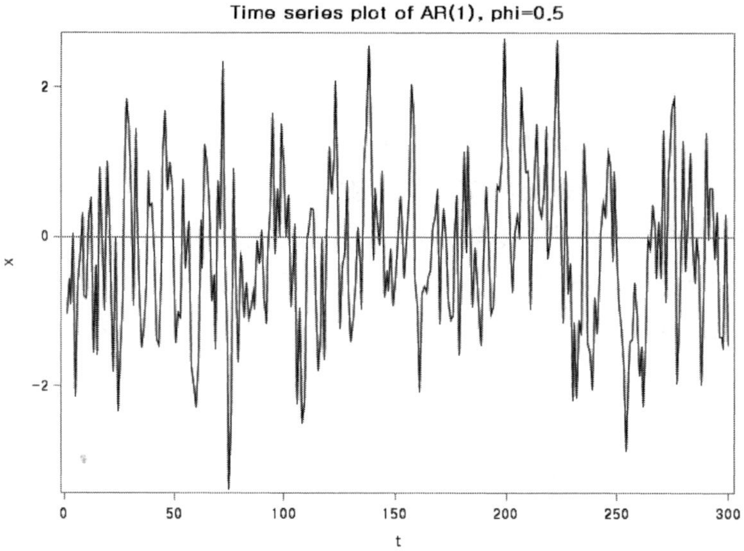

[그림 2.6.2] AR(1) 모형의 시계열도($\phi = 0.5$)

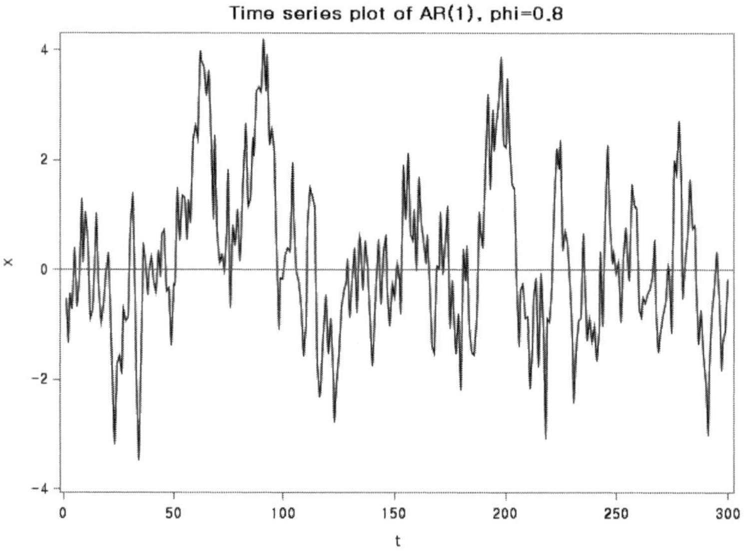

[그림 2.6.3] AR(1) 모형의 시계열도($\phi = 0.8$)

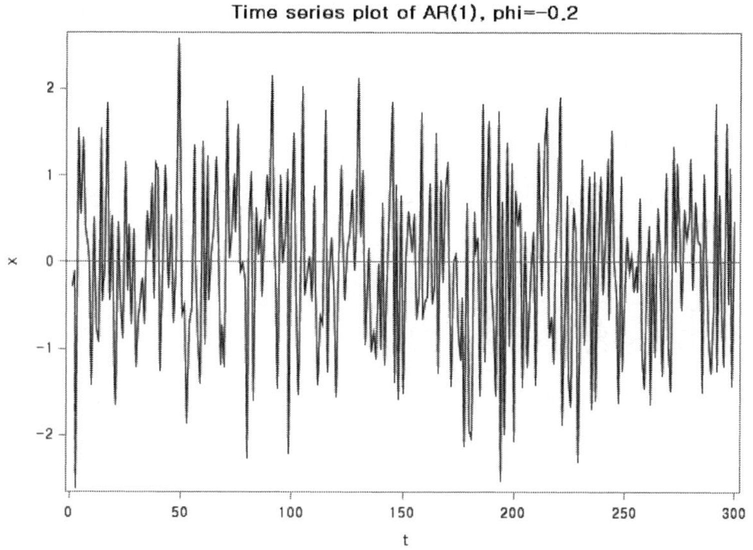

[그림 2.6.4] AR(1) 모형의 시계열도($\phi=-0.2$)

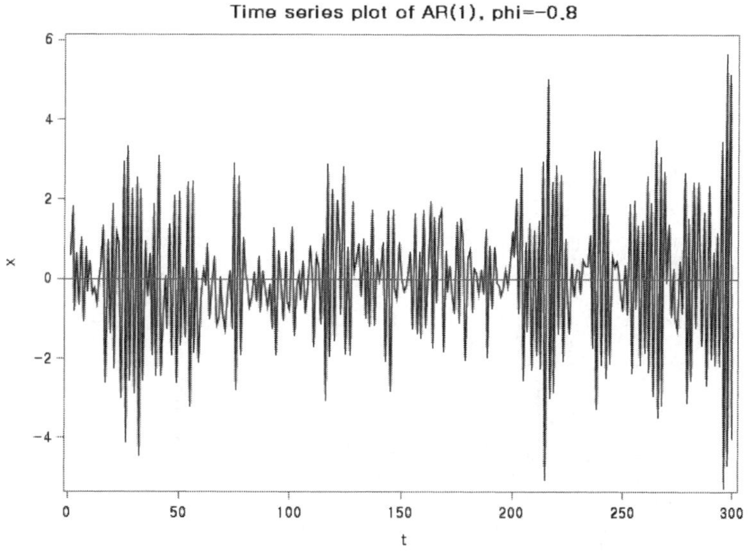

[그림 2.6.5] AR(1) 모형의 시계열도($\phi=-0.8$)

그림 2.6.1~그림 2.6.3에 있는 AR(1) 모형의 시계열도를 보면 ϕ의 값이 양수인 경우에는 그 값이 커질수록 시계열 간의 자기상관관계가 뚜렷하게 나타남을 확인할 수 있다. 특별히 ϕ의 값이 커질수록 양의 값을 갖는 관측치는 지속적으로 양의 값을

가지려 하고 음의 값을 갖는 관측치는 음의 값을 가지려 하는 경향성이 매우 커짐을 그림 2.6.3을 통해 확인할 수 있다. 반대로 그림 2.6.4~그림 2.6.5의 시계열도를 보면 ϕ의 값이 음수인 경우에는 그 값이 작아질수록 음의 상관관계가 뚜렷하게 나타남을 알 수 있다. 특히, 그림 2.6.5처럼 ϕ의 값이 −1에 가까운 작은 값을 가질 경우 강한 음의 자기상관관계로 인해 양, 음의 값을 반복적으로 갖는 경향성이 강하게 나타난다.

2-6-3 MA(1) 모형을 따르는 자료생성

LAG 함수는 시계열에서 많이 쓰이는 SAS 내장함수로서 자료를 시차변수로 바꿔주는 함수이다.

```
LAG<n>(variable); : n시차 이전의 값을 나타냄
```

예를 들어 LAG1(x)는 x라는 변수의 각 시점에 대해 한 시차 이전의 값을 나타내고 LAG12(x)는 x의 12시차 이전의 값을 나타낸다. n을 지정하지 않았을 때의 default 값은 1이다.

그림 2.6.6~그림 2.6.8은 LAG 함수를 이용하여 Gaussian MA(1) 모형을 따르는 300개의 자료를 생성하여 그린 시계열도이다(code−(2) 참조).

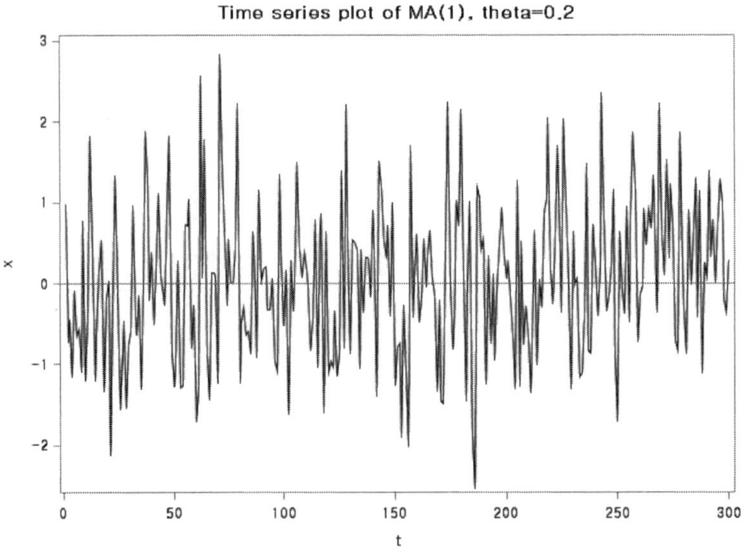

[그림 2.6.6] MA(1) 모형의 시계열도($\theta = 0.2$)

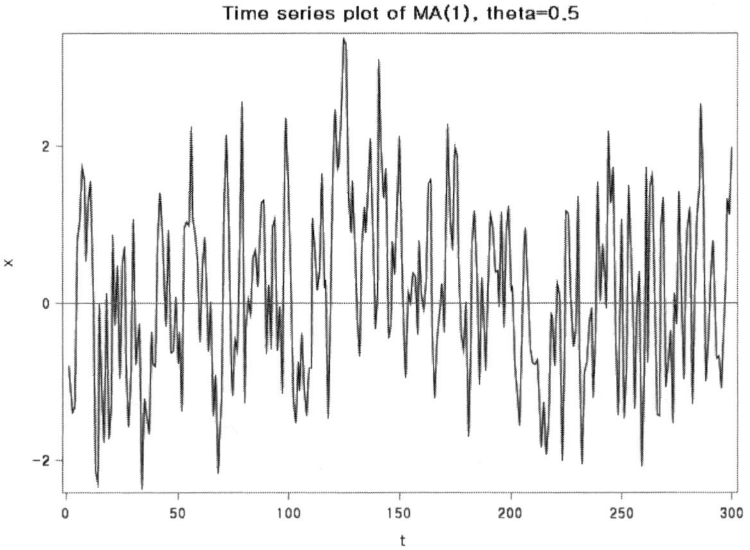

[그림 2.6.7] MA(1) 모형의 시계열도($\theta = 0.5$)

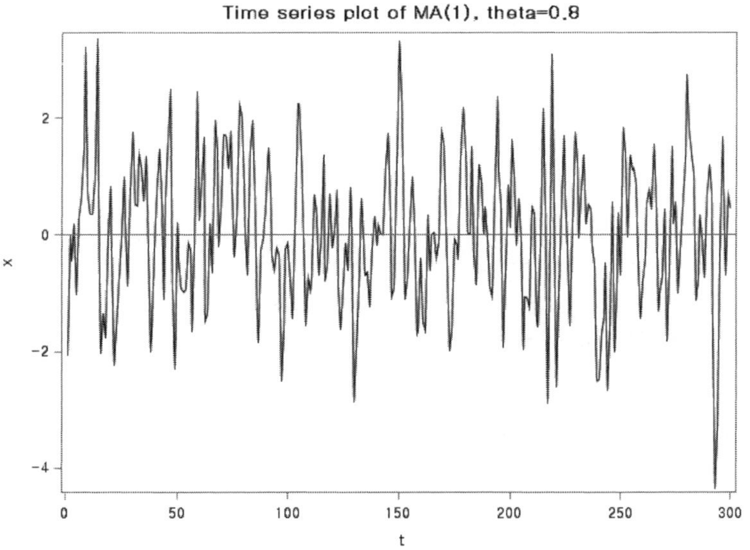

[그림 2.6.8] MA(1) 모형의 시계열도($\theta = 0.8$)

AR(1) 모형의 ϕ에 따른 자기상관관계의 변화에 비해 MA(1) 모형의 θ값의 변화는 시계열 자료의 자기상관관계의 변화에 큰 영향을 주지 못함을 확인할 수 있다.

2-6-4 ARMA(1,1) 모형을 따르는 자료생성

그림 2.6.9는 $\phi=0.2$, $\theta=0.6$인 ARMA(1,1) 모형을 따르는 400개의 자료를 생성하여 그린 시계열도이다(code-(3) 참조).

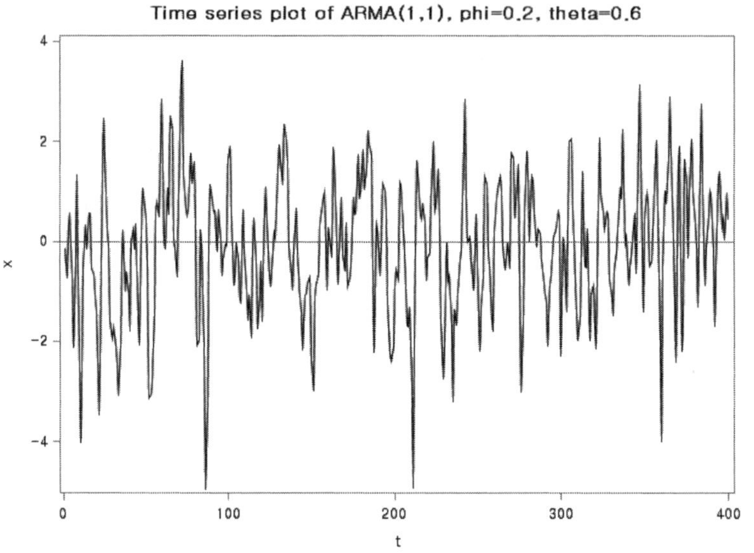

[그림 2.6.9] ARMA(1,1) 모형의 시계열도($\phi=0.2, \theta=0.6$)

SAS 코드

```
/* (1) Gaussian AR(1) 모형을 따르는 300개 자료의 시계열도 */
DATA ar1; /* ar1의 이름을 갖는 자료 생성 */
  DO t=1 TO 400;
    IF x1=. THEN x1=0; /* missing값은 0으로 대체 */
    x=(0.8*x1)+RAND("normal",0,1);
    OUTPUT;
    x1=x;
  END;
RUN;

DATA ar11;
  SET ar1; /* ar1 데이터 세트를 가져옴 */
  t=t-100;
  IF t<1 THEN DELETE; /* 초기치에 영향을 받는 초기 100개의 자료 삭제 */
RUN;
```

```
PROC SGPLOT DATA=ar11;
  TITLE1 BOLD "Time series plot of AR(1), phi=0.8";
  SERIES X=t Y=x /LEGENDLABEL="interpolation";
  REFLINE 0 /AXIS=Y;
RUN;

/* (2) Gaussian MA(1) 모형을 따르는 300개 자료의 시계열도 */
DATA ma1;
  DO t=1 TO 400;
    e=RAND("normal",0,1);
    e1=LAG(e);
    IF e1=. THEN e1=0;
    x=e+(0.8*e1);
    OUTPUT;
  END;
RUN;

DATA ma11;
  SET ma1;
  t=t-100;
  IF t<1 THEN DELETE;
RUN;

PROC SGPLOT DATA = ma11;
  TITLE1 BOLD "Time series plot of MA(1), theta=0.8";
  SERIES X=t Y=x /LEGENDLABEL="interpolation";
  REFLINE 0 /AXIS=Y;
RUN;

/* (3) ARMA(1) 모형을 따르는 400개 자료의 시계열도 */
DATA arma1;
  DO t= 1 TO 500;
    IF x1=. THEN x1=0;
    IF e1=. THEN e1=0;
    e=RAND("normal",0,1);
    e1=LAG(e);
    x=(0.2*x1)+e+(0.6*e1);
    OUTPUT;
    x1=x;
  END;
RUN;

DATA arma11;
  SET arma1;
  t=t-100;
  IF t<1 THEN DELETE;
RUN;
```

```
PROC SGPLOT DATA=arma11;
  TITLE1 BOLD "Time series plot of ARMA(1,1), phi=0.2, theta=0.6";
  SERIES X=t Y=x /LEGENDLABEL="interpolation";
  REFLINE 0 /AXIS=Y;
RUN;
```

2-7 연습문제

01 식 (2.1.3)을 보여라.

02 식 (2.1.4)를 보여라.

03 식 (2.1.5)에서 ϕ^i자리에 a_i가 있으면, $Cov(X_t, X_{t+h}) = \sum_{i=0}^{\infty} a_i a_{i+h} \sigma^2$가 됨을 보여라.

04 식 (2.3.4)를 보여라.

05 $\{X_t\}$가 정상시계열일 때, $\sum_{i=1}^{k} a_i X_{t-i}$도 정상시계열임을 증명하여라(단, a_i는 실수).

06 $\phi = -1$인 AR(1) 모형을 만족하는 정상시계열이 존재하지 않음을 보여라.

07 AR(2) 모형 $X_t = \phi_1 X_{t-1} + \phi_2 X_{t-2} + \epsilon_t,\quad \{\epsilon_t\} \sim \text{IID}(0, \sigma^2)$이 정상시계열이 되기 위한 (ϕ_1, ϕ_2)의 일반적인 조건을 구하여라.

08 주어진 시계열 $\{X_t\}$와 $\{Y_t\}$가 서로 독립이고 각각 정상 MA(1) 모형, MA(2) 모형일 때 $\{X_t + Y_t\}$가 정상 MA(2) 모형으로 간주될 수 있음을 보여라.

09 다음의 정상 ARMA(2,1) 모형

$$(1 - 0.5B^2)X_t = (1 + 0.25B)\epsilon_t,\quad \{\epsilon_t\} \sim \text{IID}(0, \sigma^2)$$

을 $X_t = \sum_{i=0}^{\infty} a_i \epsilon_{t-i}$ 형태로 고쳐 쓸 때 계수 a_i를 정하여라.

10 다음 시계열의 정상성과 가역성을 판단하여라.

(1) $X_t + 0.2X_{t-1} - 0.48X_{t-2} = \epsilon_t$

(2) $X_t + 0.6X_{t-2} = \epsilon_t + 1.2\epsilon_{t-1}$

(3) $X_t + 1.8X_{t-1} + 0.81X_{t-2} = \epsilon_t$

(4) $X_t + 1.6X_{t-1} = \epsilon_t + 0.4\epsilon_{t-1} + 0.04\epsilon_{t-2}$

11 다음 정상시계열 모형의 자기상관함수와 부분자기상관함수를 구하여라.

(1) $X_t + 0.5\,X_{t-1} = \epsilon_t$

(2) $X_t - 0.95\,X_{t-1} = \epsilon_t$

(3) $X_t - 1.5\,X_{t-1} + 0.56X_{t-2} = \epsilon_t$

(4) $X_t = \epsilon_t - 0.4\,\epsilon_{t-1}$

(5) $X_t = \epsilon_t - 2.5\,\epsilon_{t-1}$

12 $\{Y_t\}$가 평균이 0인 정상시계열이고 $\{X_t\}$, $\{W_t\}$가 다음과 같을 때

$$X_t = Y_t - 0.4\,Y_{t-1}$$
$$W_t = Y_t - 2.5\,Y_{t-1}$$

다음의 물음에 답하여라.

(a) $\{X_t\}$와 $\{W_t\}$의 자기공분산함수를 $\{Y_t\}$의 자기공분산함수로 나타내어라.

(b) $\{X_t\}$와 $\{W_t\}$의 자기상관함수가 서로 같음을 보여라.

13 ARMA(1,1) 모형이 가역적인 정상시계열 모형이 될 조건을 구하여라.

14 정상 AR(2) 시계열 모형에서 $\phi_{33} = 0$임을 보여라.

15 MA(2) 모형에서 $|\rho(1)|$과 $|\rho(2)|$의 최댓값을 구하여라.

16 정상 AR(p) 모형의 부분자기상관계수가 $h \ge p+1$에서 0이 됨을 보여라.

3장

정상 ARMA 모형에서의 추론

3-1 평균의 추정

중심극한정리(central limit theorem)는 확률변수열 $\{X_n\} \sim \mathrm{IID}(\mu, \sigma^2)$에 대하여 다음과 같은 표본평균 $\overline{X_n}$에 대한 분포수렴 결과가 성립한다는 정리이다:

$$\sqrt{n}\left(\overline{X_n} - \mu\right) \xrightarrow[n \to \infty]{d} N(0, \sigma^2).^{5)} \tag{3.1.1}$$

위의 결과는 가설검정의 수행이나 신뢰구간을 만들 때 매우 요긴하게 쓰이고 있다.

이 절에서는 식 (3.1.1)과 같은 결과가 정상시계열에서도 성립될 수 있음을 보이고 표본평균의 점근분산(asymptotic variance)이 시계열 모형에 있는 모수들의 함수형태로 표현됨을 보이도록 한다.

다음과 같은 AR(1) 모형 $\{X_t\}$를 생각해 보자:

$$X_t - \mu = \phi(X_{t-1} - \mu) + \epsilon_t, \quad \{\epsilon_t\} \sim \mathrm{IID}(0, \sigma^2), \ |\phi| < 1$$

이때,

$$X_t = \mu + \sum_{j=0}^{\infty} \phi^j \epsilon_{t-j}, \quad \{\epsilon_t\} \sim \mathrm{IID}(0, \sigma^2) \tag{3.1.2}$$

로 바꿔 쓸 수 있고,

$$\hat{\mu} = \frac{1}{n}\sum_{t=1}^{n} X_t, \quad b_j = \sum_{k \geq j+1}^{\infty} \phi^k$$

로 놓은 후 $y_t = \sum_{j=0}^{\infty} b_j \epsilon_{t-j}$로 정의하면, $\{y_t\}$는 정상시계열이 된다. 지금,

$$\begin{aligned} X_t &= \mu + \epsilon_t + \sum_{j=1}^{\infty} \phi^j \epsilon_{t-j} \\ &= \mu + \epsilon_t + \sum_{j=1}^{\infty} (b_{j-1} - b_j) \epsilon_{t-j} \end{aligned}$$

---

5) 본 교재에서는 이후의 표기에 관하여 $\overline{X_n}$ 나 $\widehat{\theta_n}$과 같은 통계량의 첨자 n을 생략하여 $\overline{X}$ 나 $\hat{\theta}$로 간단히 표기하기로 한다. 또한, $n \to \infty$의 기호도 특별한 경우를 제외하고는 편의상 생략하여 표기하기로 한다.

$$= \mu + \left(\sum_{j=0}^{\infty}\phi^j\right)\epsilon_t - \left(\sum_{j=1}^{\infty}\phi^j\right)\epsilon_t + \sum_{j=1}^{\infty}b_{j-1}\epsilon_{t-j} - \sum_{j=1}^{\infty}b_j\epsilon_{t-j}$$

$$= \mu + \left(\sum_{j=0}^{\infty}\phi^j\right)\epsilon_t + \sum_{j=0}^{\infty}b_j\epsilon_{t-1-j} - \sum_{j=0}^{\infty}b_j\epsilon_{t-j}$$

$$= \mu + \left(\sum_{j=0}^{\infty}\phi^j\right)\epsilon_t - y_t + y_{t-1}$$

이기 때문에

$$X_t - \mu = \left(\sum_{j=0}^{\infty}\phi^j\right)\epsilon_t - y_t + y_{t-1}$$

를 얻을 수 있다. 이로부터

$$\sqrt{n}(\hat{\mu} - \mu) = \frac{1}{\sqrt{n}}\sum_{t=1}^{n}(X_t - \mu)$$

$$= \frac{1}{\sqrt{n}}\sum_{t=1}^{n}\left\{\left(\sum_{j=0}^{\infty}\phi^j\right)\epsilon_t - y_t + y_{t-1}\right\}$$

$$= \frac{1}{\sqrt{n}}\left(\sum_{j=0}^{\infty}\phi^j\right)\sum_{t=1}^{n}\epsilon_t - \frac{1}{\sqrt{n}}y_n + \frac{1}{\sqrt{n}}y_0$$

가 되고, 이때

$$(\text{I}) = \frac{1}{\sqrt{n}}\left(\sum_{j=0}^{\infty}\phi^j\right)\sum_{t=1}^{n}\epsilon_t$$

$$(\text{II}) = -\frac{1}{\sqrt{n}}y_n + \frac{1}{\sqrt{n}}y_0$$

으로 놓으면, (I)은 $\{\epsilon_t\} \sim \text{IID}(0, \sigma^2)$이므로 IID 확률변수열에 대한 중심극한정리에 의해서 $N\left(0, \left(\sum_{j=0}^{\infty}\phi^j\right)^2\sigma^2\right)$으로 분포수렴한다. 한편, (II)는 n이 무한대로 증가할 때

$$\frac{1}{n}Ey_n^2 = \frac{1}{n}Ey_0^2 \to 0$$

이므로 매우 작은 값을 가지게 되어 점근분포에 영향을 미치지 않는다. 그러므로 다음과 같은 사실이 성립한다.

3.1.1 정리

$\{X_t\}$가 (3.1.2)와 같이 정의된 정상시계열일 때

$$\sqrt{n}(\hat{\mu}-\mu) \xrightarrow{d} N\left(0, \frac{\sigma^2}{(1-\phi)^2}\right)$$

이다.

3.1.2 참고

AR(1) 모형보다 일반적인 다음의 모형에서도 위의 사실이 성립함을 보일 수 있다:

$$X_t = \mu + \sum_{j=0}^{\infty} a_j \epsilon_{t-j}, \quad \{\epsilon_t\} \sim \text{IID}(0, \sigma^2)$$

(단, $|a_j| \le c\rho^j, 0 < \rho < 1, c > 0$) 위의 시계열은 특히 ARMA 모형을 만족하는 시계열을 포함하고 있다. 지금,

$$\hat{\mu} = \frac{1}{n}\sum_{t=1}^{n} X_t, \quad b_j = \sum_{k \ge j+1} a_k$$

로 놓으면 $\sum_{j=0}^{\infty}|b_j| < \infty$이며 $y_t = \sum_{j=0}^{\infty} b_j \epsilon_{t-j}$로 정의할 때 $\{y_t\}$는 정상시계열이 된다. 또한,

$$\begin{aligned}
X_t &= \mu + a_0\epsilon_t + \sum_{j=1}^{\infty} a_j \epsilon_{t-j} \\
&= \mu + a_0\epsilon_t + \sum_{j=1}^{\infty} (b_{j-1} - b_j)\epsilon_{t-j} \\
&= \mu + \left(\sum_{j=0}^{\infty} a_j\right)\epsilon_t - \left(\sum_{j=1}^{\infty} a_j\right)\epsilon_t + \sum_{j=1}^{\infty} b_{j-1}\epsilon_{t-j} - \sum_{j=1}^{\infty} b_j \epsilon_{t-j} \\
&= \mu + \left(\sum_{j=0}^{\infty} a_j\right)\epsilon_t + \sum_{j=0}^{\infty} b_j \epsilon_{t-1-j} - \sum_{j=0}^{\infty} b_j \epsilon_{t-j} \\
&= \mu + \left(\sum_{j=0}^{\infty} a_j\right)\epsilon_t - y_t + y_{t-1}
\end{aligned}$$

이고, 따라서

$$X_t - \mu = \left(\sum_{j=0}^{\infty} a_j\right)\epsilon_t - y_t + y_{t-1}$$

이다. 이로부터

$$\begin{aligned}\sqrt{n}(\hat{\mu} - \mu) &= \frac{1}{\sqrt{n}}\sum_{t=1}^{n}(X_t - \mu) \\ &= \frac{1}{\sqrt{n}}\sum_{t=1}^{n}\left\{\left(\sum_{j=0}^{\infty} a_j\right)\epsilon_t - y_t + y_{t-1}\right\} \\ &= \frac{1}{\sqrt{n}}\left(\sum_{j=0}^{\infty} a_j\right)\sum_{t=1}^{n}\epsilon_t - \frac{1}{\sqrt{n}}y_n + \frac{1}{\sqrt{n}}y_0\end{aligned}$$

이 된다. 이때

$$(\text{I}) = \frac{1}{\sqrt{n}}\left(\sum_{j=0}^{\infty} a_j\right)\sum_{t=1}^{n}\epsilon_t$$

$$(\text{II}) = -\frac{1}{\sqrt{n}}y_n + \frac{1}{\sqrt{n}}y_0$$

로 놓으면 (I)은 $\{\epsilon_t\} \sim \text{IID}(0, \sigma^2)$이므로 IID 확률변수열에 대한 중심극한정리에 의해서 $N\left(0, \left(\sum_{j=0}^{\infty} a_j\right)^2 \sigma^2\right)$으로 분포수렴한다.

한편, (II)는 $\frac{1}{n}Ey_n^2 = \frac{1}{n}Ey_0^2 \to 0$이기 때문에 거의 무시할 수 있는 항이므로 다음과 같은 사실이 성립한다:

$$\sqrt{n}(\hat{\mu} - \mu) \xrightarrow{d} N\left(0, \left(\sum_{j=0}^{\infty} a_j\right)^2 \sigma^2\right)$$

위의 사실은 IID 조건이 성립하지 않는 시계열 자료의 경우에도 중심극한정리가 성립함을 보여 주고 있다. 정리 3.1.1의 결과는 가설 $H_0 : \mu = 0$ vs $H_1 : \mu \neq 0$을 검정할 때 응용하여 사용될 수 있다:

- IID 가정하에서는 $|\sqrt{n}\,\overline{X}| \geq z_{\alpha/2}\sigma$이면 귀무가설 H_0를 기각한다.
- 시계열 자료에서는 $|\sqrt{n}\,\overline{X}| \geq z_{\alpha/2}\left|\sum_{j=0}^{\infty} a_j\right|\sigma$이면 귀무가설 H_0를 기각한다.

AR(1) 모형에서 $\sum_{j=0}^{\infty} a_j = 1/(1-\phi)$이므로 ϕ의 값에 따라 그 추정량의 점근분산이 매우 큰 값을 가질 수 있음을 알 수 있다. 따라서 시계열 모형에서 분산의 값을 정확히 구하는 것은 올바른 추론을 위해 매우 중요한 일이라고 할 수 있다.

● 3.1.3 예

AR(1) 모형에서 μ에 대한 100(1−α)% 신뢰구간은

$$S_\alpha = \left\{\mu : |\sqrt{n}(\overline{X}-\mu)| \le z_{\alpha/2}\sigma/(1-\phi)\right\}$$

으로 표현되고, 이를 풀어쓰면,

$$\overline{X} - \frac{z_{\alpha/2}\sigma}{\sqrt{n}(1-\phi)} \le \mu \le \overline{X} + \frac{z_{\alpha/2}\sigma}{\sqrt{n}(1-\phi)}$$

가 됨을 확인할 수 있다. 단, $z_{\alpha/2}$는 Z가 표준정규분포일 때 $P(|Z| \le z_{\alpha/2}) = 1-\alpha$를 만족하는 값이다.

3-2 표본자기공분산함수, 표본자기상관함수, 표본부분자기상관함수

IID 확률벡터 $(X_1, Y_1), \cdots, (X_n, Y_n)$을 기초로 하는 확률벡터 (X, Y)의 공분산의 추정량은

$$\widehat{Cov}(X, Y) = \frac{1}{n}\sum_{j=1}^{n}(X_j - \overline{X})(Y_j - \overline{Y})$$

이다. 단,

$$\overline{X} = \frac{1}{n}\sum_{j=1}^{n} X_j, \quad \overline{Y} = \frac{1}{n}\sum_{j=1}^{n} Y_j.$$

위의 사실에 비추어 볼 때 정상시계열 자료 $X_1, \cdots, X_n$을 이용하는 자기공분산함수 $\gamma(h)$의 추정량으로서 다음과 같이 정의되는 표본자기공분산함수를 사용한다.

3.2.1 정의

표본자기공분산함수(sample autocovariance function)는 $|h| < n$에서 다음과 같이 정의된다:

$$\hat{\gamma}(h) = \frac{1}{n}\sum_{t=1}^{n-|h|}\left(X_t - \overline{X}\right)\left(X_{t+|h|} - \overline{X}\right).$$

고정된 h에 대해 $\hat{\gamma}(h)$를 **표본자기공분산계수**(sample autocovariance coefficient)라고 부르며, 정상 ARMA 시계열에서는

$$P\left(\hat{\gamma}(h) \to \gamma(h),\ n \to \infty\right) = 1$$

이 성립하여 $\hat{\gamma}(h)$가 $\gamma(h)$의 일치추정량이 된다. h의 값이 큰 경우 $\hat{\gamma}(h)$의 산출에 이용되는 자료의 개수가 충분치 않으므로 작은 h에 대해서만 $\hat{\gamma}(h)$의 값이 유효함을 알 수 있다. 일반적으로 $|h| \le \sqrt{n}$인 경우에 $\hat{\gamma}(h)$의 값이 신뢰받을 수 있음이 잘 알려져 있다.

3.2.2 정의

정상시계열 $\{X_t\}$의 자기상관함수 $\rho(h)$의 추정량인 **표본자기상관함수**(sample autocorrelation function: SACF) $\hat{\rho}(h)$는 표본자기공분산함수 $\hat{\gamma}(h)$를 이용하여 다음과 같이 정의된다:

$$\hat{\rho}(h) = \frac{\hat{\gamma}(h)}{\hat{\gamma}(0)}$$

이때 $\hat{\rho}(h)$는 자기상관함수와 마찬가지로 $|\hat{\rho}(h)| \le 1$을 만족한다.

3.2.3 정의

고정된 h에 대해 $\hat{\rho}(h)$가 표본자기상관계수일 때

$$\begin{pmatrix} \hat{\rho}(0) & \hat{\rho}(1) & \cdots & \hat{\rho}(h-1) \\ \hat{\rho}(1) & \hat{\rho}(0) & \cdots & \hat{\rho}(h-2) \\ \vdots & \vdots & \ddots & \vdots \\ \hat{\rho}(h-1) & \hat{\rho}(h-2) & \cdots & \hat{\rho}(0) \end{pmatrix}\begin{pmatrix} \hat{\phi}_{h1} \\ \hat{\phi}_{h2} \\ \vdots \\ \hat{\phi}_{hh} \end{pmatrix} = \begin{pmatrix} \hat{\rho}(1) \\ \hat{\rho}(2) \\ \vdots \\ \hat{\rho}(h) \end{pmatrix}$$

을 만족하는 $\hat{\phi}_{hh}$를 **표본부분자기상관계수(sample partial autocorrelation coefficient)**라고 한다. 이를 h에 대한 함수로 간주하여 **표본부분자기상관함수(sample partial autocorrelation function: SPACF)**라고 부르기도 한다.

다음은 표본자기상관계수 $\hat{\rho}(h)$의 극한분포에 대한 정리이다.

3.2.4. Bartlett의 정리

정상시계열 $\{X_t\}$가 다음을 만족하면

$$X_t = \mu + \sum_{j=0}^{\infty} a_j \epsilon_{t-j}, \quad \{\epsilon_t\} \sim \text{IID}(0,\sigma^2), \quad \sum_{j=0}^{\infty} |a_j| < \infty, \; E\epsilon_t^4 < \infty$$

고정된 $h \ge 1$에 대하여

$$\sqrt{n}\left(\hat{\boldsymbol{\rho}}(h) - \boldsymbol{\rho}(h)\right) \xrightarrow{d} N(\mathbf{0}, W)$$

이 성립한다. 단,

$$\hat{\boldsymbol{\rho}}(h) = \left(\hat{\rho}(1), \cdots, \hat{\rho}(h)\right)^T, \; \boldsymbol{\rho}(h) = (\rho(1), \cdots, \rho(h))^T$$

이며, W는 다음의 Bartlette의 식(Bartlette's formula)으로 주어진 w_{ij}를 원소로 갖는 $h \times h$ 행렬이다:

$$w_{ij} = \sum_{k=0}^{\infty} (\rho(k+i)\rho(k+j) + \rho(k-i)\rho(k+j) + 2\rho(i)\rho(j)\rho^2(k)$$
$$- 2\rho(i)\rho(k)\rho(k+j) - 2\rho(j)\rho(k)\rho(k+i))$$

● 3.2.5 예

그림 3.2.1~그림 3.2.6은 AR(1) 모형 $X_t = \phi X_{t-1} + \epsilon_t$, $\{\epsilon_t\} \sim \text{IID}\, N(0,1)$의 자기상관계수값과 표본개수 $n = 300$을 이용하여 추정한 표본자기상관계수 ($h = 0, 1, \cdots, 15$)를 비교한 그림이다($\phi = 0.2, 0.5, 0.8, -0.2, -0.5, -0.8$).

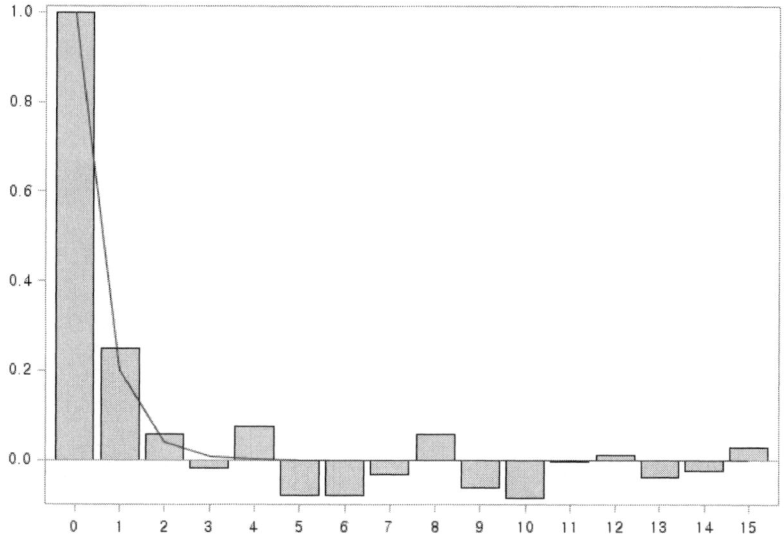

[그림 3.2.1] $\phi = 0.2$일 때 ACF와 SACF

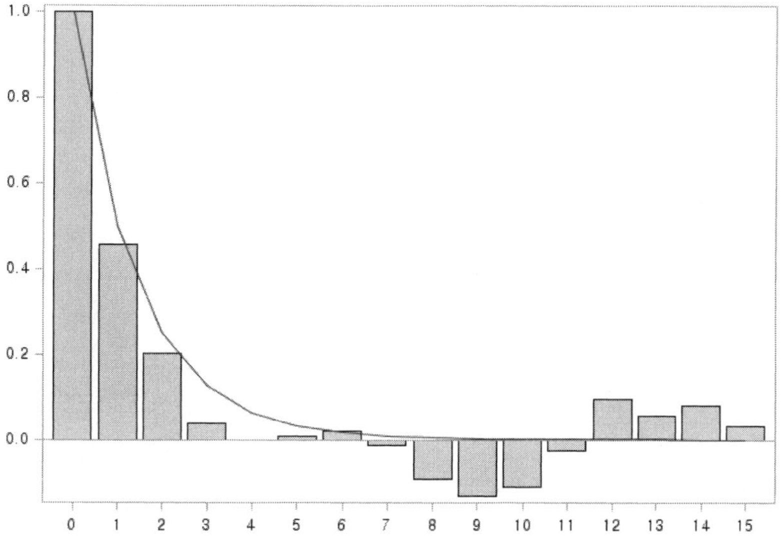

[그림 3.2.2] $\phi = 0.5$일 때 ACF와 SACF

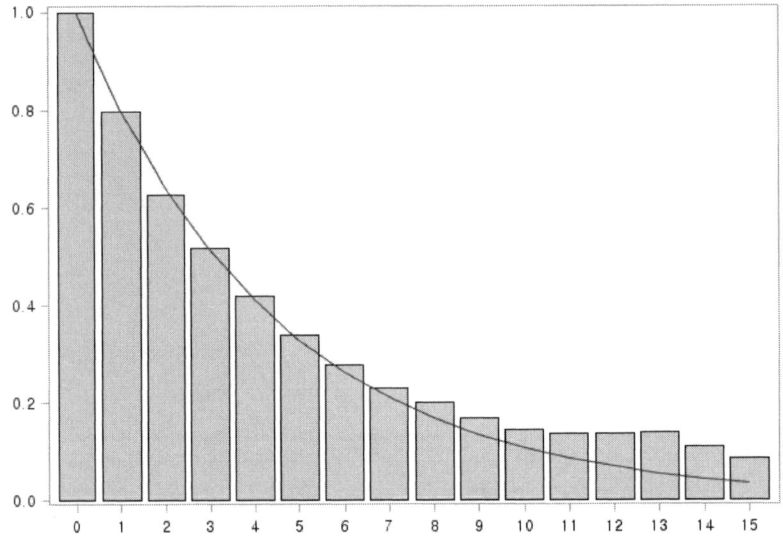

[그림 3.2.3] $\phi = 0.8$일 때 ACF와 SACF

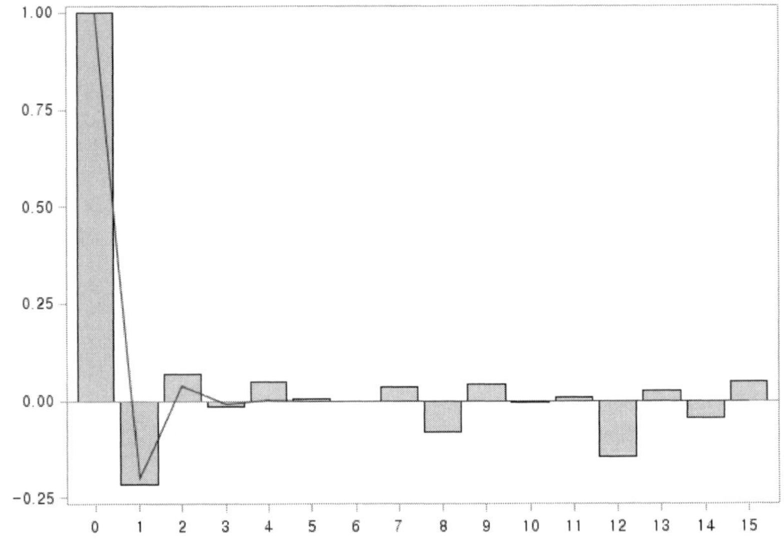

[그림 3.2.4] $\phi = -0.2$일 때 ACF와 SACF

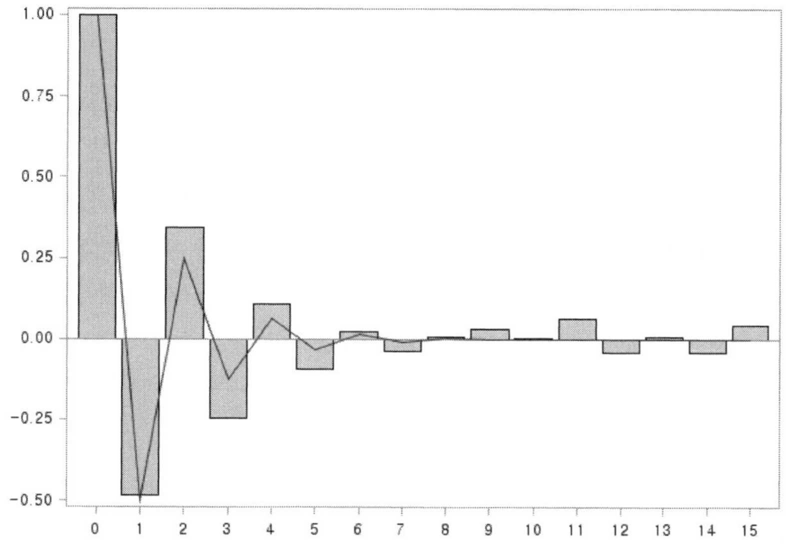

[그림 3.2.5] $\phi=-0.5$일 때 ACF와 SACF

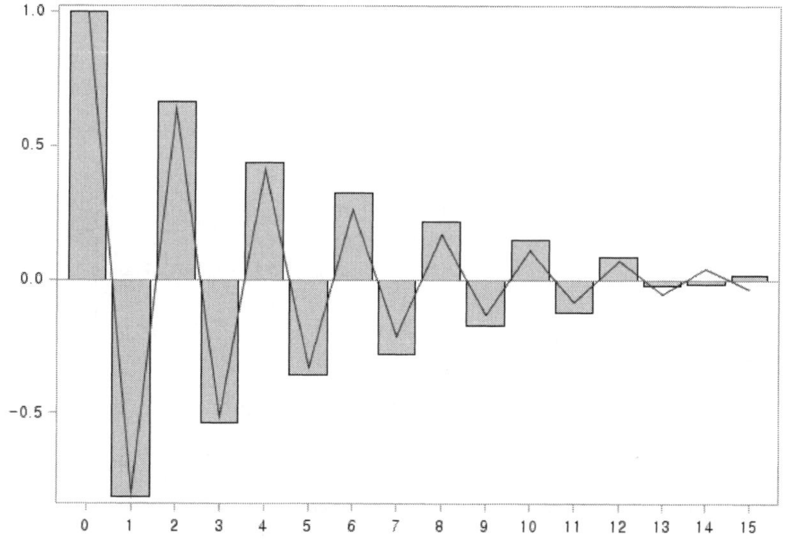

[그림 3.2.6] $\phi=-0.8$일 때 ACF와 SACF

그래프에서 히스토그램은 각 시차에서 계산을 통해 구해진 표본자기상관계수들을 의미하고 선분들은 이론적인 자기상관계수들을 연결한 것이다. 표본의 수가 300개로 충분히 많아서 이론과 실제의 차이가 그리 크지 않은 것을 눈으로 확인할 수 있다. SAS를 이용하여 그래프를 그리는 방법은 SAS 실습을 참고해야 한다.

3-3 적률추정법

적률추정법은 모수를 추정하는 가장 간단한 방법이다. 자기상관함수와 모수들 사이의 방정식을 이용하는 방법이며 흔히 최대우도추정량을 계산하기 위한 초기값으로 많이 사용된다. **적률추정량**(moment estimator)은 AR 모형에서는 쉽게 구할 수 있지만 MA 모형이나 ARMA 모형에서는 비선형방정식을 풀어서 구해야 하기 때문에 계산상 난점이 있다고 할 수 있다. 본 서에서는 AR 모형에서의 적률추정법만을 소개한다.

다음과 같은 정상 AR(p) 모형을 고려해 보자:

$$X_t = \phi_1 X_{t-1} + \cdots + \phi_p X_{t-p} + \epsilon_t, \qquad \{\epsilon_t\} \sim \mathrm{IID}(0, \sigma^2)$$

여기서

$$E(X_t - \phi_1 X_{t-1} - \cdots - \phi_p X_{t-p}) X_{t-j} = E\epsilon_t X_{t-j} = 0, \;\; j = 1, 2, \cdots, p$$

이므로

$$\gamma(j) = \phi_1 \gamma(j-1) + \cdots + \phi_p \gamma(j-p), \quad j = 1, 2, \cdots, p$$

가 성립한다. 이 식을 Yule–Walker **방정식**(Yule–Walker equation)이라 하며 이를 행렬로 표현하면,

$$\begin{pmatrix} \rho(0) & \rho(1) & \rho(2) & \cdots & \rho(p-1) \\ \rho(1) & \rho(0) & \rho(1) & \cdots & \rho(p-2) \\ \rho(2) & \rho(1) & \rho(0) & \cdots & \rho(p-3) \\ \vdots & \vdots & \vdots & \ddots & \vdots \\ \rho(p-1) & \rho(p-2) & \rho(p-3) & \cdots & \rho(0) \end{pmatrix} \begin{pmatrix} \phi_1 \\ \phi_2 \\ \phi_3 \\ \vdots \\ \phi_p \end{pmatrix} = \begin{pmatrix} \rho(1) \\ \rho(2) \\ \rho(3) \\ \vdots \\ \rho(p) \end{pmatrix} \qquad (3.3.1)$$

이 된다. 여기서 ϕ들은 이 선형방정식의 근으로 표현된다. 이때 (3.3.1)의 자기상관계수들을 모두 표본자기상관계수들로 대체하여 구한 $\hat{\phi}$가 $\phi = (\phi_1, \cdots, \phi_p)^T$의 적률추정량이 되며, 이를 Yule–Walker **추정량**(Yule–Walker estimator)이라 부르고 간단히 Y–W 추정량이라고 한다. 이 Y–W 추정량의 점근적 성질은 다음과 같다.

3.3.1 정리

$\hat{\boldsymbol{\phi}}_{YW} = (\hat{\phi}_1, \cdots, \hat{\phi}_p)^T$가 $\boldsymbol{\phi} = (\phi_1, \cdots, \phi_p)^T$의 Y–W 추정량일 때 다음이 성립한다:

$$\sqrt{n}\,(\hat{\boldsymbol{\phi}}_{YW} - \boldsymbol{\phi}) \xrightarrow{d} N(\mathbf{0}, \Gamma^{-1}\sigma^2)$$

단, Γ는 $\Gamma_{ij} = \gamma(i-j)$ 인 $p \times p$ 행렬.

● **3.3.2 예**

정상 AR(1) 모형에서 ϕ의 Y-W 추정량은 $\rho(1) = \phi$이기 때문에 $\hat{\phi} = \hat{\rho}(1)$이 된다.

● **3.3.3 예**

정상 AR(2) 모형에서 ϕ_1과 ϕ_2의 Y-W 추정량을 구해보자. 먼저 Yule-Walker 방정식은 다음과 같다:

$$\rho(1) = \phi_1 + \rho(1)\phi_2$$
$$\rho(2) = \rho(1)\phi_1 + \phi_2$$

따라서 $\rho(1)$과 $\rho(2)$ 대신에 $\hat{\rho}(1)$과 $\hat{\rho}(2)$를 대입하여 ϕ_1과 ϕ_2의 추정량을 구하면 다음과 같다:

$$\hat{\phi}_1 = \frac{\hat{\rho}(1)(1-\hat{\rho}(2))}{1-\hat{\rho}^2(1)}, \quad \hat{\phi}_2 = \frac{\hat{\rho}(2)-\hat{\rho}^2(1)}{1-\hat{\rho}^2(1)}$$

3-4 최소제곱추정량

최소제곱추정량(least squares estimator)은 회귀분석에서 가장 빈번하게 이용되는 추정량으로 시계열 분석에서도 가장 기본적인 추정량이라고 할 수 있다.

우선 정상 AR(1) 모형:

$$X_t = \phi X_{t-1} + \epsilon_t, \quad \{\epsilon_t\} \sim \text{IID}(0, \sigma^2)$$

에서의 최소제곱추정량을 구해보자. 오차 제곱합

$$S(\phi) = \sum_{t=2}^{n} (X_t - \phi X_{t-1})^2$$

을 최소로 하는 ϕ의 최소제곱추정량은

$$\hat{\phi} = \frac{\sum_{t=2}^{n} X_t X_{t-1}}{\sum_{t=2}^{n} X_{t-1}^2}$$

이다. 점근적 성질을 알아보기 위해

$$\sqrt{n}(\hat{\phi} - \phi) = \frac{\frac{1}{\sqrt{n}} \sum_{t=2}^{n} X_{t-1}\epsilon_t}{\frac{1}{n} \sum_{t=2}^{n} X_{t-1}^2}$$

를 살펴보자. 먼저 분자를 보면,

$$EX_{t-1}\epsilon_t = 0,\ Var\left(\sum_{t=2}^{n} X_{t-1}\epsilon_t\right) = (n-1)\sigma^2 EX_1^2$$

이므로, 만일 분자가 점근적으로 정규분포를 따른다면,

$$\frac{1}{\sqrt{n}} \sum_{t=2}^{n} X_{t-1}\epsilon_t \xrightarrow{d} N(0, \sigma^2 EX_1^2) \qquad (3.4.1)$$

가 된다. 위의 명제 (3.4.1)은 사실로 판명되며 여기서는 이를 증명 없이 받아들이기로 한다. 한편, 분모에서 $\hat{\gamma}(0) \rightarrow EX_1^2$이므로 다음의 사실을 얻는다.

3.4.1 정리

정상 AR(1) 모형에서 $\hat{\phi}$를 ϕ의 최소제곱추정량이라고 할 때 다음이 성립한다.

$$\sqrt{n}(\hat{\phi} - \phi) \xrightarrow{d} N\left(0, \left(EX_1^2\right)^{-1}\sigma^2\right)$$

한편, 정상 AR(p) 모형

$$X_t = \phi_1 X_{t-1} + \cdots + \phi_p X_{t-p} + \epsilon_t,\ \{\epsilon_t\} \sim \text{IID}(0,\ \sigma^2)$$

에서 $\boldsymbol{\phi} = (\phi_1, \cdots, \phi_p)^T$의 최소제곱추정량은

$$\hat{\phi} = (\hat{\phi}_1, \cdots, \hat{\phi}_p)^T, \quad \hat{\phi} = \left(\sum_{t=p+1}^{n} \boldsymbol{X}_{t-1} \boldsymbol{X}_{t-1}^T \right)^{-1} \sum_{t=p+1}^{n} X_t \boldsymbol{X}_{t-1}$$

이 된다(단, $\boldsymbol{X}_t = (X_t, \cdots, X_{t-p+1})^T$).

이때,

$$\hat{\phi} - \phi = \left(\sum_{t=p+1}^{n} \boldsymbol{X}_{t-1} \boldsymbol{X}_{t-1} \right)^{-1} \sum_{t=p+1}^{n} \boldsymbol{X}_{t-1} \epsilon_t$$

이고

$$E\boldsymbol{X}_{t-1}\epsilon_t = \mathbf{0}, \quad Cov\left(\sum_{t=p+1}^{n} \boldsymbol{X}_{t-1}\epsilon_t \right) = (n-p)\Gamma\sigma^2$$

이므로(단, $\Gamma_{ij} = \gamma(i-j)$, $i, j = 1, \cdots, p$), AR(1) 모형의 경우와 유사하게

$$\frac{1}{\sqrt{n}} \sum_{t=p+1}^{n} \boldsymbol{X}_{t-1}\epsilon_t \xrightarrow{d} N(\mathbf{0}, \Gamma\sigma^2)$$

이 성립함을 알 수 있으며,

$$\frac{1}{n} \sum_{t=p+1}^{n} \boldsymbol{X}_{t-1} \boldsymbol{X}_{t-1}^T \rightarrow \Gamma$$

이므로 다음의 결과를 얻는다.

3.4.2 정리

정상 AR(p) 모형에서 $\hat{\phi}$가 ϕ의 최소제곱추정량일 때 다음이 성립한다.

$$\sqrt{n}\,(\hat{\phi} - \phi) \xrightarrow{d} N(\mathbf{0}, \Gamma^{-1}\sigma^2)$$

정리 3.3.1로부터 최소제곱추정량과 Y-W 추정량이 같은 점근성질을 가짐을 알 수 있다. 그리고 정리 3.4.2로부터

$$\frac{n(\hat{\phi} - \phi)^T \Gamma (\hat{\phi} - \phi)}{\sigma^2} \rightarrow \chi^2(p) \tag{3.4.2}$$

임을 알 수 있고, 식 (3.4.2)는 ϕ에 대한 신뢰구간을 구하는 데 유용하다.

● **3.4.3 예**

정상 AR(p) 모형에서 ϕ에 대한 100(1−α)% 신뢰구간은

$$S_\alpha = \left\{ \phi \in R^p : \frac{n(\hat{\phi}-\phi)^T \hat{\Gamma}(\hat{\phi}-\phi)}{\widehat{\sigma^2}} \le \chi^2(p, 1-\alpha) \right\}$$

이다. 단, $\hat{\Gamma}_{ij} = \hat{\gamma}(i-j)$이고 $\chi^2(p, 1-\alpha)$는

$$P(\chi^2(p) \ge \chi^2(p, 1-\alpha)) = \alpha$$

를 만족하는 값이다.

3-5 최대우도추정량

3-5-1 AR(1) 모형에서 최대우도추정량

최대우도추정량(maximum likelihood estimator)을 구하기 위해서는 $\{X_t\}$가 정규확률 과정임을 가정해야 한다. 정규확률 과정이 아닌 경우에는 결합확률분포를 구할 수 없으므로 이 경우에도 정규분포를 가정하여 추정량을 구함이 일반적이다. 또한 $\{\epsilon_t\}$가 $N(0, \sigma^2)$ 분포를 따른다고 가정한다. 수치해석적 방법을 사용하지 않고 손으로 추정량을 직접 계산하는 것은 쉽지 않으나, 최대우도추정량의 점근분포는 잘 알려져 있다 (정리 3.5.2 참조).

다음과 같은 정상 AR(1) 모형을 고려하자:

$$X_t = \phi X_{t-1} + \epsilon_t, \quad \{\epsilon_t\} \sim \text{IID}\, N(0, \sigma^2), \ |\phi| < 1$$

(1) 최대우도추정량

먼저 첫 번째 관측값 X_1의 기댓값과 분산은 각각 다음과 같다.

$$EX_1 = 0, \ Var(X_1) = \sigma^2/(1-\phi^2)$$

따라서 X_1의 확률밀도함수는

$$f_{X_1}(x_1;\phi,\sigma^2) = \frac{1}{\sqrt{2\pi\sigma^2/(1-\phi^2)}}\exp\left\{\frac{-x_1^2}{2\sigma^2/(1-\phi^2)}\right\}$$

이 된다. 다음, $X_1 = x_1$으로 주어졌을 때, ϵ_2와 X_1이 서로 독립적이라는 사실을 이용하면

$$P(X_2 \le x | X_1 = x_1) = P(\phi X_1 + \epsilon_2 \le x | X_1 = x_1) = P(\epsilon_2 \le x - \phi x_1)$$

이므로, X_2가 $N(\phi x_1, \sigma^2)$을 따르게 되어 X_2의 조건부확률밀도함수는 다음과 같게 된다:

$$f_{X_2}(x_2 | x_1;\phi,\sigma^2) = \frac{1}{\sqrt{2\pi\sigma^2}}\exp\left\{\frac{-(x_2 - \phi x_1)^2}{2\sigma^2}\right\}$$

또한, 위와 유사하게 $X_1,\cdots,X_{t-1}$이 주어졌을 때 X_t의 확률밀도함수가 다음과 같이 주어지기 때문에

$$\begin{aligned} f_{X_t|X_{t-1},\cdots,X_1}(x_t|x_{t-1},\cdots,x_1;\phi,\sigma^2) &= f_{X_t|X_{t-1}}(x_t|x_{t-1};\phi,\sigma^2) \\ &= \frac{1}{\sqrt{2\pi\sigma^2}}\exp\left\{-\frac{1}{2\sigma^2}(x_t - \phi x_{t-1})^2\right\} \end{aligned}$$

$X_1,\cdots,X_n$의 확률밀도함수가

$$f_{X_1,\cdots,X_n}(x_1,\cdots,x_n;\phi,\sigma^2) = f_{X_1}(x_t;\phi,\sigma^2)\prod_{t=2}^{n} f_{X_t|X_{t-1}}(x_t|x_{t-1};\phi,\sigma^2) \qquad (3.5.1)$$

가 되고, 이를 이용하면 AR(1) 모형에서 로그우도함수는 다음과 같이 주어진다:

$$\begin{aligned} L(\phi,\sigma^2) = &-\frac{1}{2}\log(2\pi) - \frac{1}{2}\log\{\sigma^2/(1-\phi^2)\} - \frac{x_1^2}{2\sigma^2/(1-\phi^2)} \\ &-\frac{n-1}{2}\log(2\pi\sigma^2) - \frac{1}{2\sigma^2}\sum_{t=2}^{n}(x_t - \phi x_{t-1})^2 \end{aligned} \qquad (3.5.2)$$

위의 사실로부터 ϕ,σ^2의 최대우도추정량을 구하기 위해서는 식 (3.5.2)를 최대로 하는 ϕ,σ^2을 구해야 하며, 식 (3.5.1)을 각각 ϕ,σ^2으로 미분하여 0으로 놓고 식을 풀어 해를 구할 수 있다. 하지만 이 식이 ϕ,σ^2 및 $x_1,\cdots,x_n$의 비선형식이 되어 그 해를 간단하게 구할 수 없으므로 수치해석적인 방법을 이용한다.

(2) 조건부최대우도추정량

정상 AR(1) 모형에서 조건부최대우도추정량은 첫 번째 관측값이 주어졌을 때의 확률밀도함수를 최대로 하는 추정량이므로 식 (3.5.1)에서 $f_{X_1}(x_1;\phi,\sigma^2)$을 생략한 형태의 확률밀도함수를 고려하면 된다. 즉,

$$f_{X_2,\cdots,X_n|X_1}(x_2,\cdots,x_n|x_1;\phi,\sigma^2)=\prod_{t=2}^{n} f_{X_t|X_{t-1}}(x_t|x_{t-1};\phi,\sigma^2)$$

이 되고, 이로부터 조건부로그우도함수는

$$L(\phi,\sigma^2)=-\frac{n-1}{2}\log(2\pi\sigma^2)-\frac{1}{2\sigma^2}\sum_{t=2}^{n}(x_t-\phi x_{t-1})^2$$

가 되며, 이를 최대로 하는 ϕ,σ^2의 조건부최대우도추정량은

$$\hat{\phi}=\frac{\sum_{t=2}^{n} X_t X_{t-1}}{\sum_{t=2}^{n} X_{t-1}^2},$$

$$\hat{\sigma}^2=\frac{1}{n-1}\sum_{t=2}^{n}(X_t-\hat{\phi}X_{t-1})^2$$

이다. 조건부최대우도추정량은 최대우도추정량과 비교하여 상대적으로 계산이 용이한 장점이 있다.

● 3.5.1 예

AR(2) 모형에서 최대우도추정량을 구해보자. AR(1) 모형과 마찬가지로 $X_1,\cdots,X_n$들의 확률밀도함수는 아래와 같이 구할 수 있다:

$$f_{X_1,\cdots,X_n}(x_1,\cdots,x_n;\phi,\sigma^2)=f_{X_1,X_2}(x_1,x_2;\phi,\sigma^2)\prod_{t=3}^{n} f_{X_t|X_{t-1},X_{t-2}}(x_t|x_{t-1},x_{t-2};\phi,\sigma^2)$$

단,

$$f_{X_1,X_2}(x_1,x_2;\phi,\sigma^2)=(2\pi)^{-1}\sigma^{-2}\left|V_2^{-1}\right|^{1/2}\exp\left[-\frac{1}{2\sigma^2}\boldsymbol{x}_2^T V_2^{-1}\boldsymbol{x}_2\right]$$

이고

$$f_{X_t|X_{t-1},X_{t-2}}(x_t|x_{t-1},x_{t-2};\phi,\sigma^2) = \frac{1}{\sqrt{2\pi\sigma^2}}\exp\left[-\frac{1}{2\sigma^2}(x_t-\phi_1 x_{t-1}-\phi_2 x_{t-2})^2\right]$$

이다. 여기서, $\boldsymbol{x}_2=(x_1,x_2)^T$, $\sigma^2 V_2=\begin{pmatrix}\gamma(0) & \gamma(1)\\ \gamma(1) & \gamma(0)\end{pmatrix}$이고 V_2의 역행렬과 그 행렬식을 구하면 다음과 같다:

$$V_2^{-1}=\begin{pmatrix}1-\phi_2^2 & -(\phi_1+\phi_1\phi_2)\\ -(\phi_1+\phi_1\phi_2) & 1-\phi_2^2\end{pmatrix}$$

그리고

$$|V_2^{-1}|=(1+\phi_2)^2\{(1-\phi_2)^2-\phi_1^2\}$$

따라서 로그우도함수는 다음과 같게 된다:

$$\begin{aligned}L(\phi_1,\phi_2,\sigma) = & -\frac{n}{2}\log(2\pi)-\frac{n}{2}\log(\sigma^2)+\log\{(1+\phi_2^2)((1-\phi_2)^2-\phi_1^2)\} \quad (3.5.3)\\ & -\frac{1+\phi_2}{2\sigma^2}\{(1-\phi_2)x_1^2-2\phi_1 x_1 x_2+(1-\phi_2)x_2^2\}\\ & -\frac{1}{2\sigma^2}\sum_{t=3}^{t=n}(x_t-\phi_1 x_{t-1}-\phi_2 x_{t-2})^2\end{aligned}$$

위의 사실로부터 ϕ,σ^2의 최대우도추정량을 구하기 위해서는 식 (3.5.3)을 최대로 하는 ϕ,σ^2을 구해야 하며, 이는 식을 각각 ϕ,σ^2으로 미분하여 0으로 놓고 식을 풀어 구할 수 있다. 하지만 이 식은 ϕ,σ^2과 $x_1,\cdots,x_n$의 비선형식이 되어 해를 간단하게 구할 수 없으므로 수치해석적인 방법을 이용해야만 한다.

AR(p) 모형에서 최대우도추정량을 구하는 방식은 AR(2) 모형의 경우와 거의 유사하므로 그 유도 과정은 생략하기로 한다. 또한, ARMA(p,q) 모형에서도 유사하게 최대우도추정량을 구할 수 있으나 본서의 수준을 넘어가므로 이에 대한 설명은 생략하도록 한다.

최대우도추정량 말고도 AR 모형에서 소개한 최소제곱추정량 또는 조건부최소제곱추정량 등이 개발되어 있으나 이에 대한 자세한 설명은 생략하기로 한다. SAS에서는 이에 대한 추정량들을 계산해 주는 프로그램이 잘 개발되어 있으므로 실제의 계산에서는 명령문 PROC ARIMA를 이용하도록 한다. ARMA 모형에서 오차항이 정규분포를 따르는 경우 최대우도추정량을 사용하는 것은 매우 자연스러운 일이며 가장 좋은 결과를 얻어낼 수 있다. 그러나 오차항이 정규분포와 심하게 다른 경우 모수의 추정값들의 정교함이 떨어지는 것은 자명한 일이다. 이를 보완하기 위해 여러 다른 방법들을 고려할 수도 있으나 일반적으로 현실에서는 최대우도추정량을 가장 많이 사용하고 있다.

3-5-2 ARMA 모형에서 최대우도추정량의 점근적 성질

이 절에서는 ARMA 모형에서의 최대우도추정량에 대한 점근적 분포만을 증명 없이 소개하도록 한다.

3.5.2 정리

정상 ARMA 모형

$$\phi(B)X_t = \theta(B)\epsilon_t, \quad \{\epsilon_t\} \sim \text{IID } N(0, \sigma^2)$$

가 주어졌을 때(단, $\phi(z) = 1 - \phi_1 z - \cdots - \phi_p z^p$, $\theta(z) = 1 + \theta_1 z + \cdots + \theta_q z^q$ 임), 최대우도추정량은 다음을 만족한다:

$$\sqrt{n}(\hat{\beta} - \beta) \xrightarrow{d} N(0, V(\beta)).$$

단, $\beta = (\phi_1, \cdots, \phi_p, \theta_1, \cdots, \theta_q)^T$,

$$V(\beta) = \sigma^2 \begin{pmatrix} E(\boldsymbol{U}_t \boldsymbol{U}_t^T) & E(\boldsymbol{U}_t \boldsymbol{V}_t^T) \\ E(\boldsymbol{V}_t \boldsymbol{U}_t^T) & E(\boldsymbol{V}_t \boldsymbol{V}_t^T) \end{pmatrix}^{-1}$$

이고, $\{\boldsymbol{U}_t\}$, $\{\boldsymbol{V}_t\}$는 각각

$$\boldsymbol{U}_t = (U_t, \cdots, U_{t+1-p})^T, \quad \boldsymbol{V}_t = (V_t, \cdots, V_{t+1-q})^T$$

이며,

$$\phi(B)U_t = \epsilon_t, \quad \theta(B)V_t = \epsilon_t$$

를 만족하는 정상시계열이다.

특별히, AR(p) 모형에서

$$V(\boldsymbol{\phi}) = \sigma^2 \left\{ E\boldsymbol{U}_t \boldsymbol{U}_t^T \right\}^{-1}$$

이고, $\phi(B)\boldsymbol{U}_t = \epsilon_t$이므로 $V(\boldsymbol{\phi}) = \sigma^2 \Gamma_p^{-1}$가 된다. 여기서

$$\Gamma_p = E\boldsymbol{U}_t \boldsymbol{U}_t^T = \left\{ EX_i X_j \right\}_{i,j=1}^p$$

이다. 따라서 정리 3.5.2에 의해

$$\sqrt{n}\,(\hat{\boldsymbol{\phi}} - \boldsymbol{\phi}) \xrightarrow{d} N\left(\boldsymbol{0}, \sigma^2 \Gamma_p^{-1}\right)$$

이 된다.

한편, MA(q) 모형의 경우에는

$$V(\boldsymbol{\theta}) = \sigma^2 \left\{ E\boldsymbol{V}_t \boldsymbol{V}_t^T \right\}^{-1},\ \theta(B)\boldsymbol{V}_t = \epsilon_t$$

이므로

$$V(\theta) = \sigma^2 \Gamma_q^{*-1}$$

가 된다. 단, $\Gamma_q^* = E\boldsymbol{V}_t \boldsymbol{V}_t^T$이다.

● 3.5.3 예

정상 AR(1) 모형에서 $\hat{\phi}$는 $\Gamma_1 = \sigma^2/(1-\phi^2)$이기 때문에

$$\sqrt{n}\,(\hat{\phi} - \phi) \xrightarrow{d} N(0, (1-\phi^2))$$

를 만족한다.

● 3.5.4 예

정상 AR(2) 모형에서 $(\hat{\phi}_1, \hat{\phi}_2)^T$의 점근분포는 다음과 같다:

$$\sqrt{n}\left(\begin{pmatrix} \hat{\phi}_1 \\ \hat{\phi}_2 \end{pmatrix} - \begin{pmatrix} \phi_1 \\ \phi_2 \end{pmatrix}\right) \xrightarrow{d} N\left(\begin{pmatrix} 0 \\ 0 \end{pmatrix}, \begin{pmatrix} 1-\phi_2^2 & -\phi_1(1+\phi_2) \\ -\phi_1(1+\phi_2) & 1-\phi_2^2 \end{pmatrix}\right)$$

● 3.5.5 예

정상 MA(1) 모형에서 θ의 점근분포는 $\Gamma_1^* = \sigma^2/(1-\theta^2)$를 이용하면 다음과 같다:

$$\sqrt{n}\,(\hat{\theta}-\theta) \xrightarrow{d} N(0,(1-\theta^2))$$

● 3.5.6 예

정상 MA(2) 모형에서 $(\hat{\theta}_1, \hat{\theta}_2)^T$의 점근분포는 다음과 같다:

$$\sqrt{n}\left(\begin{pmatrix}\hat{\theta}_1\\ \hat{\theta}_2\end{pmatrix}-\begin{pmatrix}\theta_1\\ \theta_2\end{pmatrix}\right) \xrightarrow{d} N\left(\begin{pmatrix}0\\0\end{pmatrix},\begin{pmatrix}1-\theta_2^2 & \theta_1(1-\theta_2)\\ \theta_1(1-\theta_2) & 1-\theta_2^2\end{pmatrix}\right)$$

● 3.5.7 예

정상 ARMA(1,1) 모형에서 $(\hat{\phi},\hat{\theta})^T$의 점근분포를 구해보자. 지금,

$$V(\phi,\theta) = \sigma^2\begin{pmatrix} EU_t^2 & EU_tV_t\\ EU_tV_t & EV_t^2\end{pmatrix}^{-1}$$

이고

$$U_t - \phi U_{t-1} = \epsilon_t,\quad V_t + \theta V_{t-1} = \epsilon_t$$

이다. 그러므로,

$$V(\phi,\theta) = \begin{pmatrix}(1-\phi^2)^{-1} & (1+\phi\theta)^{-1}\\ (1+\phi\theta)^{-1} & (1-\theta^2)^{-1}\end{pmatrix}^{-1}$$

이고, 따라서 다음이 성립한다:

$$\sqrt{n}\left(\begin{pmatrix}\hat{\phi}\\ \hat{\theta}\end{pmatrix}-\begin{pmatrix}\phi\\ \theta\end{pmatrix}\right)\xrightarrow{d} N\left(0,\frac{1+\phi\theta}{(\phi+\theta)^2}\begin{pmatrix}(1-\phi^2)(1+\phi\theta) & -(1-\theta^2)(1-\phi^2)\\ -(1-\theta^2)(1-\phi^2) & (1-\theta^2)(1+\phi\theta)\end{pmatrix}\right)$$

3-6 예측

시계열분석의 최종적인 목표는 예측이라고 말할 수 있다. 일반적으로 시계열 $\{X_t\}$가

주어져 있을 때, $X_1,\cdots,X_n$을 기초로 X_{n+h}를 예측하는 **예측값**(predictor)은

$$f(X_1,\cdots,X_n) := E(X_{n+h}|X_1,\cdots,X_n)$$

이다. $\{X_t\}$가 정규 시계열이면 위의 식은 $X_1,\cdots,X_n$들의 선형결합이 되어 $\sum_{i=1}^{n} a_i X_i$ 이 되고 계수 a_i들은 $E\left(X_{n+h} - \sum_{i=1}^{n} a_i X_i\right)^2$을 최소로 하는 a_i들을 구하면 된다. 그러나 일반적으로는 예측값이 선형결합 되지 않으므로 엄밀한 시각에서 보면 이와 같은 접근방법이 옳다고 할 수는 없다. 그러나 함수 f의 구체적인 형태를 구하는 것이 쉽지 않으므로 현실에서는 여전히 선형결합을 이용하는 방법을 택하고 있다. 특히, $\{X_t\}$가 정상시계열인 경우 계수들을 매우 효율적으로 구하는 방법론이 잘 개발되어 있다. 또한, $\{X_t\}$가 ARMA 모형을 따르는 경우에는 예측값이 ARMA 모형에 있는 모수들의 함수꼴이므로 더욱 효율적인 알고리즘의 개발이 유효하다. 예를 들어 Durbin-Levinson 알고리즘도 그 중 하나이며 매우 광범위하게 이용되므로 관심이 있는 독자는 Brockwell and Davis (1991)를 참고하기 바란다. 또한 실질적인 응용만을 원하는 독자들은 수리적인 유도과정에 구애받지 말고 SAS를 통해 구현해내는 방법에 집중하기 바란다.

● 3.6.1 예

다음과 같은 평균항이 존재하는 AR(1)모형을 고려해보자(단, $|\phi| < 1$):

$$(1-\phi B)(X_t - \mu) = \epsilon_t, \quad \{\epsilon_t\} \sim \text{IID}\,(0, \sigma^2)$$

이 경우, $X_t = \mu + \phi(X_{t-1} - \mu) + \epsilon_t$로 표현 가능하므로 t시점까지의 정보를 가지고 1시점 후의 값을 예측하는 식은 다음과 같다:

$$\begin{aligned}\widehat{X}_t(1) &= E(X_{t+1}|X_t, X_{t-1}, \cdots) \\ &= E(\mu + \phi(X_t - \mu) + \epsilon_{t+1}|X_t, X_{t-1}, \cdots) \\ &= \mu + \phi(X_t - \mu)\end{aligned}$$

$$\begin{aligned}\widehat{X}_t(2) &= E(X_{t+2}|X_t, X_{t-1}, \cdots) \\ &= E(\mu + \phi(X_{t+1} - \mu) + \epsilon_{t+2}|X_t, X_{t-1}, \cdots) \\ &= \mu + \phi(\widehat{X}_t(1) - \mu) \\ &= \mu + \phi^2(X_t - \mu)\end{aligned}$$

마찬가지 방법으로 h시점 이후의 예측값을 구하면,

$$\begin{aligned}\hat{X}_t(h) &= E(X_{t+h}|X_t, X_{t-1}, \cdots) \\ &= E(\mu + \phi(X_{t+h-1} - \mu) + \epsilon_{t+h}|X_t, X_{t-1}, \cdots) \\ &= \mu + \phi(\hat{X}_t(h-1) - \mu)\end{aligned}$$

가 되어 $\hat{X}_t(h) = \mu + \phi^h(X_t - \mu)$임이 성립한다. 따라서 h가 커지면 h시점 후의 예측값 $\hat{X}_t(h)$는 평균 μ로 수렴하게 된다. 실제의 예측에서는 μ와 ϕ를 모수의 추정치 $\hat{\mu}$와 $\hat{\phi}$로 대체한다.

● 3.6.2 예

다음과 같은 평균항이 존재하는 정상 ARMA(1,1) 모형을 고려해보자(단, $|\phi| < 1$, $|\theta| < 1$):

$$(1 - \phi B)(X_t - \mu) = (1 + \theta B)\epsilon_t, \quad \{\epsilon_t\} \sim \text{IID}\,(0, \sigma^2)$$

이때, $X_t = \mu(1-\phi) + \phi X_{t-1} + \epsilon_t + \theta\epsilon_{t-1}$이고 ϵ_t가 $X_t, X_{t-1}, \cdots$들의 함수이므로 t시점까지의 정보를 가졌을 때 1시점 이후의 예측값은

$$\begin{aligned}\hat{X}_t(1) &= E(X_{t+1}|X_t, X_{t-1}, \cdots) \\ &= \mu(1-\phi) + \phi X_t + \theta\epsilon_t\end{aligned}$$

이다. 여기서 t시점에서 오차항 ϵ_t는 미지의 상수이므로 대신 잔차 $\hat{\epsilon}_t$를 이용하여 추정가능하다. 마찬가지 방법으로 $h \geq 2$ 시점 이후의 예측값은 다음과 같다:

$$\begin{aligned}\hat{X}_t(h) &= E(X_{t+h}|X_t, X_{t-1}, \cdots) \\ &= E(\mu(1-\phi) + \phi X_{t+h-1} + \epsilon_{t+h} + \theta\epsilon_{t+h-1}|X_t, X_{t-1}, \cdots) \\ &= \mu(1-\phi) + \phi\hat{X}_t(h-1)\end{aligned}$$

따라서 초기값 $\hat{X}_t(1)$과 $\hat{X}_t(h) = \mu(1-\phi) + \phi\hat{X}_t(h-1)$의 식을 이용하면 h시점 이후에 예측값을 반복적으로 구할 수 있다. 이때에도 μ와 ϕ를 주어진 자료로부터 추정하여 예측값을 구하도록 한다.

3-7 SAS 실습

이 절에서는 SAS의 PROC ARIMA를 이용하여 ARMA(p, q) 모형에서 표본자기공분산함수, 표본자기상관함수, 표본부분자기상관함수 등을 구하는 방법과 모형의 차수가 알려져 있다는 가정하에 ARMA 모형의 모수를 추정하는 방법을 살펴보고자 한다.

3-7-1 표본자기공분산함수(SACF), 표본자기상관함수(SACF), 표본부분자기상관함수(SPACF)

PROC ARIMA의 IDENTIFY문을 이용하면 주어진 자료의 표본자기공분산함수, 표본자기상관함수, 표본부분자기상관함수를 간단하게 구할 수 있다. IDENTIFY문을 이용한 간단한 형식은 다음과 같다.

```
PROC ARIMA DATA=SAS-data-set;
  IDENTIFY VAR=variable <options>;
RUN;
```

IDENTIFY문의 VAR에서 변수를 지정해주면 그 변수에 대한 SACF, SIACF, SPACF값과 그림 그리고 지정된 변수에 대한 백색잡음 검정에 대한 결과가 출력된다. 백색잡음 검정은 자료가 백색잡음을 따르는지 아닌지를 검정하는 것으로 SAS에서는 4장에서 소개되는 포트맨토 검정통계량을 이용한 결과를 제공한다. IDENTIFY문의 options에 사용할 수 있는 몇 가지 사항을 소개하면 다음과 같다. NLAG=number option을 사용하면 지정한 시차까지의 자기상관함수를 구할 수 있으며 default는 24 혹은 자료수의 1/4이다. OUTCOV=SAS-data-set option을 사용하면 표본자기공분산함수, 표본자기상관함수와 표본부분자기상관함수 등을 따로 데이터 세트로 만들어 저장할 수 있다.

다음은 모의실험을 통해 생성한 $\phi = 0.2, \theta = 0.6$인 ARMA(1,1) 모형을 따르는 400개의 자료에 대해 PROC ARIMA의 IDENTIFY문을 이용하여 표본자기상관함수와 표본자기상관함수를 구한 결과들이다(code-(1) 참조). 표 3.7.1은 $\{X_t\}$에 대한 기초통계량 및 포트맨토 검정에 대한 결과이며, 지정한 시차 24까지의 각 시차별 SACF의 값도 확인할 수 있다. 각 시차에서 유의확률이 매우 작으므로 변수 $\{X_t\}$가 백색잡음이라는 귀무가설을 기각할 수 있다.

[표 3.7.1] 포트맨토 검정결과

SAS 시스템

The ARIMA Procedure

Name of Variable = x	
Mean of Working Series	0.025179
Standard Deviation	1.28998
Number of Observations	400

Autocorrelation Check for White Noise									
To Lag	Chi-Square	DF	Pr > ChiSq	Autocorrelations					
6	118.27	6	<.0001	0.531	0.064	-0.034	-0.053	-0.050	-0.023
12	126.55	12	<.0001	-0.013	-0.050	-0.073	-0.017	0.064	0.087
18	137.00	18	<.0001	0.081	0.021	-0.021	0.001	0.084	0.103
24	151.71	24	<.0001	0.072	-0.015	-0.104	-0.109	-0.065	-0.049

그림 3.7.1은 변수 X_t에 대한 시계열도 및 SACF, SIACF, SPACF의 도표이다. SACF와 SPACF의 band는 각각 이들의 95% 신뢰구간을 나타내며 이 구간에 포함

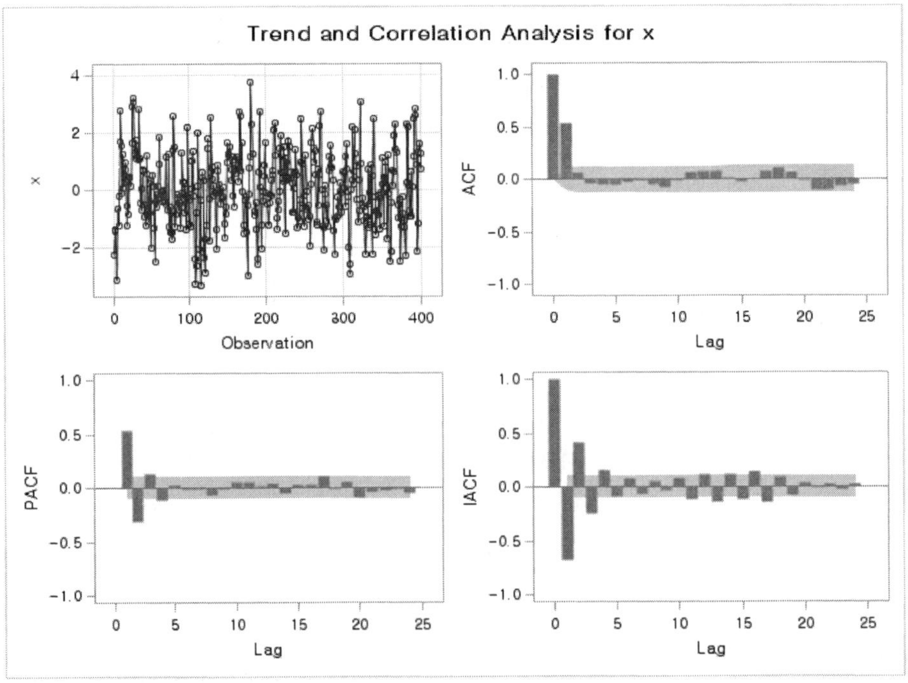

[그림 3.7.1] X_t에 대한 시계열도 및 SACF, SIACF, SPACF

되면 유의수준 $\alpha = 0.05$에서 0과 다르지 않다고 결론 내린다. 그림 3.7.1의 SACF의 경우 시차가 1, 2일 때는 큰 값을 가지나 시차가 3 이상일 경우는 유의하게 0에 가까워짐을 보이며 표 3.7.1을 통해서 각 시차별 구체적인 $\hat{\rho}(h)$ 값을 확인할 수 있다. SPACF의 경우도 SACF와 유사하게 시차가 커지면 0에 가까워짐을 확인할 수 있다. SIACF의 경우는 0을 중심으로 진동하며 작아지는 형태를 가지나 본문에서 다루지 않았으므로 이에 대한 설명은 생략하기로 한다.

3-7-2 AR(1) 모형과 MA(1) 모형의 이론적인 자기상관함수(ACF)와 표본자기상관함수(PACF)

자기상관함수(ACF)와 표본자기상관함수(PACF)는 각 모형마다 고유의 특성을 가지기 때문에 모형의 식별뿐만 아니라 시계열의 정상성 검정에 유용하게 사용된다. 따라서 주어진 자료의 SACF와 SPACF를 이용하여 이들의 특징을 파악하는 것은 모형 식별에 있어 매우 중요한 일이라 할 수 있다. 이를 위해 본 절에서는 PROC ARIMA의 IDENTIFY문을 이용하여 계산한 SACF, SPACF를 실제 모형의 ACF, PACF와 비교해 보도록 한다.

우선 모의실험을 통해 생성한 $\phi = 0.8$인 AR(1) 모형을 따르는 300개 자료의 SACF와 SPACF를 실제 AR(1) 모형의 ACF, PACF와 비교해 보기로 한다. AR(1)

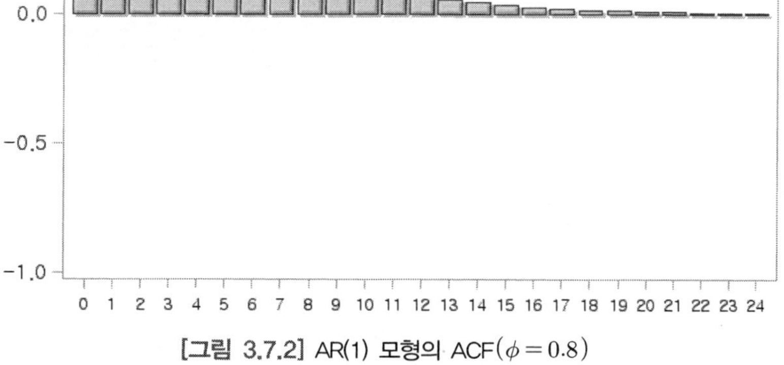

[그림 3.7.2] AR(1) 모형의 ACF($\phi = 0.8$)

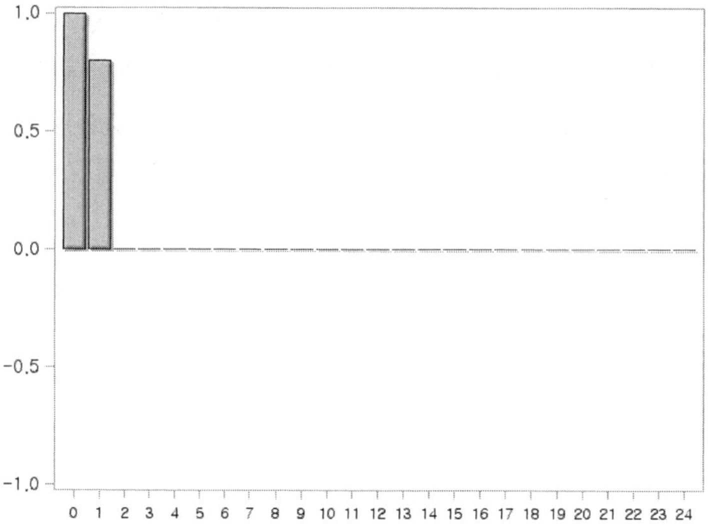

[그림 3.7.3] AR(1) 모형의 PACF$(\phi = 0.8)$

모형의 경우 ACF는 $\rho(h) = \phi^h \ (h \geq 0)$이며 PACF는 $\phi_{11} = \phi^h$, $\phi_{hh} = 0 \ (h \geq 2)$임이 잘 알려져 있다. 그림 3.7.2, 그림 3.7.3은 AR(1) 모형의 이론적인 ACF, PACF를 그린 결과이다(code-(2),(3) 참조).

생성한 자료를 통해 표본자기상관계수와 표본부분자기상관계수를 구해보도록 하자. 그림 3.7.4, 그림 3.7.5는 이를 그림으로 나타낸 결과이다(code-(4) 참조).

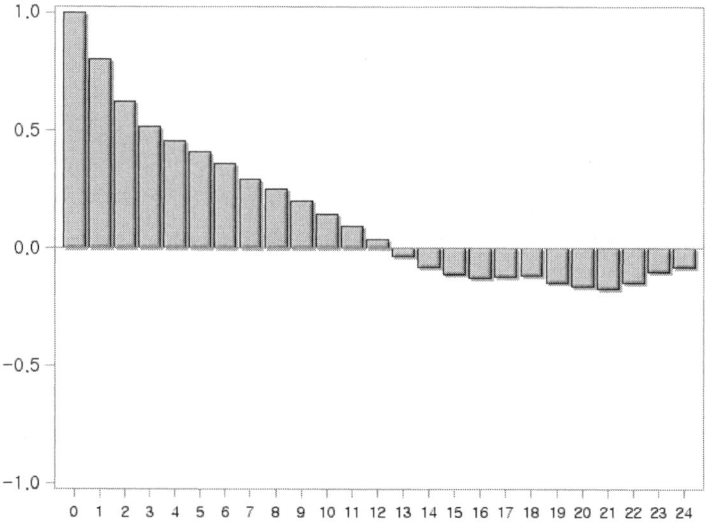

[그림 3.7.4] AR(1) 모형의 SACF$(\phi = 0.8, n = 300)$

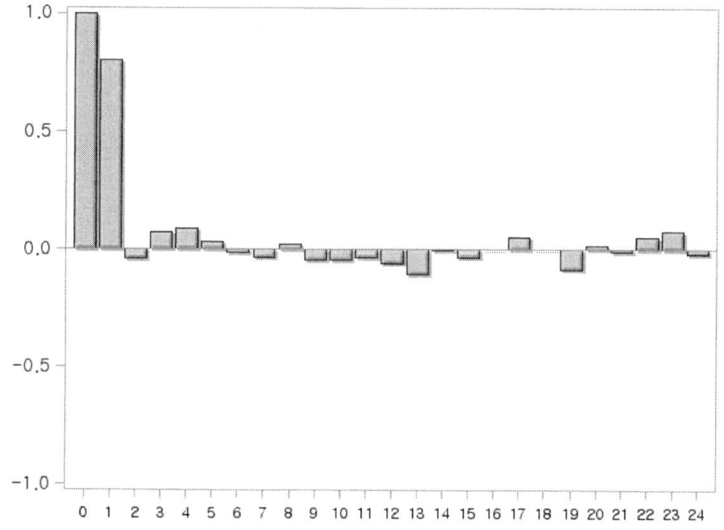

[그림 3.7.5] AR(1) 모형의 SPACF($\phi = 0.8, n = 300$)

그림 3.7.4와 그림 3.7.5의 SACF의 경우 지수적으로 점차 감소하는 경향을 보이며, SPACF의 경우는 시차가 1일 때만 큰 값을 가지고 시차가 2 이상일 때는 유의하게 0에 가까운 작은 값을 가지는 절단된 형태임을 확인할 수 있다. 또한 시차가 1일 때 $\hat{\phi}_{11}$의 값이 $\phi = 0.8$에 매우 가까운 값을 가짐을 알 수 있다. 이는 실제 AR(1) 모형의 ACF와 PACF가 가지는 이론적인 특성과 매우 유사한 형태를 가짐을 확인할 수 있다. 본 교재에서는 생략하였으나 실제로 모의실험을 통해 생성한 자료의 개수가 많을수록 SACF와 SPACF가 이론적 분포의 형태에 더 가까이 가는 것을 확인할 수 있다.

다음은 2장에서 모의실험을 통해 생성한 $\theta = 0.8$인 MA(1) 모형을 따르는 300개 자료의 SACF와 SPACF를 실제 MA(1) 모형의 ACF, PACF와 비교해 보기로 한다. MA(1) 모형의 경우 ACF는 $\rho(0) = 1, \rho(1) = \dfrac{\theta}{1+\theta^2}$이며 PACF는 $\phi_{hh} = -\dfrac{(-\theta)^h(1-\theta^2)}{1-\theta^{2(k+1)}}$ $(h \geq 1)$임이 잘 알려져 있다. 그림 3.7.6~그림 3.7.9는 이를 계산하고 출력한 결과이다(code-(5)~(7) 참조).

그림 3.7.8의 SACF의 경우는 시차가 1일 때만 큰 값을 가지며 시차가 2 이상일 때는 유의하게 0에 가까운 작은 값을 가지는 절단된 형태이고, 그림 3.7.9의 SPACF의 경우 지수적으로 점차 감소하는 것을 확인할 수 있다. 이를 통해 그림 3.7.6과 그림 3.7.7의 실제 MA(1)모형의 ACF와 PACF의 성질을 비슷하게 만족하며 매우 유사

한 형태를 가짐을 확인할 수 있다.

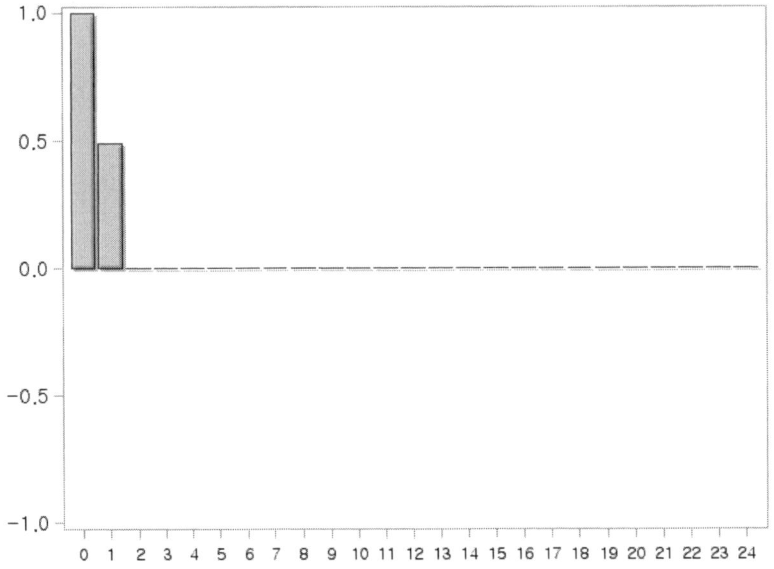

[그림 3.7.6] MA(1) 모형의 ACF($\theta = 0.8$)

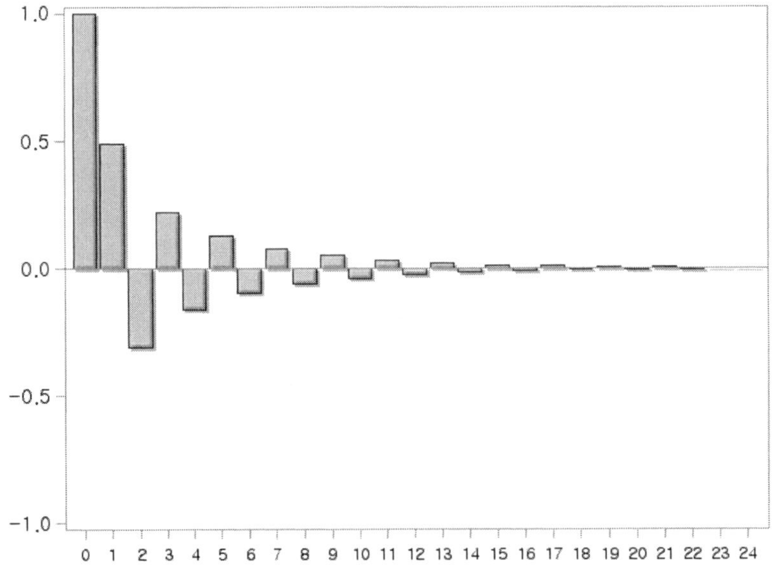

[그림 3.7.7] MA(1) 모형의 PACF($\theta = 0.8$)

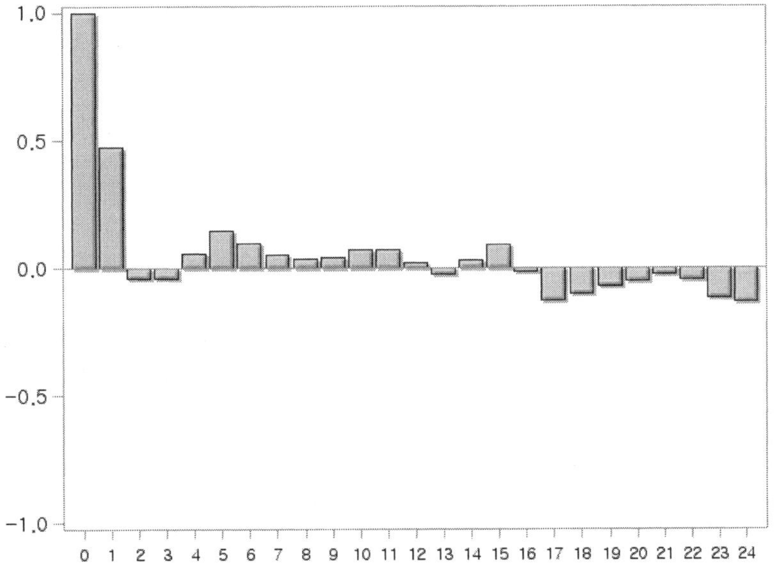

[그림 3.7.8] MA(1) 모형의 SACF($\theta = 0.8$)

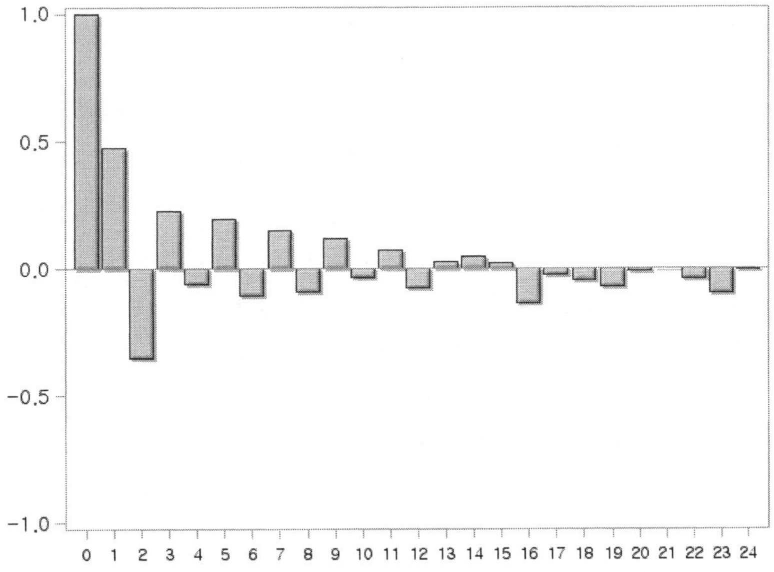

[그림 3.7.9] MA(1) 모형의 SPACF($\theta = 0.8$)

3-7-3 ARMA 모형의 모수추정

PROC ARIMA의 ESTIMATE문은 앞서 언급한 IDENTIFY문과 함께 쓰이며 IDENTIFY문에서 지정한 변수에 모형을 적합시키고 이 모형에서의 모수추정에 대한 결과를 제공한다. 또한 가정한 모형이 잘 적합되었는지에 대한 모형 진단의 정보도 함께 제공한다. ESTIMATE문은 다음과 같은 형식으로 사용된다.

```
PROC ARIMA DATA=SAS-data-set;
  IDENTIFY VAR=variable <options>;
  ESTIMATE <options>;
RUN;
```

ESTIMATE문에서는 추정할 모형을 지정하거나 결과를 따로 저장하기 위한 options를 사용할 수 있으며 유용한 options를 몇 가지 소개하면 다음과 같다.

```
METHOD=value : 모수추정방법을 지정(VALUE = ML, ULS, CLS)
NOCONSTANT 또는 NOINT : 상수항이 없는 모형을 적합
P=order : AR 모형의 차수를 지정
Q=order : MA 모형의 차수를 지정
PLOT : 적합된 모형에서 잔차의 SACF와 SPACF 도표출력 및 포트맨토 검정
OUTEST=SAS-data-set : 모수추정에 대한 결과를 SAS data set으로 저장
OUTSTAT=SAS-data-set : 모형진단에 대한 결과를 SAS data set으로 저장
```

ESTIMATE문에서는 ARMA(p,q) 모형에서 AR 모형의 차수 p와 MA 모형의 차수 q를 지정할 때(p와 q를 알고 있을 때) METHOD라는 option으로 모수의 추정방법을 지정할 수 있다. 여기서 제공되는 추정방법은 최대우도법, 비조건부최소제곱법, 조건부최소제곱법으로 METHOD의 값을 각각 ML, ULS, CLS로 지정하여 추정방법을 선택할 수 있다. default는 조건부최소제곱법(CLS)이다.

표 3.7.2는 자료에 최대우도추정량을 이용하여 절편 없는 AR(1) 모형을 적합한 결과이다(code-(8) 참조). 분석에 사용된 자료는 3-7-2절에서 모의실험을 통해 생성한 $\phi=0.8$인 AR(1) 모형을 따르는 300개의 자료로, 표 3.7.2의 결과를 보면 ϕ의 추정치가 0.79995로 실제 ϕ의 값 0.8에 매우 가까운 것을 확인할 수 있다.

[표 3.7.2] 절편이 없는 AR(1) 모형에서 ϕ의 최대추정량

Maximum Likelihood Estimation					
Parameter	Estimate	Standard Error	t Value	Approx Pr > |t|	Lag
AR1,1	0.79995	0.06056	13.21	<.0001	1

다음은 모의실험을 통해 생성한 $\phi=0.2$이고 $\theta=0.6$인 ARMA(1,1) 모형을 따르

는 400개의 자료에 조건부최소제곱법을 이용하여 ARMA(1,1) 모형을 적합한 결과이다(code-(9) 참조). 실제 자료 분석에서는 AR 모형과 MA 모형의 차수가 알려져 있지 않으므로 모형의 적절한 차수 p와 q를 선택해야 하는 문제가 발생한다. 이를 위해 ESTIMATE문은 모형 선택에 필요한 option을 제공하고 있으며 이에 대한 설명은 4장을 참고하기 바란다.

[표 3.7.3] ARMA(1,1) 모형에서 ϕ와 θ의 조건부최소제곱추정량

Conditional Least Squares Estimation					
Parameter	Estimate	Standard Error	t Value	Approx Pr > |t|	Lag
MA1,1	-0.68742	0.04825	-14.25	<.0001	1
AR1,1	0.14412	0.06564	2.20	0.0287	1

조건부최소제곱법을 이용하여 적합한 결과, 표 3.7.3의 ϕ와 θ의 추정치가 각각 0.14412와 −0.68742로 유의하며 실제 모수의 값과 유사함을 확인할 수 있다. 여기서 주의해야 할 점은 SAS에서 가정하는 MA 모형과 본 책에서 언급한 모형의 MA 모형의 모수의 부호가 다르다는 것이다. 즉, 본 교재에서는 MA 모형을 $X_t = \left(1+\sum_{j=1}^{\infty}\theta_j B^j\right)\epsilon_t$라고 정의했으나, SAS의 경우 MA 모형을 $X_t = \left(1-\sum_{j=1}^{\infty}\theta_j' B^j\right)\epsilon_t$로 표현하므로 책에서 가정한 MA 모형의 모수들과 부호가 달라진다.

위의 예를 살펴보면 $X_t - 0.2X_{t-1} = \epsilon_t + 0.6\epsilon_{t-1}$의 모형에서 자료를 생성하였으므로 $\theta = 0.6$이라고 할 수 있으나, SAS에서 추정하는 θ'의 값은 -0.68742로 부호가 반대로 추정됨을 확인할 수 있다.

추정에 관해서는 기본적으로 모의실험을 통해 생성한 자료의 개수가 많을수록 모수의 추정치가 실제 모수의 값에 더 가까워지는 경향이 있다. 특히 ARMA 모형의 경우 안정적인 모수의 추정을 위해서 AR 모형과 MA 모형에 비해 더 많은 수의 자료가 필요하다.

3-7-4 ARMA 모형의 예측

PROC ARIMA의 FORCAST문은 앞서 언급한 IDENTIFY문과 함께 쓰이며 ESTIMATE문에서 추정한 값을 가지는 모형을 기반으로 예측값을 제공한다.

```
PROC ARIMA DATA=SAS-data-set;
  IDENTIFY VAR=variable <options>;
  ESTIMATE <options>;
  FORECAST <options>;
RUN;
```

FORECAST문에서는 option을 이용해 유의수준을 결정하거나 예측값의 수를 결정할 수 있고, 또한 결과를 SAS data set으로 따로 저장할 수 있다. 몇 가지 유용한 option에 대한 소개는 다음과 같다.

```
ALPHA=significance-level : 유의수준을 결정
BACK=number : 몇 개의 관측값을 남기고 예측을 시작할지 결정, 기본값은 BACK=0.
              (ex: data가 300개, BACK=5이면 처음 295개 자료만 이용하여 예측)
LEAD=number : 예측값의 갯수를 결정
OUT=SAS-data-set : 예측값을 SAS data set으로 저장
```

표 3.7.4, 그림 3.7.10은 자료에 AR(1) 모형을 적합한 후 6개의 예측값을 구하여 이를 실제값과 비교하여 그린 결과이다(code-(10) 참조).

[표 3.7.4] AR(1) 모형에서 예측모형과 예측값

Autoregressive Factors	
Factor 1:	1 - 0.77075 B**(1)

Forecasts for variable x						
Obs	Forecast	Std Error	95% Confidence Limits		Actual	Residual
295	-0.2172	1.0562	-2.2873	1.8529	-1.1455	-0.9283
296	-0.1674	1.3335	-2.7810	2.4462	-0.5946	-0.4272
297	-0.1290	1.4737	-3.0175	2.7594	0.5762	0.7053
298	-0.0994	1.5510	-3.1394	2.9405	1.1501	1.2495
299	-0.0766	1.5952	-3.2032	3.0499	1.1842	1.2608
300	-0.0591	1.6209	-3.2359	3.1177	-0.0646	-0.0055

그림 3.7.10에서 연하게 칠해진 부분은 95% 신뢰구간을 나타낸다. 실제 관측값은 점으로 표시되어 있으며 예측값과 크게 차이가 나지 않음을 알 수 있다.

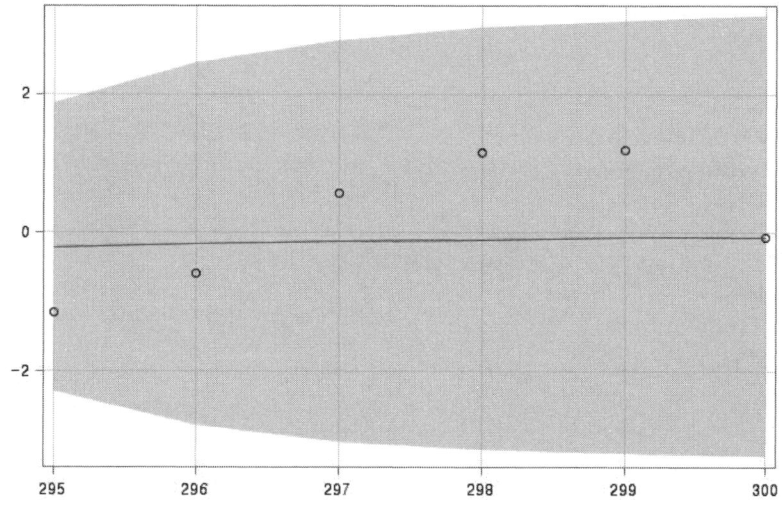

[그림 3.7.10] AR(1) 모형의 관측값과 예측도 (BACK=6, LEAD=6)

예측의 경우 모형의 종류나 표본의 수에 따라 예측의 정확도가 확연히 달라질 수 있으므로 주의해야 한다. 일반적으로 ARMA 모형 형태의 시계열 예측이 AR 모형이나 MA 모형과 같은 단순한 모형들보다 부정확하다고 알려져 있다. 이러한 문제들은 표본의 수를 늘리면 대부분 해결되지만, 뒤에서 배우게 될 더욱 복잡한 모형의 경우에는 그렇지 않을 수도 있다.

SAS 코드

```
/* (1 ARMA(1,1) 자료분석 */
DATA arma1;
  DO t=1 TO 500;
    IF y1=. THEN y1=0;
    IF e1=. THEN e1=0;
    e=RANNOR(342);
    e1=LAG(e);
    y=(0.2*y1)+e+(0.6*e1);
    OUTPUT;
    y1=y;
  END;
RUN;

DATA arma11;
  SET arma1;
  t= t-100;
```

```
  IF t<1 THEN DELETE;

RUN;

PROC ARIMA DATA=arma11;
  IDENTIFY VAR=y NLAG=24;
RUN;

/* (2) 이론적인 AR(1) 모형의 ACF, PACF 생성 */
DATA realar1;
  DO k=0 TO 24;
    acf=0.8**k;
    pacf=0;

    IF k=0 THEN DO;
      pacf=1;
    END;

    IF k=1 THEN DO;
      pacf=0.8;
    END;
    OUTPUT;
  END;
RUN;

/* (3) 이론적인 AR(1) 모형의 ACF, PACF 그림 */
PROC SGPLOT DATA=realar1;
  VBAR k /RESPONSE=acf DATASKIN=crisp;
  XAXIS MIN=0 MAX=25 VALUES=(5 10 15 20);
  YAXIS MIN=-1 MAX=1 VALUES=(-1 -0.5 0 0.5 1);
RUN;

PROC SGPLOT DATA=realar1;
  VBAR k /RESPONSE=pacf DATASKIN=crisp;
  XAXIS MIN=0 MAX=25 VALUES=(5 10 15 20);
  YAXIS MIN=-1 MAX=1 VALUES=(-1 -0.5 0 0.5 1);
RUN;

/* (4) AR(1) 모형의 SACF, SPACF 그림 */
DATA ar1;
  DO t=1 TO 400;
    IF x1=. THEN x1=0;
    x=(0.8*x1)+RANNOR(0);
    OUTPUT;
    x1=x;
  END;
RUN;
```

```
DATA ar11;
  SET ar1;
  t=t-100;
  IF t<1 THEN DELETE;
RUN;

PROC ARIMA DATA=ar11;
  IDENTIFY VAR=x NLAG=24 OUTCOV=outc; /* 변수 X의 SACF SPACF등을 구하고
outc1이라는 데이터 세트에 저장*/
RUN;
QUIT;

PROC SGPLOT DATA=outc;
  VBAR lag /RESPONSE=corr DATASKIN=crisp;
  XAXIS MIN=0 MAX=25 VALUES=(5 10 15 20);
  YAXIS MIN= -1 MAX=1 VALUES=(-1 -0.5 0 0.5 1);
RUN;

PROC SGPLOT DATA=outc;
  VBAR lag /RESPONSE=partcorr DATASKIN=crisp;
  XAXIS MIN=0 MAX=25 VALUES=(5 10 15 20);
  YAXIS MIN=-1 MAX=1 VALUES=(-1 -0.5 0 0.5 1);
RUN;

/* (5) 이론적인 MA(1) 모형의 ACF, PACF 생성 */
DATA realma1;
  DO k=0 TO 24;
    kk=2*(k+1);
    gk=k+1;

    IF k=0 THEN DO;
      acf=1;
      pacf=1;
    END;

    IF k=1 THEN DO;
      acf=0.8/(1+0.8**2);
      pacf=(0.8**k)*0.36/(1-0.8**kk);
    END;

    IF k>=2 THEN DO;
      acf=0;
      pacf=((-1)**gk)*(0.8**k)*(1-0.8**2)/(1-0.8**kk);
    END;
    OUTPUT;
  END;
```

```
RUN;

/* (6) 이론적인 MA(1) 모형의 ACF, PACF 그림 */
PROC SGPLOT DATA=realma1;
  VBAR k /RESPONSE=acf DATASKIN=crisp;
  XAXIS MIN=0 MAX=25 VALUES=(5 10 15 20);
  YAXIS MIN= -1 MAX=1 VALUES=(-1 -0.5 0 0.5 1);
RUN;
PROC SGPLOT DATA=realma1;
  VBAR k /RESPONSE=pacf DATASKIN=crisp;
  XAXIS MIN=0 MAX=25 VALUES=(5 10 15 20);
  YAXIS MIN= -1 MAX=1 VALUES=(-1 -0.5 0 0.5 1);
RUN;

/* (7) MA(1) 모형의 SACF, SPACF 그림 */
DATA ma1;
  DO t= 1 TO 400;
    e=RANNOR(342);
    e1=LAG(e);
    IF e1=. THEN e1 =0;
    x=e+(0.8*e1);
    OUTPUT;
  END;
RUN;

DATA ma11;
  SET ma1;
  t = t-100;
  IF t<1 THEN DELETE;
RUN;

PROC ARIMA DATA=ma11;
IDENTIFY VAR=x NLAG=24 OUTCOV=outc2;
RUN;
QUIT;

PROC SGPLOT DATA=outc2;
  VBAR lag /RESPONSE=corr DATASKIN=crisp;
  XAXIS MIN=0 MAX=25 VALUES=(5 10 15 20);
  YAXIS MIN=-1 MAX=1 VALUES=(-1 -0.5 0 0.5 1);
RUN;

PROC SGPLOT DATA=outc2;
  VBAR lag /RESPONSE=partcorr DATASKIN=crisp;
  XAXIS MIN=0 MAX=25 VALUES=(5 10 15 20);
  YAXIS MIN=-1 MAX=1 VALUES=(-1 -0.5 0 0.5 1);
RUN;
```

```
/* (8) 절편 없는 AR(1) 모형의 추정 */
PROC ARIMA DATA=ar11;
  IDENTIFY VAR=x;
  ESTIMATE P=1 METHOD=ML NOCONSTANT;
RUN;

/* (9) 절편 없는 ARMA(1,1) 모형의 추정 */
PROC ARIMA DATA=arma11;
  IDENTIFY VAR=y;
  ESTIMATE P=1 Q=1 METHOD=CLS NOCONSTANT;
RUN;

/* (10) AR(1) 모형의 예측과 관측도 */
PROC ARIMA DATA=ar11;
  IDENTIFY VAR=x NLAG=24;
  ESTIMATE P=1 METHOD=ML NOCONSTANT;
  FORECAST BACK=6 LEAD=6; /* 294개의 자료만 이용하여 뒤에 올 6개의 관측값을 예측하는
프로그램이다.*/
RUN;
```

3-8 연습문제

01 자기회귀계수가 0.3이고 오차항의 분산 $\sigma^2 = 1$인 AR(1) 모형에서 자료의 크기가 100인 자료를 관측하여 $\overline{X} = 0.1$을 얻었다.

(1) 시계열의 평균 μ에 대한 95% 신뢰구간을 구하여라.

(2) $\mu = 0$이 아니라고 할 수 있는지에 대하여 유의수준 5%에서 검정하여라.

02 다음과 같은 10개의 시계열 자료를 얻었다.

t	1	2	3	4	5	6	7	8	9	10
X_t	16	9	10	3	5	12	14	7	9	11

$h = 0, 1, 2, 3$에 대하여 $\{X_t\}$의 표본자기공분산함수와 표본자기상관함수를 구하여라. 또한, $h = 1, 2, 3$에 대하여 표본부분자기상관함수를 구하여라.

03 다음의 AR(2) 모형

$$X_t = \phi_1 X_{t-1} + \phi_2 X_{t-2} + \epsilon_t$$

을 따르는 50개의 관측값으로부터 표본자기공분산함수

$$\hat{\rho}_1 = 0.6, \ \hat{\rho}_2 = 0.3$$

을 구하였다. Yule–Walker 방정식을 이용하여 ϕ_1, ϕ_2를 추정하여라.

04 표본자기상관계수 $\hat{\rho}(h)$가 $|\hat{\rho}(h)| \le 1$를 만족함을 보여라.

05 예 3.5.2~3.5.6을 규명하여라.

06 정상 ARMA(1,1) 모형을 100개 생성한 후 3.6.2의 예를 이용하여 $\hat{X}(101), \cdots, \hat{X}(110)$을 구하여라.

07 $\phi = 0.7$이고 오차항이 표준정규분포를 따르는 AR(1) 모형에서 자료를 100개 생성하여 ϕ에 대한 최대우도추정량과 최소제곱추정량을 구하고 이들을 비교하여라. 또한 오차항이 $t(4)$ 분포를 따를 때 이를 비교하여라.

08 AR(2) 모형 $X_t = \phi_1 X_{t-1} + \phi_2 X_{t-2} + \epsilon_t$ (단, $\{\epsilon_t\} \sim \text{IID}\, t(4)$)에서 정상성 조건을 만족하는 ϕ_1, ϕ_2를 임의로 선택하여 $X_1, \cdots, X_{100}$를 생성하여라. 이를 이용하여 (ϕ_1, ϕ_2)에 대한 95% 신뢰구간을 구하여라.

09 ex_ch3_9.txt는 모의실험에 의해 생성된 어떤 시계열 자료이다. 이 자료를 ARMA(1.1) 모형

$$X_t - \mu = \phi(X_{t-1} - \mu) + \theta\epsilon_{t-1} + \epsilon_t$$

으로 적합시키려고 한다. SAS를 이용하여 μ, ϕ, θ의 최소제곱추정량과 최대우도추정량을 구하여라.

10 ARMA(1,1) 모형 $X_t = \phi X_{t-1} + \theta\epsilon_{t-1} + \epsilon_t$에서 $\phi = 0.7, \theta = -0.2$의 경우의 ACF를 구하고 SAS를 이용하여 그려 보아라.

11 앞의 9번 문제에서 사용한 모형의 표본을 500개 생성하여 SACF와 SPACF를 SAS를 이용해 그려 보아라(단, $\{\epsilon_t\} \sim \text{IID}\, N(0,1)$).

12 $\theta = 0.5$인 MA(1) 모형을 따르는 난수 300개를 생성하여 ARIMA 프로시저를

이용하여 예측값을 구하여라.

13 $\phi=0.5$, $\theta=0.3$인 ARMA(1,1) 모형을 따르는 난수 200개를 생성하여 ARIMA 프로시저의 FORECAST문의 BACK option을 이용하여 예측값과 실제 관측값을 비교해 보아라. 또한 표본의 수를 1000개로 늘려 두 결과를 비교하여라.

4장

비정상시계열 모형 및 모형선택 이론

비정상시계열 모형은 실제의 자료 분석에서 매우 커다란 비중을 차지하고 있는 모형이다. 경제자료를 포함하여 많은 일상의 자료들이 비정상시계열임을 감안할 때 비정상시계열의 분석방법을 개발하는 것은 정상시계열에서의 이론도출 못지않게 중요한 일이다. 비정상시계열을 분석하는 방법으로는 자료를 변환시켜 정상시계열을 만들어 내는 방법이 있으며 대표적인 예로는 분산의 안정화 작업 그리고 추세 제거를 위한 차분의 방법이 있다.

반면에 정상시계열 모형으로 변환시키지 않고 그 자체로 비정상시계열 모형을 수립하는 방법도 생각해 볼 수 있는데, 하나의 예로 다항추세모형 등을 들 수 있다. 그들 중 어떤 방법이 더 좋은 것인지는 각 자료의 성질에 따라 다르므로 적절한 모형을 고안하는 방법의 선택은 자료 자체의 성질 및 분석자의 경험과 능력에 크게 의존할 수밖에 없다.

모형선택 이론은 보다 더 객관화된 모형선택의 기준을 제시하고 있으며, 시계열 분석의 이론들 중 매우 중요한 역할을 담당하고 있다. 올바른 모형선택이 선행되어야만 자료로부터의 정확한 정보추출과 예측값의 추정이 가능하기 때문이다.

4-1 자기회귀누적이동평균모형

이 절에서는 정상시계열이 아닌 시계열, 즉 비정상시계열에 대하여 알아보기로 한다. 우선, 다음과 같은 AR(1) 모형을 생각해 보자:

$$X_t = X_{t-1} + \epsilon_t .$$

제2장에서 살펴본 것처럼 X_t는

$$X_t = X_0 + \epsilon_1 + \cdots + \epsilon_t$$

로 쓸 수 있으며, $\{X_t\}$는 **확률보행(random walk) 모형**이 된다. 이를 후행연산자를 이용하여 간단히 쓰면,

$$(1-B)X_t = \epsilon_t$$

가 된다.

일반적으로 비정상시계열은 한번 이상의 차분을 통하여 정상시계열로 만들 수 있는데 그 차분된 정상시계열이 ARMA 모형을 따를 때 이 모형을 자기회귀누적이동평

균모형이라 한다. 즉,

$$(1-B)^d X_t = Z_t$$

가 정상시계열이 되고, 더 나아가

$$\phi(B) Z_t = \theta(B) \epsilon_t$$

로 표현될 수 있다면, $\{X_t\}$에 대한 최종 모형식은

$$\phi(B)(1-B)^d X_t = \theta(B) \epsilon_t$$

가 된다. 이를 요약하면 다음과 같다.

4.1.1 정의

시계열 $\{X_t\}$가

$$\phi(B)(1-B)^d X_t = \theta(B)\epsilon_t, \ \{\epsilon_t\} \sim \text{WN}\left(0, \sigma^2\right)$$

을 만족하면 차수가 p, d, q인 **자기회귀누적이동평균모형(autoregressive integrated moving average model: ARIMA model)**을 따른다고 하며 간단히 $\{X_t\} \sim \text{ARIMA}(p,d,q)$로 표기한다. 실제 상황에서는 주로 $d=0,1,2$를 갖는다.

일반적으로는 자귀회귀모형의 오차항 $\{\epsilon_t\}$가 백색잡음임을 가정하나, 모수에 대한 추론을 위해서 IID의 가정이 필요하기 때문에 이후로는 오차항이 $\text{IID}\left(0,\sigma^2\right)$임을 가정한다. 아울러 $\phi(z)$, $\theta(z)$가 각각 인과성과 가역성 조건을 만족함을 가정한다.

4.1.2 참고

특별히 앞에서 언급한 확률보행 모형 $\{X_t\}$는 ARIMA(0,1,0)이 된다. 한편, 만일 차분한 시계열의 평균이 0이 아닌 μ라고 하면,

$$\phi(B)\left((1-B)^d X_t - \mu\right) = \theta(B)\epsilon_t$$

이고, 이때 $\mu = E(1-B)^d X_t$이다.

모든 비정상시계열이 차분을 통해 정상시계열이 되는 것은 아니다. 그러나 많은 자료들이 차분을 통해 정상화될 수 있으며 그 중 한 예가 다항추세 모형이다. 가장 간단한 다항추세 모형

$$X_t = t + \epsilon_t,\ \{\epsilon_t\} \sim \mathrm{IID}(0, \sigma^2)$$

을 고려하면

$$(1-B)X_t = X_t - X_{t-1} = t + \epsilon_t - (t-1) - \epsilon_{t-1} = 1 + \epsilon_t - \epsilon_{t-1}$$

가 되어

$$(1-B)X_t - 1 = \theta(B)\epsilon_t,\ \theta(B) = 1 - B$$

으로 쓸 수 있으므로 $\{X_t\}$는 $\mu = 1$인 ARIMA(0,1,1) 모형을 따르게 된다. 보다 일반적인

$$X_t = a_0 + a_1 t + \cdots + a_r t^r + \epsilon_t$$

를 고려하면 $(1-B)^r X_t$가 정상시계열임을 알 수 있다. 이를 토대로 다항추세 모형은 ARIMA 모형으로 고쳐쓸 수 있음을 알 수 있다.

그러나 역으로 어떤 ARIMA 모형이 반드시 다항추세 모형이 되는 것은 아니다. 실제로 자료를 분석할 때 시계열이 다항추세 모형임이 밝혀져 있다면 ARIMA 모형을 이용하는 것보다는 다항추세 모형을 이용하는 것이 더 바람직하다고 할 수 있다.

4-2 단위근검정

AR 모형에서의 단위근검정 문제는 전통적으로 계량경제학에서 매우 중요하게 다루어져 온 문제이다. 이 절에서는 자기회귀 모형의 특성함수에 단위근 1이 존재하는지에 대한 검정 문제를 다루기로 한다.

다음의 모형

$$X_t = \phi X_{t-1} + \epsilon_t, \quad X_0 = 0$$

에서 $\phi = 1$인지 검정하는 문제를 생각해 보자. 가설검정을 위한 가설은 다음과 같다:

$$H_0 : \phi = 1 \ \text{vs} \ H_1 : |\phi| < 1$$

검정통계량을 구하기 전에 우선 다음의 통계량을 고려해 보자:

$$T_n = n(\hat{\phi}_{LS} - 1) \tag{4.2.1}$$

단, $\hat{\phi}_{LS}$는 최소제곱추정량이다. T_n은 귀무가설 아래에서 다음과 같이 쓸 수 있다:

$$T_n = \frac{\frac{1}{n}\sum_{t=1}^{n} X_{t-1}\epsilon_t}{\frac{1}{n^2}\sum_{t=1}^{n} X_{t-1}^2} \tag{4.2.2}$$

만일

$$W_n(s) = \frac{1}{\sqrt{n}\,\sigma}\sum_{j=1}^{[ns]}\epsilon_j, \ 0 \le s \le 1 \tag{4.2.3}$$

로 놓으면, W_n은 n이 충분히 클 때 점근적으로 브라운 운동(brownian motion) W와 같은 형태를 갖는다. 단, 위의 식에서 [·]는 가우스 기호이며 브라운 운동은 다음과 같이 정의된다.

4.2.1 정의

연속인 확률과정 $\{W(s) : s \ge 0\}$이 다음을 만족하면 브라운 운동(brownian motion)이 된다.

(1) $W(0) = 0$이다.

(2) 모든 $t > s \ge 0$에 대하여 $W(t) - W(s)$은 $N(0, t-s)$을 따른다.

(3) 모든 $0 \le t_1 < \cdots < t_k$에 대하여 $W(t_1), W(t_2) - W(t_1), \cdots, W(t_k) - W(t_{k-1})$는 서로 독립이다(즉, 독립증분의 성질을 가짐).

4.2.2 정리

$W_n(s) = \frac{1}{\sqrt{n}\,\sigma}\sum_{t=1}^{[ns]}\epsilon_t, \ 0 \le s \le 1$이고 $n \to \infty$일 때, W_n은 분포적으로 W와 같은 성질을 지닌다.

한편, 르벡-스틸체스(Lebesque-Stieltjes) 적분과 정리 4.2.2를 함께 고려하면,

$$
\begin{aligned}
T_n \text{의 분자} &= \sigma^2 \sum_{t=1}^{n} W_n((t-1)/n)(W_n(t/n) - W_n(t-1)/n)) \\
&\simeq \sigma^2 \int_0^1 W_n(s)dW_n(s) \\
&\xrightarrow{d} \sigma^2 \int_0^1 W(s)dW(s)
\end{aligned}
$$

이 되며,

$$
\begin{aligned}
T_n \text{의 분모} &= \frac{\sigma^2}{n} \sum_{t=1}^{n} W\left(\frac{t-1}{n}\right) \\
&\simeq \sigma^2 \int_0^1 W_n(s)^2 ds \\
&\xrightarrow{d} \sigma^2 \int_0^1 W(s)^2 ds
\end{aligned}
$$

이기 때문에

$$
T_n \xrightarrow{d} \frac{\int_0^1 W(s)dW(s)}{\int_0^1 W(s)^2 ds}
$$

가 된다. 그런데

$$
\int_0^1 W(s)dW(s) = \frac{1}{2}(W(1)^2 - 1)
$$

임이 잘 알려져 있으므로

$$
T_n \xrightarrow{d} \frac{\frac{1}{2}(W(1)^2 - 1)}{\int_0^1 W(s)^2 ds} := T
$$

가 된다. 즉, 단위근이 있는 AR(1) 모형에서 최소제곱추정량은 점근분포가 정규분포를 따르지 않음을 알 수 있다.

이를 이용하여 유의수준 α에서 $|T_n| > c_\alpha$인 경우에 H_0를 기각할 수 있다. 단, c_α는 $P(|T| > c_\alpha) = \alpha$을 만족하는 값이다.

한편,

$$T_n = n\left(\hat{\phi}_n - \phi + (\phi - 1)\right)$$

이고, 대립가설 H_1 아래에서 $n^{1/2}\left(\hat{\phi}_n - \phi\right)$이 점근적으로 평균이 0이고 분산이 $\dfrac{\sigma^2}{1-\phi^2}$인 정규분포를 따르므로

$$\left| n^{1/2}\left(\hat{\phi}_n - \phi\right) + n^{1/2}(\phi - 1)) \right| \simeq \left| N\left(n^{1/2}(\phi - 1), \frac{\sigma^2}{1-\phi^2}\right) \right|$$

으로 쓸 수 있고, $P(|T_n| \geq c_\alpha | H_1) \to 1$이 되어 $|T_n|$은 일치검정통계량(consistent test statistic)이 된다.

위와 같은 방법으로도 손쉽게 단위근에 대한 검정을 시행할 수 있으며, 아울러 다음과 같은 Dickey-Fuller 검정도 생각해 볼 수 있다:

$$DF_n = \sqrt{\frac{\sum_{t=2}^{n} X_{t-1}^2}{\hat{\sigma}^2}} \left(\hat{\phi}_{LS} - 1\right)$$

단,

$$\hat{\sigma}^2 = \frac{1}{n} \sum_{t=2}^{n} \left(X_t - \hat{\phi}_{LS} X_{t-1}\right)^2$$

인 경우,

$$DF_n = \frac{\frac{1}{n} \sum_{t=1}^{n} X_{t-1} \epsilon_t}{\hat{\sigma} \sqrt{\frac{1}{n^2} \sum_{t=1}^{n} X_{t-1}^2}}$$

이고 $\hat{\sigma}^2 \approx \sigma^2$이기 때문에,

$$DF_n \xrightarrow{d} \frac{\frac{1}{2}\left(W(1)^2 - 1\right)}{\sqrt{\int_0^1 W(s)^2 ds}} := DF$$

이 되어

$$|DF_n| \geq DF_\alpha$$

이면, 귀무가설을 기각한다. 단, DF_α는 $P(DF \geq DF_\alpha) = \alpha$를 만족하는 값이다.

위와 같은 단위근검정 방법은 보다 일반적인 AR(p) 모형에서의 단위근검정이나 절편(drift) 및 추세(trend)가 있는 AR(p) 모형에서의 검정 등과 같이 제각각 다른 상황에서 각 경우에 맞는 방법이 개발되어 있다. 여기에서는 편의상 절편이나 추세가 없는 순수한 AR(p) 모형에서의 단위근검정 방법을 소개하기로 한다.

AR(p) 모형을 따르는 시계열 $\{X_t\}$가 주어져 있다고 하자. 즉, $\phi(B)X_t = \epsilon_t$이고 $\phi(B) = 1 - \phi_1 B - \cdots - \phi_p B^p$이다. 여기서 특성함수 $\phi(\cdot)$에 단위근이 있는지(즉, $\phi(1) = 0$인지)에 대한 검정방법을 고려해 보자. 단위근이 있다는 귀무가설 아래에서 다음과 같이 표현할 수 있으므로

$$\psi(B)(1-B)X_t = \epsilon_t$$

(단, $\psi(B) = 1 - \psi_1 B - \cdots - \psi_{p-1} B^{p-1}$이고 $\phi(B) = \psi(B)(1-B)$), $\Delta X_{t-i} = X_{t-i} - X_{t-i-1}$으로 놓으면, 위의 식은

$$X_t = X_{t-1} + \psi_1 \Delta X_{t-1} + \cdots + \psi_{p-1} \Delta X_{t-p+1} + \epsilon_t$$

으로 다시 쓸 수 있게 된다. 위의 식에 의거하여 다음의 회귀모형을 고려해 보자:

$$X_t = \beta X_{t-1} + \psi_1 \Delta X_{t-1} + \cdots + \psi_{p-1} \Delta X_{t-p+1} + \eta_t,$$

$$\{\eta_t\} \sim \mathrm{IID}(0, \tau^2) \qquad (4.2.4)$$

위에서 η_t는 단순히 회귀모형의 오차항을 나타내며, 귀무가설 아래에서는 $\beta = 1$ 그리고 $\eta_t = \epsilon_t$가 된다. 따라서 $\phi(\cdot)$에 단위근이 존재함을 가정하는 귀무가설 아래에서는 식 (4.2.4)에서 구한 β의 최소제곱추정량 $\hat{\beta}$이 1에 유의하게 근접해야만 한다. 이 사실에 근거하여 검정통계량으로서 $\left| \frac{\hat{\beta} - 1}{sd(\hat{\beta})} \right|$를 고려하며 이 값이 크면 귀무가설을 기각한다. 이와 같은 검정을 augmented Dickey-Fuller(ADF) 검정이라고 한다. 이에 관련된 프로그램은 SAS 실습을 참고하기 바란다.

4-3 모형선택 및 진단

모형선택의 이론은 시계열 분석의 핵심적인 부분을 차지하고 있다. 시계열 자료의 예측에서 보았듯이 모형이 제대로 선택되어야 좋은 예측이론을 개발할 수 있다. 이 절에서는 먼저 Box–Jenkins 선택 방법을 소개하고 다음에는 이른바 AIC 및 BIC 등의 모형선택기준을 이용하는 선택 방법을 소개하고자 한다.

4-3-1 Box-Jenkins 방법

시계열 분석에서 자기회귀이동평균(ARMA) 모형을 선택할 때 Box–Jenkins가 제시한 방법이 일반적으로 사용되고 있는데, Box–Jenkins의 모형적합 방법은

1단계: 모형의 식별(model identification)
2단계: 모형의 추정(model estimation)
3단계: 모형의 진단(diagnostic checking)

의 3단계로 구성되어 있다.

모형의 식별은 자기회귀(AR) 모형의 차수와 이동평균(MA) 모형의 차수를 정하는 것이고, 추정은 자기회귀모형의 모수들과 이동평균모형의 모수들의 추정량을 구하는 것이며, 진단은 위의 두 단계에 의해 선택된 모형이 주어진 자료에 잘 맞는지를 결정하는 것이다.

만일 선택된 모형이 자료와 잘 부합되지 않으면 1단계로 다시 돌아가 식별, 추정, 진단의 3단계를 적절한 모형이 선택될 때까지 반복한다. 모형의 추정에 대해서는 이미 3장에서 다루었으므로 여기서는 모형의 식별에 대해 살펴보고 진단은 4–3–3절에서 살펴보겠다.

앞에서 말했듯이 모형의 식별 단계는 ARMA 모형의 차수 p와 q를 결정하는 단계이다. 그러나 주어진 자료가 정상시계열이 아니라면 ARMA 모형을 적합시킬 수가 없으므로, ARMA 모형의 차수를 결정하기에 앞서 시계열 자료를 정상화할 필요가 있고 이를 위해서 가장 먼저 시계열의 산포가 일정한지를 검토한다. 그 결과 분산이 일정하지 않다고 판단될 때는 **분산의 안정화**(variance stabilization)를 시도한다. 주로 $(y^{\lambda}-1)/\lambda,\ \lambda \neq 0$을 사용하는 Box–Cox **변환**이나 $\sqrt{y},\ 1/y,\ \log(y)$ 등의 변환을 이용하며, 경제자료에는 대체적으로 **대수변환**:$\log(y)$이 사용된다.

다음 단계로 시계열이 증가 또는 감소하는 추세에 있으면 시계열을 정상화시키기

위해서 차분을 한다. 차분된 자료가 정상성을 만족하면 그 자료의 자기상관함수가 0으로 급격히 감소하는 현상을 볼 수 있다. 만약 정상시계열이 아닌 경우에는 자기상관함수가 급속하게 소멸되지 않음을 볼 수 있다. 차분이 필요한지를 명확히 파악하기 위해서는 단위근검정을 시행하는 것이 바람직하며, 대개의 경우 차분의 차수는 0,1,2이다.

적절한 변환을 통하여 시계열이 정상화된 후에는 정상화된 시계열의 표본자기상관함수(SACF)와 표본부분자기상관함수(SPACF)를 구한 후 이들과 가장 유사한 형태의 자기상관함수(ACF)와 부분자기상관함수(PACF)를 갖는 이론적인 모형을 잠정적인 모형으로 선택한다. 일반적으로 SACF는 ARMA 모형에서 이동평균모형의 차수 q를 선택하는 데 이용되며 SPACF는 자기회귀모형의 차수 p를 선택하는 데 주로 이용된다. 이 단계에서 가장 유의할 사항은 p와 q를 크게 잡으면 추정해야 할 모수의 개수($p+q+2$개(평균, 분산 포함))가 증가하여 비효율적인 모형을 선택한다는 것이다. 실제로 추정할 모수의 수가 증가하면 최종 예측모형이 복잡해지므로 가능하면 간단한 모형을 선호하는 것이 통례이다. 대부분의 경우에는 $p \le 3$, $q \le 3$의 값을 갖도록 선택하는 것이 바람직하다고 알려져 있다.

실제자료를 분석하는 경우에는 이론적인 ACF와 PACF의 성질과 자료로부터 추정된 SACF와 SPACF 사이에는 미묘한 차이가 있으므로 정확한 모형선택을 위해서는 많은 경험이 요구된다. 표 4.3.1은 2장에서 배운 ARMA 모형의 자기상관함수와 부분자기상관함수의 특징을 요약한 것이다.

[표 4.3.1] ARMA 모형에서 ACF와 PACF의 특징

모형	ACF	PACF
AR(p) 모형	지수적으로 감소하거나 소멸하는 sine 함수 형태	p시차 이후에는 0으로의 절단 형태
MA(q) 모형	q시차 이후에는 0으로의 절단 형태	지수적으로 감소하거나 소멸하는 sine 함수 형태
ARMA(p,q) 모형	시차 $(q-p)$ 이후부터 소멸	시차 $(p-q)$ 이후부터 소멸

표 4.3.1에서 보듯이 AR(p) 모형은 PACF ϕ_{kk}가 $k=p+1$에서 절단점을 가지므로, SPACF $\hat{\phi}_{kk}$가 $k \ge p+1$에서 0에 가까운 값을 가지면 AR(p) 모형을 따른다고 볼 수 있다. 여기서 문제는 $\hat{\phi}_{kk}$가 어느 정도의 오차범위에서 0에 가까울 때 0이라고

판정할 수 있는가 하는 것이다. 이 질문에 대한 해답은 이론적으로 다음과 같은 가설 검정을 수행함으로써 해결될 수 있다:

$$H_0 : \phi_{kk} = 0 \text{ vs } H_1 : \phi_{kk} \neq 0$$

그런데 $k \geq p+1$인 $\hat{\phi}_{kk}$는 n이 충분히 클 때

$$E\hat{\phi}_{kk} \simeq 0,\ \ Var\hat{\phi}_{kk} \simeq 1/n$$

인 정규분포를 따른다는 것이 이론적으로 알려져 있으므로 만일

$$|\hat{\phi}_{kk}| > z_{\alpha/2}\frac{1}{\sqrt{n}},\ \ k \geq p+1$$

이면, 유의수준 α에서 H_0를 기각할 수 있을 것이다. 다시 말하면

$$|\hat{\phi}_{kk}| \leq z_{\alpha/2}\frac{1}{\sqrt{n}}$$

이면, $100(1-\alpha)\%$ 신뢰수준에서 $\phi_{kk} = 0$이라고 결론지을 수 있다.

MA(q) 모형의 경우에는 ACF $\rho(k)$가 $k = q+1$에서 절단되므로 SACF $\hat{\rho}(k)$의 값을 살펴보아 $k \geq q+1$ 이후의 값들이 0에 가까우면 MA(q) 모형을 따른다고 판단할 수 있다. 이때에도 역시 $\hat{\rho}(k)$를 이용하여 $\rho(k) = 0$에 대한 검정을 수행해야만 한다. 다음의 가설검정문제

$$H_0 : \rho(k) = 0 \text{ vs } H_1 : \rho(k) \neq 0$$

에서

$$|\hat{\rho}(k)| > z_{\alpha/2}\text{S.E.}(\hat{\rho}(k))$$

이면, 유의수준 α에서 H_0를 기각하게 되므로

$$|\hat{\rho}(k)| \leq z_{\alpha/2}\text{S.E.}(\hat{\rho}(k))$$

이면, 신뢰수준 $100(1-\alpha)\%$로서 $\rho_k = 0$이라고 판단할 수 있다.

그런데 AR(p) 모형에서의 $\hat{\phi}_{kk}$가 $\text{S.E.}(\hat{\phi}_{kk}) = 1/\sqrt{n}$을 만족하는 것과는 달리 MA($q$) 모형에서 $\text{S.E.}(\hat{\rho}(k))$는 다음 식을 만족한다고 잘 알려져 있다:

$$\text{S.E.}(\hat{\rho}(k)) \simeq \sqrt{\frac{1+2\sum_{j=1}^{q}\hat{\rho}(j)^2}{n}}$$

그러므로 위의 사실을 이용하여 모든 $k \geq q+1$에 대해서

$$|\hat{\rho}(k)| \leq z_{\frac{\alpha}{2}} \sqrt{\frac{1+2\sum_{j=1}^{q}\hat{\rho}(j)^2}{n}}$$

이면, MA(q) 모형을 잠정모형으로 선택한다.

이처럼 시계열 모형이 단순히 AR 모형 또는 MA 모형만을 따를 경우에는 SACF와 SPACF의 값을 이용하여 차수 p와 q를 결정하는 것이 용이하나, ARMA 모형의 경우에는 단순히 SACF 또는 SPACF만을 이용하여 차수를 결정할 수 없으며 다음 절에 소개할 모형선택기준을 이용한다.

4-3-2 모형선택기준을 이용하는 방법

자료를 분석할 때 가장 기초적인 작업은 무엇보다도 모형을 설정하는 것이다. 전통적으로 통계학에서의 모형수립 과정이란 자료의 **모수적 모형**(parametric model)을 선택하는 것이다. 예를 들어, 자료 $X_1, \cdots, X_n$이 주어져 있고 어느 통계학자가 이 자료들에게 정규분포 모형을 주려고 한다고 가정하자. 지금 이 통계학자는 다음 모형들 중 어느 하나가 그 자료들과 잘 어울릴 것이라는 생각을 하고 있다:

$$M_1 = \{N(\mu, 1) : -\infty < \mu < \infty\},$$

$$M_2 = \{N(\mu, \sigma^2) : -\infty < \mu < \infty, 0 < \sigma^2 < \infty\}.$$

M_1과 M_2는 둘 다 정규분포 모형이며 특히 $M_1 \subset M_2$인 관계에 있다. 만일 M_1이 옳은 모형인데 M_2를 선택하면 모수 하나가 더 있는 모형을 선택하는 것이므로 비효율적인 모형선택의 결과가 될 것이고, 그 반대의 경우에는 실제로 중요한 모수를 무시해 버리는 더 나쁜 결과를 초래할 것이다.

Akaike는 이러한 질문을 해결하기 위한 이론적 체계를 수립하였는데 그 이론을 살펴보면 다음과 같다. 우선 $f_1(x_1, \cdots, x_n; \mu)$를 모형 M_1에서의 결합확률밀도함수라 하고 $f_2(x_1, \cdots, x_n; \mu, \sigma^2)$를 모형 M_2에서의 결합확률밀도함수라고 하자.

각각의 경우에 모수들에 대한 최대우도추정량을 구하여 우도함수추정량:

$$MLE_1 = f_1(X_1, \cdots, X_n; \hat{\mu})$$

$$MLE_2 = f_2(X_1, \cdots, X_n; \hat{\mu}, \hat{\sigma}^2)$$

을 계산하고, 그 다음에

$$AIC(M_1) = -2\log(MLE_1) + 2 \times 1$$

$$AIC(M_2) = -2\log(MLE_2) + 2 \times 2$$

을 계산한다. 이때 작은 값을 산출하는 모형을 올바른 모형 또는 **참모형**(true model)으로 선택한다. 이러한 방법으로 모형을 선택하는 과정을 Akaike의 **정보기준**을 이용하는 방법이라 말하며 간단히 AIC(Akaike's information criterion)라고 표시한다. 위의 예들과 마찬가지로 시계열 모형을 포함하는 복잡한 모형에서도 다음과 같은 식을 기준으로 AIC값을 계산한다:

$$\text{AIC}(\text{모형}) = -2\log(\text{MLE}) + 2(\text{모형에 포함되어 있는 모수의 개수}) \qquad (4.3.1)$$

위 식에 대한 도출 과정은 생략하기로 하고 그 의미만을 음미해 보도록 하자. 우선 계산된 최대우도추정량(MLE)의 값이 클수록 모형선택에 유리함을 알 수 있다. 그러나 MLE값은 그 정의로부터 모수의 개수가 증가함에 따라 증가하게 되어 있으므로 무작정 모수를 늘리는 것은 바람직하지 않으며 이는 또한 간결의 원리에 위배된다. 상식적으로도 모수를 맹목적으로 증가시켜 얻은 모형은 효율적인 모형이 될 수 없을 것이다. 그런데 식 (4.3.1)의 두 번째 항은 모수의 개수가 늘어날수록 모형선택에 불리하게 작용하는 역할을 함으로써 그러한 불합리한 점을 상쇄시키는 역할을 하고 있다. 결국, AIC(·)는 로그우도함수추정량과 모수의 개수를 변수로 갖는 함수를 최적화하여 모형을 선택하는 과정이라고 볼 수 있다. AIC(·) 식에서 로그우도함수추정량에 곱해진 상수 2는 생략해도 영향이 없으나 관행상 그대로 두고 사용되고 있다.

AIC에 대한 연구는 지난 1970년대 초부터 꾸준히 진행되어 왔으며 그에 대한 많은 연구 결과들이 존재한다. 이 AIC 외에도 BIC(Bayesian information criterion):

$$\text{BIC}(\text{모형}) = -2\log(\text{MLE}) + \log(n) \times (\text{모형에 포함되어 있는 모수의 개수})$$

를 이용하는 모형선택 방법도 개발되어 있으며 두 모형선택기준에 대한 비교 연구결과도 매우 상세히 알려져 있다. 앞으로 본 교재에서는 정보기준을 이용하여 모형을 선택하기로 한다. 앞 절에 언급된 Box-Jenkins의 모형선택 방법은 ARMA 모형에서 그대로 적용되기 어려운 난점이 있으나, 이에 반해 정보기준을 이용하는 방법은 완벽한 이론적 배경을 가지고 있다고 말할 수 있다.

4-3-3 모형진단

모형식별 및 모수추정의 단계를 거친 후에 얻어진 잠정적 모형이 실제의 모형으로서 타당한가 하는 검정을 수행하는 단계를 **모형진단**(diagnostics)이라고 한다. 잠정적 모형이 타당하다고 판단되면 추후에 예측모형으로 사용할 수 있지만 문제점이 있다고 생각되면 모형식별과정부터 다시 검토해야만 한다. 시계열 분석에서는 모형진단을 다음의 두 가지를 통해서 수행한다. 첫째는 **과적합진단**(overfitting diagnostics)이고, 둘째는 **잔차분석**(residual analysis)이다. 이 두 가지 모두 이상이 없을 경우에 잠정적 모형을 최종 예측모형으로 결정할 수 있을 것이다.

(1) 과적합진단 방법

먼저 과적합진단에 대해 살펴보자. 과적합진단이란 식별, 추정의 단계를 거쳐 얻어진 잠정모형보다 차수가 한 단계 더 큰 ARIMA 모형을 고려해서 선택된 잠정모형에 이상이 있는지를 검토하는 작업을 일컫는다. 다시 말해서 ARIMA(p,d,q)가 잠정모형으로 선택되었다면 ARIMA(p,d,q)보다 한 단계 더 큰 모형인 ARIMA$(p+1,d,q)$와 ARIMA$(p,d,q+1)$를 자료에 적합시켜 보는 것이다. 이때 고려해야 할 사항은 다음 두 가지이다.

① 과적합진단 과정에서 추가되는 모수가 0이라고 판단되는가?
② 잠정적 모형에서 모수의 추정값이 과적합시킨 후 얻어지는 모수의 추정값과 별 차이가 없는가?

만일 위의 두 가지 고려사항에 모두 별 문제가 없으면 잠정적 모형이 이상이 없다고 생각할 수 있으나, 하나라도 문제가 있으면 잠정모형과는 다른 모형을 적합시켜야 할 것이다.

예를 들어 모형의 식별, 추정의 단계를 거쳐 MA(1) 모형이 잠정적으로 선택되었다고 하자. 그러면 우리는 과적합진단을 위해 MA(1) 모형보다 한 단계 위 모형인 ARMA(1,1)과 MA(2) 모형을 적합시킬 것이다. 그 결과 과적합 과정에서 추가되는 부분, 즉 ARMA(1,1) 모형에서 AR 모형의 모수 ϕ_1과 MA(2) 모형의 두 번째 모수

θ_2가 0이라고 판단되고, 아울러 세 모형의 적합 결과에서 얻어지는 MA(1) 모형의 모수의 추정값이 모두 비슷하면 우리가 선택한 잠정적 모형 MA(1)의 과적합진단 결과에는 특별한 이상이 없다고 할 수 있다. 부가된 모수의 추정량은 귀무가설 "H_0 : MA(1) 모형이 참모형임" 아래에서 근사적으로 평균 0인 정규분포를 따른다는 사실이 알려져 있으므로 이를 이용하여 모수가 0인지 아닌지를 검정할 수 있다.

표 4.3.2는 $X_t = \epsilon_t + 0.6\epsilon_{t-1}$인 MA(1) 모형을 따르는 시계열 자료를 1000개 생생하여 MA(1), ARMA(1,1), MA(2) 모형을 적합시킨 결과를 나열한 것이다. ARMA(1,1) 모형의 적합 결과, $\hat{\phi}_1$가 0.064이고 t-값이 1.26이므로 유의수준 5%에서 $\phi_1 = 0$이라고 생각할 수 있다. 또한 MA(2)의 적합 결과를 보면 $\hat{\theta}_2 = 0.0340$이고 t-값이 -1.26이므로 유의수준 5%에서 $\theta_2 = 0$이라고 생각할 수 있다. 세 모형 MA(1), ARMA(1,1), MA(2) 모형의 적합 결과 $\hat{\theta}_1$은 각각 0.626, 0.586, 0.65로 약간의 차이는 있으나 $\theta_1 = 0.6$과 비슷하다. 그러므로 MA(1) 모형이 분석자에 의해 잠정적 모형으로 선택되었다면 이에 대한 과적합진단 결과는 MA(1) 모형의 선택을 확정 짓는다고 할 수 있다.

[표 4.3.2] MA(1), ARMA(1,1), MA(2) 모형에서 추정값

모형	모수	추정값	표준오차추정값	t값	분산추정값
MA(1) 모형	μ	-0.009	0.052	-0.18	1.033
	θ_1	-0.626	0.025	-25.29	
ARMA(1,1) 모형	μ	-0.009	0.054	-0.17	1.032
	θ_1	-0.586	0.041	-14.27	
	ϕ_1	0.064	0.051	1.26	
MA(2) 모형	μ	-0.009	0.054	-0.17	1.032
	θ_1	-0.650	0.032	-20.54	
	θ_2	-0.040	0.032	-1.26	

(2) 잔차를 이용하는 방법

이제 잔차분석에 대해 살펴보기로 하자. 자료 $X_1, \cdots, X_n$에 기초하여 선택된 잠정적 모형이 정상 ARMA(p,q) 모형

$$\phi(B)(X_t - \mu) = \theta(B)\epsilon_t \quad (4.3.2)$$

이라고 하자. 이렇게 선택된 모형이 참모형이고 모형의 모수추정이 효율적으로 이루어졌다면, 잔차 $\{e_t\}$는 $\{\epsilon_t\}$와 유사한 성질을 가져야만 할 것이다. 따라서 구해진 잔차들이 IID 확률변수들과 같은 형태를 보이는지 여부에 따라 모형선택이 옳게 이루어졌는지를 판단할 수 있다.

시점 $t=1,\cdots,n$에서의 잔차 e_t를 구하는 방법을 생각해 보자. 잠정적으로 추정된 ARMA(p,q) 모형의 모수추정값 $\hat{\phi}_1,\cdots,\hat{\phi}_p, \hat{\theta}_1,\cdots,\hat{\theta}_q, \hat{\mu}$을 계산하고 다음의 식

$$\hat{\phi}(B)(X_t - \hat{\mu}) = \hat{\theta}(B)e_t$$

을 이용하여

$$e_t = \hat{\theta}(B)^{-1}\hat{\phi}(B)(X_t - \hat{\mu}),\ t=1,\cdots,n$$

을 구한다. 단,

$$\hat{\phi}(B) = 1 - \hat{\phi}_1 B - \cdots - \hat{\phi}_p B^p$$
$$\hat{\theta}(B) = 1 + \hat{\theta}_1 B + \cdots + \hat{\theta}_q B^q$$

이다. 여기서 $X_t = 0\,(t \le 0)$이라고 가정한다.

이제 잔차 $\{e_t : t=1,\cdots,n\}$을 이용해서 모형진단을 수행하는 과정에 대해 알아보자. 잔차들로부터 확인할 사항들은 다음과 같다:

① 평균이 0인가?

② 분산이 상수인가?

③ 서로 독립인가, 즉 잔차들의 자기상관은 무시할 수 있을 만큼 작은가?

먼저 잔차들의 표본평균 $\bar{e}$을 구해 그의 표준오차와 비교해 보면 평균이 0인지 아닌지는 쉽게 확인할 수 있다. 분산이 상수인지의 여부는 잔차산점도를 조사하면 알 수 있는데, 산점도가 0을 중심으로 고르게 퍼져 있으면 분산이 일정하다고 생각할 수 있다. 그리고 만약 산점도에 특별한 경향이 없으면 잔차들의 자기상관이 거의 없을 것이라고 추측할 수 있다. 이에 대해서는 좀 더 엄밀한 진단이 필요하므로 독립성 검정을 위한 가설검정의 수행이 필수적이다. 여기에서는 잔차들의 표본자기상관함수를 이용한 가설검정을 소개하겠다.

잔차의 표본자기상관함수는

$$\rho_e(k) = \frac{\sum_{t=1}^{n-k}(e_t - \bar{e})(e_{t+k} - \bar{e})}{\sum_{t=1}^{n}(e_t - \bar{e})^2}$$

이며, 귀무가설 "H_0 : 식 (4.3.2)가 참모형임(또는 $H_0 : \rho(k) = 0, k \geq 1$)" 아래에서는

$$Var(\rho_e(k)) \approx \frac{1}{n}$$

임이 알려져 있다.

이때 유의수준 α에서 귀무가설에 대한 근사적 기각역은

$$|\rho_e(k)| \geq z_{\alpha/2}\text{S.E.}(\rho_e(k))$$

이 된다. 즉, 구해진 $\rho_e(k)$의 값이 $(-z_{\alpha/2}\text{S.E.}(\rho_e(k)),\ z_{\alpha/2}\text{S.E.}(\rho_e(k)))$의 구간에 포함되면 신뢰수준 $100(1-\alpha)\%$로 자기상관이 존재하지 않는다고 할 수 있다.

자기상관의 존재 여부를 조사하기 위해서는 위에 소개한 가설검정법 이외에도 잔차들을 하나의 시계열로 생각하여 ARMA 모형을 적합 시켜볼 수도 있다. ARMA (0,0) 모형이 백색잡음을 뜻하므로 Box-Jenkins의 모형적합 3단계 중 식별 단계에서와 같이 잔차들의 SACF와 SPACF를 조사하여 그 형태가 시차 1 이상에서 모두 절단점을 가진다고 판단되면 자기상관성이 없다고 생각할 수 있다.

그러나 잔차들의 표본자기상관계수들을 조사함으로써 모형의 적합성을 검진하는 Box-Jenkins 방법은 각 시차별 표본자기상관계수들을 검정하므로 제1종 오류를 지나치게 크게 한다는 단점이 있다. 모형적합성의 귀무가설은 잔차들의 시차가 1 이상인 모든 자기상관계수들이 0임을 검정하는 것이므로 주어진 유의수준 α에서 **동시검정**(simultaneous test)을 해야 함에도 불구하고 통계학적인 어려움 때문에 각 시차에 대해 유의수준 α의 개별검정을 하였다. 이 개별검정은 표본자기상관계수들 간의 상관관계가 있음에도 불구하고 이를 고려할 수가 없으므로 이를 보완하는 여러 통계량이 제시되었다. 그들 중 보편적으로 널리 쓰이는 검정통계량은 다음의 **포트맨토**(Portmanteau) **통계량** 또는 ***Q*-통계량**이다:

$$Q = n(n+2)\sum_{h=1}^{K}\rho_e^2(h)/(n-h)$$

Q-통계량의 분포가 $\chi^2_{(K-p-q-1)}$분포에 근사하므로 유의수준 α에서 계산된 Q값이 $\chi^2_{(K-p-q-1)}$의 상위 $100 \times \alpha\%$값보다 크면 귀무가설을 기각하면서 잠정모형이 부적합하다고 결론지으며 그렇지 않으면 잠정모형이 적절하다고 판정한다. 위의 통계량을 Ljung-Box **통계량**이라고도 한다.

포트맨토 통계량과 별도로 잔차들 사이의 1차 자기상관관계를 검정하기 위한 통계량으로는 DW(Durbin Watson)-**통계량**이 있다. DW-통계량은 오차항의 상관관계가 존재하지 않는다는 귀무가설과 오차항이 AR(1) 모형을 따른다는 대립가설을 검정하기 위한 통계량으로 다음과 같다:

$$DW = \frac{\sum_{t=2}^{n}(e_t - e_{t-1})^2}{\sum_{t=1}^{n} e_t^2}$$

DW-통계량은 $\rho_e(1)$을 잔차의 1차 표본자기상관계수라 할 때, 근사적으로 $DW \simeq 2(1-\rho_e(1))$이 성립한다는 것이 알려져 있다. 따라서 $DW=2$이 경우는 1차 자기상관관계가 없음을 의미하며 DW는 항상 0과 4 사이의 값을 갖는다. 특히, $DW < 2$인 경우는 양의 상관관계가 있음을 의미하며 $DW > 2$인 경우는 음의 상관관계가 있음을 의미한다. DW-통계량의 유의수준 α에 따른 기각역은 Durbin and Watson (1971)을 참고하기 바란다.

4-4 SAS 실습

이 절에서는 ARIMA모형을 적합하는 일련의 과정인 자료변환, 정상성검정, 모형선택, 모형진단 그리고 예측을 수행하는 방법을 살펴보고자 한다.

4-4-1 모형식별(model identification)

그림 4.4.1은 1986년 1월부터 2006년 1월까지의 미국 오일가격[6]에 대한 자료를 읽고 시계열도로 표현한 결과이다(code-(1) 참조). 그림 4.4.1의 시계열도를 보면 자료의 분산이 일정하지 않다고 볼 수 있으며 시간의 흐름에 따라 증가하는 추세가 있

6) 출처: U.S Energy Information Administration(http://www.eia.gov)

기 때문에 정상시계열이 아닐 것이라고 예상할 수 있다. 주어진 자료가 정상시계열이 아님을 시각적으로 확인하는 다른 방법은 자료의 SACF 등을 그려보는 것이다 (code-(2) 참조). 그림 4.4.2를 보면 자료의 SACF가 일반적인 정상시계열과는 다르게 상당히 완만하게 감소하는 것을 확인할 수 있다.

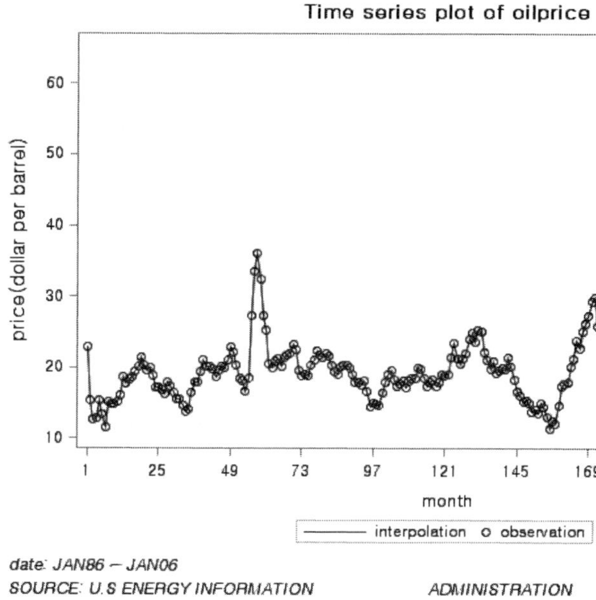

[그림 4.4.1] 오일가격 자료의 시계열도

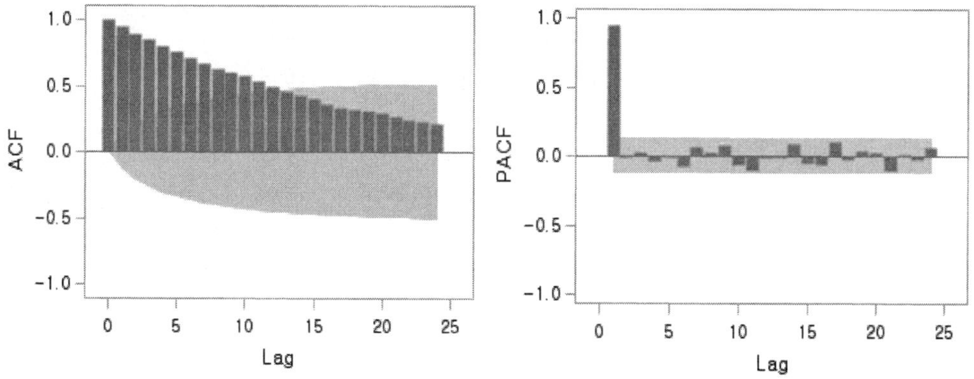

[그림 4.4.2] 오일가격 자료의 SACF와 SPACF

눈으로 정상시계열이 아님을 의심할 수 있다고 해서 곧바로 비정상시계열이라고 결론을 내리는 것은 합리적이지 못한 의사결정일 것이다. 그러므로 다음 절에서는 비정상시계열임을 통계적으로 판단하는 단위근검정에 대해 살펴보도록 한다.

(1) 단위근검정(unit root test)

시계열도 및 SACF를 이용하여 시각적으로 확인하여 본 결과 자료의 정상성이 의심되면 PROC ARIMA에서 STATIONARITY option을 이용하여 augmented Dickey-Fuller 단위근검정을 수행함으로서 자료가 정상성을 갖는지 아닌지를 보다 엄밀하게 판단할 수 있다. 다음은 augmented Dickey-Fuller 단위근검정을 수행한 결과이다(code-(3) 참조). 분석하는 자료가 추세가 있는 모형이라 판단되므로 표 4.4.1의 trend 부분의 결과를 이용하도록 한다. 참고로 평균이 0이라고 생각되는 모형과 0이 아닌 어떤 상수를 평균으로 갖는 모형에 대해서는 각각 zero mean과 single mean의 결과를 이용하면 된다.

단위근검정을 실시한 결과 시차 0,1,2에서 유의확률이 모두 0.05보다 크므로 귀무가설 "$H_0 : \phi = 1$"을 기각할 수 없다. 따라서 위 자료는 단위근을 가진다고 확인할 수 있으며 이러한 자료를 분석하는 하나의 방법으로 변환을 통하여 정상화 시킨 후 모형을 적합하는 것을 고려할 수 있다.

[표 4.4.1] 오일가격 자료의 ADF 단위근검정결과

Augmented Dickey-Fuller Unit Root Tests							
Type	Lags	Rho	Pr < Rho	Tau	Pr < Tau	F	Pr > F
Zero Mean	0	1.9593	0.9874	1.53	0.9693		
	1	2.0361	0.9894	1.35	0.9555		
	2	2.2405	0.9932	1.74	0.9806		
Single Mean	0	2.9438	0.9996	0.90	0.9955	1.22	0.7587
	1	1.0188	0.9890	0.26	0.9758	0.95	0.8298
	2	2.6972	0.9994	0.81	0.9940	1.53	0.6816
Trend	0	-2.8587	0.9420	-0.66	0.9741	2.45	0.6870
	1	-4.8737	0.8276	-0.93	0.9498	1.48	0.8812
	2	-1.6666	0.9773	-0.37	0.9881	1.41	0.8961

(2) 변환

■ **자료변환(transformation)**

본문에서 자료의 분산이 일정하지 않을 때의 분산안정화 변환으로서 Box-Cox 변환과 Box-Cox 변환의 하나인 로그변환 등을 살펴보았다. 대부분의 경제자료를 분석할 때에는 로그변환을 많이 사용하며 SAS에서의 사용 형태는 다음과 같다.

```
LOG(variable name);
```

오일가격 자료의 분산이 일정하지 않음을 그림 4.4.1, 그림 4.4.2를 통해 확인했으므로 우선적으로 로그변환을 고려하여 보자. 그림 4.4.3은 오일가격 자료를 로그변환한 후 시계열도를 그린 결과이다(code-(4) 참조). 그림 4.4.3을 보면 원자료에 비해 변동이 안정한 것을 확인할 수 있다.

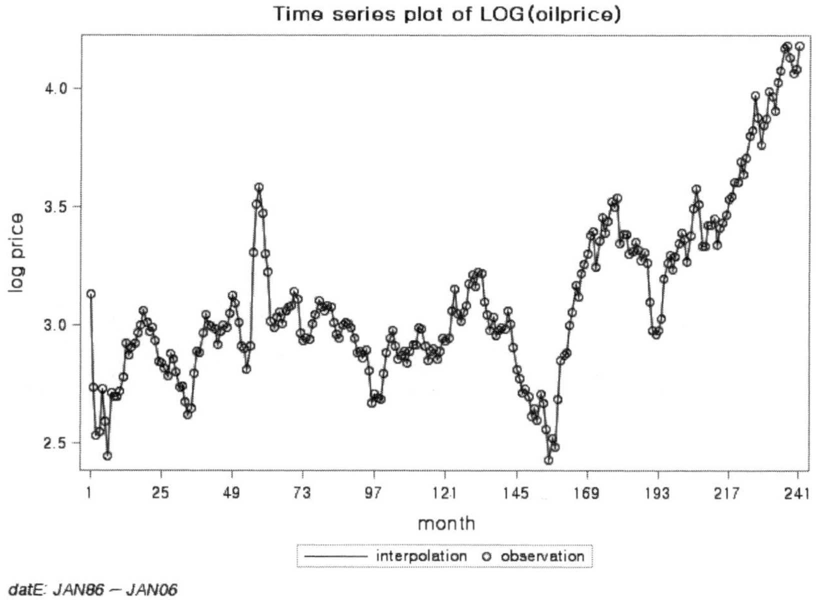

[그림 4.4.3] 로그변환된 오일가격 자료의 시계열도

■ **차분변환(differencing)**

본문에서 정상적이지 않은 시계열을 차분을 통하여 정상시계열로 만들 수 있다는 사실에 대해 언급한 바 있다. 그러므로 단위근검정을 시행하여 자료가 정상성을 만족

하지 않음을 확인하였다면 차분 등의 변환을 통하여 정상시계열로 변환한 후 모형을 적합해야 한다. 다음은 SAS에서 제공되는 차분변환함수이다. 여기서 d는 차분할 시차로서 default는 1이며 5장에서 학습하게 될 계절차분의 경우 DIF12()와 같이 시차 d를 12로 지정해 주면 계절 차분을 시행할 수 있다.

```
DIF〈d〉(variable name);
```

또한, PROC ARIMA에서도 다음과 같이 분석하는 변수명에 시차 d를 지정해주면 차분된 자료에 대해 모형식별을 하게 된다.

```
IDENTIFY VAR=variable name(d);
```

그림 4.4.4는 로그변환된 오일가격 자료에 대하여 일차차분을 하고 시계열도를 그린 결과이다(code-(5) 참조). 그림 4.4.4를 보면 일차차분을 한 자료가 평균이 0이고 정상성을 지닌 시계열이 됨을 눈으로 확인할 수 있다.

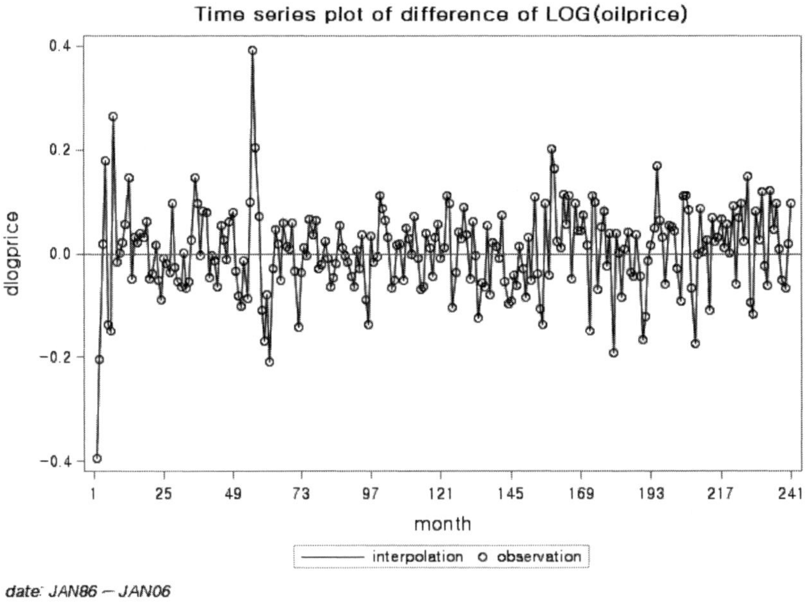

[그림 4.4.4] 로그변환된 오일가격에 일차차분을 한 자료의 시계열도

표 4.4.2는 일차차분을 시행한 자료의 SACF, SPACF, 그리고 단위근검정을 한

결과이다(code-(6) 참조). 위에서 설명한 대로 PROC ARIMA의 경우 차분된 자료를 따로 생성하지 않고도 차분을 이용한 모형식별을 할 수 있다.

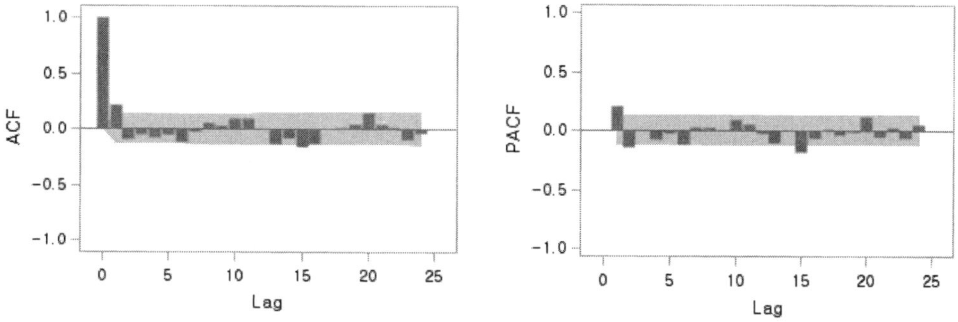

[그림 4.4.5] 로그변환된 오일가격에 일차차분을 한 자료의 SACF와 SPACF

차분 전과 달리 일차차분한 자료의 SACF가 급격하게 감소하기 때문에 정상성을 만족하는 시계열 자료라고 예상할 수 있다. 보다 엄밀한 통계적 판단을 위해 시행한 Dickey-Fuller 단위근검정의 결과를 살펴보자. 시계열도를 눈으로 보기에도 평균이 0인 것이 명확하기 때문에 zero mean 부분을 참고하면 될 것이다. 표 4.4.2를 보면 시차 0,1,2에서 모두 유의확률이 0.0001보다 작으므로 단위근을 갖는다는 귀무가설을 기각할 수 있다. 그러므로 로그변환과 일차차분을 한 자료가 정상성을 만족한다고 결론지을 수 있다.

[표 4.4.2] 로그변환된 오일가격에 일차차분을 한 자료의 ADF 단위근검정결과

Augmented Dickey-Fuller Unit Root Tests							
Type	Lags	Rho	Pr < Rho	Tau	Pr < Tau	F	Pr > F
Zero Mean	0	-187.432	0.0001	-12.99	<.0001		
	1	-250.063	0.0001	-11.68	<.0001		
	2	-245.369	0.0001	-9.19	<.0001		
Single Mean	0	-188.124	0.0001	-13.02	<.0001	84.88	0.0010
	1	-252.731	0.0001	-11.75	<.0001	69.09	0.0010
	2	-251.784	0.0001	-9.28	<.0001	43.10	0.0010
Trend	0	-188.999	0.0001	-13.02	<.0001	84.86	0.0010
	1	-255.116	0.0001	-11.75	<.0001	69.15	0.0010
	2	-256.450	0.0001	-9.30	<.0001	43.25	0.0010

4-4-2 정보기준을 이용한 모형선택(model selection)

AIC, BIC 등의 정보기준을 이용한 모형선택 방법은 이 값을 최소로 하는 모형을 선택하는 것이므로 ARIMA 모형의 각 차수에 대해 정보기준들을 비교하여 최솟값을 가지는 차수를 선택하는 것이다. PROC ARIMA의 IDENTIFY문의 MINIC option을 이용하면 일정한 범위의 차수에 대해 비교가 쉽도록 BIC 값을 보기 좋게 출력할 수 있다.

분석대상인 자료가 일차차분 후에 정상성을 만족하는 것으로 판단되었으므로 그에 대해 정보기준을 최소화하는 p와 q를 선택하면 될 것이다. 표 4.4.3은 ARIMA(p,1, q) 모형에서 p의 범위가 0,1,2,3이고, q의 범위가 0,1,2,3일 때 BIC 값을 표의 형태로 출력한 결과이다(code-(7) 참조).

[표 4.4.3] $p=(0,1,2,3)$, $q=(0,1,2,3)$에서의 BIC

Minimum Information Criterion				
Lags	MA 0	MA 1	MA 2	MA 3
AR 0	-5.11928	-5.2009	-5.18396	-5.16464
AR 1	-5.20009	-5.179	-5.1739	-5.15125
AR 2	-5.19108	-5.17003	-5.1513	-5.12871
AR 3	-5.16995	-5.14761	-5.13335	-5.11869

Error series model: AR(6)

Minimum Table Value: BIC(0,1) = -5.2009

표 4.4.3을 보면 $p=0$, $q=1$에서 BIC값이 최소가 됨을 알 수 있으므로, 자료에 대한 모형으로 ARIMA(0,1,1) 모형을 적합한다. 표 4.4.4는 자료에 ARIMA(0,1,1) 모형을 적합한 결과이다. 이때 평균이 0인 것이 명확하므로 상수항이 없는 모형을 고려한다(code-(8) 참조).

[표 4.4.4] ARIMA(0,1,1) 모형 적합에 대한 조건부최소제곱추정량

Conditional Least Squares Estimation					
Parameter	Estimate	Standard Error	t Value	Approx Pr > |t|	Lag
MA1,1	-0.27297	0.06237	-4.38	<.0001	1

표 4.4.4를 보면 ARIMA(0,1,1) 모형에 대한 추정량의 유의확률이 0.0001보다 작음을 알 수 있다. 따라서 잠정모형으로 $(1-B)X_t = (1+0.27297B)\epsilon_t$를 고려한다.

4-4-3 모형진단(diagnostics)을 위한 통계량

앞에서 선택된 잠정적 모형이 실제 모형으로서 적합한지의 여부를 검증해야 한다. 이를 위해 과적합진단을 시행하여 유의하지 않은 모수들이 추가되지는 않았는지를 확인하고 잔차분석을 통해 적합한 모형이 타당한가를 검토해 보기로 한다.

▪ 과적합진단

표 4.4.5, 표 4.4.6은 앞에서 선택된 잠정모형 ARIMA(0,1,1) 모형의 과적합진단을 위해 ARIMA(0,1,2)와 ARIMA(1,1,1) 모형을 자료에 적합한 결과이다(code-(9) 참조).

[표 4.4.5] ARIMA(0,1,2) 모형 적합에 대한 조건부최소제곱추정량

Conditional Least Squares Estimation					
Parameter	Estimate	Standard Error	t Value	Approx Pr > |t|	Lag
MA1,1	-0.24934	0.06466	-3.86	0.0001	1
MA1,2	0.09478	0.06466	1.47	0.1440	2

[표 4.4.6] ARIMA(1,1,1) 모형 적합에 대한 조건부최소제곱추정량

Conditional Least Squares Estimation					
Parameter	Estimate	Standard Error	t Value	Approx Pr > |t|	Lag
MA1,1	-0.57005	0.17441	-3.27	0.0012	1
AR1,1	-0.31816	0.20126	-1.58	0.1152	1

과대적합을 시행한 모형의 새로운 계수들이 유의확률이 0.05보다 커서 유의하지 않으므로 ARIMA(0,1,0)을 최종모형으로 선택할 수 있다.

▪ 잔차진단

대부분 모형에 대한 진단은 모형적합 후의 잔차를 이용한다. 모형진단의 방법으로

서 잔차의 SACF와 포트맨토 통계량 등의 출력은 ESTIMATE문의 PLOT option에서 제공되며 FORECAST문에서 잔차값을 OUT option을 이용하여 저장한 뒤 잔차도를 그릴 수 있다. 표 4.4.7, 그림 4.4.6, 그림 4.4.7은 잔차에 대한 진단을 시행하고 잔차도를 그린 결과이다(code-(10) 참조).

[표 4.4.7] 잔차의 자기상관 검정을 위한 포트맨토 통계량

Autocorrelation Check of Residuals									
To Lag	Chi-Square	DF	Pr > ChiSq	Autocorrelations					
6	5.28	5	0.3825	-0.021	-0.075	-0.006	-0.069	-0.006	-0.103
12	9.39	11	0.5860	-0.007	0.067	-0.002	0.084	0.068	0.013
18	20.97	17	0.2278	-0.122	-0.005	-0.133	-0.106	0.034	0.008
24	29.24	23	0.1725	0.006	0.141	-0.001	0.038	-0.099	-0.007
30	35.87	29	0.1773	-0.001	-0.115	-0.034	0.060	-0.019	0.078
36	44.81	35	0.1239	0.086	-0.027	-0.071	-0.106	0.014	0.084
42	48.60	41	0.1935	0.038	-0.027	-0.025	-0.020	0.062	0.077
48	52.40	47	0.2725	-0.070	0.020	0.068	-0.030	0.030	0.032

표 4.4.7을 보면 lag=6,12,18,24 등에서 모두 유의확률이 0.05보다 크므로 귀무가설 "$H_0 : \rho(k) = 0,\ k \geq 1$"을 기각할 수 없다. 그림 4.4.6을 보면 잔차의 SACF도 1 이상의 시차에서 모두 작은 값을 가지므로 독립성을 만족한다고 할 수 있다. 또한 그림 4.4.7을 보면 잔차들이 0을 기준으로 분포하고 있고 어떤 특이한 패턴을 보이지 않으므로 IID 가정 또한 충족시킴을 알 수 있다. 위의 결과를 종합하여 ARIMA(0,1,1) 모형을 주어진 자료에 대한 최종모형으로 선택한다.

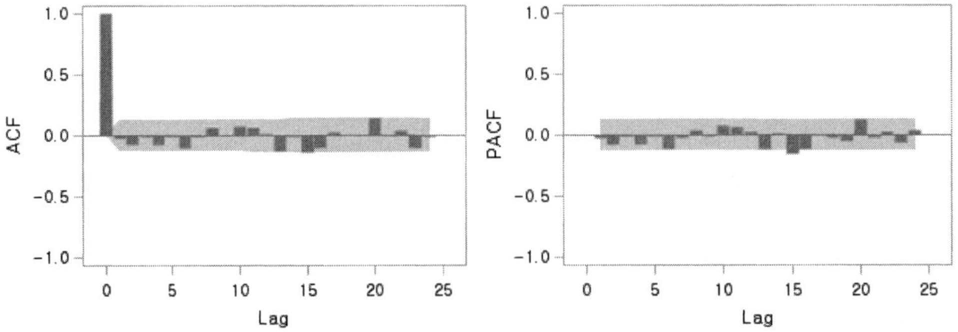

[그림 4.4.6] ARIMA(0,1,1) 모형적합 후 잔차의 SACF와 SPACF

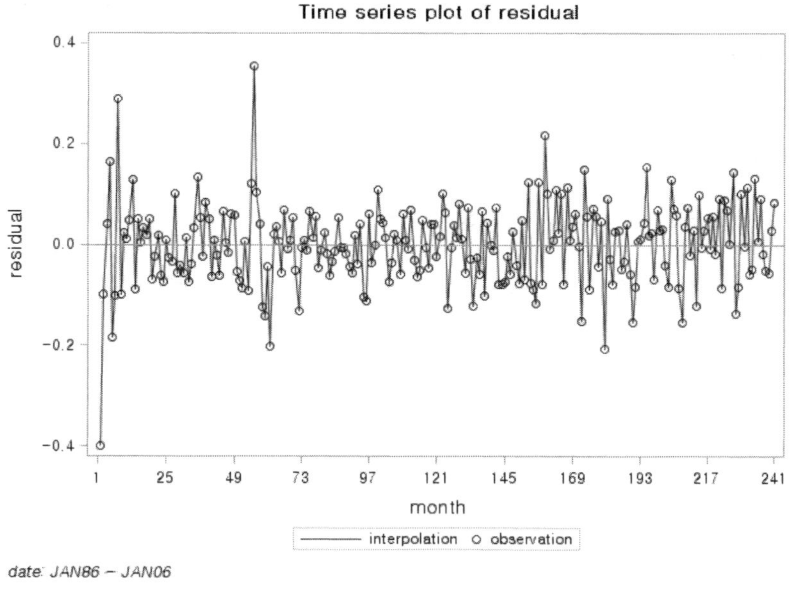

[그림 4.4.7] ARIMA(0,1,1) 모형적합에 대한 잔차도

4-4-4 예측

PROC ARIMA의 FORECAST문을 통해 적합된 모형을 이용한 예측값을 구할 수 있

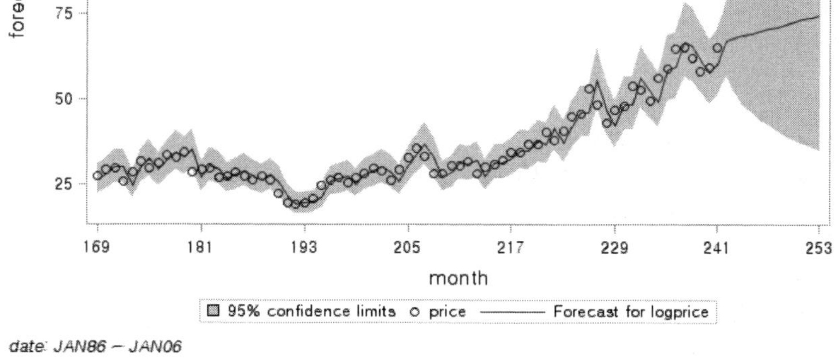

[그림 4.4.8] 예측값을 포함한 시계열도

다. 예측값을 구할 때 자료가 로그변환되었다는 것을 고려하여 역변환을 한다. 그림 4.4.8은 예측값을 구하고 시계열도를 나타낸 결과이다(code-(11) 참조).

SAS 코드

```
/* D 드라이브에 있는 sas_ch4_oilprice.txt 파일의 자료 불러오기 */
PROC IMPORT
  OUT=oilprice DATAFILE='D:₩sas_ch4_oilprice.txt' DBMS=TAB REPLACE;
RUN;

/* (1) 미국 오일가격 자료의 시계열도 */
PROC SGPLOT DATA=oilprice;
  TITLE1 BOLD "Time series plot of oilprice";
  SERIES X=month Y=price /LEGENDLABEL="interpolation";
  SCATTER X=month Y=price /LEGENDLABEL="observation";
  XAXIS LABEL="month" VALUES=(1 to 241 by 24);
  YAXIS LABEL="price(dollar per barrel)";
  FOOTNOTE1 JUSTIFY=LEFT 'date: JAN86 ~ JAN06';
  FOOTNOTE2 JUSTIFY=LEFT
      'SOURCE: U.S ENERGY INFORMATION ADMINISTRATION';
RUN;

/* (2) 자료의 SACF 그림 */
PROC ARIMA DATA=oilprice;
  IDENTIFY VAR=price; /*모형식별*/
RUN;
/* (3) ADF 검정 결과 */
PROC ARIMA DATA=oilprice;
  IDENTIFY VAR=price STATIONARITY=(ADF);
RUN;

/* (4) 로그변환 자료의 시계열도 */
DATA logoilprice;
  SET oilprice;
  logprice=LOG(price);
RUN;

PROC SGPLOT DATA=logoilprice;
  TITLE1 BOLD "Time series plot of LOG(oilprice)";
  SERIES X=month Y=logprice /LEGENDLABEL="interpolation";
  SCATTER X=month Y=logprice /LEGENDLABEL="observation";
  XAXIS LABEL="month" VALUES=(1 to 241 by 24);
  YAXIS LABEL="log price";
  FOOTNOTE1 JUSTIFY=LEFT 'date: JAN86 ~ JAN06';
RUN;
```

```
/* (5) 일차차분된 자료의 시계열도 */
DATA dlogoilprice;
  SET logoilprice;
  dlogprice=DIF(logprice);
RUN;

PROC SGPLOT DATA=dlogoilprice;
  TITLE1 BOLD "Time series plot of difference of LOG(oilprice)";
  SERIES X=month Y=dlogprice /LEGENDLABEL="interpolation";
  SCATTER X=month Y=dlogprice /LEGENDLABEL="observation";
  XAXIS LABEL="month" VALUES=(1 to 241 by 24);
  YAXIS LABEL="dlogprice";
  REFLINE 0 /AXIS=Y;
  FOOTNOTE1 JUSTIFY=LEFT 'date: JAN86 ~ JAN06';
RUN;

/* (6) 일차차분된 자료의 단위근검정 */
PROC ARIMA DATA=logoilprice;
  IDENTIFY VAR=logprice(1) STATIONARITY=(ADF);
RUN;
/* (7) BIC 통계량 */
PROC ARIMA DATA=logoilprice;
  IDENTIFY VAR=logprice(1) NLAGS=24 P=(0:3) Q=(0:3) MINIC;
RUN;

/* (8) ARIMA(0,1,1) 모형적합 결과 */
PROC ARIMA DATA=logoilprice;
  IDENTIFY VAR=logprice(1);
  ESTIMATE Q=1 NOCONSTANT; /* 상수항이 없는 ARIMA(0,1,1) */
RUN;

/* (9) ARIMA(0,1,2) 모형과 ARIMA(1,1,1) 모형의 적합 결과 */
PROC ARIMA DATA=logoilprice;
  IDENTIFY VAR=logprice(1);
  ESTIMATE Q=2 NOCONSTANT; /* 상수항이 없는 ARIMA(0,1,2) */
RUN;

PROC ARIMA DATA=logoilprice;
  IDENTIFY VAR=logprice(1);
  ESTIMATE P=1 Q=1 NOCONSTANT; /* 상수항이 없는 ARIMA(1,1,1) */
RUN;

/* (10) 모형적합 후 잔차도와 진단결과 */
PROC ARIMA DATA=logoilprice;
  IDENTIFY VAR=logprice(1) NLAGS=24;
  ESTIMATE Q=1 PLOT;
```

```
  FORECAST ID=month INTERVAL=1 LEAD=12 OUT=for;
RUN;

PROC SGPLOT DATA=for;
  TITLE1 BOLD "Time series plot of residual";
  SERIES X=month Y=residual /LEGENDLABEL="interpolation";
  SCATTER X=month Y=residual /LEGENDLABEL="observation";
  XAXIS LABEL="month" VALUES=(1 to 241 by 24);
  YAXIS LABEL="residual";
  REFLINE 0 /AXIS=Y;
  FOOTNOTE1 JUSTIFY=LEFT 'date: JAN86 ~ JAN06';
RUN;

/* (11) 예측값을 포함한 시계열도 */
DATA for;
  SET for;
  price=EXP(logprice);
  forecast=EXP(forecast+std*std/2);
  l95=EXP(l95);
  u95=EXP(u95);
RUN;

PROC SGPLOT DATA=for;
  TITLE1 BOLD "Plot of forecast";
  WHERE (month>=169); /* 169주를 시작으로 자료를 표시 */
  BAND UPPER=u95 LOWER=l95 X=month
      /LEGENDLABEL="95% confidence limits";
  SCATTER X=month Y=price;
  SERIES X=month Y=forecast;
  XAXIS LABEL="month" VALUES=(169 to 253 by 12);
  YAXIS LABEL="forecast";
  FOOTNOTE1 JUSTIFY=LEFT 'date: JAN86 ~ JAN06';
RUN;
```

4-5 연습문제

01 다음과 같은 다항추세모형을 고려해 보자:

$$X_t = a_0 + a_1 t + \cdots + a_r t^r + \epsilon_t,\ \ \{\epsilon_t\} \sim \mathrm{WN}(0, \sigma^2).$$

(1) $(1-B)^r t^r = r!$임을 보여라.

(2) $(1-B)^r\epsilon_t = \sum_{j=0}^{r}\binom{r}{j}(-1)^j\epsilon_{t-j}$임을 보여라.

(3) 위의 결과를 바탕으로 $(1-B)^r X_t$가 정상시계열임을 보여라.

02 확률보행 모형 $X_t = X_{t-1} + \epsilon_t$ (단, $\{\epsilon_t\} \sim \text{IID}(0, \sigma^2)$, $X_0 = 0$)에 대하여, $\{X_t\}$가 마코프 성질을 가짐을 보여라. 즉, 다음의 수식이 성립한다:

$$P(X_n = i_n | X_0 = i_0, X_1 = i_1, \cdots, X_{n-1} = i_{n-1}) = P(X_n = i_n | X_{n-1} = i_{n-1})$$

03 $X_t = \alpha_0 + \alpha_1 t + \alpha_2 t^2 + \mu_t + \epsilon_t$, $\mu_t = \mu_{t-1} + \beta_t + \eta_t$, $\beta_t = \beta_{t-1} + \zeta_t$일 때, $\{X_t\}$에 차분을 하여 정상시계열을 만들고 그렇게 구한 정상시계열의 평균과 분산을 구하여라. 단, $\{\epsilon_t\}, \{\eta_t\}, \{\zeta_t\}$는 모두 평균 0, 분산이 각각 $\sigma_\epsilon^2, \sigma_\eta^2, \sigma_\zeta^2$인 확률변수열이고 서로 독립이다.

04 식 (4.2.1)의 T_n이 식 (4.2.2)와 같게 됨을 보여라.

05 식 (4.2.2)에서 T_n의 분모가 $\frac{\sigma^2}{n}\sum_{t=1}^{n} W_n^2\left(\frac{t-1}{n}\right)$임을 보여라.

06 $ns = t$인 경우 식 (4.2.3)을 이용하여 $\epsilon_t = \sqrt{\frac{t}{s}}\sigma\left(W_n\left(\frac{t}{n}\right) - W_n\left(\frac{t-1}{n}\right)\right)$임을 보여라.

07 다음의 모형에서 미지의 모수를 적절히 지정하여 시계열 100개를 생성하고 이 자료를 이용하여 AIC 값을 구하여라. 또한 이 자료를 ARMA(1, 1) 모형으로 적합하여 AIC 값을 구하고 각 값을 비교하여라. 어떤 결론을 내릴 수 있는가?

(1) AR(1) 모형: $X_t = \phi X_{t-1} + \epsilon_t$ 단, $\{\epsilon_t\} \sim \text{IID}\, N(0, \sigma^2)$

(2) MA(1) 모형: $X_t = \theta\epsilon_{t-1} + \epsilon_t$ 단, $\{\epsilon_t\} \sim \text{IID}\, N(0, \sigma^2)$

08 연속확률과정 $\{W(s) : s \geq 0\}$이 브라운 운동일 때 각 물음에 대하여 답하여라.

(1) $E\,W(t)\,W(s) = t \wedge s$임을 보여라.

(2) $Z(s) = W(\eta s)/\sqrt{\eta}$가 브라운 운동임을 보여라(단, $\eta > 0$).

(3) $G(s) = s\,W(1/s)$가 브라운 운동임을 보여라.

09 다음의 MA(2) 모형

$$X_t = \theta_1 \epsilon_{t-1} + \theta_2 \epsilon_{t-2} + \epsilon_t,\ \{\epsilon_t\} \sim \text{IID } N(0, \sigma^2)$$

을 따르는 정상시계열 $\{X_t\}$를 $(1-B)X_t = Y_t$로 적합하였을 때, $\{Y_t\}$의 자기공분산함수를 구하여라.

10 ex_ch4_10.txt는 어떤 시계열 모형에서 생성된 자료이다. 각 물음에 답하여라.

(1) 시계열도와 SACF의 그림을 그려본 후, 그 결과를 요약하여라.

(2) 단위근검정을 하고, 그 결과를 요약하여라.

(3) (1)번 결과를 토대로 적절한 모형을 선택하여라.

(4) 선택된 모형을 적합시키고, 모형에 대한 잔차분석과 과적합진단에 대한 결과를 요약하여라.

11 ex_ch4_11.txt는 어떤 시계열 모형에서 생성된 자료이다. 각 물음에 답하여라.

(1) 시계열도를 그려본 후, 눈으로 보기에 정상적인 시계열인지 파악하여라.

(2) 어떠한 자료변환이 필요한지 생각하여라.

(3) 변환된 자료에 대하여 SACF, SPACF의 그림을 그려본 후, 특징을 요약하여라.

(4) 적절한 모형을 선택하여 적합시키고, 모형에 대한 잔차분석과 과적합진단에 대한 결과를 요약하여라.

12 ex_ch4_12.txt의 자료에 대해 AR(1), AR(2), MA(1), MA(2), ARMA(1,1) 모형에서의 BIC값을 구하여 비교하고, 그 가운데 가장 적합한 모형을 찾아라.

5장

계절성을 갖는 시계열 모형

그림 5.1은 2005년 1월부터 2011년 1월까지의 월별 가정용 전력 사용량(단위: gwh)을 나타낸 시계열도이다.

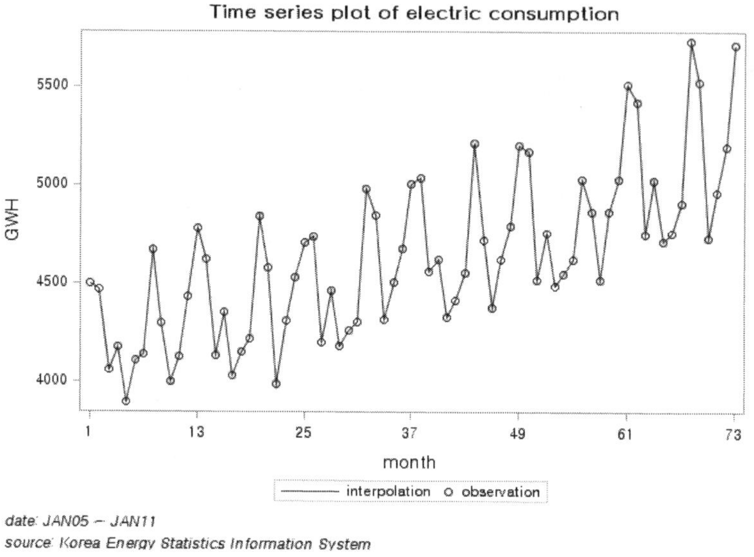

[그림 5.1] 계절성을 갖는 시계열의 예

그림 5.1을 보면 전력 사용량이 1년을 주기로 유사한 패턴을 보이고 주로 여름과 겨울에 전력 소비가 많음을 알 수 있다. 우리가 실제로 접하는 시계열 자료는 위의 예와 같이 주기성을 보여 주는 것들이 많다. 보통 월별자료인 경우는 계절주기가 $s=12$이고 분기별 자료인 경우는 $s=4$이다.

이때, 주기 s는 자료의 특성으로부터 이미 알고 있는 것이라고 가정하며 주기성을 **계절성**(seasonality) 혹은 **계절효과**(seasonal effect)라고 표현한다.

이 절에서는 계절성을 가진 시계열을 분석하는 다양한 방법들을 알아보고, 특히 이미 배운 ARIMA 모형을 어떻게 계절성이 있는 자료에 적용시킬 수 있는지를 알아보도록 한다. 또한 Box와 Jenkins가 제안한 **승법계절모형**(multiplicative seasonal model)에 대해 공부하기로 한다.

5-1 계절성분을 갖는 시계열 모형

주어진 시계열이 다음과 같은 확률적 구조를 가지고 있다고 하자:

$$X_t = S_t + Z_t \tag{5.1.1}$$

단, $\{S_t\}$는 주기가 s인 **계절성분(seasonal component)**이고 $\{Z_t\}$는 정상시계열이다.

즉, $\{S_t\}$는 모든 시점 t에서 $S_t = S_{t+s}$을 만족하는 확률변수들이고 $\{Z_t\}$는 정상시계열로서 $EZ_t = 0$이고 자기공분산함수는 $\gamma_Z(h)$로 표현된다.

한편, $S_1, S_2, \cdots, S_s$들은 서로 독립이고

$$ES_t = 0, \quad Var(S_t) = \sigma_t^2 < \infty$$

이며 $\{S_t\}$와 $\{Z_t\}$는 서로 독립이다. 이때

$$\begin{aligned} EX_{t+h}X_t &= E(S_{t+h} + Z_{t+h})(S_t + Z_t) \\ &= ES_{t+h}S_t + \gamma_Z(h) \\ &= \begin{cases} \sigma_t^2 + \gamma_Z(h), & h = s, 2s, \cdots \\ \gamma_Z(h), & o.w. \end{cases} \end{aligned}$$

이므로 $\{X_t\}$는 비정상시계열이다.

$\{X_t\}$를 정상시계열로 변환하기 위해 **계절차분 작용소(seasonal difference operator)**

$$\nabla_s = 1 - B^s$$

을 도입하자. 모형 (5.1.1)의 양변에 **계절차분(seasonal differencing)**을 하면,

$$Y_t = (1 - B^s)X_t = X_t - X_{t-s} = S_t + Z_t - (S_{t-s} + Z_{t-s}) = Z_t - Z_{t-s}$$

가 되어 Y_t가 정상시계열의 차분의 형태가 되므로 정상시계열이 된다. 이때 Y_t를

$$\phi(B)Y_t = \theta(B)\epsilon_t, \quad \{\epsilon_t\} \sim \mathrm{IID}(0, \sigma^2)$$

와 같은 ARMA 모형으로 적합시키면

$$\phi(B)\nabla_s X_t = \theta(B)\epsilon_t \tag{5.1.2}$$

로 표기된다.

5.1.1 정의

식 (5.1.2)의 모형을 **계절차분모형**(seasonal difference model)이라고 정의한다.

그림 5.1.1과 그림 5.1.2는 계절차분을 통하여 정상시계열이 되는 과정을 나타낸 것이다.

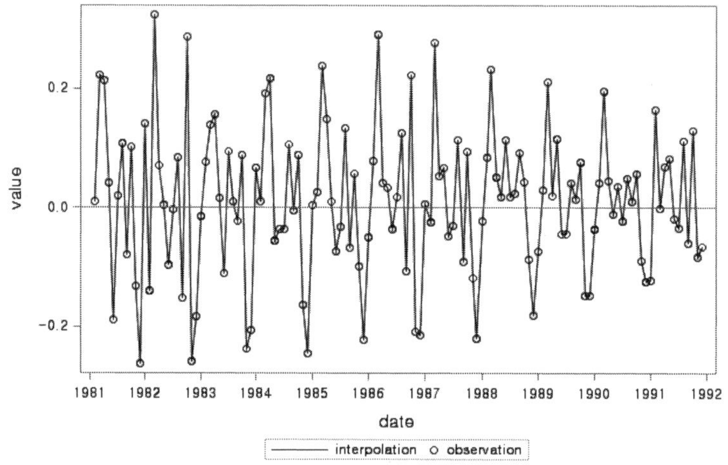

[그림 5.1.1] 계절차분 전의 시계열도

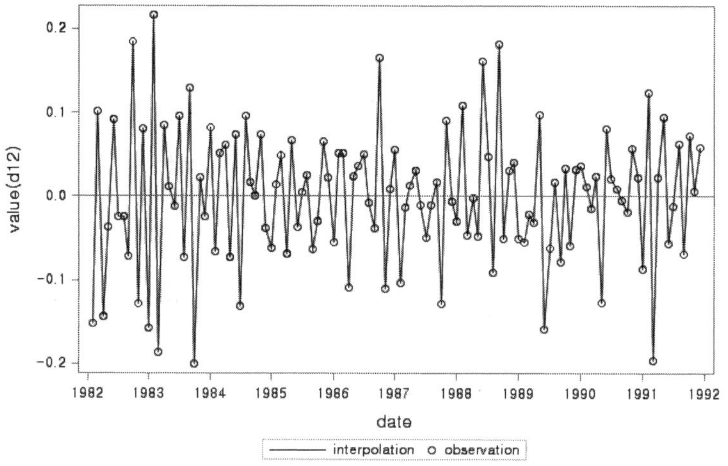

[그림 5.1.2] 계절차분 후의 시계열도

5-2 추세성과 계절성을 갖는 시계열 모형

이 절에서는 시계열 자료에 추세성과 계절성이 동시에 나타나는 경우에는 어떤 모형이 적합한지를 알아보기로 한다. 다음과 같이 어떤 시계열이 추세성분과 계절성분을 동시에 가지고 있으며 이들 성분의 합으로 표현되는 경우를 고려해 보자:

$$X_t = T_t + S_t + Z_t$$

여기서 T_t는 추세성분, S_t는 계절성분, Z_t는 정상과정을 나타내며 이들은 서로 독립이다. 추세성분이

$$T_t = \beta_0 + \beta_1 t + \cdots + \beta_r t^r$$

이고 모든 t에 대하여 $S_t = S_{t+s}$이 성립한다고 가정하자.

우선 계절성분을 제거하기 위하여 계절차분을 취하면

$$\nabla_s X_t = \nabla_s T_t + \nabla_s S_t + \nabla_s Z_t$$

로 표현되며 $\nabla_s S_t = 0$이고 $\nabla_s t^r = t^r - (t-s)^r$는 $(r-1)$차 다항식이므로

$$(1-B)^{r-1}\nabla_s X_t = (1-B)^{r-1}\nabla_s T_t + (1-B)^{r-1}\nabla_s Z_t \tag{5.2.1}$$

이 성립한다. 또한,

$$(1-B)^{r-1}\nabla_s T_t = \text{어떤 상수 } \mu$$

가 되고 $(1-B)^{r-1}\nabla_s Z_t$는 정상과정이므로(연습문제 1 참조) 이에 ARMA 모형을 적합시키면,

$$\phi(B)\left\{(1-B)^{r-1}\nabla_s X_t - \mu\right\} = \theta(B)\epsilon_t, \ \ \{\epsilon_t\} \sim \text{IID}(0, \sigma^2) \tag{5.2.2}$$

이 된다.

5.2.1 정의

모형 (5.2.2)를 추세가 있는 계절차분모형(seasonal difference model with trend)이라고 한다.

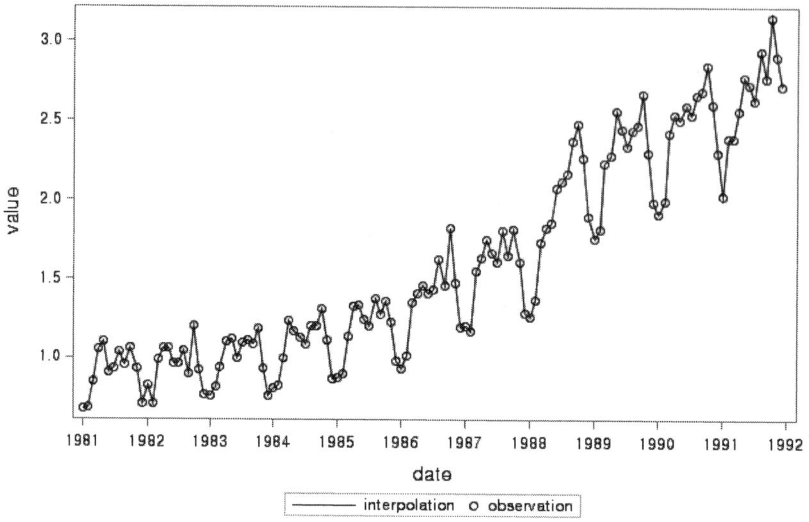

[그림 5.2.1] 차분 전의 시계열도

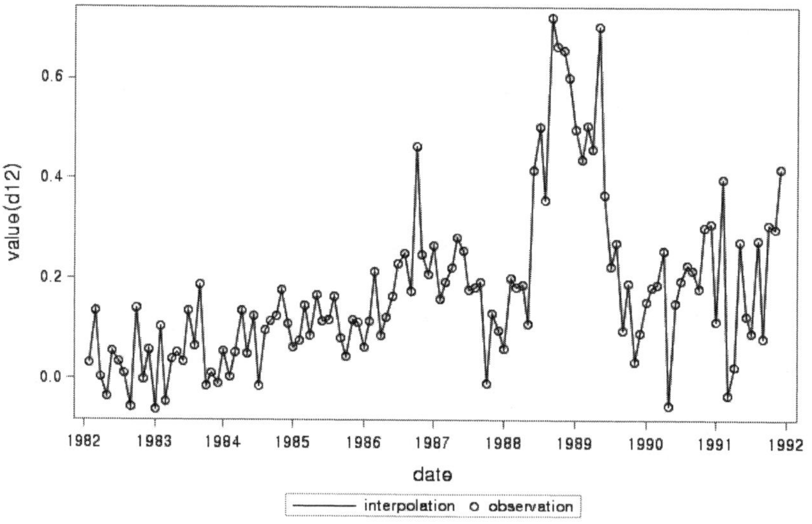

[그림 5.2.2] 계절차분 후의 시계열도

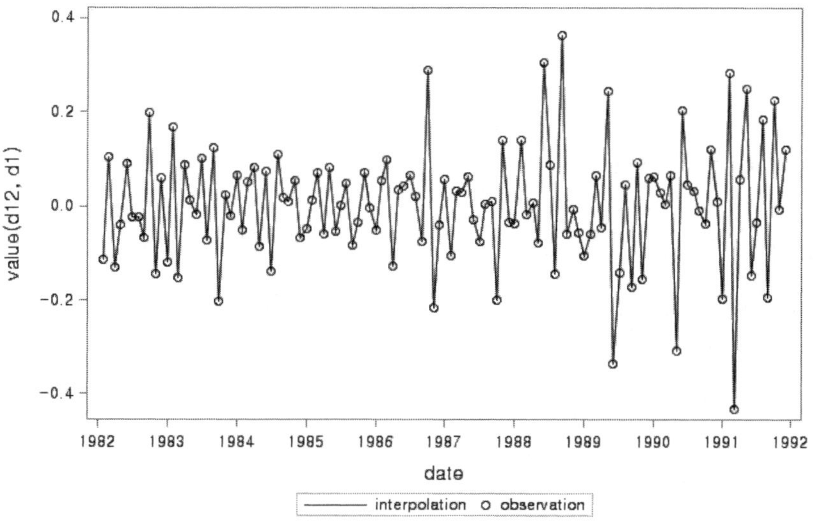

[그림 5.2.3] 일차차분 후의 시계열도

그림 5.2.1~그림 5.2.3은 계절성분과 추세성분이 동시에 존재하는 시계열을 계절차분과 일차차분을 통해 정상시계열로 변환시키는 과정을 설명한다.

5-3 계절 ARIMA 모형

앞 절에서 우리는 식 (5.2.2)에 있는 모형과 같이 계절성분이 있는 시계열을 모형화하였다. 이 절에서는 계절성을 가진 ARMA 모형을 공부한다.

다음 모형

$$X_t = \phi X_{t-s} + \epsilon_t, \quad \{\epsilon_t\} \sim \text{IID}(0, \sigma^2) \tag{5.3.1}$$

은 계절성을 고려하는 시계열 모형이고 $|\phi| < 1$이면,

$$X_t = \sum_{i=0}^{\infty} \phi^i \epsilon_{t-si} \tag{5.3.2}$$

가 되어 $\{X_t\}$는 정상시계열이 된다. 이 경우 $\{X_t\}$는 계절성분 $\{S_t\}$를 가지고 있지는 않지만 주기가 s인 계절효과를 갖는 시계열 모형이 된다.

한편, 자기상관함수를 구하면 $h \neq ks$, $k = 1, 2, \cdots$에서 $\gamma_X(h) = 0$이므로 같은 주기에 있는 시계열끼리만 상관관계가 있고 주기 외의 것들은 서로 상관관계가 없음을

알 수 있다. 이런 특징을 가지는 시계열 자료에 적합한 모형이 바로 **계절 ARMA 모형**(seasonal ARMA: SARMA model)이다. 그런데 $\{X_t\}$가 계절적 추세를 갖는 비정상시계열일 수도 있으므로 다음 정의에서와 같이 계절차분을 한 **SARIMA 모형**(seasonal ARIMA model)을 고려한다.

5.3.1 정의

시계열 $\{X_t\}$가 다음의 식

$$\Phi(B^s)\left\{(1-B^s)^D X_t - \mu\right\} = \Theta(B^s)\epsilon_t, \quad \{\epsilon_t\} \sim \mathrm{IID}(0,\sigma^2) \qquad (5.3.3)$$

을 만족할 때 $\{X_t\}$가 SARIMA$(\boldsymbol{P},\boldsymbol{D},\boldsymbol{Q})_s$(seasonal ARIMA) 모형을 따른다. 단,

$$\Phi(z) = 1 - \Phi_1 z - \cdots - \Phi_P z^P,$$
$$\Theta(z) = 1 + \Theta_1 z + \cdots + \Theta_Q z^Q$$

들은 인과성과 가역성 조건을 만족한다. 대부분의 경우에 $\mu = 0$인 경우를 가정한다.

정의 5.3.1의 모형은 같은 주기 내에 있는 자료끼리만 상관관계가 있을 때 사용되는 모형이며, D가 0이 아닌 경우는 계절적 성분에 추세가 있는 자료를 분석할 때 적합한 모형이다. 모형 (5.2.2)와 (5.3.3)은 서로 다른 모형이며 자료의 특성에 따라 선호되는 모형이 다를 수 있음을 유념해야 한다.

그림 5.3.1은 계절형 ARIMA 모형의 예를 보여 주는 것으로 모의실험에 의해 생성된 $\mathrm{AR}(1)_{12}$ 모형의 시계열도이다. 계절효과의 특성이 확연함을 확인할 수 있다.

● 5.3.2 예

(1) $\mathrm{MA}(2)_s$ 모형 $X_t = \epsilon_t + \theta_1\epsilon_{t-s} + \theta_2\epsilon_{t-2s}$의 자기상관함수를 구해보면

$$\gamma_X(h) = \begin{cases} (1+\theta_1^2+\theta_2^2)\sigma^2, & h=0 \\ (\theta_1+\theta_1\theta_2)\sigma^2, & h=s \\ \theta_2\sigma^2, & h=2s \\ 0, & o.w. \end{cases}$$

이다.

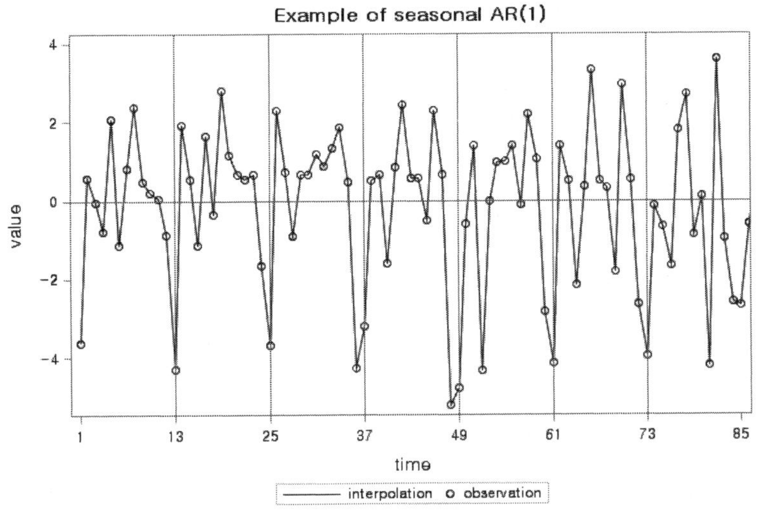

[그림 5.3.1] $X_t = 0.8X_{t-12} + \epsilon_t$인 AR(1)$_{12}$ 모형의 시계열도

(2) $\mathrm{AR}(1)_s$ 모형 $X_t - \phi X_{t-s} = \epsilon_t$, $|\phi| < 1$에서

$$\rho(h) = \begin{cases} \phi^j, & h = sj,\ j = 0,1,2,\cdots \\ 0, & o.w. \end{cases}$$

$$= \begin{cases} \phi^{h/s}, & h = 0, s, 2s, \cdots \\ 0, & o.w. \end{cases}$$

이다.

5-4 승법계절모형

자료가 주어진 주기 s의 계절성을 띠고 있을 때 같은 주기에 있는 자료들 간의 관계는 물론, 인접한 자료들 간의 관계도 고려의 대상이 되는 것이 상식적이다. 따라서 5-3절에 있는 SARIMA 모형의 적용범위가 충분히 넓지 못함을 알 수 있다. 이 절에서는 이러한 결점을 보완하는 모형을 수립하기 위해

$$X_t = S_t + W_t$$

인 모형을 생각하기로 한다. 단, $\{W_t\}$는 누적차수가 d인 ARIMA 모형을 따르고 $E(1-B)^d W_t = 0$을 만족하며, $\{S_t\}$는 다음의 SARIMA$(P, D, Q)_s$ 모형

$$\Phi(B^s)\nabla_s^D S_t = \Theta(B^s)a_t, \quad \{a_t\} \sim \text{IID}(0, \tau^2) \tag{5.4.1}$$

을 만족하고 $\{W_t\}$와 $\{S_t, a_t\}$는 서로 독립이다.

식 (5.4.1)로부터

$$\Theta(B^s)^{-1}\Phi(B^s)\nabla_s^D X_t = a_t + \Theta(B^s)^{-1}\Phi(B^s)\nabla_s^D W_t$$

가 되고 $\{\eta_t\}$를 다음과 같이 놓으면

$$\eta_t := a_t + \Theta(B^s)^{-1}\Phi(B^s)\nabla_s^D W_t \tag{5.4.2}$$

$(1-B)^d\eta_t$는 정상시계열이 된다.

여기서 $\{\eta_t\}$를 ARIMA(p,d,q) 모형으로 적합시키면

$$\phi(B)(1-B)^d\eta_t = \theta(B)\epsilon_t, \quad \{\epsilon_t\} \sim \text{IID}(0, \sigma^2) \tag{5.4.3}$$

가 된다.

이제, 식 (5.4.2)와 (5.4.3)을 결합하여 다음 모형을 얻는다:

$$\phi(B)\Phi(B^s)(1-B)^d(1-B^s)^D X_t = \theta(B)\Theta(B^s)\epsilon_t \tag{5.4.4}$$

이상을 정리 요약하면 다음과 같다.

5.4.1 정의

시계열 $\{X_t\}$가 다음의 식

$$\phi(B)\Phi(B^s)(1-B)^d(1-B^s)^D X_t = \theta(B)\Theta(B^s)\epsilon_t, \ \{\epsilon_t\} \sim \text{IID}(0, \sigma^2)$$

을 만족할 때 $\{X_t\}$가 승법계절(multiplicative seasonal) ARIMA$(\boldsymbol{p}, \boldsymbol{d}, \boldsymbol{q})(\boldsymbol{P}, \boldsymbol{D}, \boldsymbol{Q})_{\boldsymbol{s}}$ 모형을 따른다고 한다.

정의 5.4.1의 모형은 정의 5.1.1, 5.2.1, 5.3.1의 모형들을 모두 포함하는 모형이다. 5-5에 있는 SAS 실습에서 승법계절 모형이 자료에 적합되는 과정을 설명하였으므로 참조하기 바란다.

● 5.4.2 예

ARIMA$(0,1,1)(0,1,1)_s$ 모형을 따르는 $\{X_t\}$의 모형식은

$$\nabla_s(1-B)X_t = (1+\theta B)(1+\Theta B^s)\epsilon_t$$

이고 이를 풀어쓰면

$$X_t - X_{t-1} - X_{t-s} + X_{t-s-1} = \epsilon_t + \theta\epsilon_{t-1} + \Theta\epsilon_{t-s} + \theta\Theta\epsilon_{t-s-1}$$

이다.

이때, $W_t = \nabla_s(1-B)X_t$로 놓으면 $\{W_t\}$는 ARIMA$(0,0,1)(0,0,1)_s$ 모형을 따르는 정상시계열이 되고 $\{W_t\}$의 자기공분산함수를 구하면 다음과 같다. 우선,

$$\gamma_W(0) = (1+\theta^2)(1+\Theta^2)\sigma^2$$

이고

$$\gamma_W(1) = \theta(1+\Theta^2)\sigma^2$$

이며, 시차 2부터 $(s-2)$까지의 함수값은 0이다. 또한, s의 전후에 함수값이 다시 나타나는데

$$\gamma_W(s) = \Theta(1+\theta^2)\sigma^2$$

이고

$$\gamma_W(s-1) = \theta\Theta\sigma^2 = \gamma_W(s+1)$$

이며, 이후 시차의 함수값은 0이다.

● 5.4.3 예

ARIMA$(0,0,1)(1,0,1)_s$ 모형의 식은

$$(1-\Phi B^s)X_t = (1+\theta B)(1+\Theta B^s)\epsilon_t$$

이고 이를 풀어쓰면,

$$X_t - \Phi X_{t-s} = \epsilon_t + \theta\epsilon_{t-1} + \Theta\epsilon_{t-s} + \theta\Theta\epsilon_{t-s-1}$$

이다. 이때,

$$\gamma(0) = EX_t^2 = E\left(\Phi X_{t-s} + \epsilon_t + \theta\epsilon_{t-1} + \Theta\epsilon_{t-s} + \theta\Theta\epsilon_{t-s-1}\right)^2$$

$$= \Phi^2\gamma(0) + (1+\theta^2)(1+\Theta^2)\sigma^2 + 2(\Phi\Theta + \theta^2\Phi\Theta)\sigma^2$$

이므로 이 관계식에서 $\gamma(0)$를 구하면,

$$\gamma(0) = (1+\theta^2)\left\{1 + \frac{(\Theta+\Phi)^2}{1-\Phi^2}\right\}\sigma^2$$

이고

$$\gamma(1) = \theta\left\{1 + \frac{(\Theta+\Phi)^2}{1-\Phi^2}\right\}\sigma^2$$

이다.

5.4.2 예와 마찬가지로 $\gamma(2) = \cdots = \gamma(s-2) = 0$이고 s의 전후에서

$$\gamma(s-1) = \theta\left\{\Theta + \Phi + \frac{\Phi(\Theta+\Phi)^2}{1-\Phi^2}\right\}\sigma^2 = \gamma(s+1)$$

이 성립하며, 또한

$$\gamma(s) = (1+\theta^2)\left\{\Theta + \Phi + \frac{\Phi(\Theta+\Phi)^2}{1-\Phi^2}\right\}\sigma^2$$

이다. 한편, $h \geq s+2$일 때에는 $\gamma(h) = \Phi\gamma(h-s)$임을 알 수 있다.

5-5 SAS 실습

이 절에서는 승법계절 ARIMA 모형의 적합과 진단을 다루고자 한다. 그림 5.5.1은 본문에서 소개된 2005년 1월부터 2011년 1월까지 월별 가정용 전력 사용량(단위: gwh)[7]에 대한 시계열도이다(code-(1) 참조). 그림 5.5.1로부터 1) 자료의 수가 선형적으로 증가하고 있다는 것, 2) 자료의 증가하고 감소하는 패턴이 일정한 주기를 가지고 있다는 것, 3) 자료의 후반부에서 증감하는 정도가 다소 커진다는 것을 알 수 있다.

7) 출처: 국가에너지통계종합정보시스템(http://www.kesis.net)

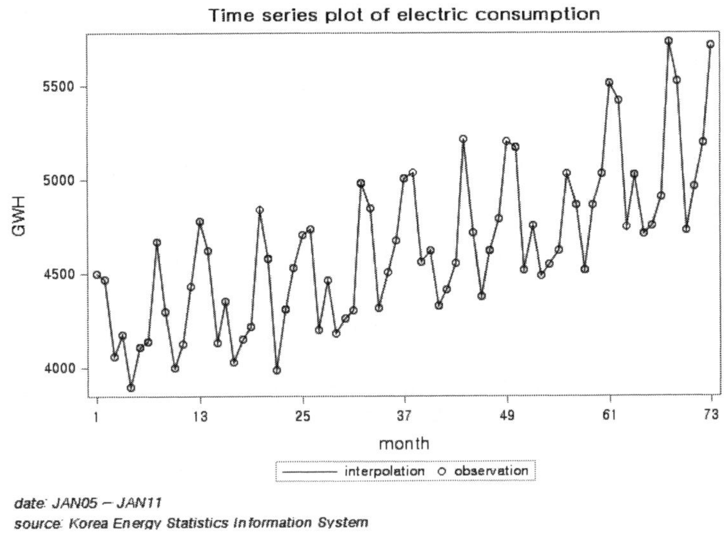

[그림 5.5.1] 전력사용량에 대한 시계열도

5-5-1 자료변환

자료의 분산안정화를 위하여 로그변환을 고려해 보자. 자료에 로그변환을 한 후의 시계열도는 그림 5.5.2와 같다(code-(2) 참조).

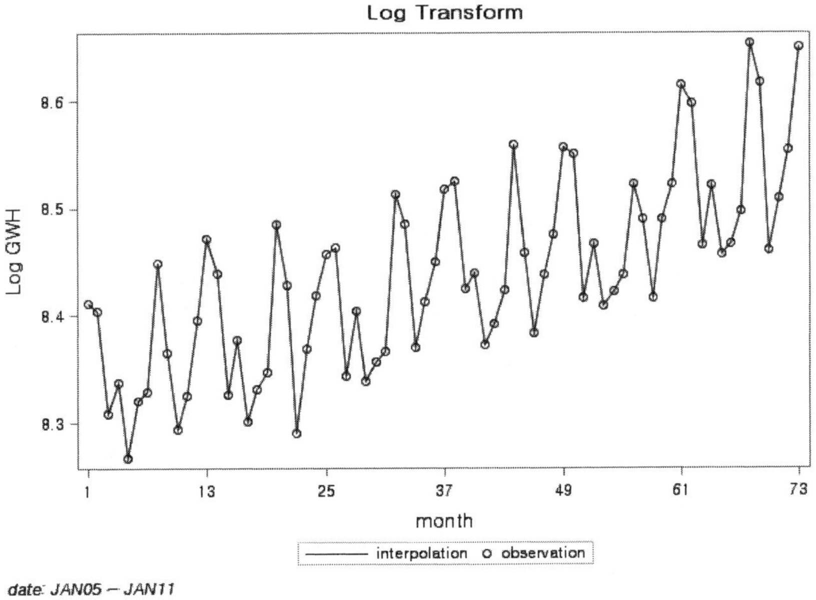

[그림 5.5.2] 로그변환된 전력사용량 자료의 시계열도

그림 5.5.1과 그림 5.5.2를 비교해 보면 원자료에 비해 자료의 분산이 안정되었다는 것을 볼 수 있다.

그림 5.5.3은 자료에 일차차분변환을 한 시계열도이다(code-(3) 참조). 차분을 한 자료는 비교적 정상성을 만족하는 것처럼 보이지만 계절성은 아직도 남아 있음을 확인할 수 있다.

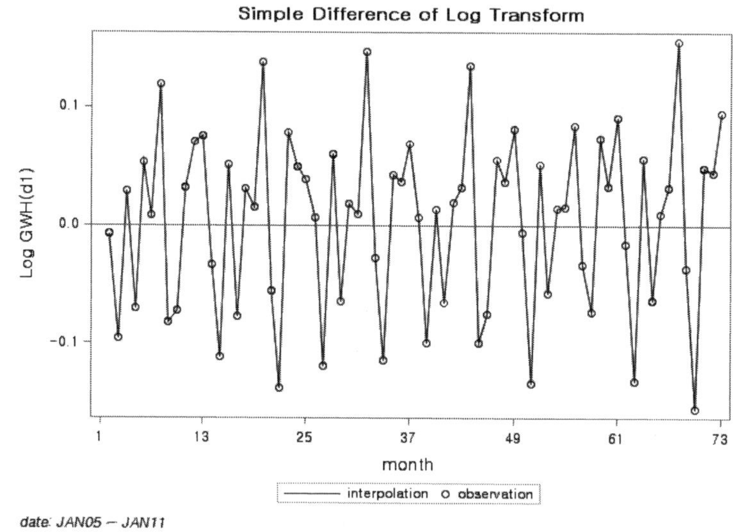

[그림 5.5.3] 로그변환된 전력사용량에 일차차분을 한 자료의 시계열도

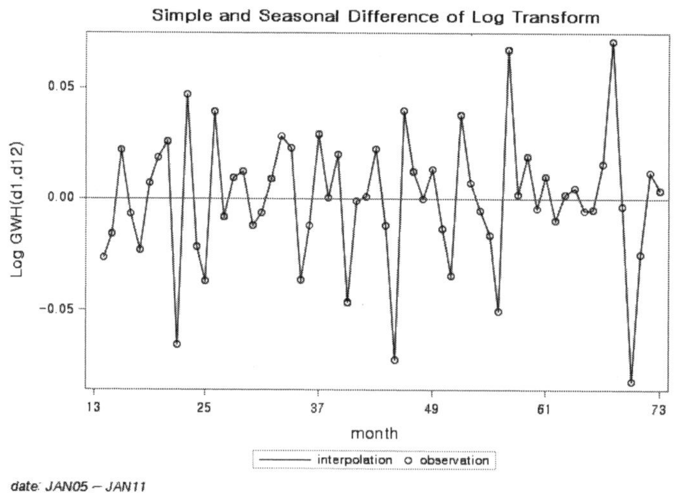

[그림 5.5.4] 로그변환된 전력사용량에 일차차분과 계절차분을 한 자료의 시계열도

그림 5.5.4는 로그변환된 자료에 일차차분과 계절차분을 한 시계열도이고(code-(3) 참조), 그림 5.5.5는 자료에 로그변환, 일차차분, 그리고 계절차분을 한 자료의 표본자기상관함수이다(code-(4) 참조).

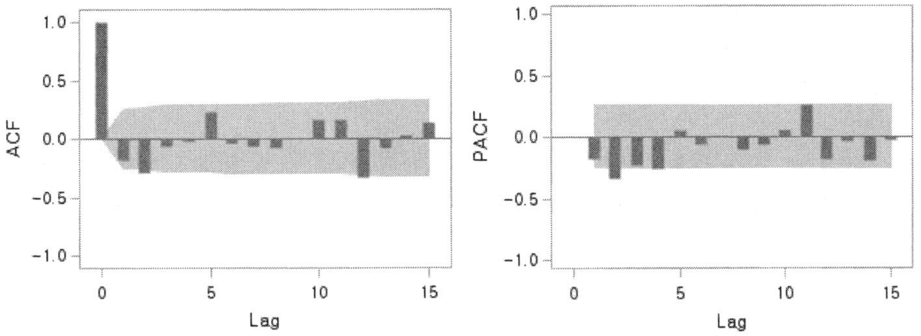

[그림 5.5.5] 로그변환된 전력사용량에 일차차분과 계절차분을 한 자료의 SACF와 SPACF

그림 5.5.4와 그림 5.5.5에서 나타나듯이 계절차분을 하였음에도 불구하고 어느 정도의 계절효과가 아직 남아 있고 또 다른 패턴이 존재하는 것을 볼 수 있다. 따라서 단순히 계절차분 모형으로 이 자료를 적합하는 것은 합리적이라고 할 수 없을 것이다. 이런 이유로 다음 절에서 승법계절 ARIMA 모형으로 적합하는 방법을 고려해 보도록 한다.

5-5-2 승법계절 모형의 적합

그림 5.5.5에서 SACF와 SPACF를 보면 lag=2,11,12 등에서 유의하다. 또한 시계열도를 보았을 때 자료의 수준이 0이라고 볼 수 있으므로 상수항을 고려하지 않은 ARIMA(0,1,2)(0,1,1)$_{12}$ 모형을 고려하도록 한다. 그 외 적합 가능하다고 생각되는 모형들은 독자의 몫으로 남겨 놓는다(연습문제 6 참조). 표 5.5.1은 자료에 로그변환, 일차차분과 계절차분을 동시에 실시하여 그 자료에 ARIMA(0,1,2)(0,1,1)$_{12}$ 모형을 적합한 프로그램의 결과이다(code-(5) 참조). 계절차분과 일차차분을 동시에 하여 모형을 식별하는 방법은 IDENTIFY문에서 변수에 (1,12)라고 동시에 차분을 지정해 주는 것이다. 차수의 표현은 ESTIMATE문에서 $Q=(1,2)(12)$로 한다. 모수의 추정방법으로는 조건부최소제곱법, 비조건부최소제곱법, 최대우도추정법 등을 쓸 수 있으나, 자료에 계절차분과 또 다른 차분을 동시에 고려할 경우 많은 관측값들이 결측치가 되기 때문에 조건부최소제곱법은 사용하지 않는 것이 좋을 것이다.

[표 5.5.1] ARIMA(0,1,2)(0,1,1)$_{12}$ 적합에 의한 최대우도추정량

Maximum Likelihood Estimation					
Parameter	Estimate	Standard Error	t Value	Approx Pr > |t|	Lag
MA1,1	0.48000	0.11036	4.35	<.0001	1
MA1,2	0.29947	0.11024	2.72	0.0066	2
MA2,1	0.99983	0	Infty	<.0001	12

표 5.5.1을 보면 ARIMA(0,1,2)(0,1,1)$_{12}$ 모형에 대한 추정량의 유의확률이 모두 0.05보다 훨씬 작음을 알 수 있다. 따라서 잠정 모형으로 다음과 같은 모형을 고려한다:

$$\nabla_{12}(1-B)X_t = (1-0.48B-0.29947B^2)(1-0.99983B^{12})\epsilon_t$$

5-5-3 모형 진단과 예측

code-(5)에서와 같이 ESTIMATE문에 PLOT이라는 option을 지정하면 잔차에 대한 자기상관함수들과 포트맨토 통계량을 이용한 검정결과를 출력해 준다. 표 5.5.2, 그림 5.5.6은 적합된 모형을 이용하여 진단한 결과와 예측값을 구하는 프로그램의 결과 중 일부이다(code-(6) 참조).

[표 5.5.2] 잔차의 자기상관 검정을 위한 포트맨토 통계량

Autocorrelation Check of Residuals									
To Lag	Chi-Square	DF	Pr > ChiSq	Autocorrelations					
6	1.01	3	0.7982	-0.027	-0.049	-0.030	0.019	0.102	0.020
12	1.78	9	0.9945	-0.044	-0.007	0.017	0.053	-0.011	-0.071
18	10.06	15	0.8160	-0.238	0.021	0.064	0.007	-0.199	0.006
24	16.35	21	0.7498	-0.165	0.112	-0.044	-0.094	-0.031	-0.121
30	23.52	27	0.6568	0.046	0.179	0.020	-0.032	0.094	0.134

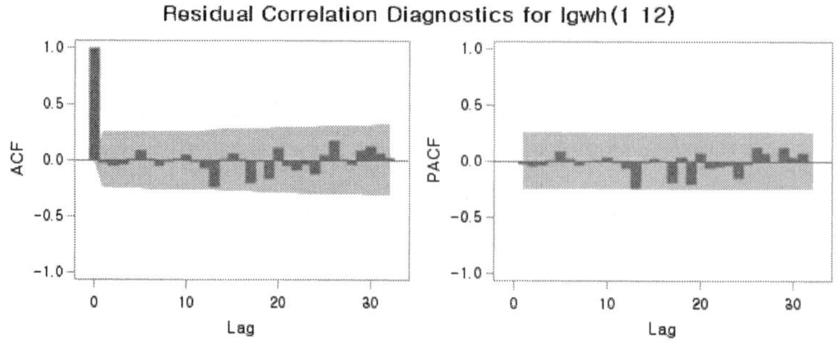

[그림 5.5.6] ARIMA(0,1,2)(0,1,1)$_{12}$ 모형 적합 후 잔차의 SACF와 SPACF

표 5.5.2를 보면 lag=6,12,18 등에서 모두 유의확률이 0.05보다 크므로 귀무가설 "$H_0 : \rho(k) = 0, \quad k \ge 1$"을 기각할 수 없다. 또한 그림 5.5.6에서 보는 바와 같이 잔차의 SACF도 1 이상의 lag에서 모두 작은 값을 가지므로 독립성을 만족한다고 할 수 있다.

또한 그림 5.5.7을 보면 잔차들이 0을 기준으로 분포하고 있고 특별히 어떤 특이한 패턴을 보인다고는 판단할 수 없으므로 IID 가정 또한 충족시킨다고 할 수 있다 (code-(7) 참조). 이상의 결과를 종합하여 ARIMA(0,1,2)(0,1,1)$_{12}$를 주어진 자료에 대한 최종 모형으로 선택하도록 한다.

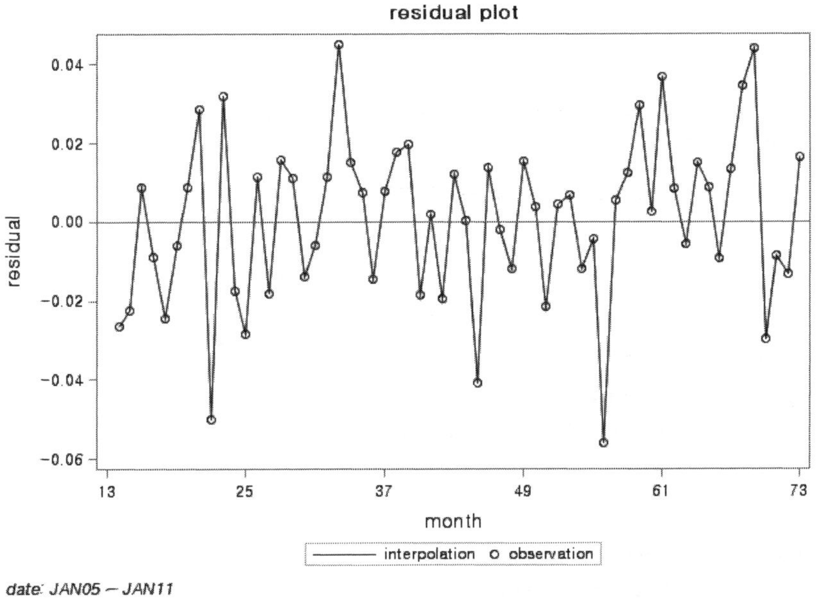

[그림 5.5.7] ARIMA(0,1,2)(0,1,1)$_{12}$ 모형 적합에 대한 잔차도

마지막으로 예측에 대한 시계열도는 그림 5.5.8과 같다(code-(7) 참조). 예측값을 구할 때는 자료가 로그변환되었다는 것을 고려하여 역변환을 하였다.

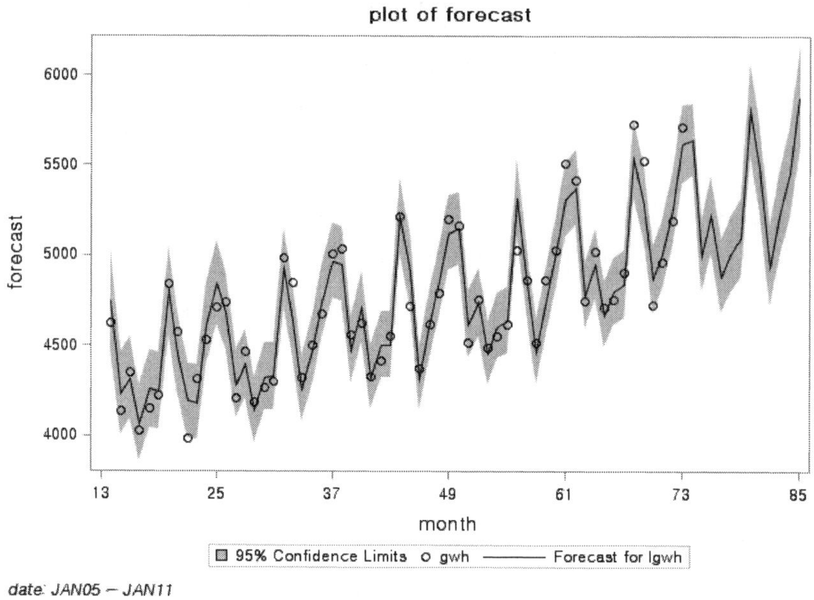

[그림 5.5.8] 예측값을 포함한 시계열도

SAS 코드

```
/* (1) 전력사용량에 대한 시계열도 */
PROC IMPORT OUT=electric DATAFILE='D:₩sas_ch5_electric.txt'
      DBMS=TAB REPLACE;
RUN;

PROC SGPLOT DATA=electric;
  TITLE1 BOLD "Time series plot of electric consumption";
  SERIES X=month Y=gwh /LEGENDLABEL="interpolation";
  SCATTER X=month Y=gwh /LEGENDLABEL="observation";
  XAXIS LABEL="month" VALUES=(1 to 73 by 12);
  YAXIS LABEL="GWH";
  FOOTNOTE1 JUSTIFY=LEFT 'date: JAN05 ~ JAN11';
  FOOTNOTE2 JUSTIFY=LEFT 'source: Korea Energy Statistics Information System';
RUN;

/* (2) 로그변환된 전력사용량 자료의 시계열도 */
DATA lelectric;
  SET electric;
  lgwh=log(gwh);
RUN:
```

```
PROC SGPLOT DATA=lelectric;
  TITLE1 BOLD "Log Transform";
  SERIES X=month Y=lgwh /LEGENDLABEL="interpolation";
  SCATTER X=month Y=lgwh /LEGENDLABEL="observation";
  XAXIS LABEL="month" VALUES=(1 to 73 by 12);
  YAXIS LABEL="Log GWH";
  FOOTNOTE1 JUSTIFY=LEFT 'date: JAN05 ~ JAN11';
RUN;

/* (3) 로그변환된 전력사용량에 일차차분, 일차차분 계절차분한 시계열도 */
DATA lelectric2;
  SET lelectric;
  dlgwh=dif(lgwh);
  sdlgwh=dif12(dlgwh);
RUN;

PROC SGPLOT DATA=lelectric2;
  TITLE1 BOLD "Simple Difference of Log Transform";
  SERIES X=month Y=dlgwh /LEGENDLABEL="interpolation";
  SCATTER X=month Y=dlgwh /LEGENDLABEL="observation";
  REFLINE 0 /AXIS=Y;
  XAXIS LABEL="month" VALUES=(1 to 73 by 12);
  YAXIS LABEL="Log GWH(d1)";
  FOOTNOTE1 JUSTIFY=LEFT 'date: JAN05 ~ JAN11';
RUN;

PROC SGPLOT DATA=lelectric2;
  WHERE (month>=13);
  TITLE1 BOLD "Simple and Seasonal Difference of Log Transform";
  SERIES X=month Y=sdlgwh /LEGENDLABEL="interpolation";
  SCATTER X=month Y=sdlgwh /LEGENDLABEL="observation";
  REFLINE 0 /AXIS=Y;
  XAXIS LABEL="month" VALUES= (13 to 73 by 12);
  YAXIS LABEL="Log GWH(d1,d12)";
  FOOTNOTE1 JUSTIFY=LEFT 'date: JAN05 ~ JAN11';
RUN;

/* (4) 로그변환된 전력사용량에 일차차분과 계절차분을 한 자료의 식별*/
PROC ARIMA DATA=lelectric;
  IDENTIFY VAR=lgwh(1,12);
RUN;

/* (5) 로그변환된 전력사용량에 일차차분과 계절차분을 한 자료의 식별과 적합 */
PROC ARIMA DATA=lelectric;
  IDENTIFY VAR=lgwh(1,12);
  ESTIMATE Q=(1,2)(12) NOCONSTANT METHOD=ML PLOT;
RUN;
```

```
/* (6) 로그변환된 전력사용량에 일차차분과 계절차분을 한 자료의 식별,적합,진단,예측 */
PROC ARIMA DATA=lelectric;
  IDENTIFY VAR=lgwh(1,12);
  ESTIMATE Q=(1,2)(12) NOCONSTANT METHOD=ML PLOT;
  FORECAST ID=month INTERVAL=1 LEAD=12 OUT=for;
RUN;
/* (7) 모형적합에 대한 잔차도와 예측값을 포함한 시계열도 */
DATA for;
  SET for;
  gwh=exp(lgwh);
  forecast=exp(forecast + std*std/2);
  l95=exp(l95);
  u95=exp(u95);
RUN;

PROC SGPLOT DATA=for;
  TITLE1 BOLD "residual plot";
  SERIES X=month Y=residual /LEGENDLABEL="interpolation";
  SCATTER X=month Y=residual /LEGENDLABEL="observation";
  XAXIS LABEL="month" VALUES=(13 to 73 by 12);
  YAXIS LABEL="residual";
  REFLINE 0 /AXIS=Y;
  FOOTNOTE1 JUSTIFY=LEFT 'date: JAN05 ~ JAN11';
RUN;

PROC SGPLOT DATA=for;
  TITLE1 BOLD "plot of forecast";
  WHERE (month>=14);
  BAND UPPER=u95 LOWER=l95 X=month /LEGENDLABEL="95% Confidence Limits";
  SCATTER X=month Y=gwh;
  SERIES X=month Y=forecast;
  XAXIS LABEL="month" VALUES=(13 to 85 by 12);
  YAXIS LABEL="forecast";
RUN;
```

5-6 연습문제

01 $\{Z_t\}$가 정상과정일 때 모든 r, s에 대하여 $(1-B)^{r-1}\nabla_s Z_t$가 정상과정임을 보여라.

02 $(1-\Phi B^s)X_t = (1+\theta B)\epsilon_t$, $|\Phi| < 1$의 모형을 $X_t = \sum_{j=0}^{\infty} a_j \epsilon_{t-j}$로 표현할 때 계수 a_j들을 구하여라.

03 $\text{MA}(1)_{12}$ 모형 $X_t = \epsilon_t + \Theta\epsilon_{t-12}$를 MA(12) 모형으로 간주할 수 있는지를 설명하고 두 모형들 중에서 어떤 모형이 바람직한지 그 이유를 설명하여라.

04 다음 모형들의 자기공분산함수를 구하여라.

(1) $\text{SARIMA}(1,0,1)_s$
(2) $\text{ARIMA}(0,0,1)(0,0,1)_s$
(3) $\text{ARIMA}(1,0,1)(0,0,1)_s$
(4) $\text{ARIMA}(0,0,1)(1,0,1)_s$

05 ex_ch5_5.txt[8]는 기상청에서 제공된 2001년 1월부터 2011년 12월까지의 월평균기온에 대한 자료이다.

(1) 시계열도를 그리고 계절주기가 있는지를 판단하여라.
(2) 적당한 계절차분을 하고 시계열도를 그려서 정상성이 만족되는지 판단하여라.
(3) 적당한 시계열 모형을 적합하여라.

06 ex_ch5_6.txt[9]는 본문과 부록에서 소개된 2005년 1월부터 2011년 1월까지의 월별 가정용 전력사용량(단위: gwh)에 대한 자료이다.
부록에서 적합한 $\text{ARIMA}(0,1,2)(0,1,1)_{12}$ 외에 다른 적당한 모형을 적합시키고 그 결과를 요약하여라.

07 ex_ch5_7.txt는 난수생성을 통하여 얻은 특정한 모형의 시계열 자료이다. 이 자료에 대하여 승법계절 모형을 적합시키고 그 결과를 요약하여라.

---

8) 출처: 기상청(http://www.kma.go.kr)
9) 출처: 국가에너지통계종합정보시스템(http://www.kesis.net)

6장

이분산성 모형

6-1 서론

주식 수익률, 이자율, 환율 등과 같은 경제 시계열 자료는 시간의 추이에 따라 변동성이 변하는 성질을 가지고 있다. 따라서 시간에 따른 변동성의 변화를 잘 반영하는 모형이 필요로 되어 왔다. 이 변동성은 주가 같은 투기성이 있는 재정자료의 한 특성으로서 투자자들이 수익을 극대화할 목적으로 위험성이 높은 자산에도 과감히 투자를 하는 등 미래의 요행수나 한쪽에 기대가 몰리는 군중심리적 요인에 크게 영향받는 자료에 많이 나타나는 현상이다. 이 변동성의 변화는 금융시장에서 매우 중요하게 작용하는데, 특히 시장에 변동환율이 도입됨에 따라 이와 같은 모형의 필요성이 크게 대두되었다.

변동성이 강한 자료에서 가장 특징적인 사실은 자료의 급락 또는 급상승이 빈번하게 반복된다는 사실이다. 통계학의 관점에서 볼 때 변동성은 분산에 해당되는 개념으로 설명될 수가 있는데 이는 강한 변동성이란 미래값의 분산(변화가능의 폭)이 현재의 상황에 크게 의존하면서 결정될 때만 나타나는 현상이기 때문이다.

그림 6.1.1과 그림 6.1.2는 조건부분산이 변화하는 경우와 그렇지 않은 경우의 두 자료를 비교하는 것이다.

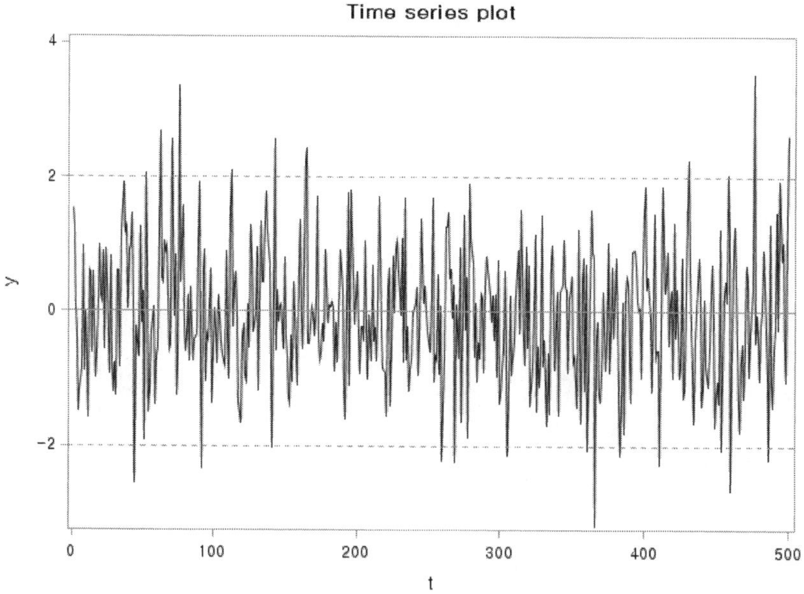

[그림 6.1.1] 조건부분산이 변하지 않는 경우: $y_t = 0.1y_{t-1} + \epsilon_t$, $\{\epsilon_t\} \sim \text{IID } N(0,1)$

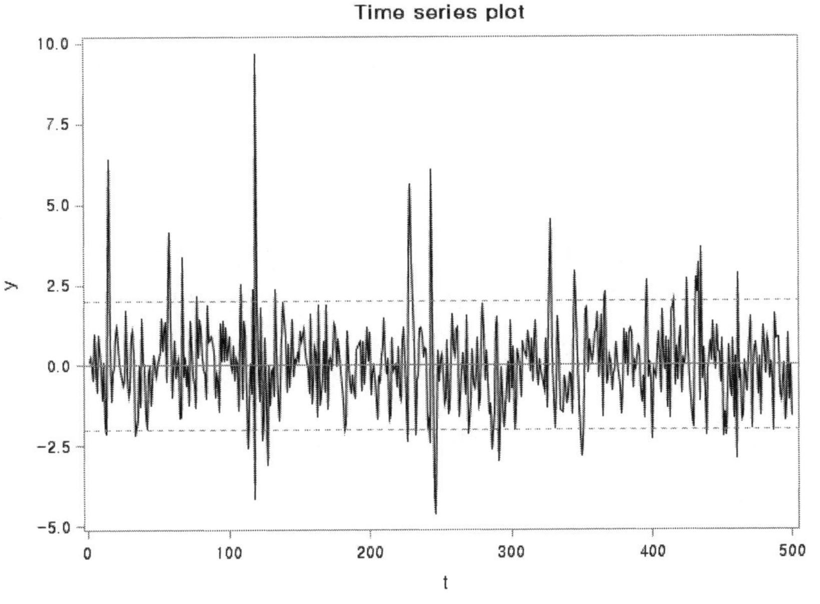

[그림 6.1.2] 조건부분산이 변하는 경우: $y_t = 0.1y_{t-1} + \epsilon_t,\ \epsilon_t|\epsilon_{t-1} \sim N(0, 1+0.5\epsilon_{t-1}^2)$

이 두 그림을 비교하면 조건부분산이 변하는 경우에는 진폭이 큰 자료들이 더 많이 몰려 있는 것을 볼 수 있다.

전통적인 시계열 자료의 분석에서는 시간에 따른 분산의 변화가 없는 모형을 생각한다. 오차항이 $\{\epsilon_t\} \sim \mathrm{IID}(0, \sigma^2)$인 AR(1) 모형 $y_t = \phi y_{t-1} + \epsilon_t$을 생각해 보자. 이 때, 조건부 평균과 분산을 구하면 다음과 같음을 알 수 있다:

$$E(y_t|y_{t-1}) = \phi y_{t-1},\ Var(y_t|y_{t-1}) = \sigma^2$$

즉, AR(1) 모형의 조건부분산은 시간에 따라 변화가 없음을 확인할 수 있다.

다음 절에서는 조건부분산이 변동하는 ARCH 모형(autoregressive conditional heteroskedastic model: ARCH model)의 정의와 그 모형의 성질을 알아볼 것이다.

6-2 ARCH 모형

ARCH 모형(autoregressive conditional heteroskedastic model: ARCH model)은 Engle에 의해 과거의 정보가 주어졌을 때 현재의 값에 대한 조건부분포를 표현하기

위해 도입되었다. 시점 t까지의 정보를 I_t으로 표기하는데, 이는 다소 추상적인 개념이다. 정보 I_{t-1}가 주어져 있을 때 y_t의 조건부분포가 평균 0이고 분산이 σ_t^2인 정규분포이면,

$$y_t \mid I_{t-1} \sim N(0, \sigma_t^2)$$

으로 표현할 수 있는데, 여기서 더 나아가 과거의 정보가 다른 변수들이 아닌 오직 과거의 y값들에 의해서만 충분히 표현될 수 있다고 가정하면,

$$y_t \mid I_{t-1} = y_t \mid y_{t-1}, y_{t-2}, \cdots$$

으로 표기할 수 있고, 이 경우에 σ_t^2도 마찬가지로 $y_{t-1}, y_{t-2}, \cdots$의 함수라고 생각하여 최종적으로는

$$y_t \mid y_{t-1}, y_{t-2}, \cdots \sim N(0, \sigma_t^2), \quad \sigma_t^2 = \sigma_t^2(y_{t-1}, y_{t-2}, \cdots) \tag{6.2.1}$$

임을 가정할 수 있다. 위의 식은 특히 조건부분산이 자기회귀적 성질을 가지고 있음을 반영한다. 위에서 기호 $\mid y_{t-1}, \cdots$는 조건부분포를 구하기 위하여 무한한 개수의 과거의 값을 고려하지만, 특별히 $\sigma_t^2 = \sigma_t^2(y_{t-1}, \cdots, y_{t-q})$ (단, q는 양의 정수)인 경우도 생각해 볼 수 있다.

이제, $\{\xi_t\} \sim \mathrm{IID}\, N(0,1)$일 때 다음의 구조식을 갖는 모형을 생각해 보자.

$$\begin{aligned} y_t &= \sigma_t \xi_t, \\ \sigma_t^2 &= \alpha_0 + \alpha_1 y_{t-1}^2 \end{aligned} \tag{6.2.2}$$

단, ξ_t와 σ_t는 독립이고 $\alpha_0 > 0,\ 0 \le \alpha_1 < 1$이다.

이 경우, ξ_t는 y_{t-1}과 독립이고(식 (6.2.8) 참조) σ_t를 결정하는 요소가 y_{t-1}뿐이어서 y_t가 과거의 자료 중 y_{t-1}에만 의존하므로

$$P(y_t \le x \mid y_{t-1}, y_{t-2}, \cdots) = P(y_t \le x \mid y_{t-1})$$

로 쓸 수 있고,

$$P(y_t \le x \mid y_{t-1} = y) = P\left(\xi_t \le x / \sqrt{\alpha_0 + \alpha_1 y^2}\right) = \Phi\left(x / \sqrt{\alpha_0 + \alpha_1 y^2}\right) \tag{6.2.3}$$

가 되어(단, Φ는 표준정규분포함수. 연습문제 1 참조)

$$y_t \mid y_{t-1}, y_{t-2}, \cdots \sim N(0, \sigma_t^2), \quad \sigma_t^2 = \alpha_0 + \alpha_1 y_{t-1}^2 \tag{6.2.4}$$

임을 추론할 수 있다. 특별히 $Cov(y_t \mid y_{t-1}, y_{t-2}, \cdots) = Cov(y_t \mid y_{t-1}) = \sigma_t^2$이므로 y_t의 조건부분산은 σ_t^2이다. 따라서 식 (6.2.2)는 식 (6.2.1)을 표현하는 또 다른 구조식이 됨을 알 수 있고, 이러한 구조식을 갖는 모형을 ARCH(1) 모형이라고 부른다. 현실에서는 많은 경우에 $\{\xi_t\}$의 정규성을 가정하지 않는데, 그 이유는 $\{\xi_t\}$가 정규분포를 따르지 않는 경우가 꽤 많기 때문이다.

식 (6.2.2)를 만족하는 정상시계열이 존재함을 보일 수 있는데, 아래에서 보듯 y_t는 $\xi_t, \xi_{t-1}, \cdots$의 함수형태로 표현될 수 있다. 즉, 식 (6.2.2)로부터 얻은 $y_t^2 = \sigma_t^2 \xi_t^2$의 관계식을 순차적으로 반복하면

$$\begin{aligned} y_t^2 &= (\alpha_0 + \alpha_1(\alpha_0 + \alpha_1 y_{t-2}^2)\xi_{t-1}^2)\xi_t^2 \\ &= \cdots = \alpha_0 \sum_{j=0}^{n} \alpha_1^j \xi_t^2 \cdots \xi_{t-j}^2 + \alpha_1^{n+1} \xi_t^2 \cdots \xi_{t-n}^2 y_{t-n-1}^2 \end{aligned} \tag{6.2.5}$$

으로 표현할 수 있고(연습문제 2 참조), $\alpha_1 < 1$의 조건으로부터 $\alpha_1^{n+1} \approx 0$이므로 식 (6.2.5)로부터

$$y_t^2 = \alpha_0 \sum_{j=0}^{\infty} \alpha_1^j \xi_t^2 \cdots \xi_{t-j}^2 \tag{6.2.6}$$

임을 유추할 수 있다. 또한, 위의 식과 식 (6.2.2)를 이용하면

$$\sigma_t^2 = \alpha_0 + \alpha_1 y_{t-1}^2 = \alpha_0 + \alpha_0 \alpha_1 \sum_{j=0}^{\infty} \alpha_1^j \xi_{t-1}^2 \cdots \xi_{t-j-1}^2 \tag{6.2.7}$$

가 되므로(연습문제 2 참조), 식 (6.2.2)를 만족하는 y_t의 후보로서

$$y_t = \xi_t \sqrt{\alpha_0 + \alpha_0 \alpha_1 \sum_{j=0}^{\infty} \alpha_1^j \xi_{t-1}^2 \cdots \xi_{t-j-1}^2} \tag{6.2.8}$$

를 고려해 볼 수 있다. 실제로 식 (6.2.8)의 y_t는 식 (6.2.2)에 있는 $y_t = \xi_t(\alpha_0 + \alpha_1 y_{t-1}^2)^{\frac{1}{2}}$의 관계식을 만족함을 보일 수 있으며(연습문제 3 참조), IID 확률변수들 $\xi_t, \xi_{t-1}, \cdots$들의 함수형태이므로 식 (6.2.8)의 $\{y_t\}$가 식 (6.2.2)를 만족하는

강정상시계열임을 알 수 있다(연습문제 4 참조). 또한, $Ey_t^2 = \dfrac{\alpha_0}{1-\alpha_1} < \infty$ (연습문제 3 참조)이므로 $\{y_t\}$는 정상시계열이 된다. 식 (6.2.7)은 $\{\sigma_t^2\}$ 역시 정상시계열이 됨을 의미하고 있으며, $E\sigma_t^2 = Ey_t^2$이다(연습문제 3 참조).

위의 식으로부터 특별히 y_t가 $\xi_t, \xi_{t-1}, \cdots$의 비선형적 함수임을 알 수 있으며, 이로부터 선형구조식을 갖는 ARMA 모형이 ARCH(1) 모형을 표현하는 데 적합하지 않음을 알 수 있다. 또한, y_t가 $\xi_t, \xi_{t-1}, \cdots$들만의 함수이므로 $\xi_{t+1}, \xi_{t+2}, \cdots$들과 독립이며, 식 (6.2.7)로부터 σ_t^2이 $\xi_{t-1}, \xi_{t-2}, \cdots$들의 함수이므로 $\xi_{t+1}, \xi_{t+2}, \cdots$들과 σ_t^2와 y_t가 서로 독립임을 알 수 있다.

위의 사실들과 식 (6.2.7) 및 식 (6.2.8)의 결과는 ξ_t의 정규성 가정과 무관하기 때문에 비정규분포를 따르는 $\{\xi_t\} \sim \text{IID}(0,1)$에 대해서도 $\{y_t\}$와 $\{\sigma_t\}$가 정상시계열이고 다음과 같은 사실이 만족됨을 보일 수 있다(연습문제 5 참조):

$$E(y_t|y_{t-1}, y_{t-2}, \cdots) = \sigma_t E(\xi_t|y_{t-1}) = 0,$$
$$E\left(y_t^2|y_{t-1}, y_{t-2}, \cdots\right) = Var\left(y_t|y_{t-1}\right) = \sigma_t^2 E\xi_t^2 = \sigma_t^2,$$
$$Ey_t^2 = E\sigma_t^2 = \frac{\alpha_0}{1-\alpha_1} \tag{6.2.9}$$

위의 추론 과정에서 볼 수 있듯이 $\alpha_1 < 1$의 조건이 $\{y_t\}$가 정상시계열이 되는 충분조건이 되며, y_t의 4차 적률은 $3\alpha_1^2 < 1$일 때 유한함이 알려져 있다. 이때 첨도(kurtosis)는

$$3\frac{1-\alpha_1^2}{1-3\alpha_1^2} \tag{6.2.10}$$

이 되어 늘 3보다 크게 됨을 알 수 있다(연습문제 6 참조). 따라서 ξ_t의 분포와 무관하게 y_t 자체의 분포함수는 정규분포보다 두꺼운 꼬리를 가짐을 알 수 있다. 이러한 형태의 분포함수를 **첨예한**(leptokurtic) 분포함수라고 한다.

그림 6.2.1은 다음의 구조식

$$y_t = \sigma_t \xi_t, \quad \sigma_t^2 = 0.2 + 0.8\epsilon_{t-1}^2, \quad \text{단, } \{\xi_t\} \sim \text{IID } N(0,1)$$

을 따르는 ARCH(1) 모형으로부터 생성된 10000개의 자료를 이용하여 구한 히스토

그램과 이 자료의 평균과 분산을 가진 정규분포의 확률밀도함수를 비교한 그림이다. ARCH(1) 모형을 따르는 y_t 분포의 경우 추정된 정규분포의 확률밀도함수보다 첨예한 분포의 형태를 가지고 있으며 특별히 두꺼운 꼬리를 가지고 있음을 확인할 수 있다. 실제로 ARCH(1) 모형에서 추정된 왜도와 첨도는 각각 -0.3651886 그리고 12.4217595으로 정규분포의 첨도 3보다 매우 큰 값을 가짐을 확인할 수 있다.

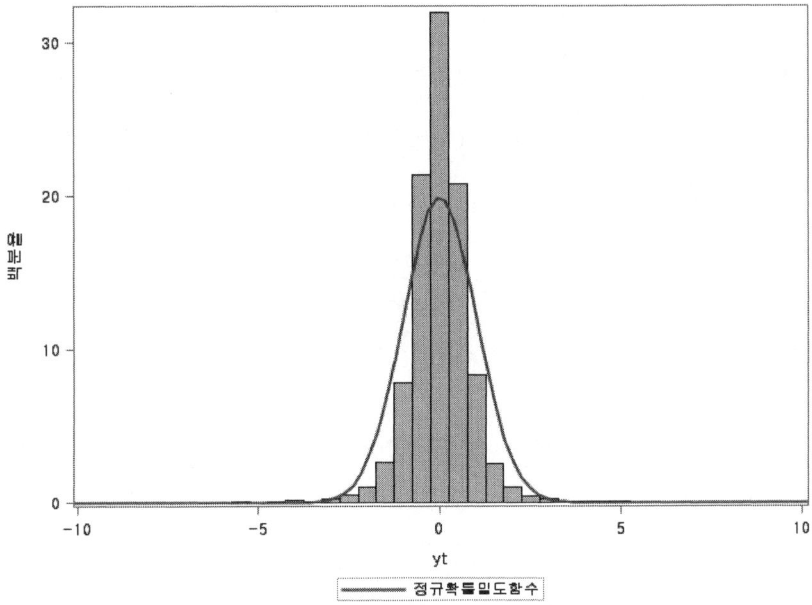

[그림 6.2.1] ARCH(1) 모형에서 생성된 자료의 히스토그램

한편, $\nu_t = y_t^2 - \sigma_t^2$로 놓으면 모형 (6.2.2)는

$$y_t^2 = \alpha_0 + \alpha_1 y_{t-1}^2 + \nu_t \qquad (6.2.11)$$

로 쓸 수 있고, $E\left(y_t^2 | y_{t-1}, y_{t-2}, \cdots\right) = \sigma_t^2$의 관계식에 의해

$$E(\nu_t | y_{t-1}, y_{t-2}, \cdots) = E\left(y_t^2 | y_{t-1}, y_{t-2}, \cdots\right) - \sigma_t^2 = 0 \qquad (6.2.12)$$

이 된다. 특히, $\{\nu_t\}$가 백색잡음이므로(연습문제 7 참조) 이를 식 (6.2.11)의 오차항으로 간주하여 $\{y_t^2\}$이 AR(1) 모형을 따름을 알 수 있다.

위의 ARCH(1) 모형을 확장하여 다음과 같은 ARCH(q) 모형을 생각할 수 있다.

6.2.1 정의

$\{y_t\}$가 다음의 구조식

$$y_t = \sigma_t \xi_t, \quad \{\xi_t\} \sim \mathrm{IID}(0,1)$$
$$\sigma_t^2 = \alpha_0 + \alpha_1 y_{t-1}^2 + \cdots + \alpha_q y_{t-q}^2 \qquad (6.2.13)$$
$$\text{단, } \alpha_0 > 0, \ \alpha_i \geq 0 \ (1 \leq i \leq q)$$

을 만족하면 $\{y_t\}$는 ARCH(q) 모형을 따른다고 한다. 아울러 모든 $|z| \leq 1$에 대하여 $1-\alpha_1 z - \alpha_2 z^2 - \cdots - \alpha_q z^q \neq 0$ (특별히 $\sum_{i=1}^{q} \alpha_i < 1$)의 조건을 만족하면, $\{y_t\}$는 강정상시계열이다. 이때, 다음이 성립한다(연습문제 8 참조):

$$Var(y_t) = \frac{\alpha_0}{1-\sum_{i=1}^{q} \alpha_i} \qquad (6.2.14)$$

ARCH(1) 모형에서와 마찬가지로 $\nu_t = y_t^2 - \sigma_t^2$으로 놓으면, $\{\nu_t\}$는 백색잡음이 되고 $\{y_t^2\}$는 AR(q) 모형을 따르게 된다(연습문제 7 참조). 따라서 자료가 ARCH 모형을 따를 때 모형의 차수 q를 선택하는 작업은, $\{y_t^2\}$이 AR 모형을 따를 때 그 차수를 선택하는 것과 동일하다. 이와 관련해서는 5장에서 소개되어 있는 모형선택 방법론을 참조하기 바란다.

6-3 GARCH(generalized ARCH) 모형

AR(p) 모형에서의 p값처럼 ARCH(q) 모형에서 q값이 클 때는 추정량의 정확도가 떨어지므로 추정값들이 ARCH 모형의 정상성 조건을 만족시키지 못할 가능성이 더욱 커진다. 따라서 모형의 도입 초기 무렵에는 작은 q값을 갖는 모형이나 i의 증가에 따라 ARCH 계수 α_i가 기하급수적으로 감소하는 모형을 도입하였다. 그러나 이 모형들은 실제 상황에 맞지 않는 경우가 대부분이었으므로 ARCH 모형을 포괄하는 더 일반적인 모형의 도입이 현실적으로 요구되었다. 이에 Bollerslev는 AR 모형을 ARMA 모형으로 확장시키는 방법과 유사한 아이디어로 다음과 같은 GARCH 모형(generalized

ARCH Model)을 도입하였다.

6.3.1. 정의

$\{y_t\}$가 다음의 구조식

$$y_t = \sigma_t \xi_t, \quad \{\xi_t\} \sim \mathrm{IID}(0,1),$$
$$\sigma_t^2 = \alpha_0 + \alpha_1 y_{t-1}^2 + \beta_1 \sigma_{t-1}^2, \quad \alpha_0 > 0, \alpha_1, \beta_1 \ge 0 \qquad (6.3.1)$$

을 만족하면 GARCH(1,1) 모형을 따른다고 한다. 특히, $\alpha_1 + \beta_1 < 1$일 때, $\{y_t\}$는 정상시계열을 만족하며,

$$E \log\left(\beta_1 + \alpha_1 \xi_t^2\right) < 0$$

일 때 $\{(y_t, \sigma_t)\}$가 강정상시계열임이 잘 알려져 있다(Nelson (1990)과 Bougerol and Picard (1992) 참조).

그림 6.3.1은 2000년 3월 1일부터 2003년 1월 29일까지 일별 독일 DAX지수의 옵션지수(ODAX지수)10) y_t에 대한 시계열도이다. 한편, 그림 6.3.2는 수익률

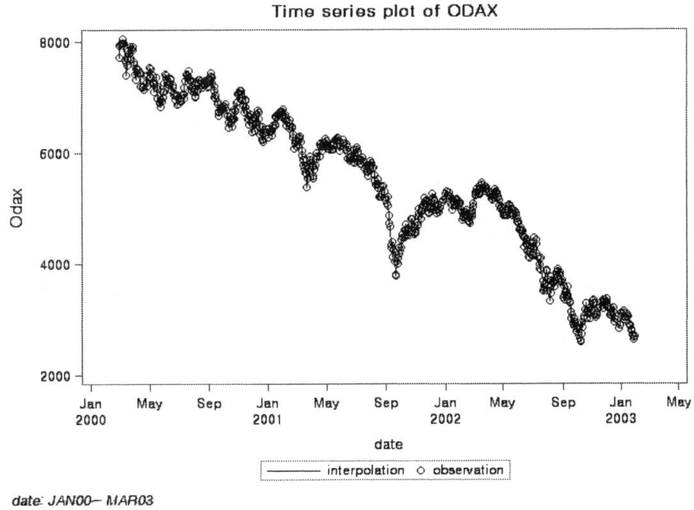

[그림 6.3.1] 일별 ODAX 지수에 대한 시계열도

10) 출처: 나이스 채권평가(www.npricing.co.kr)

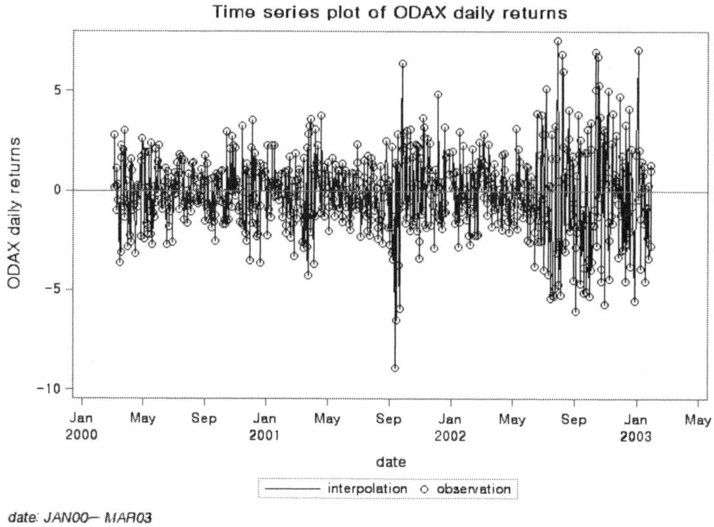

[그림 6.3.2] 일별 ODAX 지수의 수익률에 대한 시계열도

$r_t = 100\log(y_{t+1}/y_t)$에 대한 시계열도이며 이를 통해 시간에 따라 분산이 변하는 이분산성과 변동성이 집중되어서 나타나는 변동성 집중 현상을 확인할 수 있다. 따라서 이를 모형화한 GARCH 모형을 적합하는 것이 바람직하며 실제 SAS를 이용하여 모수를 추정한 결과는 다음과 같다:

$$y_t = \sigma_t \xi_t, \quad \sigma_t^2 = 0.0509 + 0.1084 y_{t-1}^2 + 0.8808 \sigma_{t-1}^2$$

$\alpha_1 + \beta_1 = 1$인 경우에 **IGARCH 모형**(integrated GARCH Model)이라고 하며, 어느 한 시점에서 파생한 영향력이 그 이후 지속적으로 영향을 미치는 경우에 적합한 모형이다. $\alpha_1 + \beta_1$이 1이거나 1에 아주 가까운 경우 k시점 이후의 조건부분산 σ_{t+k}^2를 예측하는 데 조건부분산 σ_t^2이 계속 영향을 준다는 의미에서 **지속적**(persistent)이라고 표현한다. 실제로 GARCH(1,1) 모형에서 $\phi = \alpha_1 + \beta_1$이라 두고 k시점 이후의 조건부분산을 구하면, 어떤 상수 c가 존재하여

$$E\left(\sigma_{t+k}^2 | I_t\right) = c + \phi^k \sigma_t^2 \tag{6.3.2}$$

의 형태가 됨을 보일 수 있다. 위의 식에서 $\phi \simeq 1$인 경우에는 k가 커져도 t시점에서의 조건부분산의 영향이 $t+k$시점에 이르러서도 크게 줄어들지 않게 된다. 지속성이란 이러한 성질을 의미하는 것이다.

한편, $\{y_t\}$가 다음의 구조식

$$y_t = \sigma_t \xi_t, \quad \{\xi_t\} \sim \text{IID}(0,1), \tag{6.3.3}$$
$$\sigma_t^2 = \alpha_0 + \alpha_{11}(y_{t-1}^+)^2 + \alpha_{12}(y_{t-1}^-)^2 + \beta_1 \sigma_{t-1}^2,$$
$$\alpha_0 > 0, \; \alpha_{11}, \alpha_{12}, \beta_1 \geq 0$$

을 만족하면(단, $x^+ = \max\{0,x\}$, $x^- = \max\{-x,0\}$), threshold GARCH(1,1) 모형 또는 비대칭(asymmetry) GARCH(1,1) 모형을 따른다고 한다(식 (6.3.3) 대신

$$\sigma_t^2 = \alpha_0 + \alpha_1 y_{t-1}^2 + \gamma_1 (y_{t-1}^-)^2 + \beta_1 \sigma_{t-1}^2$$

을 쓰기도 한다).

이 모형은 이를테면 주가가 상승할 때와 하강할 때의 속도가 다른 것을 반영하기 위해 고안된 모형으로 현실에서의 응용성이 매우 크다고 할 수 있다. GARCH(1,1) 모형은 재정시계열 분석에 매우 중요한 위치를 점하고 있으며 많은 주가나 환율 자료들이 이 모형을 따르고 있다.

그림 6.3.3은 1986년 3월 14일부터 2003년 6월 30일까지 일별 Microsoft 주가[11] y_t에 대한 시계열도이다. 몇 번의 주식시장 붕괴 및 금융 위기에 의해 주가가

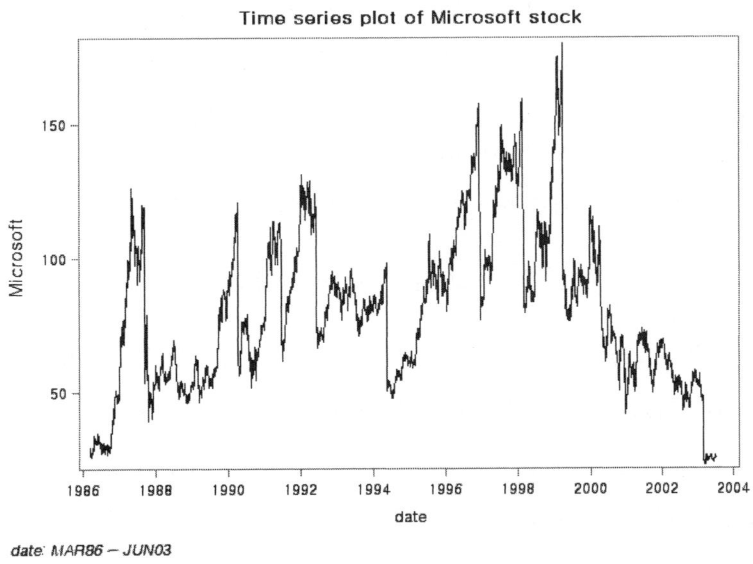

[그림 6.3.3] 일별 Microsoft 주가에 대한 시계열도

11) 출처: Yahoo Finance(http://finance.yahoo.com)

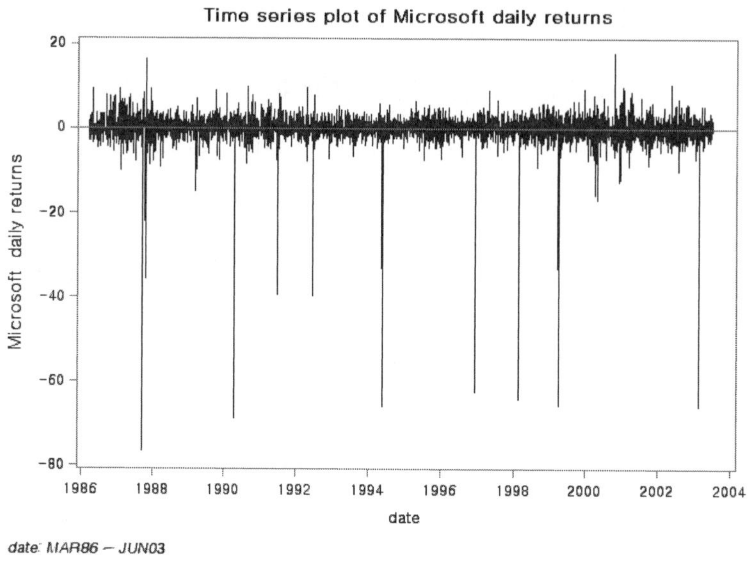

[그림 6.3.4] 일별 microsoft 주가의 수익률에 대한 시계열도

급락하다 다시 서서히 오르고 있는 현상이 반복적으로 관측됨을 확인할 수 있다. 그림 6.3.4는 수익률 $r_t = 100\log(y_{t+1}/y_t)$에 대한 시계열도이며, 이를 통해 시간에 따라 분산이 변하는 이분산성뿐만 아니라 수익률이 음수의 값을 가질 때 양수의 값을 가질 때에 비하여 큰 변동성을 가짐을 확인할 수 있다. 이는 수익률이 음수의 값을 갖는 이른바 "bad news"가 변동성에 더 큰 충격을 가져오는 것으로 금융 시계열 자료에서 흔하게 관측되는 현상이다. 따라서 변동성의 비대칭성을 모형화한 threshold GARCH 모형을 적합하는 것이 바람직하다.

참고로 위의 자료로부터 얻어진 조건부 분산의 구조식은 다음과 같다:

$$\sigma_t^2 = 3.01e^{-5} + 0.564y_{t-1}^2 + 0.0771\left(y_{t-1}^-\right)^2 + 0.8581\sigma_{t-1}^2$$

식 (6.3.1)에 있는 GARCH(1,1) 모형에서 추론을 생각해 보자. 이를 위해 ξ_t가 정규분포를 따른다고 가정하고 σ_0^2과 y_0^2에 임의의 값을 지정한다(일반적으로 y_1^2을 지정한다). 그 다음, 구조식 (6.3.1)을 이용하여 σ_t^2를 $\sigma_0^2, \alpha_0, \alpha_1, \beta_1$의 값으로 순차적으로 표시하고 우도함수를 다음과 같이 정의한다:

$$L(\alpha_0, \alpha_1, \beta_1) = \Pi_{t=1}^{n} f(y_t | y_{t-1})$$

단,

$$f(y_t|y_{t-1})=\frac{1}{\sqrt{2\pi}\,\sigma_t}\exp\left(-\frac{y_t^2}{2\sigma_t^2}\right)$$

이때 다음의 로그우도함수

$$l(\alpha_0,\alpha_1,\beta_1)=\log L(\alpha_0,\alpha_1,\alpha_2) \tag{6.3.4}$$

를 최대로 하는 모수를 구하면 이 모수값이 구하고자 하는 최대우도추정량이 된다. 이렇게 구한 추정량을 Gaussian MLE라고 하며 ξ_t들이 정규분포를 따르지 않는 경우에도 위와 같은 방법으로 추정량을 구한다. 이 경우의 추정량을 quasi-MLE라고도 부르며, 점근적으로 정규분포를 따른다고 잘 알려져 있다. 즉, $\boldsymbol{\theta}=(\alpha_0,\alpha_1,\beta_1)^T$로 놓고 $y_1,\cdots,y_n$에 의해 구해진 Gaussian MLE를 $\hat{\boldsymbol{\theta}}$로 놓으면, 점근적으로 $\sqrt{n}(\hat{\boldsymbol{\theta}}-\boldsymbol{\theta})\xrightarrow{d}N(\mathbf{0},\Gamma)$임이 잘 알려져 있다. 단, $\Gamma=(\kappa_\xi-1)J^{-1}$, $\kappa_\xi=E\xi_1^4$이고 $J=E\left[\frac{\partial^2\log f(y_t|y_{t-1})}{\partial\boldsymbol{\theta}\,\partial\boldsymbol{\theta}^T}\right]$(Frank and Zakoian (2004) 참조)이다.

최대우도추정량을 구하기 위해서는 수치해석적인 방법론을 이용해야만 하므로 실제로 이를 구하는 과정은 뒤에 소개하는 SAS 실습을 참고하기 바란다.

● 6.3.2 예

ARCH(1) 모형에서 모수 α_0,α_1의 Gaussian MLE를 구해보자. y_0에 y_1의 값을 지정하고 $y_1,\cdots,y_n$이 ARCH(1) 모형을 따르는 관측값이라고 하면, (조건부)로그우도함수는

$$l(\alpha_0,\alpha_1)=-\frac{n}{2}\log 2\pi-\frac{1}{2}\sum_{t=1}^{n}\left\{\log\left(\alpha_0+\alpha_1y_{t-1}^2\right)+\frac{y_t^2}{\alpha_0+\alpha_1y_{t-1}^2}\right\}$$

이고 위의 식을 최대로 하는 α_0,α_1이 최대우도추정량이 된다. 이때, 추정량을 명시적 형태로 나타낼 수 없으므로 수치 해석적 방법을 이용하여 구한다.

GARCH(1,1) 모형은 다음과 같이 더 많은 모수를 갖는 GARCH(p,q) 모형으로 확장시킬 수 있다.

6.3.3 정의

$\{y_t\}$가 다음 식을 만족할 때

$$y_t = \xi_t \sigma_t, \ \{\xi_t\} \sim \text{IID}(0,1),$$

$$\sigma_t^2 = \alpha_0 + \sum_{i=1}^{q} \alpha_i y_{t-i}^2 + \sum_{j=1}^{p} \beta_j \sigma_{t-j}^2, \ \alpha_0 > 0, \ \alpha_i, \beta_j \geq 0 \tag{6.3.5}$$

$\{y_t\}$는 GARCH(p,q) 모형을 따른다고 한다.

위에서 $\{y_t\}$와 $\{\sigma_t^2\}$가 정상시계열이 될 조건은 $\sum_{i=1}^{q}\alpha_i + \sum_{j=1}^{p}\beta_j < 1$이다(Bollerslev (1986) 참조).

위의 식 (6.3.5)에서, $\nu_t = y_t^2 - \sigma_t^2$으로 놓으면 ARCH 모형의 경우와 유사하게 $\{\nu_t\}$는 정상성을 만족하는 백색잡음이고 위의 식 (6.3.5)에 $\sigma_t^2 = y_t^2 - \nu_t$를 각각 대입하면

$$\left(1 - \sum_{i=1}^{q}\alpha_i B^i - \sum_{j=1}^{p}\beta_j B^j\right) y_t^2 = \alpha_0 + \nu_t - \sum_{j=1}^{p}\beta_j \nu_{t-j} \tag{6.3.6}$$

을 얻게 된다(연습문제 7 참조). 그 결과 $\{y_t^2\}$은 ARMA(max$\{p,q\}$, p) 모형을 따르게 된다. 실제의 상황에서 자료로부터 적절한 차수 p, q를 선택하는 방법은 5장에서 소개한 모형선택 이론을 이용하는 방법과 유사하다. 즉, 자료 $y_1, \cdots, y_n$이 주어져 있을 때 앞의 식 (6.3.4)에서 소개한 GARCH(1,1) 모형의 경우와 유사하게 Gaussian 로그우도함수를 구하고 AIC 또는 BIC값을 이용하여 최적의 p, q를 구하면 된다. 그러나 대부분의 경우 재정 시계열 자료가 GARCH(1,1) 모형을 따르고 있으므로 본 교재에서는 이를 자세히 다루지 않도록 한다.

모형 (6.3.5)보다 더 확장된 개념으로 다음과 같은 ARMA-GARCH 모형을 고려할 수도 있다.

6.3.4 정의

$\{y_t\}$가 다음의 식을 만족할 때

$$y_t - \phi_1 y_{t-1} - \cdots - \phi_m y_{t-m} = \epsilon_t + \theta_1 \epsilon_{t-1} + \cdots + \theta_n \epsilon_{t-n}, \tag{6.3.7}$$

$$\epsilon_t = \xi_t \sigma_t,\ \{\xi_t\} \sim \text{IID}(0,1),$$

$$\sigma_t^2 = \alpha_0 + \sum_{i=1}^{q} \alpha_i \epsilon_{t-i}^2 + \sum_{j=1}^{p} \beta_j \sigma_{t-j}^2,\ \alpha_0 > 0,\ \alpha_i, \beta_j \geq 0$$

$\{y_t\}$는 ARMA(m,n)–GARCH(p,q) 모형을 따른다고 한다. 이때,

$$\phi(z) = 1 - \phi_1 z - \cdots - \phi_m z^m,$$
$$\theta(z) = 1 + \theta_1 z + \cdots + \theta_n z^n$$

으로 놓으면, $\phi(B)X_t = \theta(B)\epsilon_t$로 표현될 수 있고, $\{\epsilon_t\}$가 정상 GARCH 시계열이고 동시에 모든 $|z| \leq 1$에 대하여 $\phi(z) \neq 0,\ \theta(z) \neq 0$이면, $\{X_t\}$는 인과성 조건을 만족하는 정상시계열이 된다.

6.3.5 참고

재정시계열에서는 다음과 같은 thereshold AR(1)–GARCH(1,1) 모형이 보다 더 실용적임이 알려져 있다:

$$y_t = \phi y_{t-1} + \epsilon_t,$$
$$\epsilon_t = \sigma_t \xi_t,\quad \{\xi_t\} \sim \text{IID}(0,1),$$
$$\sigma_t^2 = \alpha_0 + \alpha_{11}(\epsilon_{t-1}^+)^2 + \alpha_{12}(\epsilon_{t-1}^-)^2 + \beta_1 \sigma_{t-1}^2,\quad \alpha_0 > 0,\ \alpha_{11}, \alpha_{12}, \beta_1 \geq 0$$

위의 threshold GARCH 모형뿐만 아니라 $\{\xi_t\}$의 분포가 두꺼운 꼬리를 갖는 경우를 반영하는 모형도 개발되어 있는데, 이를테면 t분포를 따르는 경우의 GARCH 모형이 그것이다. 이를 t–GARCH 모형이라고 부르는데, 이 경우 모수의 추정에 있어서 Gaussian MLE를 구할 때 정확하지 못하다는 단점이 있다. 이를 극복하기 위해 다양한 해법이 존재하나 본 교재의 수준을 넘는 관계로 자세히 다루지 않도록 한다. $\{\xi_t\}$의 분포가 정규분포인지 아니면 좀 더 두꺼운 꼬리를 갖는 분포인지를 규명하는 것은 현실적으로 매우 중요한 의미가 있다고 할 수 있다. 그 중요성에 비추어 다음 절에서는 잔차의 적률을 이용하는 정규성 검정방법을 소개하도록 한다.

한편, 위에서 소개한 모형 이외에도 여러 다양한 모형이 개발되어 있는데 그 중 실용성이 높은 모형이 EGARCH 모형(exponential GARCH Model)이다. EGARCH(1,1) 모형의 정의는 다음과 같다.

6.3.6 정의

$\{y_t\}$가 다음의 구조식을 만족하면

$$y_t = \sigma_t \xi_t, \quad \{\xi_t\} \sim \text{IID}(0,1),$$

$$\log(\sigma_t^2) = \alpha_0 + \theta(y_{t-1}/\sigma_{t-1}) + \gamma\{|y_{t-1}/\sigma_{t-1}| - E|y_{t-1}/\sigma_{t-1}|\} + \beta\log(\sigma_{t-1}^2)$$

$\{y_t\}$는 EGARCH(1,1) 모형을 따른다고 한다. 여기서, α_0, θ, γ는 실수이고 $|\beta| < 1$이다.

위의 모형은 $\theta < 0$일 때에는 나쁜 소식이 변동성에 더 큰 영향을 주는 성질을 시사한다.

GARCH 모형은 재정시계열 분석에 매우 효과적인 분석틀임에는 틀림이 없으나 모수가 모두 양의 실수이어야만 한다는 단점이 있다. 이런 단점을 극복하기 위해 이른바 **변동성모형**(stochastic volatility model: SVM)을 고려하기도 하는데, 본 교재에서는 이를 별도로 다루지 않도록 한다. 관심이 있는 독자는 Shephard (2005)를 참고하기 바란다.

6-4 ARCH 효과 검정 및 정규성 검정

6-4-1 ARCH 효과 검정

주어진 백색잡음의 조건부 이분산성은 식 (6.2.13)의 ARCH(q) 모형을 가정하고 귀무가설 $H_0 : \alpha_1 = \cdots = \alpha_q = 0$에 대한 가설검정을 수행하는 것으로 확인할 수 있다. 이 절에서는 편의상 ARCH(1) 모형에서 $H_0 : \alpha_1 = 0$에 대한 LM(Lagrange multiplier) 검정법을 살펴보기로 한다. 일반적인 ARCH(q) 모형에서의 검정방법도 이와 동일하다.

식 (6.2.2)의 ARCH(1) 모형에서 오차항이 정규분포를 따른다고 가정하자. $\boldsymbol{\alpha} = (\alpha_0, \alpha_1)^T$로 놓고 σ_t^2이 $\boldsymbol{\alpha}$의 함수라는 사실을 강조하기 위해 $\sigma_t^2(\boldsymbol{\alpha})$로 표시하고 $z_t = \dfrac{\partial \sigma_t^2(\boldsymbol{\alpha})}{\partial \boldsymbol{\alpha}} = (1, y_{t-1}^2)^T$로 놓자. 이때 식 (6.3.4)에 있는 로그우도함수를 $\boldsymbol{\alpha} =$

$(\alpha_0, \alpha_1)^T$에 대하여 미분한 스코어함수 $\dfrac{\partial l}{\partial \boldsymbol{\alpha}}$와 정보행렬 $\mathfrak{I}_{\boldsymbol{\alpha}}$은 다음과 같다(연습문제 9 참조):

$$\frac{\partial l}{\partial \boldsymbol{\alpha}} = \frac{1}{2n} \sum_{t=1}^{n} \left(\frac{y_t^2}{\sigma_t^2(\boldsymbol{\alpha})} - 1 \right) \frac{\boldsymbol{z}_t}{\sigma_t^2(\boldsymbol{\alpha})} \tag{6.4.1}$$

$$\mathfrak{I}_{\boldsymbol{\alpha}} := E\left[-\frac{\partial^2 l}{\partial \boldsymbol{\alpha} \partial \boldsymbol{\alpha}^T} \right] = E\left[\frac{1}{2n} \sum_{t=1}^{n} \left(\frac{2y_t^2}{\sigma_t^2(\boldsymbol{\alpha})} - 1 \right) \frac{\boldsymbol{z}_t \boldsymbol{z}_t^T}{\sigma_t^4(\boldsymbol{\alpha})} \right] = \frac{1}{n} \sum_{t=1}^{n} E\left[\frac{\boldsymbol{z}_t \boldsymbol{z}_t^T}{2\sigma_t^4(\boldsymbol{\alpha})} \right].$$

귀무가설 아래에서는 $\alpha_1 = 0$이므로 조건부분산 σ_t^2은 α_0와 동일하다: 즉, $\sigma_t^2(\boldsymbol{\alpha}) = \alpha_0$. 이때, α_0의 최대우도추정량을 $\tilde{\alpha}_0$라고 놓으면, 식 (6.4.1)에 의해 귀무가설 아래에서 추정된 스코어함수와 정보행렬은 다음과 같이 주어진다:

$$\left. \frac{\partial l}{\partial \boldsymbol{\alpha}} \right|_0 = \frac{1}{2n\tilde{\alpha}_0} \sum_{t=1}^{n} \left(\frac{y_t^2}{\tilde{\alpha}_0} - 1 \right) \boldsymbol{z}_t = \frac{\boldsymbol{z}^T \boldsymbol{f}_0}{2n\tilde{\alpha}_0}, \quad \tilde{\mathfrak{I}}_{\boldsymbol{\alpha}}^0 = \frac{\boldsymbol{z}^T \boldsymbol{z}}{2n\tilde{\alpha}_0^2}$$

단,

$$\boldsymbol{z} = (\boldsymbol{z}_1, \cdots, \boldsymbol{z}_n)^T, \quad \boldsymbol{f}_0 = \left(\frac{y_1^2}{\tilde{\alpha}_0} - 1, \cdots, \frac{y_n^2}{\tilde{\alpha}_0} - 1 \right)$$

따라서, LM 검정통계량은

$$T_{LM} = n \left(\left. \frac{\partial l}{\partial \boldsymbol{\alpha}} \right|_0 \right)^T \left(\tilde{\mathfrak{I}}_{\boldsymbol{\alpha}}^0 \right)^{-1} \left(\left. \frac{\partial l}{\partial \boldsymbol{\alpha}} \right|_0 \right) = \frac{1}{2} \boldsymbol{f}_0^T \boldsymbol{z} (\boldsymbol{z}^T \boldsymbol{z})^{-1} \boldsymbol{z}^T \boldsymbol{f}_0 \tag{6.4.2}$$

이며, T_{LM}이 크면 귀무가설을 기각한다. 귀무가설 아래에서 정규분포의 가정과 무관하게 T_{LM}의 점근분포가 $\chi^2(1)$ 분포임이 잘 알려져 있으므로 유의수준 α에서 $T_{LM} \ge c_\alpha$이면 귀무가설을 기각한다(단, c_α는 $P(\chi^2(1) \ge c_\alpha) = \alpha$인 실수).

6-4-2 정규성 검정

ARCH 또는 GARCH 모형에서 오차항 $\{\xi_t\}$의 분포가 정규분포인지 검정하는 것은 매우 중요한 작업이다. 왜냐하면, 실제의 경우에는 오차항이 정규분포를 따르고 있지 않는 경우가 빈번하게 관찰되고 있고, 오차항이 정규분포와 심하게 다를 때에는 정규성에 기반한 Gaussian MLE의 정확도가 크게 훼손되기 때문이다. 정규성의 검정에는 QQ-plot과 같은 기본적인 형태의 검정방법이 잘 알려져 있으나 본 교재에서는 적률을 이용하는 Jarque-Bera의 검정방법을 소개한다.

IID 확률표본 $\xi_1, \cdots, \xi_n$이 관측되었을 때 다음의 귀무가설

$$H_0 : \xi_1, \cdots, \xi_n \text{은 정규분포를 따른다}$$

을 검정하기 위해 다음과 같은 Jarque-Bera 검정을 고려할 수 있다:

$$T_{JB} = n\left(S_n^2/6 + (K_n - 3)^2/24\right) \tag{6.4.3}$$

단, S_n은 표본왜도, K_n은 표본첨도를 나타낸다:

$$S_n = \frac{\frac{1}{n}\sum_{t=1}^{n}(\xi_t - \bar{\xi})^3}{\left(\frac{1}{n}\sum_{t=1}^{n}(\xi_t - \bar{\xi})^2\right)^{3/2}}, \quad K_n = \frac{\frac{1}{n}\sum_{t=1}^{n}(\xi_t - \bar{\xi})^4}{\left(\frac{1}{n}\sum_{t=1}^{n}(\xi_t - \bar{\xi})^2\right)^{2}}, \text{ 단, } \bar{\xi} = \frac{1}{n}\sum_{t=1}^{n}\xi_t$$

자료의 표본왜도와 표본첨도가 정규분포의 왜도와 첨도인 0과 3에 가까울수록 위 검정통계량은 0에 가까운 값을 가질 것이다. 귀무가설 아래에서 T_{JB}의 점근분포가 $\chi^2(2)$임이 잘 알려져 있다.

이번에는 GARCH(1,1) 모형에서 오차항 $\{\xi_t\}$의 정규성을 검정해 보자. 실제의 오차항 $\xi_1, \cdots, \xi_n$을 관측할 수 없으므로, 잔차를 이용한 검정방법을 고려한다. 관측값 $y_1, \cdots, y_n$으로부터 구한 모수 $\alpha_0, \alpha_1, \beta_1$의 Gaussian MLE를 $\hat{\alpha}_0, \hat{\alpha}_1, \hat{\beta}_1$라고 하자. 잔차 $\hat{\xi}_t$, $1 \le t \le n$를 구하는 방법은 다음과 같다. 구조식 (6.3.1)을 후행연산자 B를 이용하여

$$(1 - \beta_1 B)\sigma_t^2 = \alpha_0 + \alpha_1 y_{t-1}^2$$

로 고쳐 쓰면

$$\sigma_t^2 = (1 - \beta_1 B)^{-1}\alpha_0 + \alpha_1(1 - \beta_1 B)^{-1}y_{t-1}^2 = \frac{\alpha_0}{1 - \beta_1} + \alpha_1\sum_{j=1}^{\infty}\beta_1^{j-1}y_{t-j}^2$$

가 되므로 모수의 추정량을 이용하여 다음과 같이 구할 수 있다:

$$\hat{\xi}_t = y_t/\hat{\sigma}_t, \quad \hat{\sigma}_t^2 = \frac{\hat{\alpha}_0}{1 - \hat{\beta}_1} + \hat{\alpha}_1\sum_{j=1}^{t-1}(\hat{\beta}_1)^{j-1}y_{t-j}^2, \quad 1 \le t \le n \tag{6.4.4}$$

식 (6.4.4)의 방법 이외에도 식 (6.3.4)에서와 같이 y_0, σ_0를 y_1으로 놓고 순차적으로 $\hat{\sigma}_t^2$를 구할 수도 있다. 어떤 방법으로 하든 정규성 검정의 결과는 동일하다. 잔차를 이용한 Jarque-Bera 검정통계량은 식 (6.4.3)에서 ξ_j들을 $\hat{\xi}_j$들로 대체한 $\hat{T}_{JB}$이며, 귀무가설 아래에서 T_{JB}와 동일하게 $\chi^2(2)$를 점근분포로 갖기 때문에 유의수준 α에서 $\hat{T}_{JB} \geq c_\alpha$ (단, c_α는 $P(\chi^2(2) \geq c_\alpha) = \alpha$인 실수)이면 정규성의 가설을 기각한다.

6-5 변화점 탐지

주가와 환율 같은 많은 재정시계열이 GARCH(1,1) 모형을 따르고 있음은 잘 알려진 사실이다. 또한, 실제 자료분석의 과정에서 GARCH 모형의 모수가 중간중간 변화한다는 사실도 경험적으로 잘 알려져 있다. 모형 모수의 변화를 무시하는 경우 자료의 기저모형이 잘못 설정되는 심대한 오류를 범할 수 있으므로 변화점 탐지 이론은 재정시계열분석에 매우 중요한 주제이다. 이 절에서는 CUSUM **검정**(cumulative sum test)을 이용하여 변화점 탐지를 수행하는 방법을 고려하도록 한다.

시계열 자료 $y_1, \cdots, y_n$이 주어져 있다고 가정하고 이를 이용하여 다음과 같은 가설검정을 실시하는 방법을 생각해 보자.

H_0: $y_1, \cdots, y_n$은 모수의 변화가 없는 GARCH(1,1) 모형을 따른다.

H_1: $y_1, \cdots, y_n$은 GARCH(1,1) 모형을 따르나 어느 시점에서 모수 변화를 겪는다.

귀무가설 아래에서 이 자료가 GARCH(1,1) 모형을 따르므로 자료 $y_1, \cdots, y_n$으로부터의 모수의 추정량(Gaussian MLE)을 구한 다음, 이를 이용하여 식 (6.4.4)에 있는 잔차의 제곱을 이용한 CUSUM 검정통계량

$$\hat{T}_n = \max_{m \leq k \leq n} \frac{1}{\sqrt{n}\,\hat{\tau}} \left| \sum_{t=1}^{k} \hat{\xi}_t^2 - (k/n) \sum_{t=1}^{n} \hat{\xi}_t^2 \right| \tag{6.5.1}$$

을 고려한다. 단, $\hat{\tau}^2 = \frac{1}{n}\sum_{t=1}^{n} \hat{\xi}_t^4 - \left(\frac{1}{n}\sum_{t=1}^{n} \hat{\xi}_t^2\right)^2$은 $\tau^2 = Var(\xi_1^2)$의 추정량이고 m은 임의로 지정된 5에서 10 사이의 정수이다. 귀무가설 아래에서는 $\hat{\xi}_t^2 \approx \xi_t^2$이 성립하므로

$$\hat{T}_n \approx T_n = \max_{m \le k \le n} \frac{1}{\sqrt{n}\,\tau} \left| \sum_{t=1}^{k} \xi_t^2 - (k/n) \sum_{t=1}^{n} \xi_t^2 \right| \tag{6.5.2}$$

임을 보일 수가 있고,

$$\sum_{t=1}^{k} \xi_t^2 \approx k, \quad \frac{k}{n} \sum_{t=1}^{n} \xi_t^2 \approx k$$

이므로 귀무가설 아래에서 식 (6.5.2)의 $\hat{T}_n$이 작은 값을 가짐을 알 수 있다. 반면에 어느 시점 k^*에서 모수의 변화가 있으면, n이 충분히 크고 k^*/n이 0 또는 1에 가깝지 않을 때(예를 들어, 1/2에 가까울 때), $\left| \sum_{t=1}^{k^*} \hat{\xi}_t^2 - \frac{k^*}{n} \sum_{t=1}^{n} \hat{\xi}_t^2 \right|$이 충분히 큰 양의 실수값에 수렴하게 된다. 따라서 $\hat{T}_n$이 매우 큰 값을 가지게 되므로 $\hat{T}_n$의 값이 크면 귀무가설을 기각하고 변화점이 존재한다고 결론짓는다.

식 (6.5.2)의 T_n이 귀무가설 아래에서 점근적으로 $T = \max_{0 \le u \le 1} |B^0(u)|$의 분포를 따르므로(단, B^0는 [0,1]에서 정의된 Brownian bridge, 그러니까 $B^0(u) = W(u) - uW(1)$이고 W는 [0,1]에서 정의된 Brownian motion이다), $P(T \ge 1.358) = 0.05$의 사실을 이용하여 $\hat{T}_n \ge 1.358$이면 유의수준 5%에서 H_0를 기각하도록 한다.

변화점이 존재하는 경우에는 변화점을 다음과 같은 방법으로 찾아준다:

$$\hat{k} = \hat{T}_n(k)\text{의 값을 최대로 하는 } k \in \{1, \cdots, n\}$$

$$\text{단, } \hat{T}_n(k) = \frac{1}{\sqrt{n}\,\hat{\tau}} \left| \sum_{j=1}^{k} \hat{\xi}_t^2 - (k/n) \sum_{j=1}^{n} \hat{\xi}_t^2 \right| \tag{6.5.3}$$

변화점이 하나 이상일 수도 있으므로 $y_1, \cdots, y_{\hat{k}}$ 그리고 $y_{\hat{k}+1}, \cdots, y_n$ 각각의 두 시계열에서 위의 방법을 다시 반복하여 변화점이 있는지 검정하고, 변화점이 발견될 때까지 이상의 과정을 반복하도록 한다. CUSUM 검정방법은 변화점이 중간 시점인 $n/2$에 있는 경우 비교적 탐지가 용이하지만 시계열의 시작이나 끝에 위치할수록 탐지가 어려워진다는 단점이 있다. 그러나 CUSUM 검정은 시계열 분석의 매우 다양한 상황에서 변화점을 잘 찾아내는 매우 우수한 방법으로 널리 알려져 있다.

변화점이 있음에도 이를 무시하고 GARCH(1,1) 모형을 적합시키는 경우에는 $\alpha_1 + \beta_1$의 값이 1에 매우 근접한 값으로 추정되어 자료가 IGARCH(1,1) 모형을 따른다고 오판할 수 있다. 따라서 변화점 탐지의 작업은 모형수립에 매우 중요한 부분을 담당하고 있다고 할 수 있다. 실제로 주가 자료에 GARCH(1,1) 모형을 적합시켜 보면 IGARCH(1,1) 모형이 적합되는데 CUSUM 검정을 실시하면 변화점이 존재하는 것으로 나타나는 경우가 대부분이다.

다음은 위에서 기술한 CUSUM 검정법을 이용하여 변화점 탐지 과정을 실제의 자료에서 구현하는 일례이다.

● 6.5.1 예

다음은 1995년 1월 3일부터 1999년 12월 30일까지 대달러 환율(원/1달러)[12)]의 수익률 자료에 GARCH(1,1) 모형을 적합하고 모수에 대한 변화점을 찾은 예이다. 그림 6.5.1은 대달러 환율의 시계열도이며, 그림 6.5.2는 이를 차분한 대달러 환율 수익률(return)의 시계열도이다. 이를 통해 변동성이 있는 이분산성 모형을 따름을 유추할 수 있으므로, 환율의 수익률에 GARCH(1,1)을 적합하였고 그 결과 다음의 식을 얻었다:

$$y_t = \sigma_t \xi_t, \ \{\xi_t\} \sim \mathrm{IID}(0,1)$$
$$\sigma_t^2 = 0.001186 + 0.1057 y_{t-1}^2 + 0.9019 \sigma_{t-1}^2$$

위의 모형식으로부터 GARCH(1,1)을 적합시킨 결과 $\alpha_1 + \beta_1$의 값이 1과 거의 같음을 알 수 있다. 실제로 그림 6.5.1과 그림 6.5.2의 시계열도를 보면 자료구조의 변화가 있음을 예상할 수 있다. 식 (6.5.2)의 검정통계량을 이용하여 유의수준 5%에서 변화점 검정을 시행한 결과 모수 변화가 있었음을 관찰할 수 있었고, 1997년 10월 20일이 모수의 변화점으로 탐지되었다. 이 시기는 실제로 1997년 IMF 외환위기가 일어났던 시기와 비슷하게 일치하며 이 시기를 중심으로 자료의 성격이 확연히 달라짐을 시계열도를 통해서도 확인할 수 있다.

1997년 10월 20일을 기준으로 자료를 그 이전과 그 이후 두 부분으로 나누어 모형을 적합시킨 결과는 다음과 같으며, 이로부터 변화점을 무시하고 적합한 처음의 결과와 상당한 차이가 있음을 볼 수 있다.

1) 1995년 1월 3일~1997년 10월 20일:

$$y_t = \sigma_t \xi_t, \ \{\xi_t\} \sim \mathrm{IID}(0, 0.03237),$$
$$\sigma_t^2 = 0.003643 + 0.2133 y_{t-1}^2 + 0.6866 \sigma_{t-1}^2$$

---

12) 출처: OANDA(http://www.oanda.com)

2) 1997년 10월 21일~1999년 12월 30일:

$$y_t = \sigma_t \xi_t,\ \{\xi_t\} \sim \text{IID}(0,3.33051),$$
$$\sigma_t^2 = 0.006671 + 0.0860 y_{t-1}^2 + 0.9084 \sigma_{t-1}^2$$

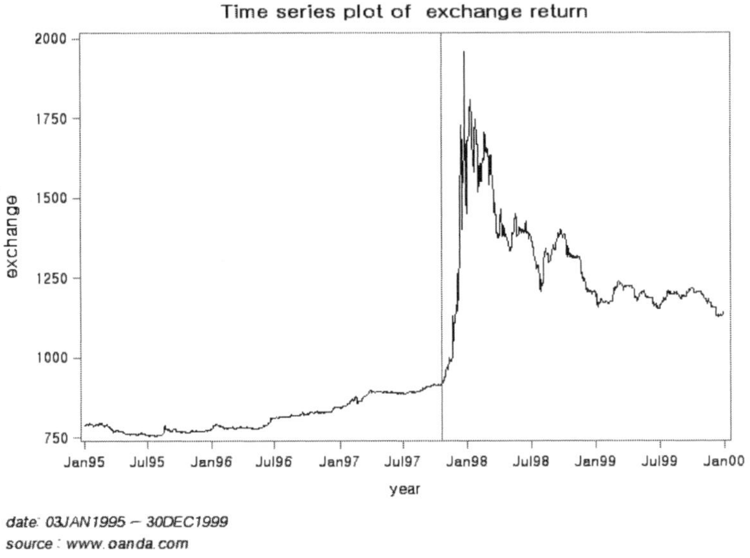

[그림 6.5.1] 대달러 환율(원/1달러당)의 시계열도와 변화점

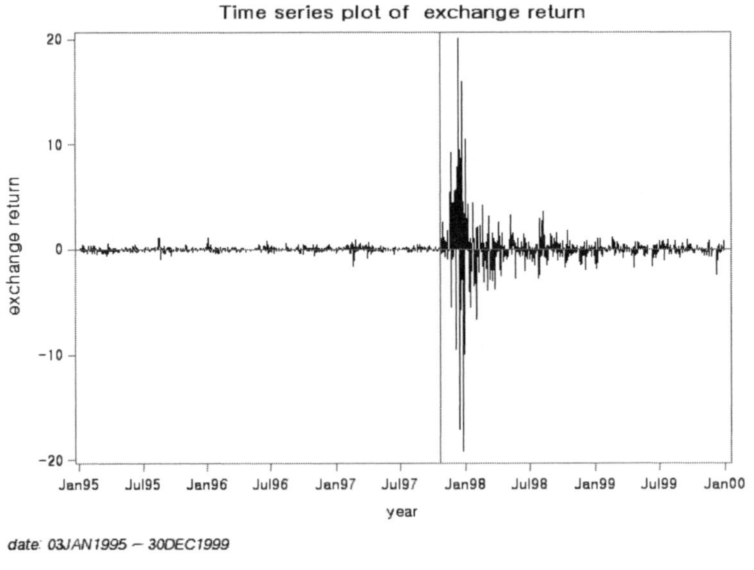

[그림 6.5.2] 대달러 환율(원/1달러당)의 수익률에 대한 시계열도와 변화점

6-6 SAS 실습

6-6-1 PROC AUTOREG

SAS의 AUTOREG 프로시저는 오차항이 상관관계를 가지거나 이분산성을 가지는 선형회귀 시계열 모형에서 모수의 추정, 검정 및 예측을 모두 가능하게 해준다. 특히, 오차항이 자기상관관계를 갖는 자기회귀모형이나 이분산성을 갖는 GARCH 모형의 적합에 유용하게 이용될 수 있다. AUTOREG 프로시저에서 다룰 수 있는 일반적인 AR(m)–GARCH(p, q) 회귀모형은 다음과 같다:

$$\begin{cases} y_t = a + b^T x_t + v_t, \\ v_t - \phi_1 v_{t-1} - \cdots - \phi_m \nu_{t-m} = \epsilon_t, \\ \epsilon_t = \sigma_t \xi_t, \ \{\xi_t\} \sim \text{IID}(0, \sigma^2) \\ \sigma_t^2 = \alpha_0 + \sum_{i=1}^{q} \alpha_i \epsilon_{t-i}^2 + \sum_{j=1}^{p} \beta_j \sigma_{t-j}^2 \end{cases} \tag{6.6.1}$$

위 모형은 모형식 (6.3.7)의 ARMA–GARCH 모형에서 MA 모형 부분이 생략된 형태로 AUTOREG 프로시저에서는 AR–GARCH 모형까지만 적합 가능하다. 특별히 ARMA–GARCH 모형을 적합하려고 하는 경우에는 AUTOREG 프로시저를 사용할 수 없으며, 앞서 3장에서 언급한 ARIMA 프로시저를 이용하여 ARMA 모형을 적합하고 얻어진 오차항 부분에 AUTOREG 프로시저를 이용하여 GARCH 모형을 적합해야 한다.

AUTOREG 프로시저에 대한 내용은 매우 방대하므로 본 절에서는 6장의 내용과 관련 있는 것만 간략하게 소개하기로 한다. PROC AUTOREG의 전체적인 문법과 형식은 다음과 같다.

```
PROC AUTOREG options;
  BY variables; 지정된 변수별로 분리하여 분석
  MODEL dependent=regressors /options;
  HETERO variables /options;
  RESTRICT equation,…,equation;
  TEST equation,…,equation /options;
  OUTPUT OUT=SAS data set options;
RUN;
```

각 구문의 options에 지정할 수 있는 기능과 형식은 각각 다르며 이를 이용하여 AR(m)–GARCH(p, q) 회귀모형에서 모수추정과 검정 및 예측에 관련된 기능을 지정

할 수 있다. 우선, PROC AUTOREG에서는 다음과 같이 결과의 저장 및 출력에 대한 options을 지정할 수 있다.

```
DATA=SAS-data-set : 분석할 데이터 세트를 지정
OUTEST=SAS-data-set : 지정한 데이터 세트에 모수추정값을 저장
COVOUT : OUTEST에서 지정한 데이터 세트에 모수추정량의 공분산 행렬을 저장
PLOTS options : options에 지정한 그림을 출력
```

MODEL문에서는 dependent 부분에 종속변수를, 그리고 regressors 부분에 독립변수를 지정하여 AR-GARCH 모형을 적합할 수 있다. 이때 MODEL문의 options을 이용하여 적합할 모형의 구체적인 형태를 지정할 수 있는데 이를 위한 형식은 다음과 같다.

NOINT : 선형회귀모형에서 상수항이 없는 모형을 적합
NLAG=number : 오차항 ν_t가 자기회귀모형을 따르는 경우 AR의 차수를 지정하며 NLAG options이 정의되지 않으면 AR모형을 적합시키지 않는다
DIST=value: GARCH-type 추정인 경우 ξ_t의 분포를 지정하며 정규분포 혹은 t분포를 적합하며 default는 정규분포(value = T, NORMAL)
GARCH=(Q=number,P=number,TYPE=value) : GARCH(p,q) 모형의 차수를 지정해주거나 GARCH-type 모형을 지정
(value=EXP,INTEGRATED,NELSON,NONNEG,STATIONARY)

예를 들어, $\{y_t\}$가 ARCH(2) 모형을 따른다면 다음과 같이 표현하면 된다.

```
MODEL y=/NOINT GARCH=(Q=2);
```

또한, $\{y_t\}$가 오차항이 ARCH(2) 모형인 선형회귀모형을 만족한다고 가정한다면, 즉, $y_t = a + b^T x_t + \epsilon_t$, $\{\epsilon_t\}$~ARCH(2)이면, 다음과 같이 쓰면 된다.

```
MODEL y=x /GARCH=(Q=2);
```

조금 더 복잡한 모형인 식 (6.6.1)의 AR(1)-GARCH(1,2) 회귀모형의 경우에는 다음과 같이 nlag option으로 AR 모형의 차수를 결정하고 GARCH option으로 GARCH 모형의 차수를 지정해줄 수 있다.

```
MODEL y=x /NLAG=1 GARCH=(Q=2,P=1);
```

한편, GARCH options에서 TYPE 지정에 따라 여러 가지 GARCH-type 모형을 적합할 수 있다. 예를 들어, IGARCH(p,q) 모형은 GARCH=(Q=q,P=p,TYPE=INTEGRATED), EGARCH(p,q) 모형은 GARCH=(Q=q,P=p,TYPE=EXP)과 같은 식이다.

또한, MODEL문에서는 METHOD option을 이용하여 모수의 추정방법도 지정가능하며, 사용할 수 있는 추정방법과 형식은 다음과 같다.

```
METHOD= value : 모수추정방법을 지정 (value=ML,ULS,YW);
```

AUTOREG의 MODEL문에서 제공되는 모수추정방법은 최대우도법, 비조건부최소제곱법, Yule-Walker 추정법 등이며, METHOD의 값을 각각 ML, ULS, YW로 지정한다. default는 최대우도법이다.

6-6-2 ARCH(1) 모형의 적합

이 절에서는 모의실험을 통하여 ARCH(1) 모형을 따르는 자료를 생성하고 이 자료에 AUTOREG 프로시저를 이용하여 모형을 적합해 보도록 한다. 선형추세가 있고 오차항이 ARCH(1) 모형을 따르는 다음과 같은 모형을 가정해 보자:

$$
\begin{aligned}
y_t &= 5 + 0.2t + \epsilon_t \\
\epsilon_t &= \sigma_t \xi_t, \quad \{\xi_t\} \sim \text{IID } N(0,1) \\
\sigma_t^2 &= 0.3 + 0.7\epsilon_{t-1}^2
\end{aligned}
$$

다음은 2장에서 언급한 RAND 함수를 이용하여 위의 모형을 따르는 자료를 200개 생성하고 시계열도를 그린 프로그램의 결과이다(code-(1) 참조).

그림 6.6.1의 시계열도를 보면 모의실험으로 생성된 자료는 선형추세를 가지며 시간에 따라 변동성의 변화가 있는 이분산성의 특징을 가짐을 확인할 수 있다.

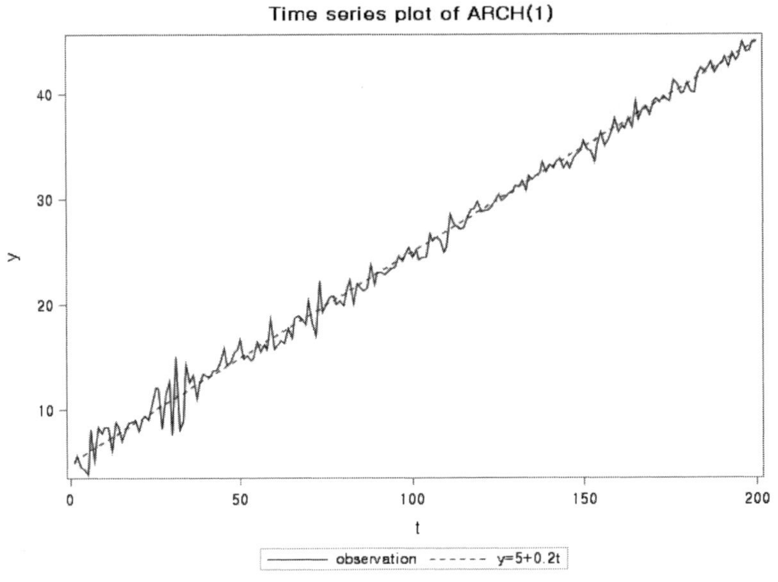

[그림 6.6.1] $y_t = 5 + 0.2t + \epsilon_t$, $\{\epsilon_t\}$~ARCH(1) 모형의 시계열도

다음은 MODEL문을 이용하여 ARCH(1) 모형을 적합시키고 모수의 추정량을 구하는 프로그램의 출력결과이다(code-(2) 참조).

[표 6.6.1] ARCH(1) 모형의 모수추정

The AUTOREG Procedure

GARCH Estimates			
SSE	150.730056	Observations	200
MSE	0.75365	Uncond Var	0.98765448
Log Likelihood	-232.81567	Total R-Square	0.9945
SBC	486.82461	AIC	473.63134
MAE	0.64760746	AICC	473.836468
MAPE	4.16044175	HQC	478.970455
		Normality Test	1.4910
		Pr > ChiSq	0.4745

Parameter Estimates					
Variable	DF	Estimate	Standard Error	t Value	Approx Pr > |t|
Intercept	1	4.9056	0.0867	56.60	<.0001
t	1	0.2011	0.000755	266.25	<.0001
ARCH0	1	0.3194	0.0499	6.40	<.0001
ARCH1	1	0.6766	0.1527	4.43	<.0001

MODEL문의 options을 이용하여 상수항과 선형추세가 있고 오차항이 ARCH(1)을 따르는 모형을 적합하였으며, METHOD option을 따로 지정하지 않았으므로 표 6.6.1의 결과와 같이 최대우도법을 이용한 추정값이 얻어진다. 모수추정의 결과로서 선형회귀모형식의 경우에는 상수항과 기울기의 추정값은 각각 $\hat{a}=4.9056$, $\hat{b}=0.2011$으로 얻어지며, ARCH 모형식의 경우에는 ARCH 모수의 추정값이 각각 $\hat{\alpha}_0=0.3194$, $\hat{\alpha}_1=0.6766$로 얻어진다. 아울러 모수의 유의성을 검정하는 t검정결과는 모든 유의확률들이 작은 값을 가지므로 추정된 모수들이 유의하고 또한 실제 모의실험에서 지정한 모수의 참값과 매우 유사함을 확인할 수 있다. 비조건부분산 σ^2의 추정값은 $\hat{\sigma}^2=0.9876$로 얻어지며, 정규성 검정에서 유의확률이 0.4745로 얻어지므로 $\{\xi_t\}$가 정규분포를 따른다는 귀무가설이 기각되지 않는다. 따라서 ARCH 모형의 오차항이 정규분포를 따른다고 할 수 있으며, 이 결과들은 ARCH(1) 모형이 잘 적합되었음을 의미한다.

6-6-3 GARCH(1,1) 모형의 적합

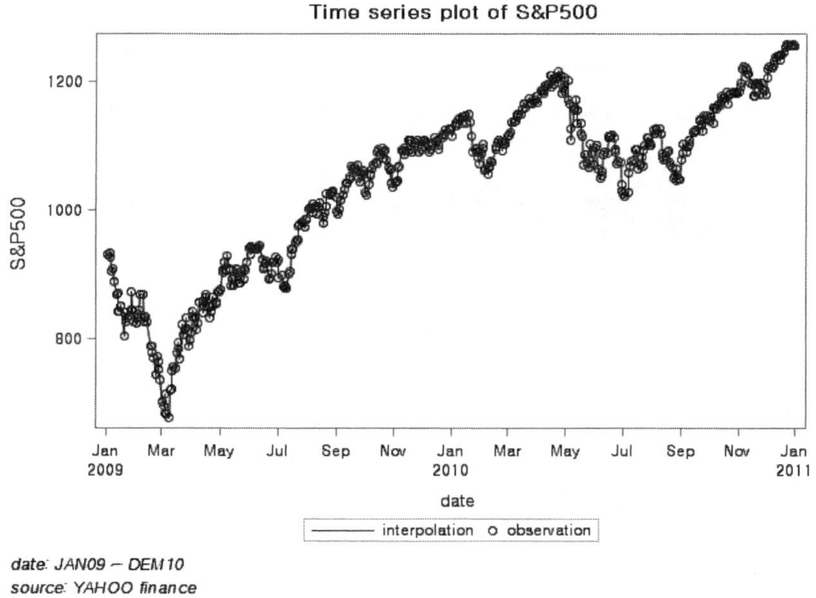

[그림 6.6.2] S&P500 주가 자료의 원시계열도

그림 6.6.2의 자료는 2009년 1월 2일부터 2010년 12월 31일까지의 일별 S&P500

주가자료[13]이다(code-(3) 참조). 주가를 x_t라 하면 주가수익률은

$$\frac{x_{t+1}-x_t}{x_t}=\frac{x_{t+1}}{x_t}-1$$

이다. 한편, 위의 식보다는 금융 시계열분석에서는 흔히 주가를 로그변환 후 차분한 자료 $r_t=\log(x_{t+1})-\log(x_t)$(log return)를 주가수익률로 간주하여 분석에 이용하는데, 로그변환이 분산의 안정화 효과를 가져다주는 동시에 r_t가 다음의 식을 만족하기 때문이다:

$$r_t=\log(x_{t+1})-\log(x_t)=\log\left(\frac{x_{t+1}}{x_t}\right)\simeq\frac{x_{t+1}}{x_t}-1.$$

$$\left(\text{단, }\left|\frac{x_{t+1}-x_t}{x_t}\right|<1\text{을 만족하는 경우}\right)$$

S&P500 주가수익률 자료(r_t)를 플로팅한 그림 6.6.3의 시계열도를 보면 특별한 자기상관의 경향이 없음을 관찰할 수 있다. 이를 조금 더 구체적으로 확인하기 위하여 4장에서 소개한 ARIMA 프로시저를 이용해서 얻은 그림 6.6.3의 SACF와

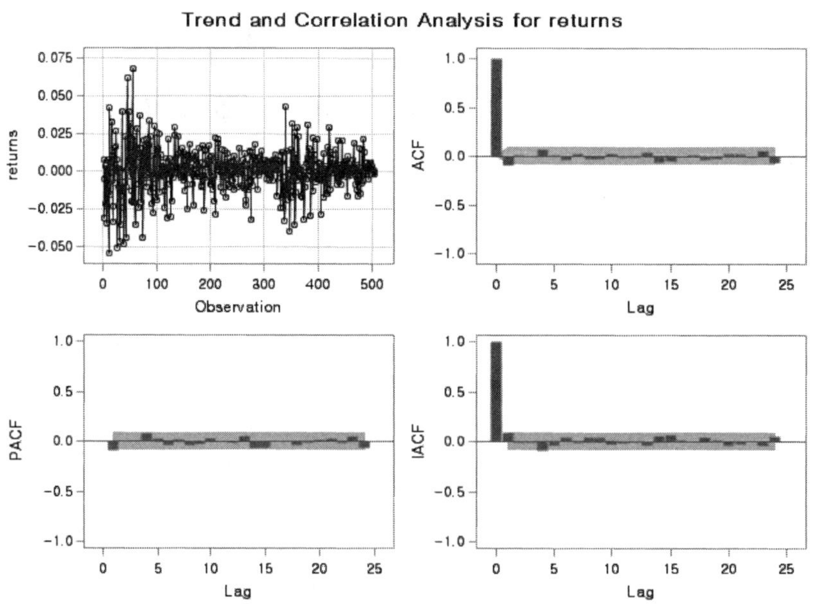

[그림 6.6.3] S&P500 주가수익률(r_t)의 SACF와 SPACF

13) 출처: Yahoo Finance(http://finance.yahoo.com)

SPACF를 살펴보면 모든 차수에서 자기상관계수가 유의하지 않음을 알 수 있다. 또한, 포트맨토 검정결과인 표 6.6.2에서도 모든 차수에서 유의확률 값이 매우 크게 나타나므로 자료에 자기상관관계가 없다는 사실을 재차 확인할 수 있다.

한편, 그림 6.6.3의 시계열도는 주가수익률 자료가 변동성이 시간에 따라 변하는 이분산성과 변동성이 클 때와 작을 때가 집중되어 나타나는 변동성 집중(volatility clustering) 현상의 특징을 보여 주고 있다(code-(4) 참조). 이러한 현상은 금융 시계열 자료에서 빈번히 나타나는 현상이며 이에 대한 보다 명확한 결론을 얻기 위하여 수익률 자료의 제곱(r_t^2)을 분석하도록 한다.

[표 6.6.2] S&P500 주가수익률(r_t)의 포트맨토 검정

The ARIMA Procedure

Name of Variable = returns	
Mean of Working Series	0.000596
Standard Deviation	0.014491
Number of Observations	503

Autocorrelation Check for White Noise									
To Lag	Chi-Square	DF	Pr > ChiSq	Autocorrelations					
6	8.29	6	0.2177	-0.095	0.014	0.002	0.073	0.012	-0.040
12	9.83	12	0.6308	0.023	-0.030	-0.022	0.028	-0.007	-0.016
18	15.41	18	0.6337	0.047	-0.064	-0.051	0.001	0.009	-0.041
24	20.68	24	0.6576	-0.022	0.027	0.027	-0.018	0.060	-0.064

그림 6.6.4는 수익률 자료의 제곱(r_t^2)의 시계열도이며 이 시계열도로부터 변동성이 집중해서 나타나는 현상이 그림 6.6.3에 있는 r_t의 시계열도보다 더욱 분명해짐을 확인할 수 있다. 또한, 수익률 자료 제곱의 SACF와 SPACF는 그림 6.6.5에서 보듯 대부분의 시차에서 유의하게 나타나며, 표 6.6.3의 포트맨토 검정결과 또한 수익률 자료의 제곱이 더 이상 백색잡음이 아님을 확인시켜 주고 있다. 수익률 자료의 제곱은 시계열의 2차 적률에 관계하므로 이들에 자기상관관계가 있다는 것은 원 시계열의 조건부분산의 값이 시간에 따라 종속적으로 달라질 수 있음을 의미한다(code-(5) 참조).

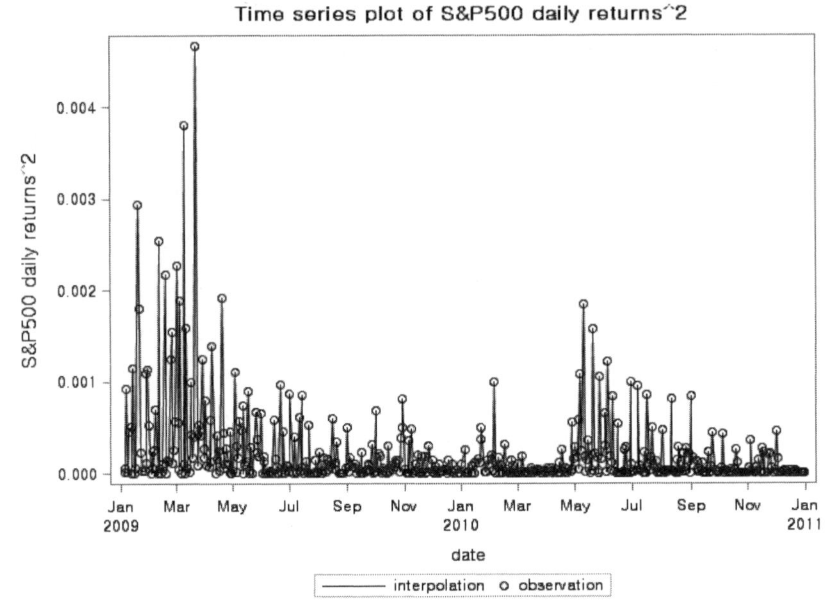

[그림 6.6.4] S&P500 주가수익률 제곱(r_t^2)의 시계열도

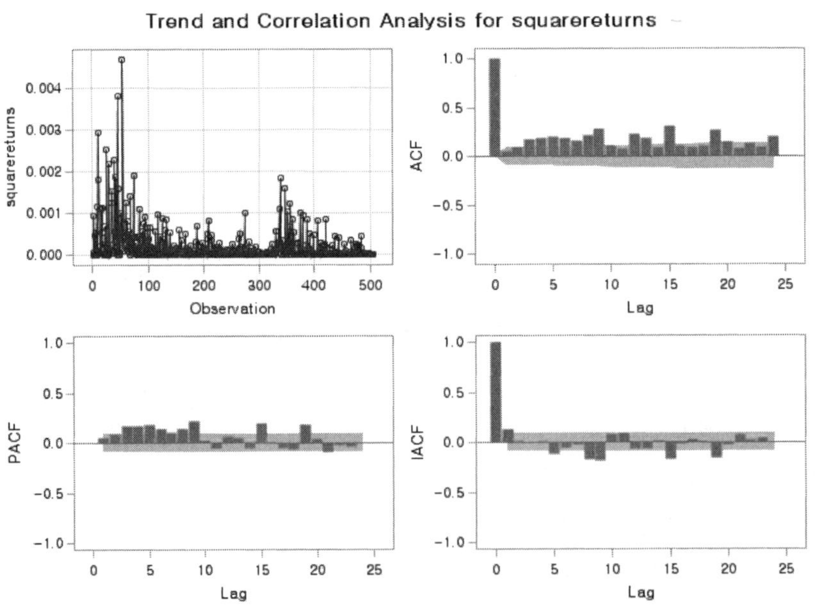

[그림 6.6.5] S&P500 주가수익률 제곱(r_t^2)의 SACF와 SPACF

[표 6.6.3] S&P500 주가수익률 제곱(r_t^2)의 포트맨토 검정

The ARIMA Procedure

Name of Variable = squarereturns	
Mean of Working Series	0.00021
Standard Deviation	0.000453
Number of Observations	503

Autocorrelation Check for White Noise									
To Lag	Chi-Square	DF	Pr > ChiSq	Autocorrelations					
6	77.41	6	<.0001	0.055	0.089	0.179	0.182	0.203	0.186
12	191.18	12	<.0001	0.167	0.218	0.281	0.103	0.080	0.223
18	282.36	18	<.0001	0.191	0.089	0.309	0.114	0.098	0.112
24	371.42	24	<.0001	0.273	0.149	0.082	0.130	0.098	0.197

MODEL문에서 추가적인 options을 이용하면 이분산성 및 자기상관성을 위한 검정을 수행할 수 있다. 이에 대한 형식은 다음과 같다.

```
ARCHTEST : 이분산성 검정을 위한 Q 통계량과 LM 통계량 출력
DWPROB : 자기상관성 검정을 위한 Durbin-Watson 통계량 출력
```

ARCHTEST option은 등분산성 가정 아래에서 단순회귀적합에 의해 산출된 잔차의 Q 통계량(포트맨토 검정)과 LM 통계량의 lag 1-12 유의확률들을 함께 계산해준다. Q 통계량과 LM 통계량에 대한 자세한 내용은 6장의 본문을 참조하기 바란다. DWPROB option은 자기상관관계를 검정하는 DW(Durbin-Watson) 통계량과 유의확률을 구하는 데 쓰이며 이에 대한 자세한 내용은 4장을 참고하도록 한다.

위의 options를 이용하여 수익률 자료(r_t)의 이분산성과 자기상관성을 검정하기 위한 프로그램의 결과는 표 6.6.4, 표 6.6.5와 같다. 수익률 자료(r_t)에 대한 검정에서는 MODEL문에 구체적인 모형을 지정하지 않은 상태에서 검정을 수행하도록 한다 (code-(6) 참조).

표 6.6.4의 결과는 1차 자기상관관계 ρ_1을 검정하기 위한 Durbin-Watson 통계량의 유의확률에 대한 결과이다. 검정결과 통계량은 2.1905이며 유의확률이 0.9839이므로 $\rho_1 = 0$이라는 귀무가설을 기각할 수 없기 때문에 1차 자기상관관계가 존재하지 않음을 확인할 수 있다. 이는 앞의 표 6.6.2의 포트맨토 검정을 이용한 잔차 검정

[표 6.6.4] 자기상관성 검정을 위한 DW 통계량과 유의확률

The AUTOREG Procedure

Ordinary Least Squares Estimates			
SSE	0.10562781	DFE	502
MSE	0.0002104	Root MSE	0.01451
SBC	-2825.9444	AIC	-2830.165
MAE	0.01007983	AICC	-2830.157
MAPE	118.285888	HQC	-2828.5093
Durbin-Watson	2.1905	Regress R-Square	0.0000
		Total R-Square	0.0000

Durbin-Watson Statistics			
Order	DW	Pr < DW	Pr > DW
1	2.1905	0.9839	0.0161

결과와도 일치한다. 그러나 Durbin-Watson 검정은 차수가 1일 때의 자기상관성 검정밖에 수행하지 못하므로 좀 더 긴 차수에 대하여 검정을 시행할 때는 앞서 4장에서 언급했던 포트맨토 검정을 시행하도록 한다.

표 6.6.5는 수익률 자료(r_t)가 조건부 이분산성을 가지는 경우, 즉 보다 구체적으

[표 6.6.5] 이분산성 검정을 위한 Q 통계량과 LM 통계량 및 유의확률

Tests for ARCH Disturbances Based on OLS Residuals				
Order	Q	Pr > Q	LM	Pr > LM
1	1.7433	0.1867	1.7549	0.1853
2	5.8095	0.0548	5.5540	0.0622
3	22.3712	<.0001	20.2010	0.0002
4	39.7203	<.0001	33.6185	<.0001
5	61.2303	<.0001	48.4790	<.0001
6	78.8463	<.0001	57.6532	<.0001
7	92.8860	<.0001	62.4975	<.0001
8	119.2905	<.0001	72.5717	<.0001
9	157.7782	<.0001	90.6046	<.0001
10	163.5051	<.0001	90.7746	<.0001
11	166.9051	<.0001	92.3185	<.0001
12	193.0245	<.0001	93.6926	<.0001

Parameter Estimates					
Variable	DF	Estimate	Standard Error	t Value	Approx Pr > |t|
Intercept	1	0.000596	0.000647	0.92	0.3571

로는 수익률 자료(r_t)의 조건부분산에 ARCH 구조식 $\sigma_t^2 = \alpha_0 + \alpha_1 r_{t-1}^2 + \cdots + \alpha_q r_{t-q}^2$을 가정할 때 귀무가설 H_0: $\alpha_0 = \cdots = \alpha_q = 0$을 검정하는 Q 통계량과 LM 통계량의 검정결과이다. 이 결과를 보면 Q 통계량과 LM 통계량 모두 q가 3에서 12까지의 모든 차수에서 유의하게 나타나므로 비교적 긴 시차까지 ARCH 효과가 존재함을 알 수 있다.

LM 통계량은 ARCH 모형의 차수 결정에도 이용되는데, $T_{LM}(q+1) - T_{LM}(q)$(단, $T_{LM}(q)$는 ARCH(q) 모형을 가정하였을 때 식 (6.4.2)에 있는 LM 통계량의 값)이 근사적으로 $\chi^2(1)$분포를 따른다는 사실에 근거하여, 위의 유의한 차수들 중에서 $T_{LM}(q+1) - T_{LM}(q)$가 더 이상 유의하지 않게 되는 q를 ARCH 모형의 차수로 정할 수 있다. 이 경우에서는 $T_{LM}(q+1) - T_{LM}(q) < \chi^2_{0.05}(1) = 3.841$을 처음으로 만족하는 q의 값이 9이므로 적절한 모형으로 ARCH(9) 모형을 고려할 수도 있으나, 이렇게 ARCH 모형의 차수가 큰 경우에는 GARCH 모형을 적합하는 것이 더 바람직하므로 최종적인 모형으로서 GARCH(1,1) 모형을 선택하도록 한다. 다음 표 6.6.6와 표 6.6.7는 수익률 자료에 GARCH(1,1) 모형을 적합한 프로그램의 결과이다(code-(7) 참조).

표 6.6.6의 결과는 AR 모형에 대한 추정결과이다. SAS에서는 기본적으로 AR-GARCH 모형을 가정하지만, 앞의 SAS 프로그램에서 AR 모형의 차수를 지정하지도 않았고 상수항도 존재하지 않았기 때문에 이들에 대한 추정값은 나타나지 않는다. 표 6.6.7의 결과는 GARCH 모형에 대한 모수추정의 결과이다. 앞에서 모수의 추정방법을 최대우도법으로 지정하였으므로 모수의 최대우도 추정값이 얻어지게 되며 그 결과 $\hat{\alpha}_0 = 1.6479E-6$, $\hat{\alpha}_1 = 0.0952$, $\hat{\beta} = 0.8978$이 얻어진다.

마지막으로 선택된 모형이 잘 적합되었는지에 대한 검증을 위해 모형진단을 실시하도록 한다. AUTOREG 프로시저는 모형적합과 동시에 추정된 잔차에 대한 여러 분석결과를 제공해 준다. 그림 6.6.6은 잔차도를 비롯하여 잔차의 SACF, SPACF 및 포트맨토 검정의 결과를 나타내고 있다. 이로부터 단지 몇 개의 잔차만 비교적 큰 값을 가지고 있음을 알 수 있고, 또한 잔차의 SACF와 SPACF가 모든 차수에서 유의하게 작은 값을 가짐을 확인할 수 있다. 백색잡음에 대한 검정결과 역시 유의수준 0.05에서 모든 차수 $k \geq 1$에서의 유의확률이 0.05보다 크므로 잔차들의 자기상관성이 존재하지 않음을 알 수 있다.

[표 6.6.6] AR-GARCH 모형에서 AR 모형 부분에 대한 추정결과

The AUTOREG Procedure

Ordinary Least Squares Estimates			
SSE	0.10580659	DFE	503
MSE	0.0002104	Root MSE	0.01450
SBC	-2831.3144	AIC	-2831.3144
MAE	0.01007983	AICC	-2831.3144
MAPE	118.285888	HQC	-2831.3144
Durbin-Watson	2.1868	Regress R-Square	0.0000
		Total R-Square	0.0000
NOTE: No intercept term is used. R-squares are redefined.			

Algorithm converged.

[표 6.6.7] AR-GARCH 모형에서 GARCH 모형 부분에 대한 추정결과

The AUTOREG Procedure

GARCH Estimates			
SSE	0.10580659	Observations	503
MSE	0.0002104	Uncond Var	0.00023609
Log Likelihood	1484.65929	Total R-Square	0.0000
SBC	-2950.6568	AIC	-2963.3186
MAE	0.01013244	AICC	-2963.2705
MAPE	100	HQC	-2958.3514
		Normality Test	14.4865
		Pr > ChiSq	0.0007
NOTE: No intercept term is used. R-squares are redefined.			

Parameter Estimates					
Variable	DF	Estimate	Standard Error	t Value	Approx Pr > |t|
ARCH0	1	1.6479E-6	1.0507E-6	1.57	0.1168
ARCH1	1	0.0952	0.0202	4.70	<.0001
GARCH1	1	0.8978	0.0203	44.33	<.0001

한편, 잔차의 정규성을 확인하기 위한 잔차와 정규분포의 밀도함수를 겹친 그림을 보면 잔차의 분포가 정규분포보다 두꺼운 꼬리를 가지고 첨예함을 알 수 있으며, 표 6.6.7의 정규성 검정에 대한 결과 역시 유의확률이 0.0007에 불과하므로 오차항의 정규성을 기각하고 있다. 그러므로 GARCH 모형보다는 비대칭성을 모형화한 EGARCH 모형, threshold GARCH 모형, 또는 꼬리가 두꺼운 t-GARCH 모형을 고려하는 것이 더 합리적이라고 할 수 있다.

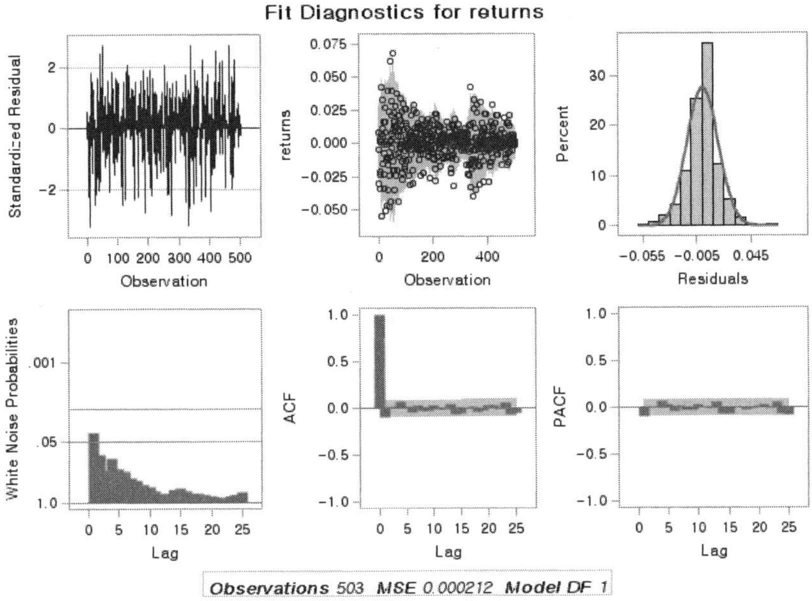

[그림 6.6.6] 잔차에 대한 모형진단 결과

6-6-4 변화점 검정

이 절에서는 GARCH(1,1) 모형으로 주어진 자료를 적합하고 관측기간 동안 가정된 모형의 모수에 변화가 있는지를 확인하는 모수의 변화점 검정에 대해 살펴보고자 한다. 또한 변화점이 관측되면 그 변화점을 기준으로 자료들을 나누어 각 구간별로 모형을 적합하고 또 다른 변화점들이 존재하는지를 살펴보도록 한다. 그림 6.6.7의 자료는 2004년 11월 1일부터 2008년 12월 30일까지의 KOSPI 지수의 일별 자료[14]이다. 그림 6.6.7을 보면 KOSPI 지수 자료가 확률적 추세를 가지고 있는 것처럼 보이므로 KOSPI 지수를 로그변환하여 차분한 수익률($r_t = 100\log(y_{t-1}/y_t)$)을 가지고 분석하기로 한다.

14) 출처: 한국거래소(http://www.krx.co.kr)

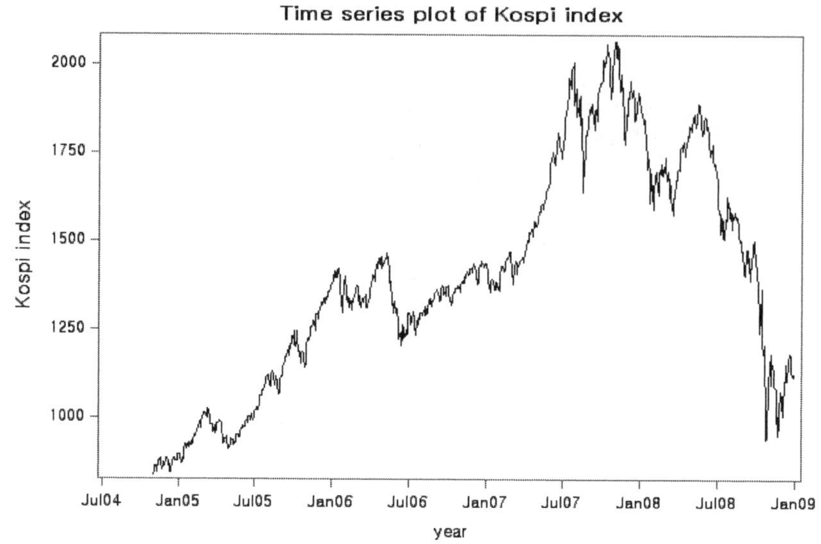

date: 01NOV2004 – 30DEC2008
source: Yahoo finance historical prices

[그림 6.6.7] 일별 KOSPI 지수의 시계열도

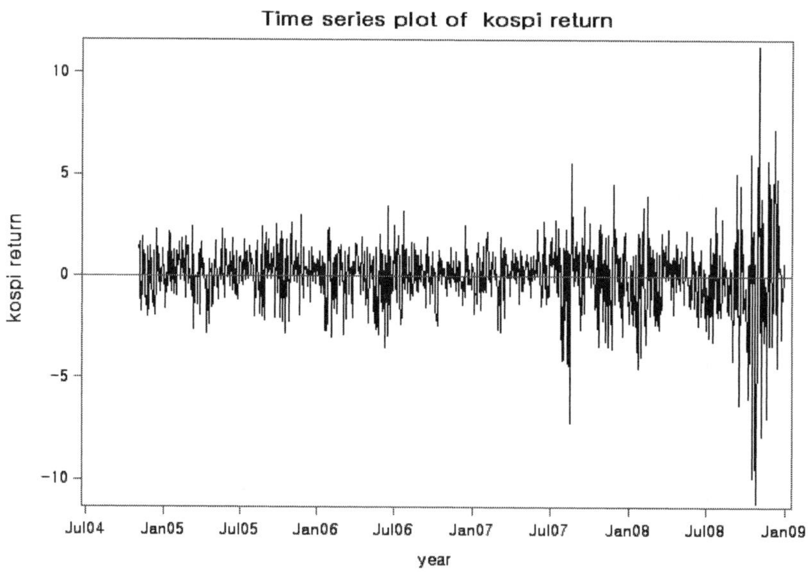

date: 01NOV2004 – 30DEC2008

[그림 6.6.8] 일별 KOSPI 지수 수익률(r_t)의 시계열도

그림 6.6.8은 KOSPI 지수의 수익률에 대한 시계열도를 나타내며 원자료의 확률적 추세가 제거되었음을 보여 주고 있다. 또한 변동성이 집중해서 나타나는 이분산성 현상을 보여 주고 있으므로 이를 확인하는 과정으로서 수익률의 제곱(r_t^2)에 대한 시계열도를 그려보면 그림 6.6.9와 같다. 이를 통해 이분산성과 변동성 집중현상을 재차 확인할 수 있으므로 수익률에 GARCH(1,1) 모형을 적합하도록 한다(code-(8) 참조).

그림 6.6.8을 보면 일별 KOSPI 지수 수익률의 평균이 거의 0이라 할 수 있으므로 상수항이 없는 GARCH(1,1) 모형을 적합시키는 것이 바람직하다. AUTOREG 프로시저를 이용하여 모형을 적합시키고 추정된 잔차를 구하는 프로그램은 다음과 같다.

```
PROC AUTOREG DATA=kospi OUTEST=outest;
  MODEL RETURN=/NOINT GARCH=(q=1,p=1);
  OUTPUT OUT=kospiout CEV=ht RESIDUAL=r;
                          /* 추정된 σ_t · ξ_t을 r에 추정된 σ_t를 ht에 입력 */
RUN;
```

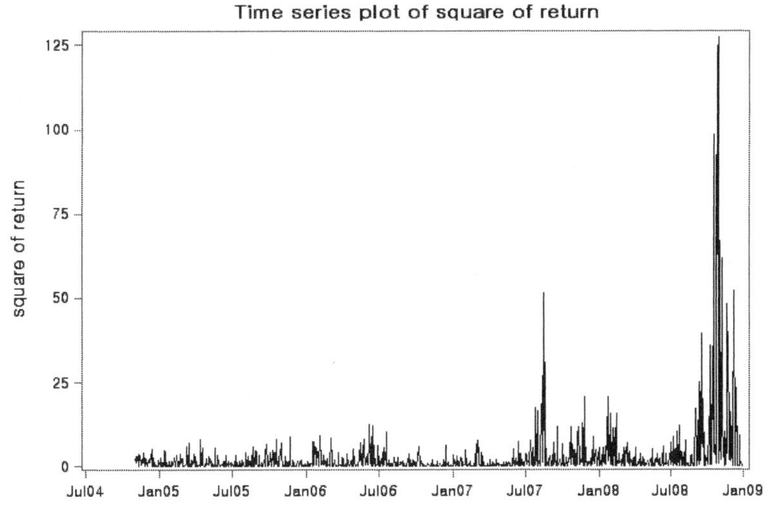

[그림 6.6.9] 일별 KOSPI 지수 수익률 제곱(r_t^2)의 시계열도

Model문에서 NOINT를 지정하였으므로 상수항이 없는 GARCH(1,1) 모형이 적합되며 별도의 추정방법을 지정하지 않았으므로 최대우도법을 이용한 추정량이 얻어지게 된다. 이후의 변화점 검정을 위해 kospiout이라는 데이터 세트를, σ_t^2의 추정량을

ht라는 변수로, 그리고 $\sigma_t \, \xi_t$의 추정량을 r이라는 변수로 저장하도록 한다. 다음의 표 6.6.8은 이에 대한 결과이다.

[표 6.6.8] GARCH(1,1) 모형의 모수추정값

Parameter Estimates					
Variable	DF	Estimate	Standard Error	t Value	Approx Pr > |t|
ARCH0	1	0.0366	0.0137	2.66	0.0077
ARCH1	1	0.0978	0.0158	6.20	<.0001
GARCH1	1	0.8870	0.0191	46.40	<.0001

표 6.6.8에서 추정된 모수들의 유의확률이 매우 작으므로 모든 모수들에 유의하며 모형식은 다음과 같이 표현할 수 있다:

$$r_t = \sigma_t \xi_t, \quad \sigma_t^2 = 0.0366 + 0.0978 r_{t-1}^2 + 0.8870 \sigma_{t-1}^2$$

이제 식 (6.5.2)의 CUSUM 검정통계량을 이용하여 전체 자료 안에서 모수의 값이 변화한 점이 있는지를 검정해 보도록 한다. 검정통계량 $\hat{T}_n(k)$의 계산을 위해서는 ξ_t^2들의 추정값 $\hat{\xi}_t^2$들이 필요하며 이는 AUTOREG 프로시저의 OUTPUT문을 이용하여 데이터 세트를 만들어 별도로 저장할 수 있다. 앞선 프로그램에서 kospiout이라는 데이터 세트에 조건부분산의 추정량 $\hat{\sigma}_t^2$을 ht라는 변수로, 그리고 잔차에 해당하는 $r_t - \hat{\mu}$, 즉 여기서는 상수항이 추정되지 않았으므로 y_t의 값이 되며 이를 r이라는 변수에 저장하였으므로 $\hat{\xi}_t^2$을 $\hat{\xi}_t^2 = \frac{r_t^2}{\hat{\sigma}_t^2}$와 같이 계산해낼 수 있다. 이 작업에 관련된 프로그램은 아래와 같다.

```
DATA kospiout;              /* ξ̂t²와 ξ̂t⁴의 계산 */
  SET kospiout;
  xi_2=(r**2)/ht;
  xi_4=xi_2**2;
  IF xi_2=. THEN xi_2=0; /* 프로그램상 결측치로 된 ξ̂t²과 ξ̂t⁴의 초기값을 둔다. */
  IF xi_4=. THEN xi_4=0;
RUN;
```

$t=1$인 경우는 $\hat{\sigma}_t^2$과 r_t의 값이 결측치로 처리되며 결측치가 있는 경우 SAS에서는 계산결과가 나오지 않으므로 이를 방지하기 위해 결측치가 0이 되도록 조정하였다. 또한 얻어진 $\hat{\sigma}_t^2$와 $\hat{\sigma}_t \ \hat{\xi}_t$의 값을 이용하여 검정통계량 $\hat{T}_n(k)$에 직접적으로 쓰이는 $\hat{\xi}_t^2$을 xi_2라는 변수에, $\hat{\xi}_t^4$을 xi_4라는 변수에 각각 저장하였다.

다음은 계산된 $\hat{\xi}_t^2$와 $\hat{\xi}_t^4$을 이용하여 각 k시점에 대하여 누적합 $\sum_{t=1}^{k} \hat{\xi}_t^2$과 $\sum_{t=1}^{k} \hat{\xi}_t^4$를 구하는 과정이다. RETAIN문을 이용하여 sumxi_2와 sumxi_4라는 변수에 $\hat{\xi}_t^2$와 $\hat{\xi}_t^4$의 누적합을 각각 계산하여 저장하였다.

```
DATA kospiout;                    /* ξ̂t²와 ξ̂t⁴의 누적합 계산  */
  SET kospiout;
  RETAIN sumxi_2 sumxi_4 0;
  sumxi_2=sumxi_2+xi_2;
  sumxi_4=sumxi_4+xi_4;
RUN;
```

여기서 RETAIN문은 누적합을 계산해 주기 위해 사용한 명령어로 DATA문 안에서 사용할 수 있으며 변수와 이의 초기값을 지정해주면 FOR문을 이용하여 반복문을 사용하지 않아도 누적합을 계산할 수 있다. 표 6.6.9와 같이 모든 시차에서 그 시차까지의 누적합이 계산되어 출력된다.

[표 6.6.9] retain 문을 이용하여 누적합을 계산한 결과

	date	value	logvalue	return	squarereturn	xi_2	xi_4	sumxi_2	sumxi_4
1027	19DEC2008	1180,97	7,0740914137	0,4293818755	0,184368795	0,0211918347	0,0004490939	1030,1843212	3678,7602408
1028	22DEC2008	1179,61	7,0729391544	-0,115225932	0,0132770154	0,0017083433	2,9184368E-6	1030,1860296	3678,7602437
1029	23DEC2008	1144,31	7,0425571143	-3,03820401	9,230683608	1,3316315999	1,7732427179	1031,5176612	3680,5334864
1030	24DEC2008	1128,51	7,0286534575	-1,390365671	1,9331167002	0,2727390335	0,0743865804	1031,7904002	3680,607873
1031	26DEC2008	1117,86	7,0191714223	-0,948203528	0,8990899302	0,1380511154	0,0190581105	1031,9284513	3680,6269311
1032	29DEC2008	1117,59	7,0189298602	-0,02415621	0,0005835225	0,0000988761	9,776475E-9	1031,9285502	3680,6269311
1033	30DEC2008	1124,47	7,0250670925	0,6137232362	0,3766562107	0,0714502694	0,005105141	1032,0000004	3680,6320363

다음은 분산의 추정량 $\hat{\tau}^2$을 구하고 $\hat{\xi}_t^2$의 누적합을 이용하여 각각의 시점 k에 대한 검정통계량 $\hat{T}_n(k)$를 구하는 프로그램이다. 표 6.6.9의 결과인 누적합 $\sum_{t=1}^{k} \hat{\xi}_t^2$과 $\sum_{t=1}^{k} \hat{\xi}_t^4$을 이용하면 $\sum_{t=1}^{n} \hat{\xi}_t^2 = 1032.000$, $\sum_{t=1}^{n} \hat{\xi}_t^4 = 3680.632$이고 n은 1032이므로 이를 이용하여 모든 시점 k에 대하여 검정통계량 $\hat{T}_n(k)$를 구할 수 있다.

```
DATA kospiout; /* \hat{T}_n 계산 */
  SET kospiout;
  a=3680.6320363/1032; /* (1/n) Σ_{t=1}^{n} \hat{ξ}_t^4 계산  */
  b=1032.0000004/1032; /* (1/n) Σ_{t=1}^{n} \hat{ξ}_t^2 계산  */
  tau_2=a-(b**2); /* \hat{τ}^2 계산 */
  time+1;
  k=time-1;
  t=ABS(sumxi_2-k*b)/SQRT(1032*tau_2); /* \hat{T}_n 계산 */
RUN;
```

마지막으로 $\hat{T}_n(k)$의 최댓값을 구하여 검정통계량 $\hat{T}_n = \max_{1 \le k \le n} \hat{T}_n(k)$을 구하는 프로그램과 그 결과이다. 기초통계량을 출력해주는 UNIVARIATE 프로시저를 이용하여 $\hat{T}_n(k)$의 최댓값과 이때의 k값을 계산하였다.

```
PROC UNIVARIATE DATA=kospiout; /* \hat{T}_n의 최댓값 관측 */
  VAR t;
RUN;
```

표 6.6.10을 보면 $k=643$일 때 $\hat{T}_n(k)$이 최댓값 1.45707을 가지고 있음을 알 수 있고(즉, $\hat{T}_n = \max_{1 \le k \le n} \hat{T}_n(k) = \hat{T}_n(643) = 1.45707$), $\hat{T}_n \ge 1.358$이기 때문에 유의수준 5%에서 모수가 변화하지 않았다는 귀무가설을 기각할 수 있으므로

[표 6.6.10] 통계량 $\hat{T}_n(k)$의 최대값(2004년 11월 1일 ~ 2008년 12월 30일)

극 관측치			
최소		최대	
값	관측치	값	관측치
0.00000E+00	1	1.39962	639
9.47835E-10	1033	1.41865	640
2.31360E-04	984	1.41979	641
3.89604E-03	3	1.43773	642
6.54617E-03	2	1.45707	643

2007년 5월 30일($k=643$)에 모수의 변화가 있었다고 결론지을 수 있다. 모수의 변화가 확인되었으므로 추정된 변화점을 기준으로 자료를 두 구간으로 나누고 각각 GARCH(1,1) 모형을 적합시켜 보도록 한다. 2004년 11월 1일부터 2007년 5월 30일까지의 KOSPI 수익률 자료에 GARCH(1,1) 모형을 적합시키는 프로그램의 모수추정 결과는 다음과 같다(code-(11) 참조).

[표 6.6.11] GARCH(1,1) 모수추정값(2004년 11월 1일 ~ 2007년 5월 30일)

Parameter Estimates					
Variable	DF	Estimate	Standard Error	t Value	Approx Pr > |t|
ARCH0	1	0.0468	0.0249	1.88	0.0604
ARCH1	1	0.0665	0.0211	3.15	0.0016
GARCH1	1	0.8923	0.0353	25.29	<.0001

표 6.6.11에서 추정된 모수들의 유의확률이 매우 작으므로 모두 유의한 모수임을 확인할 수 있고 그 결과를 모형식으로 나타내면 아래와 같다:

$$r_t = \sigma_t \xi_t, \quad \sigma_t^2 = 0.0468 + 0.0665 r_{t-1}^2 + 0.8923 \sigma_{t-1}^2$$

또한 2007년 5월 31부터 2008년 12월 30일까지의 KOSPI 수익률 자료에 GARCH(1,1)모형을 적합하는 프로그램의 모수추정 결과는 다음과 같다(code-(12) 참조).

[표 6.6.12] GARCH(1,1) 모수추정량(2007년 5월 31일 ~ 2008년 12월 30일)

Parameter Estimates					
Variable	DF	Estimate	Standard Error	t Value	Approx Pr > |t|
ARCH0	1	0.1357	0.0655	2.07	0.0382
ARCH1	1	0.1302	0.0325	4.00	<.0001
GARCH1	1	0.8412	0.0388	21.65	<.0001

표 6.6.12에서 추정된 모수들이 모두 유의하므로 적합된 모형식은 다음과 같이 표

시할 수 있다:

$$r_t = \sigma_t \xi_t,\ \ \sigma_t^2 = 0.1357 + 0.1302 r_{t-1}^2 + 0.8412 \sigma_{t-1}^2$$

그림 6.6.10과 그림 6.6.11은 모형이 잘 적합되었는지 확인하기 위해 각각의 구간에서 추정된 잔차를 이용하여 잔차 분석을 시행한 결과이다. AUTOREG 프로시저는 모형적합과 동시에 추정된 잔차에 대한 여러 분석결과를 제공해준다. 그림 6.6.10과 그림 6.6.11은 잔차도를 비롯한 잔차의 SACF, SPACF 및 포트맨토 검정의 결과를 나타내고 있다. 잔차도의 경우 두 구간 모두 몇 개의 잔차가 큰 값을 가지는 것을 제외하면 평균 0을 중심으로 비교적 랜덤하게 분포되어 있음을 확인할 수 있다. 마찬가지로 잔차의 SACF와 SPACF도 모든 차수에서 유의하게 작은 값을 가짐을 확인할 수 있다. 포트맨토 검정결과는 유의수준을 0.05라고 할 때 그림 6.6.11의 경우는 모든 차수에서 유의확률이 매우 크므로 백색잡음이라는 귀무가설을 기각할 수 없다. 그림 6.6.10의 경우는 유의확률이 0.05보다 작은 몇몇의 차수가 존재하긴 하지만 대부분의 긴 차수에서도 유의확률이 0.05보다 크므로 잔차들의 자기상관성이 존재하지 않는다고 가정해도 무방하다. 따라서 잔차분석 결과 잔차는 백색잡음을 따른다고 할 수 있으므로 최종적으로 모형이 잘 적합되었다고 결론 내릴 수 있다(code-(11),(12) 참조).

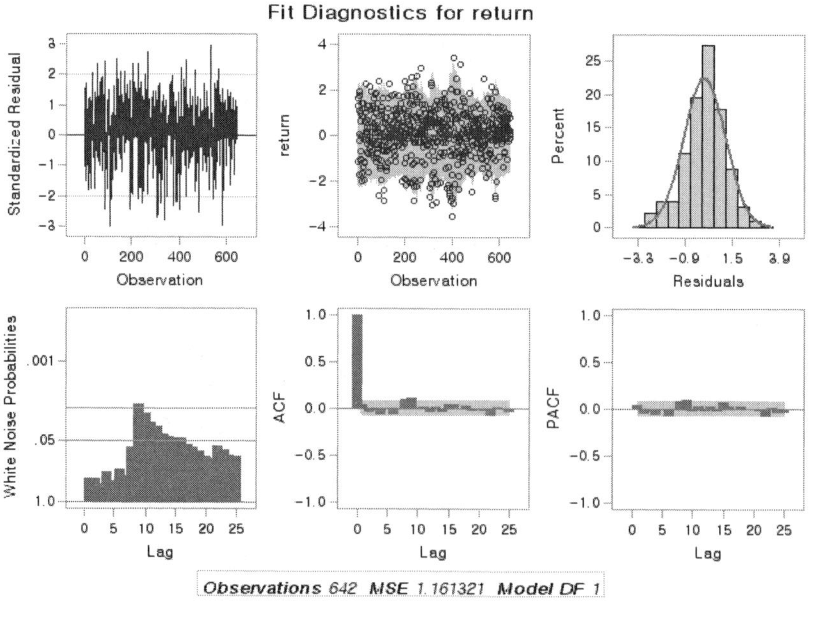

[그림 6.6.10] 잔차분석 결과(2004년 11월 1일 ~ 2007년 5월 30일)

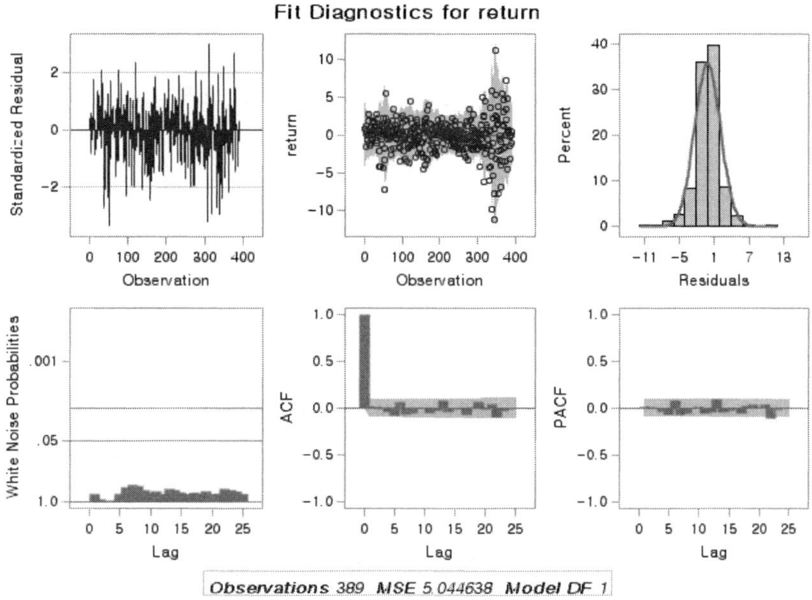

[그림 6.6.11] 잔차분석 결과(2007년 5월 31일 ~ 2008년 12월 30일)

마지막으로 나누어진 구간 안에 또 다른 변화점이 있는지 각각의 구간에서 변화점 검정을 시행해 보았다. 변화점을 탐지하는 프로그램은 위와 동일하므로 생략하며 이의 결과는 표 6.6.13 및 표 6.6.14와 같다.

[표 6.6.13] 통계량 $\hat{T}_n(k)$의 최댓값(2004년 11월 1일 ~ 2007년 5월 30일)

극 관측치			
최소		최대	
값	관측치	값	관측치
0.00000E+00	1	1.11721	407
7.36544E-11	643	1.13544	433
4.06854E-05	165	1.13761	432
4.02348E-04	67	1.15878	431
7.75943E-04	166	1.18505	430

[표 6.6.14] 통계량 $\hat{T}_n(k)$의 최댓값(2007년 5월 31일 ~ 2008년 12월 30일)

극 관측치			
최소		최대	
값	관측치	값	관측치
0.00000E+00	1	1.02491	302
8.41035E-11	390	1.04552	303
1.61877E-03	174	1.07334	305
3.79915E-03	170	1.07532	304
4.49685E-03	125	1.10417	306

표 6.6.13과 표 6.6.14에서 확인할 수 있듯이 나누어진 두 구간 모두에서 $\hat{T}_n \geq 1.358$을 만족시키는 k의 값이 존재하지 않는다. 이는 더 이상의 다른 변화점이 존재하지 않음을 의미한다.

마지막으로 변화점에 참조선을 그려서 시계열도를 그려보면 그림 6.6.12, 그림 6.6.13과 같다. 그림 6.6.13에서 보듯이 참조선을 기준으로 변동성의 변화를 시각적으로도 확인할 수 있다(code-(13) 참조).

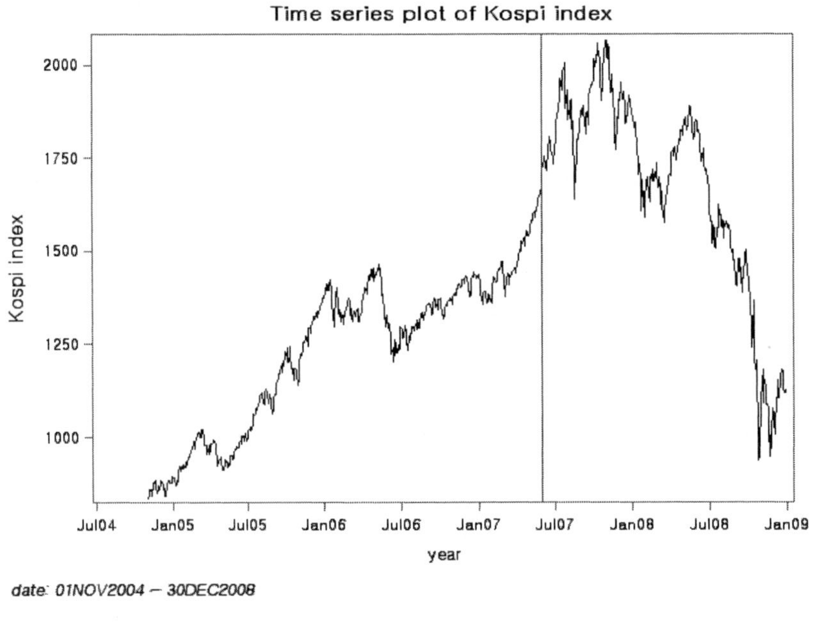

[그림 6.6.12] 일별 KOSPI 지수의 시계열도와 변화점(변화점 2007년 5월 30일)

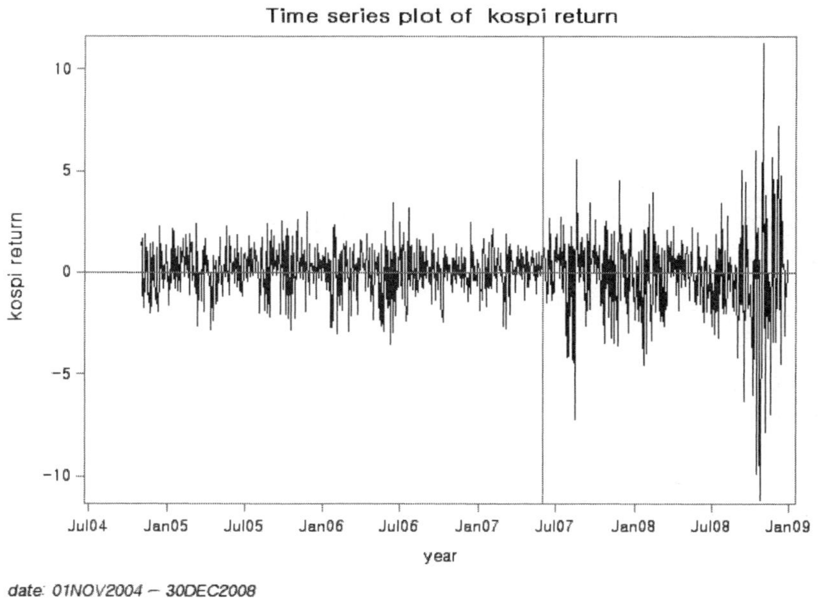

[그림 6.6.13] 일별 KOSPI 지수 수익률의 시계열도와 변화점(변화점 2007년 5월 30일)

SAS 코드

```
/* (1) ARCH(1) 모형을 따르는 자료 생성과 그 시계열도*/
DATA ex6_1;
  e1=0;
  DO t=-100 TO 200;
    sigma=SQRT(0.3+0.7*e1**2);
    et=sigma*RAND("normal",0,1);
    yt=5+0.2*t+et;
    y=5+0.2*t;
    IF t>0 THEN OUTPUT;
    e1=et;
  END;
RUN;

PROC SGPLOT DATA=ex6_1;
  TITLE1 BOLD "Time series plot of ARCH(1)";
  SERIES X=t Y=yt /LEGENDLABEL="observation";
  SERIES X=t Y=y /LINEATTRS=(pattern=shortdash) LEGENDLABEL="y=5+0.2t";
  XAXIS LABEL="t";
  YAXIS LABEL="y";
RUN;
```

```
/* (2) ARCH(1) 모형을 적합 */
PROC AUTOREG DATA=ex6_1;
  MODEL yt=t /GARCH=(Q=1);
RUN;

/* (3) s&p 500 자료입력 및 시계열도 */
PROC IMPORT OUT=snp500 DATAFILE='D:\sas_ch6_snp500.txt'
      DBMS=TAB REPLACE;
RUN;

DATA snp500;
  SET snp500;
  INFORMAT date yymmdd10.;
  FORMAT date EURDFDE9.;
  returns=DIF(LOG(sp500));
  squarereturns=returns*returns;
RUN;

PROC SGPLOT DATA=snp500;
  TITLE1 BOLD "Time series plot of S&P500";
  SERIES X=date Y=sp500 /LEGENDLABEL="interpolation";
  SCATTER X=date Y=sp500 /LEGENDLABEL="observation";
  XAXIS LABEL="date";
  YAXIS LABEL="S&P500 ";
  FOOTNOTE1 JUSTIFY=LEFT 'date: JAN09 ~ DEM10';
  FOOTNOTE2 JUSTIFY=LEFT 'source: YAHOO finance';
RUN;

/* (4) 수익률 상관분석과 포트맨토 검정 */
PROC ARIMA DATA=snp500;
  IDENTIFY VAR=returns NLAGS=24;
  ESTIMATE P=1 Q=1 PLOT;
RUN;

/* (5) 수익률 제곱의 시계열도, 상관분석과 포트맨토 검정 */
PROC SGPLOT DATA=snp500;
  TITLE1 BOLD "Time series plot of S&P500 daily returns^2";
  SERIES X=date Y=squarereturns /LEGENDLABEL="interpolation";
  SCATTER X=date Y=squarereturns /LEGENDLABEL="observation";
  XAXIS LABEL="date";
  YAXIS LABEL="S&P500";
  FOOTNOTE1 JUSTIFY=LEFT 'date: JAN09 ~ DEM10';
  FOOTNOTE2 JUSTIFY=LEFT 'source: YAHOO finance';
RUN;

PROC ARIMA DATA=snp500;
```

```
  IDENTIFY VAR=squarereturns NLAGS=24;
  ESTIMATE P=1 Q=1 PLOT;
RUN;

/* (6) S&P 자료의 이분산성과 자기상관성 검정 */
PROC AUTOREG DATA=snp500;
  MODEL RETURNS=/ARCHTEST DWPROB;
RUN;

/* (7) 수익률 자료에 대한 GARCH(1,1) 모형 적합 */
PROC AUTOREG DATA=snp500;
  MODEL RETURNS=/NOINT GARCH=(P=1,Q=1) METHOD=ML;
RUN;

/* (8) kospi 자료 입력과 시계열도 */
PROC IMPORT OUT=kospi DATAFILE='D:₩sas_ch6_kospi.txt' DBMS=TAB REPLACE;
RUN;

DATA kospi;
  SET kospi;
  INFORMAT date yymmdd10.;
  FORMAT date EURDFDE9.;
  logvalue=LOG(value);
  return=DIF(logvalue)*100; /* 로그수익률 % 단위로 생성 */
  squarereturn=return*return;
RUN;

/* kospi 지수의 시계열도 */
PROC SGPLOT DATA=Kospi;
  TITLE1 BOLD "Time series plot of Kospi index";
  SERIES X=date Y=value / LEGENDLABEL="interpolation";
  XAXIS LABEL=" year";
  YAXIS LABEL="Kospi index";
  FOOTNOTE1 JUSTIFY=LEFT 'date: 01NOV2004 ~ 30DEC2008';
  FOOTNOTE2 JUSTIFY=LEFT 'source: Yahoo finance historical prices';
RUN;

/* kospi 로그수익률의 시계열도 */
PROC SGPLOT DATA=kospi;
  TITLE1 BOLD "Time series plot of  kospi return";
  SERIES X=date Y=return /LEGENDLABEL="interpolation";
  XAXIS LABEL="year";
  YAXIS LABEL="kospi return";
  REFLINE 0 /AXIS=Y;
  FOOTNOTE1 JUSTIFY=LEFT 'date: 01NOV2004 ~ 30DEC2008';
RUN;
```

```
/* Kospi 로그수익률제곱의 시계열도 */
PROC SGPLOT DATA=kospi;
  TITLE1 BOLD "Time series plot of square of return";
  SERIES X=date Y=squarereturn /LEGENDLABEL="interpolation";
  XAXIS LABEL="year";
  YAXIS LABEL="square of return";
  REFLINE 0 /AXIS=Y;
  FOOTNOTE1 JUSTIFY=LEFT 'date: 01NOV2004 ~ 30DEC2008';
RUN;

/* (9) 평균이 0이 아닌 GARCH(1,1) 모형 적합 */
PROC AUTOREG DATA=kospi OUTEST=outest;
  MODEL RETURN=/NOINT GARCH=(Q=1,P=1);
  OUTPUT OUT=kospiout CEV=ht RESIDUAL=r;
                          /* 추정된 σ_t·ξ_t(hat)을 r에 추정된 σ̂_t를 ht에 입력 */
RUN;

/* (10) 통계량 T̂_n 계산 */
DATA kospiout; /* ξ̂_t^2와 ξ̂_t^4의 계산 */
  SET kospiout;
  xi_2=(r**2)/ht;
  xi_4=xi_2**2;
  IF xi_2=. THEN xi_2=0; /*프로그램상 결측치로 된 ξ̂_t^2과 ξ̂_t^4의 초기값 */
  IF xi_4=. THEN xi_4=0;
RUN;
DATA kospiout; /* ξ̂_t^2와 ξ̂_t^4의 누적합 계산 */
  SET kospiout;
  RETAIN sumxi_2 sumxi_4 0;
  sumxi_2=sumxi_2+xi_2;
  sumxi_4=sumxi_4+xi_4;
RUN;

DATA kospiout;  /* T̂_n 계산 */
  SET kospiout;
  a=3680.6320363/1032; /* (1/n)Σ_{t=1}^{n} ξ̂_t^4 계산 */
  b=1032.0000004/1032; /* (1/n)Σ_{t=1}^{n} ξ̂_t^2 계산 */
  tau_2=a-(b**2);             /* τ̂^2 계산 */
  time+1;
  k=time-1;
  t=ABS(sumxi_2-k*b)/SQRT(1032*tau_2); /* T̂_n 계산 */
```

```
RUN;

PROC UNIVARIATE DATA=kospiout; /* $\hat{T}_n$의 최댓값 관측 */
  VAR t;
RUN;

/* (11) KOSPI 수익률 자료의 GARCH(1,1) 모형 적합 (04/11/01 ~ 07/05/30) */
PROC IMPORT OUT=kospi_a DATAFILE='D:₩sas_ch6_kospi_a.txt'
      DBMS=TAB REPLACE;
RUN;

DATA kospi_a;
  SET kospi_a;
  INFORMAT date yymmdd10. ;
  FORMAT date EURDFDE9.;
  logvalue=log(value);
  return=dif(logvalue)*100;
  squarereturn=return*return;
RUN;

PROC AUTOREG DATA=kospi_a OUTEST=outest;
                                        /*평균이 0이 아닌 GARCH(1,1) 모형 적합 */
  MODEL RETURN=/NOINT GARCH=(Q=1,P=1);
  OUTPUT OUT=kospi_a CEV=ht RESIDUAL=r;
                              /*추정된 $\widehat{h_t \bullet \xi_t}$을 r에 추정된 $\hat{h}_t$를 ht에 입력*/
RUN;

/* (12) KOSPI 수익률 자료의 GARCH(1,1) 모형 적합 (07/05/31 ~ 08/12/30) */
PROC IMPORT OUT=kospi_b DATAFILE='D:₩sas_ch6_kospi_b.txt'
      DBMS=TAB REPLACE;
RUN;

DATA kospi_b;
  SET kospi_b;
  INFORMAT date yymmdd10.;
  FORMAT date EURDFDE9.;
  logvalue=LOG(value);
  return=DIF(logvalue)*100;
  squarereturn=return*return;
RUN;

PROC AUTOREG DATA=kospi_b OUTEST=outest;
                                        /* 평균이 0이 아닌 GARCH(1,1) 모형 적합 */
  MODEL RETURN=/NOINT GARCH=(q=1,p=1);
  OUTPUT OUT=kospi_b CEV=ht RESIDUAL=r;
                              /* 추정된 $\widehat{\sigma_t \cdot \xi_t}$을 r에 추정된 $\hat{\sigma}_t$를 ht에 입력 */
```

```
RUN;

/* (13) kospi 시계열도 */
PROC SGPLOT DATA=kospi; /* kospi 로그수익률의 시계열도 */
  TITLE1 BOLD "Time series plot of  kospi return";
  SERIES X=date Y=value /LEGENDLABEL="interpolation";
  XAXIS LABEL="year";
  YAXIS LABEL="kospi return";
  REFLINE 0 /AXIS=Y;
  REFLINE '30MAY2007'd /AXIS=X;
  FOOTNOTE1 JUSTIFY=LEFT 'date: 01NOV2004 ~ 30DEC2008';
RUN;

/* (14) kospi 로그수익률 시계열도 */
PROC SGPLOT DATA=kospi; /* kospi 로그수익률의 시계열도 */
  TITLE1 BOLD "Time series plot of  kospi return";
  SERIES X=date Y=return /LEGENDLABEL="interpolation";
  XAXIS LABEL="year";
  YAXIS LABEL="kospi return";
  REFLINE 0 /AXIS=Y;
  REFLINE '30MAY2007'd /AXIS=X;
  FOOTNOTE1 JUSTIFY=LEFT 'date: 01NOV2004 ~ 30DEC2008';
RUN;
```

6-7 연습문제

01 서로 독립인 확률변수들 X, Y 그리고 임의의 함수 $f: R^2 \to R$에 대하여

$$P(f(X,Y) \le y | X=x) = P(f(x,Y) \le y | X=x) = P(f(x,Y) \le y)$$

임이 잘 알려져 있다. 이를 이용하여 식 (6.2.3)을 증명하여라.

02 식 (6.2.5)와 식 (6.2.7)을 보여라.

03 식 (6.2.8)의 y_t가 $y_t = \xi_t (\alpha_0 + \alpha_1 y_{t-1}^2)^{1/2}$의 식을 만족함을 보여라. 그리고 $Ey_t^2 = E\sigma_t^2 = \dfrac{\alpha_0}{1-\alpha_1}$가 됨을 보여라.

04 IID 확률변수열 $\{\xi_t\}$와 임의의 함수 $f_n : R^n \to R$에 대하여 $f_n(\xi_t, \cdots, \xi_{t-n+1})$

는 강정상시계열이 됨이 알려져 있다. $n=2$일 때 이를 보여라. 또한, 이를 이용하여 어떤 함수 $f: R^{\infty} \to R$에 대하여 $f_n(\xi_t, \cdots, \xi_{t-n+1}) \to f(\xi_t, \xi_{t-1}, \cdots)$이 성립하면 $f(\xi_t, \xi_{t-1}, \cdots)$가 강정상시계열이 됨을 보여라.

05 식 (6.2.9)를 증명하여라.

06 식 (6.2.10)을 증명하여라.

07 확률변수 $X, Y_1, Y_2, \cdots$가 주어져 있고 $Y = f(Y_1, Y_2, \cdots)$일 때,

$$E(E(X|Y_1, Y_2, \cdots)) = EX \text{이고 } E(XY|Y_1, Y_2, \cdots) = YE(X|Y_1, Y_2, \cdots)$$

임이 잘 알려져 있다. 이들을 이용해서 식 (6.2.11)의 $\{\nu_t\}$가 백색잡음임을 보여라. 이를 ARCH(q) 모형에서도 보여라. 아울러, 식 (6.3.6)을 보이고 이 식의 $\{\nu_t\}$가 백색잡음임을 보여라.

08 식 (6.2.14)를 증명하여라.

09 다음 사실을 참조하여 식 (6.4.1)과 식 (6.4.2)를 증명하여라. 참고: 함수 $g(x): R^k \to R$에 대하여 $\frac{\partial}{\partial x} = \left(\frac{\partial}{\partial x_1}, \cdots, \frac{\partial}{\partial x_k}\right)^T$는

$\frac{\partial}{\partial x}(g) = \frac{\partial g}{\partial x} = \left(\frac{\partial g}{\partial x_1}, \cdots, \frac{\partial g}{\partial x_k}\right)^T$로 정의되는 연산자이다. 또한,

$\frac{\partial}{\partial x^T} = \left(\frac{\partial}{\partial x}\right)^T$ 그리고 $\frac{\partial}{\partial x_i}\frac{\partial}{\partial x_j} = \frac{\partial^2}{\partial x_i \partial x_j}$로 정의된다. 이로부터 행렬식

$\left(\frac{\partial^2 g(x)}{\partial x_i \partial x_j}\right)_{i,j=1}^k = \frac{\partial}{\partial x}\frac{\partial}{\partial x^T}(g)$가 성립한다. 이를 간단히 $\frac{\partial^2 g}{\partial x \partial x^T}$로 표기한다.

특별히, $\frac{\partial g}{\partial x} = fz$ (단, $f: R^k \to R$인 함수이고 z는 $k \times 1$ 벡터)이면

$\frac{\partial^2 g}{\partial x \partial x^T} = \frac{\partial f}{\partial x} z^T$임을 보일 수 있다.

10 예 6.3.2에서 임의의 ARCH(1) 모형을 고려하고 SAS를 이용하여 Gaussian MLE를 구하여라. 오차항이 정규분포를 따르지 않는 경우에도 이를 구하고 정규분포를 따르는 경우와 비교하여라.

11 오차항이 정규분포 및 t분포를 따를 때 GARCH(1,1) 모형에서 모수를 다양하게 자료를 생성하고 이의 시계열도를 비교하여라. 특히, $\alpha_1 + \beta_1$이 1에 가까울 때 어떤 특징을 가지는지 살펴보아라.

12 오차항이 각각 표준정규분포, 그리고 분산이 1로 scaled된 $t(5)$분포를 따르는 GARCH(1,1) 모형에서 유의수준 5%에서 정규성 검정을 실시하여라. 신뢰할 만한 정도의 결과를 얻으려면 어느 정도 크기의 n이 필요한지 고찰하여라.

13 $n/2$에서 모수가 변화하는 GARCH(1,1) 모형을 생성하고 유의수준 5%에서 변화점 검정을 실시하여라.

14 ex_ch6_14.txt[15)]는 6.5.1 예의 자료이다. 이 자료에 대해 GARCH(1,1) 모형을 적합하고 유의수준 5%에서 변화점 검정을 실시하여라.

15 ex_ch6_15.txt[16)]는 1998년 1월 5일부터 2012년 9월 25일까지 S&P 지수이다. 이 자료에 대해 적절한 모형을 적합하고 유의수준 5%에서 변화점 검정을 실시하여라.

15) 출처: OANDA(http://www.oanda.com)
16) 출처: Yahoo Finance(http://finance.yahoo.com)

7장

스펙트럴 분석

7-1 스펙트럴 표현

시계열 자료의 분석에서 시계열이 랜덤한 진폭을 갖는 주기함수들의 합성으로 이루어져 있다는 사실에 착안하여 시계열을 분석하는 방법을 **진동수영역 접근방법**(frequency domain approach)이라고 한다. 반면에 앞 장에서와 같이 ARMA 모형 및 GARCH 모형 등을 이용하여 시계열을 분석하는 방법을 **시간영역 접근방법**(time domain approach)이라고 한다. 각각의 접근방법은 고유의 장점들이 존재하고 있으며 그 응용성도 풍부하다고 할 수 있다. 이 장에서는 signal processing과 같은 공학분야에 폭 넓게 다루어지고 있는 스펙트럴 분석을 통해 진동수영역 방법을 공부하기로 한다.

실제로 우리가 다루는 시계열은 실수값을 갖는 것이 대부분이지만 수리적인 분석에서는 복소수값을 갖는 시계열을 다루기가 수월할 때가 많다. **스펙트럴 분석**(spectral analysis)에서는 복소수값을 갖는 시계열이 실수값을 갖는 경우를 포함하므로 이 장에서는 복소수값을 갖는 시계열을 고려한다. 다음은 복소수값을 갖는 시계열의 정상성에 대한 정의를 기술한 것이다.

7.1.1 정의

다음을 만족하는 복소수값을 갖는 $\{X_t\}$는 정상시계열이다:

(1) 모든 t에 대하여 $E|X_t|^2 < \infty$

(2) EX_t는 t에 무관한 상수이다

(3) $EX_{t+h}\overline{X}_t$는 h에만 의존하는 값이다

위에서 $X_t = Y_t + iZ_t$(단, Y_t, Z_t는 실수값을 갖는 시계열)로 표현될 수 있으며 $\overline{X}_t = Y_t - iZ_t$이다. Y_t, Z_t가 정상시계열이면 X_t가 정상시계열이 된다. 또한 $|X_t| = (Y_t^2 + Z_t^2)^{1/2}$이며 $|X_t|^2 = X_t\overline{X}_t$이다.

7.1.2 정의 (자기공분산함수)

$\{X_t\}$가 복소수값을 갖는 정상시계열일 때, $\{X_t\}$의 자기공분산함수 $\gamma(\cdot)$는

$$\gamma(h) = EX_{t+h}\overline{X}_t - EX_{t+h}E\overline{X}_t$$

이다.

● **7.1.3 예**

다음은 $Y_t = 0.2Y_{t-1} + \epsilon_t$ 그리고 $Z_t = \delta_t + 0.1\delta_{t-1}$(단, (ϵ_t, δ_t)는 각각 평균 0, 분산 1, $Corr(\epsilon_1, \delta_1) = 0.8$인 IID 확률벡터)일 때, $X_t = Y_t + iZ_t$의 자기공분산함수 $\gamma(\cdot)$를 구하는 과정이다. 정의에 의해,

$$\begin{aligned}
\gamma(h) &= EX_{t+h}\overline{X}_t - EX_{t+h}E\overline{X}_t \\
&= E(Y_{t+h} + iZ_{t+h})(Y_t - iZ_t) - E(Y_{t+h} + iZ_{t+h})E(Y_t - iZ_t) \\
&= E(Y_{t+h}Y_t + Z_{t+h}Z_t - iY_{t+h}Z_t + iZ_{t+h}Y_t) - (EY_{t+h} + iEZ_{t+h})(EY_t - iEZ_t) \\
&= (EY_{t+h}Y_t - EY_{t+h}EY_t) + EZ_{t+h}Z_t - iEY_{t+h}Z_t + iEZ_{t+h}Y_t \\
&= \gamma_Y(h) + EZ_{t+h}Z_t + i(-EY_{t+h}Z_t + EZ_{t+h}Y_t)
\end{aligned}$$

이다. 한편, $\{Y_t\}$는 AR(1) 모형을 따르므로 $\gamma_Y(h) = \dfrac{0.2^h}{1-0.2^2} = \dfrac{0.2^h}{0.96}$이다. 아울러,

$$\begin{aligned}
EZ_{t+h}Z_t &= E(\delta_{t+h} + 0.1\delta_{t+h-1})(\delta_t + 0.1\delta_{t-1}) \\
&= E(\delta_{t+h}\delta_t + 0.1\delta_{t+h}\delta_{t-1} + 0.1\delta_{t+h-1}\delta_t + 0.01\delta_{t+h-1}\delta_{t-1}) \\
&= \begin{cases} 1.01, & |h| = 0 \\ 0.1, & |h| = 1 \\ 0, & |h| \geq 2 \end{cases}
\end{aligned}$$

$$\begin{aligned}
EY_{t+h}Z_t &= E\sum_{j=0}^{\infty} 0.2^j \epsilon_{t+h-j}(\delta_t + 0.1\delta_{t-1}) \\
&= \sum_{j=0}^{\infty} 0.2^j E\epsilon_{t+h-j}\delta_t + \sum_{j=0}^{\infty} 0.2^j \cdot 0.1E\epsilon_{t+h-j}\delta_{t-1} \\
&= \begin{cases} 0.2^h \cdot 0.816, & h \geq 0 \\ 0.08, & h = -1 \\ 0, & h \leq -2 \end{cases}
\end{aligned}$$

$$EZ_{t+h}Y_t = \sum_{j=0}^{\infty} 0.2^j E\delta_{t+h}\epsilon_{t-j} + \sum_{j=0}^{\infty} 0.2^j \cdot 0.1 E\delta_{t+h-1}\epsilon_{t-j}$$

$$= \begin{cases} 0.2^{-h} \cdot 0.816, & h \le 0 \\ 0.08, & h = 1 \\ 0, & h \ge 2 \end{cases}$$

이다. 따라서 다음이 성립한다:

$$\gamma(h) = \begin{cases} \dfrac{0.2^h}{0.96} - 0.2^h \cdot 0.816\,i, & h \ge 2 \\ 0.3083 - 0.0832i, & h = 1 \\ 2.0517, & h = 0 \\ 5.3083 + 0.0832i, & h = -1 \\ \dfrac{0.2^h}{0.96} + 0.2^{-h} \cdot 0.816\,i, & h \le -2 \end{cases}$$

위에서 정의한 자기공분산함수는 위의 예에서 보듯 복소수의 값을 가지며 1장에서와 마찬가지로 다음과 같은 성질이 성립한다(증명은 1장의 것과 유사하므로 생략).

(1) $\gamma(0) \ge 0$

(2) 모든 정수 h에 대하여 $|\gamma(h)| \le \gamma(0)$

(3) 모든 정수 h에 대하여 $\gamma(-h) = \overline{\gamma(h)}$

정상시계열의 스펙트럴 표현에 대해 살펴보기 이전에 다음의 간단한 예 하나를 생각해 보자. 다음 예에서는 서로 상관관계가 없는 확률변수를 진폭으로 갖는 주기함수의 합으로 표현되는 시계열이 정상시계열이고 자기공분산함수가 어떤 적절한 함수에 대한 적분값으로 표현됨을 보이고자 한다.

● 7.1.4 예

복소수값을 갖는 시계열 $\{X_t\}$를 고려하자:

$$X_t = \sum_{j=1}^{n} A(\lambda_j) e^{it\lambda_j}$$

단, $-\pi < \lambda_1 < \lambda_2 < \cdots < \lambda_n \le \pi$이고 $A(\lambda_j)$, $j = 1, \cdots, n$들은 복소수값을 갖는 확률변수들이며 $EA(\lambda_j) = 0$, $0 < E|A(\lambda_j)|^2 = \sigma_j^2 < \infty$이고, $j \ne k$인 j, k에 대해 $E\{A(\lambda_j)\overline{A(\lambda_k)}\} = 0$를 만족한다.

이때,

$$EX_t = 0, \quad Var(X_t) = \sum_{j=1}^{n} \sigma_j^2 < \infty$$

이고 $\{X_t\}$의 자기공분산함수 $\gamma(\cdot)$가 다음과 같으므로

$$\gamma(h) = EX_{t+h}\overline{X}_t = \sum_{j=1}^{n} \sigma_j^2 e^{ih\lambda_j}$$

$\{X_t\}$는 정상시계열이다.

한편, $F(\nu) = \sum_{\lambda_j \le \nu} \sigma_j^2$로 정의하면 리만–스틸체스 적분의 형태로 다음과 같이

$$\gamma(h) = \int_{(-\pi, \pi]} e^{ih\nu} \, dF(\nu)$$

으로 표현할 수 있다. 이 경우에, $-\pi < \lambda_1 < \lambda_2 < \cdots < \lambda_n \le \pi$이므로 $F(-\pi) = 0$ 그리고 $F(\pi) = \sum_{j=1}^{n} \sigma_j^2 = \gamma(0)$이며, F의 정의에 의해 F가 우방연속이고 비감소함수임은 자명하다고 할 수 있다. 그러므로 $F(\nu) = \sum_{\lambda_j \le \nu} \sigma_j^2$는 **유사분포함수**(distribution-like function)이다. 유사분포함수란 $0 \le a = \lim_{x \to -\infty} F(x) \le \lim_{x \to \infty} F(x) = b \le 1$이고 우방연속성과 좌방극한값을 갖는 단조증가함수를 일컫는다.

위의 예에서 보듯 어떤 정상시계열은 유한개의 주기함수의 합성형태로 표현될 수 있는데, 일반적으로는 모든 정상시계열이 주기함수들의 합성으로 표현될 수 있고, 또한 이 주기함수의 개수가 유한개가 아닌 경우도 있으므로 보다 일반적으로는 $\{X_t\}$가 기댓값이 0인 정상시계열일 때 다음과 같은 적분의 형태를 갖는 **확률적 적분**(stochastic integral)

$$X_t = \int_{(-\pi, \pi]} e^{it\nu} dZ(\nu) \tag{7.1.1}$$

으로 표현될 수 있음을 보일 수 있다. 단, $\{Z(\nu): -\pi < \nu \le \pi$는 **직교증분과정**(orthogonal-increment process)이며 다음의 성질을 만족한다.

(1) $EZ(\nu) = 0$

(2) $E|Z(\nu)|^2 < \infty$

(3) 모든 $-\pi < \nu_1 \le \nu_2 \le \nu_3 \le \nu_4 \le \pi$에 대하여

$$E\{Z(\lambda_4) - Z(\lambda_3)\}\overline{\{Z(\lambda_2) - Z(\lambda_1)\}} = 0$$

위의 식 (7.1.1)을 $\{X_t\}$의 **스펙트럴 표현**(spectral representation)이라고 한다.

식 (7.1.1)과 더불어 $\gamma(\cdot)$가 $\{X_t\}$의 자기공분산함수일 때 위의 예에서 살펴보았듯이 다음과 같은 표현이 가능한데

$$\gamma(h) = \int_{(-\pi, \pi]} e^{ih\nu}\, dF(\nu) \tag{7.1.2}$$

여기서 F는

$$F(-\pi) = 0,\ \ F(\pi) = \gamma(0) = E|X_t|^2$$

을 만족하는 유사분포함수로서 $\gamma(\cdot)$의 **스펙트럴 분포함수**(spectral distribution distribution) 또는 $\{X_t\}$의 스펙트럴 분포함수라고 일컫는다. 그런데 흥미롭게도 위에 있는 $\{Z(\nu)\}$와 F에는 다음과 같은 관계가 있음이 잘 알려져 있다:

$$F(\nu) = E|Z(\nu) - Z(-\pi)|^2$$

만일, $f = F'$인 f가 존재하면, f를 $\gamma(\cdot)$의 **스펙트럴 밀도함수**(spectral density function)라고 한다.

식 (7.1.1)로부터 $\{X_t\}$가 다음과 같이 랜덤한 진폭을 갖는 주기함수들의 합의 형태로 표현됨을 알 수 있고

$$X_t = \int_{(-\pi, \pi]} e^{it\nu} dZ(\nu) \approx \sum_{j=1}^{N} e^{it\nu_j}(Z(\nu_j) - Z(\nu_{j-1})) \tag{7.1.3}$$

(단, $-\pi = \nu_0 < \nu_1 < \cdots < \nu_N = \pi$), 직교증분의 성질에 의해

$$E|Z(\nu_j) - Z(\nu_{j-1})|^2 = F(\nu_j) - F(\nu_{j-1}) \approx f(\nu_{j-1})(\nu_j - \nu_{j-1})$$

이므로 진동수 ν_j들 중 시계열 $\{X_t\}$의 파동(fluctuation)에 가장 많은 영향을 미치는 진동수는 $f(\nu_j)$를 최대로 하는 ν_j임을 추론할 수 있다. 즉, N이 충분히 큰 수이고 $\nu_j - \nu_{j-1} = 2\pi/N$인 경우를 상정해보면 $f(\nu_j)$를 최대로 하는 ν_j와 $f(\nu)$를 최대로 하는 ν의 값은 거의 일치할 것이다. 그러므로 f의 값을 최대로 하는 ν를 구하면 $\{X_t\}$를 형성하는 데 가장 큰 역할을 하는 주기(dominating frequency)가 $2\pi/\nu$임을 알 수 있다.

$\{X_t\}$가 실수값을 갖는 정상과정일 때는 $\gamma(\cdot)$가 실함수이고

$$\gamma(h) = \int_{(-\pi,\pi]} \cos(h\nu)\, dF(\nu) + i \int_{(-\pi,\pi]} \sin(h\nu)\, dF(\nu)$$

이므로 식 (7.1.2)는

$$\gamma(h) = \int_{(-\pi,\pi]} \cos(\nu h)\, dF(\nu)$$

가 된다.

7.1.5 Herglotz의 정리

$\gamma(\cdot)$가 정상시계열의 자기공분산함수일 때 다음과 같은 스펙트럴 표현이 가능하다:

$$\gamma(h) = \int_{(-\pi.\pi]} e^{ih\nu}\, dF(\nu), \quad h = 0, \pm 1, \pm 2, \cdots \tag{7.1.4}$$

이때 F는 $(-\pi,\pi]$에서 정의된 유사분포함수이며 $F(-\pi) = 0$을 만족한다. 또한 식 (7.1.4)를 만족하는 F는 유일하게 존재하며 이를 $\gamma(\cdot)$의 스펙트럴 분포함수라고 한다. 또한,

$$\gamma(0) = \int_{(-\pi,\pi]} dF(\nu) = F(\pi) - F(-\pi) = F(\pi)$$

이다.

특별히, 식 (7.1.4)를 만족하는 $\gamma(\cdot)$가 양반정치임은 다음과 같이 쉽게 보일 수 있다. 임의의 복소수 $a_1, \cdots, a_n$과 정수 $t_1, \cdots, t_n (n \geq 1)$에 대하여

$$\sum_{r,s=1}^{n} a_r \gamma(t_r - t_s)\bar{a}_s = \sum_{r,s=1}^{n} a_r \int_{-\pi}^{\pi} e^{i\nu(t_r - t_s)}\, dF(\nu)\bar{a}_s$$

$$= \int_{-\pi}^{\pi} \sum_{r,s=1}^{n} a_r \bar{a}_s e^{i\nu(t_r - t_s)}\, dF(\nu)$$

$$= \int_{-\pi}^{\pi} \left| \sum_{r=1}^{n} a_r e^{i\nu t_r} \right|^2 dF(\nu) \geq 0$$

이 성립하므로 $\gamma(\cdot)$는 양반정치이다.

다음 사실은 스펙트럴 밀도함수가 자기공분산함수의 가중평균으로 표현될 수 있음을 알려주고 있으며 그 증명은 생략하도록 한다. 뒤에서 보듯이 이 사실에 기초하여 스펙트럴 밀도함수를 자료로부터 추정할 수 있다.

7.1.6 정리

$\sum_{k=0}^{\infty} |\gamma(k)| < \infty$이고 $\gamma(\cdot)$가 실함수라면 스펙트럴 밀도함수는

$$f(w) = \frac{1}{2\pi} \sum_{k=-\infty}^{\infty} \gamma(k) e^{-ikw}, \quad w \in [-\pi, \pi]$$

이다.

● 7.1.7 예

자기상관함수가 0.9^h이고 오차항의 분산이 0.19인 정상 AR(1) 시계열의 스펙트럴 밀도함수는 다음과 같다:

$$f(w) = \frac{1}{2\pi} \sum_{k=-\infty}^{\infty} 0.9^k e^{-ikw}, \quad w \in [-\pi, \pi]$$

7.1.8 정리

평균이 0인 실 정상과정 $\{X_t\}$의 스펙트럴 밀도함수 f가

$$m = \inf\{f(\lambda) : -\pi \leq \lambda \leq \pi\} > 0, \ M = \sup\{f(\lambda) : -\pi \leq \lambda \leq \pi\} < \infty \tag{7.1.5}$$

을 만족한다고 하자. 이때, $\lambda_1 \leq \cdots \leq \lambda_n$이 공분산 행렬

$$\Gamma_n := (EX_iX_j)_{i,j=1}^n = \gamma(i-j)_{i,j=1}^n$$

의 고유값(eigen value)이면,

$$2\pi m \le \lambda_1 \le \lambda_n \le 2\pi M$$

이 성립한다.

[증명] $\boldsymbol{x} = (x_1, \cdots, x_n)^T \in R^n$가 Γ_n의 고유벡터(eigen vector)라 하자. 즉, $\Gamma_n \boldsymbol{x} = \lambda_n \boldsymbol{x}$이 성립한다고 하면, 정리 7.1.5에 의하여

$$\begin{aligned}(\lambda_n \boldsymbol{x})' \boldsymbol{x} &= \boldsymbol{x}' \Gamma_n \boldsymbol{x} \\ &= \sum_{j,k=1}^n x_j \gamma(j-k) x_j \\ &= \sum_{j,k=1}^n x_j \int_{-\pi}^{\pi} e^{i(j-k)\nu} dF(\nu) x_k \\ &= \int_{-\pi}^{\pi} \left| \sum_{j=1}^n x_j e^{ij\nu} \right|^2 dF(\nu) \\ &\le M \int_{-\pi}^{\pi} \sum_{j,k=1}^n e^{i(j-k)\nu} x_j x_k d\nu \\ &= 2\pi M \sum_{j=1}^n x_j^2\end{aligned}$$

이므로 $\lambda_n \le 2\pi M$이다. 마찬가지로 $\lambda_1 \ge 2\pi m$이 성립함을 쉽게 확인할 수 있다.

7.1.9 참고

정상 ARMA 모형은 식 (7.1.5)에 있는 조건을 만족한다. 식 (7.2.3) 및 (7.2.4)를 참조하여라.

7-2 ARMA 모형의 스펙트럴 밀도함수

7.2.1 정리

$\{Y_t\}$가 스펙트럴 분포함수 F_Y를 가지고 평균이 0인 정상시계열이며 $\{X_t\}$가

$$X_t = \sum_{j=0}^{\infty} \Psi_j Y_{t-j}, \quad \sum_{j=0}^{\infty} |\Psi_j| < \infty$$

이면, $\{X_t\}$ 역시 정상시계열이고 스펙트럴 분포함수 F_X는 다음과 같다:

$$F_X(\lambda) = \int_{(-\pi,\lambda]} \left| \sum_{j=0}^{\infty} \Psi_j e^{-ij\nu} \right|^2 dF_Y(\nu) \qquad (7.2.1)$$

[증명] $\{X_t\}$가 평균 0이고 분산이 유한이며, Herglotz의 정리에 의해

$$\begin{aligned} EX_{t+h}\overline{X}_t &= \sum_{j=0}^{\infty}\sum_{k=0}^{\infty} \Psi_j \overline{\Psi}_k EY_{t+h-j}\overline{Y}_{t-k} \\ &= \sum_{j=0}^{\infty}\sum_{k=0}^{\infty} \Psi_j \overline{\Psi}_k \gamma_Y(h-j+k) \\ &= \sum_{j=0}^{\infty}\sum_{k=0}^{\infty} \Psi_j \overline{\Psi}_k \int_{(-\pi,\pi]} e^{i(h-j+k)\nu} dF_Y(\nu) \\ &= \int_{(-\pi,\pi]} e^{ih\nu} \sum_{j=0}^{\infty} \Psi_j e^{-ij\nu} \sum_{k=0}^{\infty} \overline{\Psi_k e^{ik\nu}} dF_Y(\nu) \\ &= \int_{(-\pi,\pi]} e^{ih\nu} \left| \sum_{j=0}^{\infty} \Psi_j e^{-ij\nu} \right|^2 dF_Y(\nu) \end{aligned}$$

이므로 위의 마지막 식이 정리 7.2.1에 의해 $\int_{(-\pi,\pi]} e^{ih\nu} dF_X(\nu)$와 일치해야만 한다. 따라서 식 (7.2.1)이 성립된다.

만일 $\{Y_t\}$의 스펙트럴 밀도함수 f_Y가 존재한다면 식 (7.2.1)의 양변을 λ에 대해 미분하여 $\{X_t\}$의 스펙트럴 밀도함수 f_X를 얻을 수 있고, f_X는

$$f_X(\lambda) = |\Psi(e^{-i\lambda})|^2 f_Y(\lambda)$$

와 같다. 단, $\Psi(z)=\sum_{j=0}^{\infty}\Psi_j z^j$이다.

7.2.2 정리

다음을 만족하는 정상 ARMA(p,q) 모형 $\{X_t\}$가 주어졌을 때

$$\phi(B)X_t=\theta(B)\epsilon_t, \quad \{\epsilon_t\}\sim \mathrm{WN}(0,\sigma^2)$$

(단, $|z|\le 1$에서 $\phi(z)=1-\phi_1 z-\cdots-\phi_p z^p\ne 0$), $\{X_t\}$의 스펙트럴 밀도함수 f_X는

$$f_X(\lambda)=\frac{\sigma^2}{2\pi}\left|\frac{\theta(e^{-i\lambda})}{\phi(e^{-i\lambda})}\right|^2, \quad -\pi\le\lambda\le\pi \tag{7.2.2}$$

이다.

[증명] $\{\epsilon_t\}$가 백색잡음이므로 $\{\epsilon_t\}$의 자기공분산함수 γ_ϵ는

$$\gamma_\epsilon(h)=\begin{cases}\sigma^2, & h=0\\ 0, & h\ne 0\end{cases}$$

이다. 만일, $f(\lambda)=\dfrac{\sigma^2}{2\pi}$이라면, 모든 정수 h에 대하여

$$\int_{(-\pi,\pi]} e^{ih\nu}f(\nu)d\nu=\gamma(h)$$

이므로 $f(\lambda)$는 $\{\epsilon_t\}$의 스펙트럴 밀도함수이다.

이때 $\{\pi_j\}$를 $\pi(z)=\sum_{j=0}^{\infty}\pi_j z^j=\dfrac{\theta(z)}{\phi(z)}$을 만족하는 수열로 놓으면,

$$X_t=\frac{\theta(B)}{\phi(B)}\epsilon_t=\sum_{j=0}^{\infty}\pi_j\epsilon_{t-j}$$

이고 정리 7.2.1을 적용하면, 식 (7.2.2)가 성립한다.

ARMA(p,q) 모형의 가장 간단한 경우인 MA(1)과 AR(1) 모형의 스펙트럴 밀도함수를 구해보자. 정리 7.2.2를 이용하면 $X_t=\epsilon_t+\theta\epsilon_{t-1}$로 정의되는 MA(1) 모형의

스펙트럴 밀도함수가

$$f_X(\lambda) = \frac{\sigma^2}{2\pi}|1+\theta e^{-i\lambda}|^2 = \frac{\sigma^2}{2\pi}(1+2\theta\cos\lambda+\theta^2) \tag{7.2.3}$$

이고, $X_t = \phi X_t + \epsilon_t$의 AR(1) 모형의 스펙트럴 밀도함수가

$$f_X(\lambda) = \frac{\sigma^2}{2\pi}|1-\phi e^{-i\lambda}|^{-2} = \frac{\sigma^2}{2\pi}(1-2\phi\cos\lambda+\phi^2)^{-1} \tag{7.2.4}$$

임을 쉽게 계산할 수 있다.

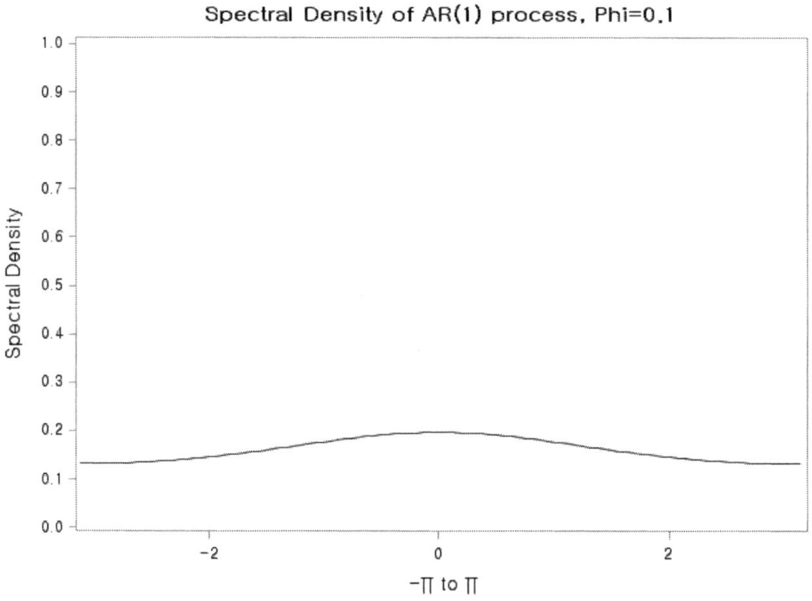

[그림 7.2.1] $\phi = 0.1$인 AR(1) 모형의 스펙트럴 밀도함수

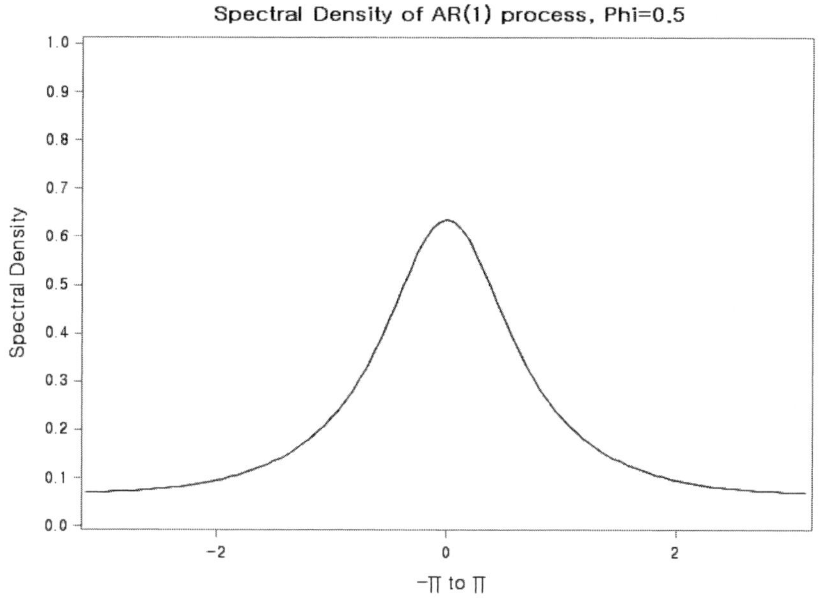

[그림 7.2.2] $\phi = 0.5$인 AR(1) 모형의 스펙트럴 밀도함수

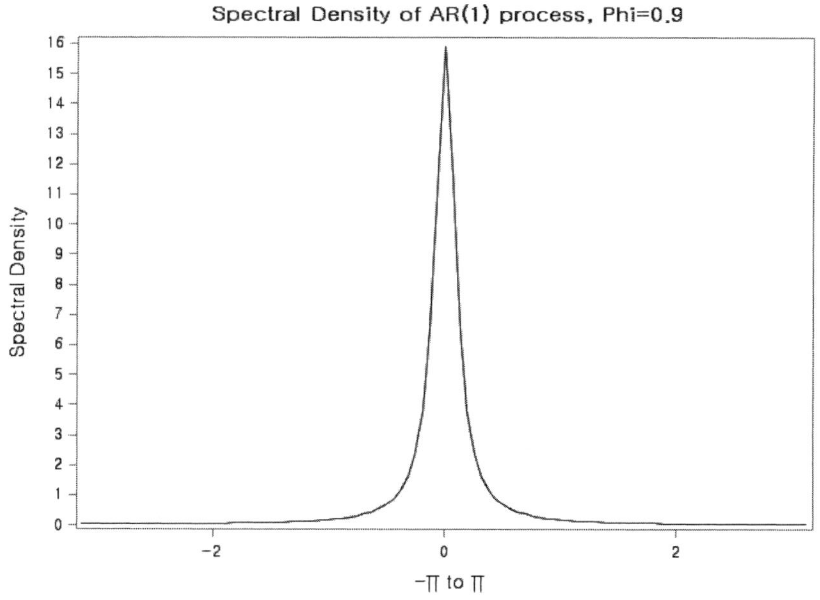

[그림 7.2.3] $\phi = 0.9$인 AR(1) 모형의 스펙트럴 밀도함수

그림 7.2.1~그림 7.2.3은 $\sigma^2 = 1$이고 각각 ϕ가 0.1, 0.5, 0.9인 AR(1) 모형의 스

펙트럴 밀도함수이다. 모수 ϕ가 클수록 0 근방으로 밀도가 집중되는 형태를 볼 수 있다.

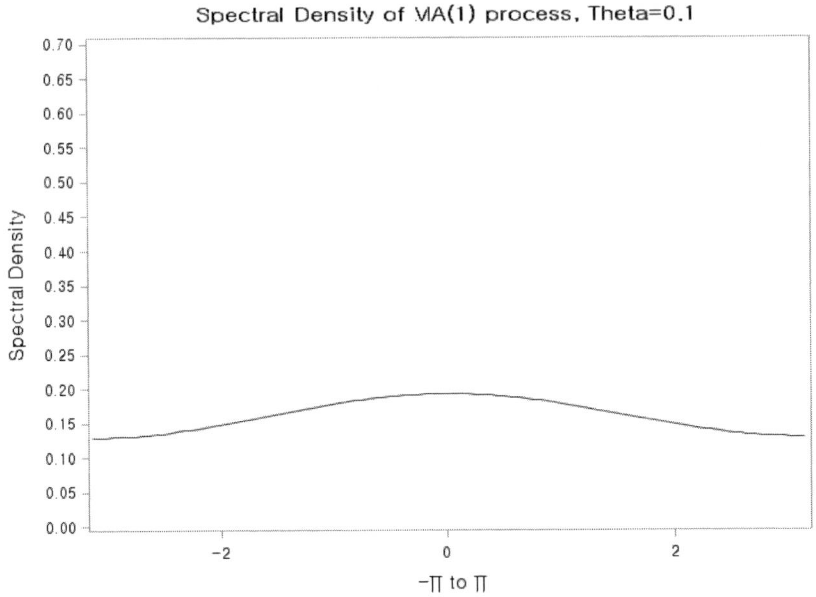

[그림 7.2.4] $\theta = 0.1$인 MA(1) 모형의 스펙트럴 밀도함수

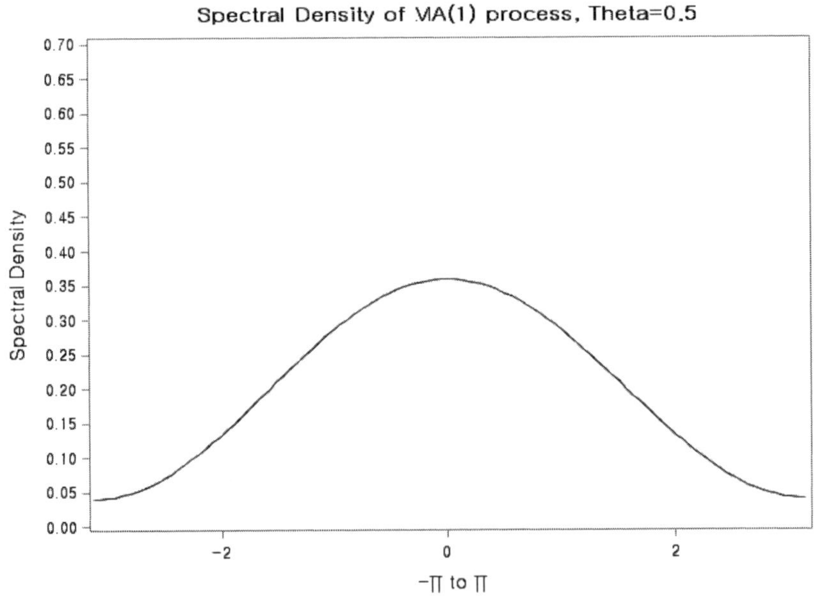

[그림 7.2.5] $\theta = 0.5$인 MA(1) 모형의 스펙트럴 밀도함수

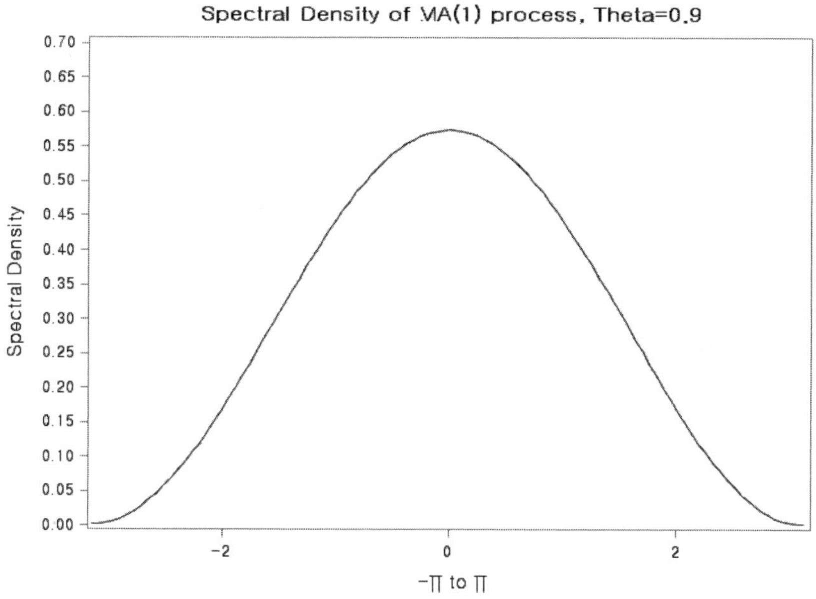

[그림 7.2.6] $\theta = 0.9$인 MA(1) 모형의 스펙트럴 밀도함수

그림 7.2.4~그림 7.2.6은 $\sigma^2 = 1$이고 각각 θ=0.1, 0.5, 0.9인 MA(1) 모형의 스펙트럴 밀도함수이다. AR(1) 모형과 유사하게 θ가 클수록 0 근방으로 밀도가 집중되는 현상을 볼 수 있다.

다음 정리는 진동수영역에서 주어진 정상시계열을 AR 또는 MA 모형으로 적절히 접근시킬 수 있음을 말해 준다. 증명은 생략한다.

7.2.3 정리

f가 대칭이고 연속인 스펙트럴 밀도함수라고 하면 모든 $\epsilon > 0$에 대해서 가역성을 갖는 MA(q) 모형:

$$X_t = Z_t + \theta_1 Z_{t-1} + \cdots + \theta_q Z_{t-q}, \quad \{Z_t\} \sim \mathrm{WN}(0, \sigma^2)$$

을 만족하는 $\{X_t\}$가 존재한다. 단,

$$\sigma^2 = (1 + \theta_1^2 + \cdots + \theta_q^2)^{-1} \int_{-\pi}^{\pi} f(\nu) d\nu$$

이고 $\{X_t\}$의 스펙트럴 밀도함수 f_X는 모든 $\lambda \in [-\pi, \pi]$에 대하여 $|f_X(\lambda) - f(\lambda)| < \epsilon$를 만족한다. 아울러 인과성을 갖는 AR($p$) 모형:

$$Y_t = \phi_1 Y_{t-1} + \cdots + \phi_p Y_{t-p} + W_t,\ \{W_t\} \sim \mathrm{WN}\left(0, \sigma_W^2\right)$$

을 만족하는 $\{Y_t\}$가 존재한다. 단, $\{Y_t\}$의 스펙트럴 밀도함수 f_Y는 모든 $\lambda \in [-\pi, \pi]$에 대해 $|f_Y(\lambda) - f(\lambda)| < \epsilon$를 만족한다.

7-3 스펙트럴 함수 추정

이 절에서는 스펙트럴 밀도함수의 추정을 대략적으로 소개하기로 한다. 여기에 소개된 내용의 대부분이 본 교재의 수준을 넘어가므로 결과에 관련된 증명과 자세한 설명을 생략하였다. 정리 7.1.6에 비추어 보면 스펙트럴 밀도함수를

$$\hat{f}(w) = \frac{1}{2\pi} \sum_{k=-n}^{n} \hat{\gamma}(k) e^{-ikw},\ w \in [-\pi, \pi] \tag{7.3.1a}$$

로 추정하는 것이 합리적임을 쉽게 유추할 수 있다. 그러나 이렇게 구한 추정값이 일치성과 같은 추정량의 바람직한 성질을 갖지 못하므로 일련의 과정으로서 피리오도그램의 개념을 도입한다.

7-3-1 피리오도그램(Periodogram)

복소수 $x_1, \cdots, x_n$에 대하여 $\boldsymbol{x} = (x_1, \cdots, x_n)^T \in C^n$을

$$\boldsymbol{e}_j = \frac{1}{\sqrt{n}} (e_j^{iw}, e_j^{i2w}, \cdots, e_j^{\in w})^T,\ j \in S_n$$

의 선형결합으로 표현하는 방법을 살펴보자. 단, 위에서

$$w_j = \frac{2\pi j}{n},\ -\pi < w_j \le \pi$$

이고

$$S_n = \{j : -\pi < w_j \le \pi\} = \left\{-\left[\frac{n-1}{2}\right], \cdots, \left[\frac{n}{2}\right]\right\}$$

이다. 지금 $\boldsymbol{u},\boldsymbol{v} \in C^n$에 대하여 $\langle \boldsymbol{u},\boldsymbol{v} \rangle = \sum_{i=1}^{n} u_i \bar{v}_i$으로 정의하면

$$\langle \boldsymbol{e}_j, \boldsymbol{e}_k \rangle = \frac{1}{n} \sum_{l=1}^{n} e^{il(w_j - w_k)} = \begin{cases} 1, & j = k \\ 0, & j \neq k \end{cases}$$

가 되어 $\{\boldsymbol{e}_j : j \in S_n\}$이 C^n의 직교정규기저(orthonormal basis)가 된다. 따라서

$$\boldsymbol{x} = \sum_{j=1}^{n} < \boldsymbol{x}, \boldsymbol{e}_j > \boldsymbol{e}_j$$

으로 표현되며, 위 식에서

$$\langle \boldsymbol{x}, \boldsymbol{e}_j \rangle = \frac{1}{\sqrt{n}} \sum_{t=1}^{n} x_t e^{-w_j}$$

이다.

7.3.1 정의

($\boldsymbol{x} \in C^n$의 피리오도그램) 진동수 $w_j \in S_n$에 대하여 피리오도그램은 다음과 같이 정의된다:

$$I(w_j) = |\langle \boldsymbol{x}, \boldsymbol{e}_j \rangle|^2 = \frac{1}{n} \left| \sum_{t=1}^{n} x_t e^{-w_j} \right|^2$$

이때 다음의 정리가 성립한다.

7.3.2 정리

진동수 $w_j \neq 0$일 때,

$$I(w_j) = \sum_{|k|<n} \hat{\gamma}(k) e^{-ikw_j}$$

이다. 단,

$$\hat{\gamma}(k) = \frac{1}{n} \sum_{t=1}^{n-k} (x_{t+k} - m)(\bar{x}_t - \bar{m}), \ \ k \geq 0$$

이고

$$\hat{\gamma}(k) = \overline{\hat{\gamma}(-k)},\ \ k < 0\text{이다. 또한, } m = \frac{1}{n}\sum_{t=1}^{n} x_t$$

[증명] 지금

$$I(w_j) = \frac{1}{n}\left\{\sum_{u=1}^{n} x_u e^{-iuw_j}\right\}\left\{\sum_{t=1}^{n} \overline{x}_t e^{w_j}\right\}$$

이고 $\sum_{u=1}^{n} e^{iuw_j} = \sum_{t=1}^{n} e^{-itw_j} = 0$ ($w_j \neq 0$일 때)이므로

$$\begin{aligned} I(w_j) &= \frac{1}{n}\sum_{u=1}^{n}(x_u - m)e^{-iuw_j}\sum_{t=1}^{n}(\overline{x}_t - \overline{m})e^{-w_j} \\ &= \frac{1}{n}\sum_{u=1}^{n}\sum_{t=1}^{n}(x_u - m)(\overline{x}_t - \overline{m})e^{-i(u-t)w_j} \end{aligned}$$

가 된다.

7-3-2 피리오도그램의 점근적 성질

실수값을 갖는 정상시계열 $\{X_t\}$가 $\sum_{h=0}^{\infty}|\gamma(h)| < \infty$를 만족한다고 가정하자. 이 경우 0이 아닌 진동수 $w_j \in S_n$에 대하여 $X_1, \cdots, X_n$의 피리오도그램을 다음과 같이 정의한다:

$$I_n(w_j) = \frac{1}{n}\left|\sum_{t=1}^{n} X_t e^{-itw_j}\right|^2$$

정리 7.1.6과 정리 7.3.2에 의하여 식 (7.3.1a)과 같이 $\frac{1}{2\pi}I_n(w_j)$가 $f(w_j)$의 추정량이 될 수 있음을 쉽게 유추할 수 있다.

지금, w_j들이 아닌 임의의 $w \in [-\pi, \pi]$에 대해서도 I_n의 값을 아래와 같이 정의하면

$$I_n(w) = \begin{cases} I_n(w_k), & w_k - \frac{\pi}{n} < w < w_k + \frac{\pi}{n},\ \ w \geq 0 \\ I_n(-w), & w < 0, \end{cases}$$

다음의 사실들이 성립함이 잘 알려져 있다.

7.3.3 정리

$n \to \infty$ 일 때 다음이 성립한다.

(1) $EI_n(0) - n\mu^2 \rightarrow 2\pi f(0)$ 단, $\mu = EX_1$

(2) $EI_n(w) \rightarrow 2\pi f(w),\ w \neq 0$

만일 $\{X_t\}$가 ARMA 모형처럼 좀 더 구체적인 모습을 갖는 정상시계열이면 다음과 같이 훨씬 더 강한 결과를 얻을 수 있다.

7.3.4 정리

$X_t = \sum_{j=0}^{\infty} a_j \epsilon_{t-j}$, $\{\epsilon_t\} \sim \mathrm{IID}(0, \sigma^2)$, $\sum_{j=0}^{\infty} |a_j| < \infty$ 일 때 $I_n(\lambda)$가 $X_1, \cdots, X_n$의 피리오도그램이고 $f(\lambda)$가 $\{X_t\}$의 스펙트럴 밀도함수이면 다음이 성립한다.

(1) 모든 $\lambda \in [-\pi, \pi]$에 대하여 $f(\lambda) > 0$이고 $0 < \lambda_1 < \cdots < \lambda_m < \pi$이면,

$$(I_n(\lambda_1), \cdots, I_m(\lambda_m)) \xrightarrow{d} (E_1, \cdots, E_m).$$

단, E_i는 평균이 $2\pi f(\lambda_i)$인 지수분포를 따른다.

(2) $\sum_{j=0}^{\infty} \sqrt{j}\, |a_j| < \infty$, $E\epsilon_1^4 = \eta\sigma^4 < \infty$ 그리고 $w_j, w_k \geq 0$이면,

$$Cov(I_n(w_j), I_n(w_k)) = \begin{cases} 2(2\pi)^2 f^2(w_j) + O\left(n^{-\frac{1}{2}}\right), & w_j = w_k = 0 \text{ or } \pi \\ (2\pi)^2 f^2(w_j) + O\left(n^{-\frac{1}{2}}\right), & 0 < w_j = w_k < \pi \\ O\left(\frac{1}{n}\right), & w_j \neq w_k \end{cases}$$

정리 7.3.4 (1)의 결과는 직관과 다르게 $I_n/2\pi$가 f의 일치추정량이 되지 못함을 보여 주고 있다. 따라서 일치추정량을 만들기 위해서 다음과 같이 평활을 이용하는 스펙트럴 밀도함수의 추정량을 도입한다:

$$\hat{f}(w_j) = \frac{1}{2\pi} \sum_{|k| < m_n} W_n(k) I_n(w_{j+k}) \tag{7.3.1b}$$

단, m_n은 양의 정수이고 $W_n(k)$는 양의 실수이며, $n \to \infty$ 일 때,

$$m_n \to \infty, \ \frac{m_n}{n} \to 0,$$
$$W_n(k) = W_n(-k), \ W_n(k) \geq 0,$$
$$\sum_{|k| \leq m_n} W_n(k) = 1,$$
$$\sum_{|k| \leq m_n} W_n^2(k) \to 0$$

등을 만족한다.

지금, 임의의 $w \in [-\pi, \pi]$에 대하여

$$\hat{f}(w) = \begin{cases} \hat{f}(w_k), & w_k - \frac{\pi}{n} < w \leq w_k + \frac{\pi}{n}, \ w \geq 0 \\ \hat{f}(-w), & w < 0 \end{cases}$$

으로 정의하면 다음의 사실이 성립함이 잘 알려져 있다.

7.3.5 정리

정리 7.3.4 (2)를 만족하는 $\{X_t\}$에 대하여 다음이 성립한다.

(1) 모든 $w \in [-\pi, \pi]$에 대하여

$$\lim_{n \to \infty} E\hat{f}(w) = f(w)$$

(2) $$\lim_{n \to \infty} \Big(\sum_{|j| \leq m} W_n^2(j) \Big)^{-1} Cov\big(\hat{f}(w), \hat{f}(\lambda)\big) = \begin{cases} 2f^2(w), & w = \lambda = 0 \text{ or } \pi \\ f^2(w), & 0 < \pi w = \lambda < \pi \\ 0, & w \neq \lambda \end{cases}$$

(3) $_{-\pi \leq w \leq \pi} E|\hat{f}(w) - f(w)|^2 \to 0, \quad n \to \infty.$

$_{-\pi \leq w \leq \pi} E|\hat{f}(w) - f(w)|^2 \to 0, \quad n \to \infty,$

$\sup_{-\pi \leq w \leq \pi} E|\hat{f}(w) - f(w)|^2 \to 0, \ n \to \infty$

특히, (3)의 결과는 $\hat{f}$이 f의 일치추정량이 됨을 보여 주고 있다.

뒤에 소개하는 SAS 실습에서와 같이, 가중치를 주는 방법으로서 보다 간편하게 식 (7.3.1b)에 있는 $W_n(k)$ 대신 상수들을 가중치로 지정하여 이동평균 형식으로 스펙트럴 밀도함수를 추정하기도 한다. 이를테면, 다음과 같은 형태의 추정량을 고려하는 것이다:

$$\hat{f}(w_j) = \frac{1}{2\pi}\sum_{k=-m}^{m} W_k I_n(w_{j+k}) \tag{7.3.2}$$

단, m은 양의 정수이고 $W_{-k} = W_k$이며 $\sum_{k=-m}^{m} W_k = 1$을 만족한다.

7-3-3 Lag-window 추정량

7.3.6 정의

W가 실수에서 정의된 구간 연속함수이고, $W(0)=1$, 그리고 모든 x에 대하여 $W(x) = W(-x)$, $|W(x)| \le 1$, 그리고 모든 $|x| > 1$에서 $W(x) = 0$을 만족할 때,

$$\widehat{f_L}(w) = \frac{1}{2\pi}\sum_{|h| \le r} W\left(\frac{h}{r}\right)\hat{\gamma}(h)e^{-ihw}$$

를 lag-window 추정량(커널함수 추정량)이라고 한다. 단, $n\to\infty$ 일 때 $r = r_n$은 $r\to\infty$ 이고 $\frac{r_n}{n}\to 0$을 만족하는 양의 정수 열이다.

이 lag-window 추정량은 언뜻 보기에는 식 (7.3.1b)의 추정량과 다른 형태로 보이나 실제로는 어느 특정한 $W_n(k)$를 갖는 식 (7.3.1b) 형태의 추정량과 거의 유사함을 보일 수 있다. 따라서 lag-window 추정량은 겉보기와는 달리 특별한 형태의 추정량은 아니라고 할 수 있다. 일반적으로

$$\frac{n}{r}\, Var\left(\widehat{f_L}(w)\right) \to \begin{cases} 2f^2(w)\displaystyle\int_{-1}^{1} W^2(x)dx, & w = 0 \text{ or } \pi \\ f^2(w)\displaystyle\int_{-1}^{1} W^2(x)dx, & 0 < w < \pi \end{cases}$$

등의 사실이 잘 알려져 있으므로 $\hat{f}_L$은 f의 일치추정량이 된다. 현실에서 많이 쓰이

는 함수 W의 예를 들어보면 다음과 같다.

7.3.7 참고

(1) 절사(truncated) window

$$W(x) = \begin{cases} 1, & |x| \le 1 \\ 0, & |x| > 1, \end{cases}$$

$$Var\left(\hat{f}_L(w)\right) \sim \frac{2r}{n} f^2(w),\ 0 < w < \pi$$

(2) Bartlett window

$$W(x) = \begin{cases} 1 - |x|, & |x| \le 1 \\ 0, & |x| > 1, \end{cases}$$

$$Var\left(\hat{f}_L(w)\right) \sim \frac{r}{n} f^2(w) \int_{-1}^{1} w^2(x)dx = \frac{2r}{3n} f^2(w),\ 0 < w < \pi$$

(3) Daniel window

$$W(x) = \frac{\sin(\pi x)}{\pi x},\ -1 \le x \le 1$$

$$Var\left(\hat{f}_L(w)\right) \sim \frac{rf^2(w)}{n},\ 0 < w < \pi$$

(4) Blackman-Tukey window

$$W(x) = \begin{cases} 1 - 2a + 2a\cos x, & |x| \le 1 \\ 0, & |x| > 1, \end{cases}$$

$$Var\left(\hat{f}_L(w)\right) \sim \frac{2r(1 - 4a + 6a^2)f^2(w)}{n},\ 0 < w < \pi$$

(5) Parzen window

$$W(x) = \begin{cases} 1 - 6x^2 + 6|x|^3, & |x| < \frac{1}{2} \\ 2(1 - |x|)^3, & \frac{1}{2} \le |x| \le 1 \\ 0, & |x| > 1 \end{cases}$$

$$Var\left(\hat{f}_L(w)\right) \sim \frac{0.539rf^2(w)}{n},\ 0 < w < \pi$$

7.3.8 참고

다음은 진동수 영역에서 자주 등장하고 있는 Whittle의 추정량에 대한 기술이

다. $\{X_t\}$가 다음과 같은 형태의 정상과정이라 하자:

$$X_t = \sum_{j=0}^{\infty} \pi_j(\boldsymbol{\theta})\epsilon_{t-j}, \quad t \in Z, \quad \boldsymbol{\theta} = (\theta_1, \cdots, \theta_p)^T \in \Theta \tag{7.3.3}$$

단, $\{\epsilon_t\}$은 평균이 0이고 $E\epsilon_1^2 = \sigma^2$인 IID 확률변수열이고 어떤 실수 $\lambda > 1$에 대하여 $E|\epsilon_1|^{4\lambda} < \infty$이며 Θ는 R^p의 부분집합이다. 또한, $\{\pi_j(\boldsymbol{\theta})\}$는 $\pi_0(\boldsymbol{\theta}) = 1$이고 $\sum_{j=0}^{\infty} |\pi_j(\boldsymbol{\theta})| < \infty$을 만족하는 실수열이다(여기서, $\pi_j(\boldsymbol{\theta})$로 선형과정의 모수 π_j를 표기한 것은 π_j가 모형의 모수 $\boldsymbol{\theta}$의 함수임을 강조하려는 의도에서이다. 예를 들면, 자기상관함수가 $\rho(h) = \phi^h, |\phi| < 1$인 AR(1) 모형의 경우에는 $\pi_j(\boldsymbol{\theta}) = \phi^j$이다).

정리 7.2.1에 의하면 $\{X_t\}$의 스펙트럴 밀도함수는 다음과 같이 주어진다:

$$f(w, \boldsymbol{\theta}) = \frac{\sigma^2}{2\pi} g(w, \boldsymbol{\theta}), \quad -\pi \le w \le \pi$$

단,

$$g(w, \boldsymbol{\theta}) = \left| \sum_{j=0}^{\infty} \pi_j(\boldsymbol{\theta}) e^{iwj} \right|^2$$

Whittle(1952)은 위의 선형모형에서의 모수에 대한 추정법을 제안하였다. Whittle이 제안한 $\boldsymbol{\theta}$에 대한 추정량은 다음과 같이 정의된 $U_n(\boldsymbol{\theta})$를 최소로 하는 $\hat{\boldsymbol{\theta}} = (\hat{\theta}_{1,n}, \cdots, \hat{\theta}_{p,n})^T$이다:

$$U_n(\boldsymbol{\theta}) = \frac{1}{2\pi} \int_{-\pi}^{\pi} \left| \sum_{t=1}^{n} x_t e^{iwt} \right|^2 g(w, \boldsymbol{\theta})^{-1} dw$$

이 경우,

$$\left| \sum_{t=1}^{n} x_t e^{iwt} \right|^2 = n \sum_{s=-(n-1)}^{n-1} e^{iws} \hat{\gamma}(s), \quad \text{단, } \hat{\gamma}(s) = \frac{1}{n} \sum_{t=1}^{n-|s|} x_t x_{t+|s|}$$

이므로

$$U_n(\boldsymbol{\theta}) = n \sum_{s=-(n-1)}^{n-1} \alpha_s(\boldsymbol{\theta}) \hat{\gamma}(s)$$

로 표현할 수 있다. 단,

$$\alpha_s(\boldsymbol{\theta}) = \frac{1}{2\pi} \int_{-\pi}^{\pi} e^{iws} g(w, \boldsymbol{\theta})^{-1} dw$$

적절한 조건 아래에서 $\hat{\theta}_n$가 θ의 일치추정량이 되고 점근적으로 정규분포를 따른다는 사실이 잘 알려져 있다. 즉,

$$\sqrt{n}(\hat{\theta}_n - \theta) \xrightarrow{d} N(0, \boldsymbol{W}_\theta^{-1})$$

이고, 위에서 $\boldsymbol{W}_\theta = (w_{ij}(\boldsymbol{\theta}))_{i,j=1}^{p}$는 다음과 같은 양정치(positive definite) 행렬이다:

$$w_{ij}(\boldsymbol{\theta}) = \frac{1}{4\pi}\int_{-\pi}^{\pi}\left(\frac{\partial\ \log g(w,\boldsymbol{\theta})}{\partial\ \theta_i}\right)\left(\frac{\partial\ \log g(w,\boldsymbol{\theta})}{\partial\ \theta_j}\right)dw.$$

7-4 SAS 실습

이 장에서는 주기성이 있는 실제 자료를 SAS의 SPECTRA 프로시저를 이용하여 분석해 보기로 한다. SPECTRA 프로시저는 Fourier 변환을 이용하여 피리오도그램을 계산해주며 이를 통해 스펙트럴 밀도함수를 추정해준다. 스펙트럴 밀도함수를 추정하기 위한 피리오도그램은 이동평균 방법에 의해 평활되어 제공된다. 또한 SPECTRA 프로시저의 options을 이용하면 자료가 백색잡음인지 아닌지에 대한 검정도 추가적으로 수행할 수 있다.

7-4-1 피리오도그램과 스펙트럴 밀도함수의 추정

PROC SPECTRA의 형식은 다음과 같다.

```
PROC SPECTRA options;
  VAR variables;
  WEIGHTS 〈weights〉 〈kernel〉;
RUN;
```

SPECTRA 프로시저에서는 VAR문을 이용하여 분석에 사용되는 변수명을 지정하고 WEIGHTS문을 이용하여 피리오도그램의 평활에 사용되는 가중치를 지정한다. WEIGHTS문은 평활된 스펙트럴 밀도함수의 추정을 위해 사용되며 이를 위해 가중치를 부여하는 방법으로는 앞에서 소개했듯이 지정한 상수를 가중치로 이용하는 방법

(식 (7.3.2) 참조)과 커널함수를 이용하는 방법(lag-window 추정량을 이용하는 방법)이 있다. 여기서 유의할 점은 SAS에서 명시하는 가중치 W_n'과 피리오도그램 $I_n'(w_{j+k})$이 본문의 표기와는 다르다는 점이다. 즉, $W_n' = 1/4\pi W_n$이고 $I_n'(w_{j+k}) = 2I_n(w_{j+k})$이며 식 (7.3.1b)를 다음과 같이 다시 쓸 수 있으나 스펙트럼 밀도함수의 추정량에는 영향을 미치지 않는다:

$$\hat{f}(w_j) = \frac{1}{2\pi} \sum_{|k| < m_n} W_n(k) I_n(w_{j+k}) = \sum_{|k| < m_n} W_n' I_n'(w_{j+k})$$

별도의 언급이 없는 한 이 절에서는 SAS의 표기를 따라 가중치는 W_n'으로, 피리오도그램은 $I_n'(w_{j+k})$으로 명시한다.

직접 상수를 지정하여 가중치로 이용하는 경우에는 WEIGHTS문의 ⟨weights⟩에 가중치를 직접 입력하여 지정할 수 있다. 이때 가중치로 지정되는 상수는 양수이며 가운데 수를 중심으로 대칭되어야 한다. 입력한 가중치의 가운데 수는 현재 피리오도그램 값의 가중치를 나타내며 가운데 수와 이웃한 두 수는 이웃한 피리오도그램 값의 가중치가 되고 나머지 피리오도그램 값의 가중치도 마찬가지 방법으로 지정할 수 있다. 실제로 평활식에서는 ⟨weights⟩에서 입력받은 가중치의 합이 $1/4\pi$이 되도록 조정된 가중치를 이용하게 된다. 예를 들어 가장 간단한 triangular weighting의 경우는 다음과 같이 가중치를 입력할 수 있다.

```
WEIGHTS 1 2 3 2 1;
```

커널함수를 이용하여 가중치를 주는 경우는 WEIGHTS문 뒤에 가중치로 사용할 커널함수를 지정하면 된다. 사용가능한 함수는 Bartlett, Parzen, quadratic spectral, Tukey-Hannung 그리고 truncated 커널 등이며 각각 BART, PARZEN, QS, TUKEY, TRUNCAT으로 지정해주면 된다. 또한 bandwidth에 해당하는 r_n을 지정할 수 있으며, 특히 $r_n = c\left(\left[\frac{n}{2}\right]+1\right)^e$일 때, 변수 c와 e에 해당하는 값을 미리 지정한 커널함수 뒤에 차례로 입력해주면 된다. 예를 들어, Parzen 커널을 이용하여 bandwidth $r_n = 0.5$로 지정하는 경우에는 다음과 같이 가중치를 입력할 수 있다 ($c = 0.5$, $e = 0$).

```
WEIGHTS parazen 0.5 0;
```

Bartlett, Parzen 커널 및 truncated 커널에 대한 자세한 내용은 본문의 7.3.7 lag-window 추정량을 참고하며, 나머지 커널함수는 SAS HELP를 참조하기 바란다. 여기서 주의할 점은 WEIGHTS문이 사용되지 않을 경우에는 스펙트럴 밀도함수의 추정은 되지 않고 자료의 피리오도그램만 그려지게 된다는 사실이다. SPECTRA 프로시저는 특별히 결과를 따로 출력하지 않으므로 options으로 지정하여 결과물을 출력해야 한다. 이를 위한 SPECTRA 프로시저에 사용되는 options은 다음과 같다.

DATA=SAS-data-set : 분석할 SAS data-set을 지정
OUT=SAS-data-set : 결과들을 저장할 SAS data-set을 지정
P : 피리오도그램을 출력
S : 스펙트럴 밀도함수의 추정량을 출력
ADJMEAN : 평균을 피리오도그램의 원점으로 조정
WHITETEST : 추정된 피리오도그램을 이용하여 백색잡음 여부에 대한 검정을 시행(Fisher's Kappa, Bartlett's Kolmogorov-Smirnov statistic)

7-4-2 PROC SPECTRA를 이용한 태양 흑점 자료의 분석

다음은 1700년부터 2009년까지 연별 태양 흑점 수(International sunspot number)[17]를 관찰한 자료의 시계열 그림이다(code-(1),(2) 참조).

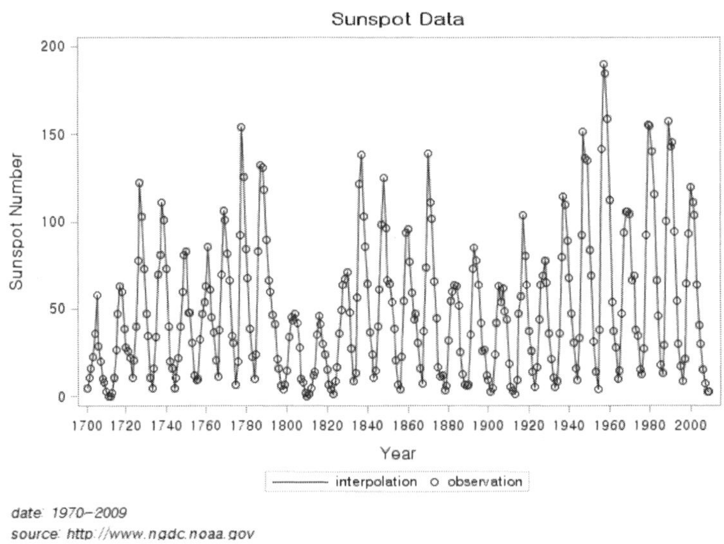

[그림 7.4.1] 태양 흑점 수의 시계열도

17) 출처: NGDC(http://www.ngdc.noaa.gov)

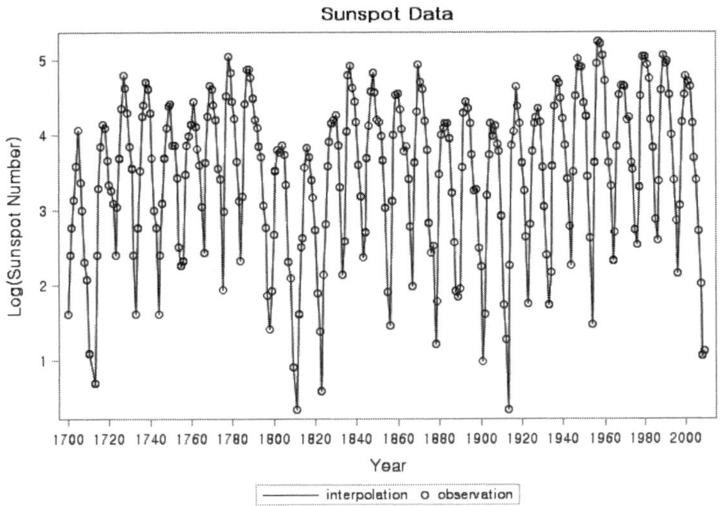

[그림 7.4.2] 로그변환된 태양 흑점 수의 시계열도

그림 7.4.1의 태양 흑점 수의 시계열도를 관찰해보면 자료가 주기를 가지고 변하는 순환적인 형태를 가지고 있으나 자료 변동의 폭이 시간에 따라 일정하지 않음을 알 수 있다. 따라서 분산 안정화 변환을 하여 시간에 따른 자료의 폭을 일정하게 조정하여 주는 작업이 필요하다. 이를 위하여 태양 흑점 수 자료를 로그 변환하여 분석에 사용하도록 한다. 그림 7.4.2는 로그변환된 태양 흑점 수의 시계열도이다. 분산 변동의 폭이 그림 7.4.1에 비하여 일정해졌으나 여전히 주기적 성질이 나타남을 확인할 수 있다. 따라서 로그변환된 흑점수의 피리오도그램을 이용하여 스펙트럴 함수를 추정하고 이를 토대로 태양 흑점 수 자료의 주기를 파악해 보도록 한다. SPECTRA 프로시저를 이용하여 스펙트럴 함수를 추정해 보자(code-(3) 참조).

SPECTRA 프로시저에서는 앞서 설명하였듯이 P option을 이용하여 피리오도그램을 구할 수 있고, S option을 이용하여 스펙트럴 밀도함수를 추정할 수 있다. 그러나 출력창에 별도로 결과가 출력되지 않으므로 b라는 데이터 세트를 지정하여 따로 결과를 저장하였다. 또한 weight문을 이용하여 스펙트럴 밀도함수의 추정량을 구하기 위한 가중치를 부여하였다. 식 (7.3.2)와 같이 지정된 상수를 이용하여 가중치를 부여하였으며 실제로 쓰이는 가중치는 합이 $1/4\pi$로 조정된다. 즉, 스펙트럴 밀도함수는 다음과 같이 추정된다:

$$\hat{f}(w_j)= \sum_{k=-3}^{3} W_k I_n'(w_{j+k})$$

단, $W_0' = \frac{4}{16 \cdot 4\pi}$, $W_1' = W_{-1}' = \frac{3}{16 \cdot 4\pi}$, $W_2' = W_{-2}' = \frac{2}{16 \cdot 4\pi}$,

$W_3' = W_{-3}' = \frac{1}{16 \cdot 4\pi}$

추정되는 스펙트럴 밀도함수는 평활되는 가중치의 값들보다도 가중치의 개수에 더 영향을 받는데 보통 자료 분석에서는 $n/40$ 혹은 $n/20$을 사용하나 추정된 스펙트럴 밀도함수를 시각적으로 비교한 후 적당한 개수를 선택하는 것이 바람직하다. 예를 들어 충분하게 평활되지 않으면 작은 봉우리들이 너무 많이 나타나 해석이 어려워지고, 반대로 지나치게 평활이 되면 자료 고유의 정보마저 평활이 되어 중요한 정보를 얻어내는 것이 어려워지기 때문이다.

ADJMEAN option을 이용하면 피리오도그램을 그릴 때 원 시계열의 평균을 0으로 조정해 주므로 w_0일 때 피리오도그램의 값이 0이 되도록 해준다. 이 option은 피리오도그램이 처음부터 큰 값을 갖지 않도록 조정해 주므로 피리오도그램의 전체적인 모양을 보기 좋게 하기 위해 흔히 사용된다.

다음은 WHITETEST option을 이용하여 로그변환한 흑점 수의 피리오도그램이 백색잡음인지 여부를 검정하였다. 표 7.4.1은 이에 대한 결과이다.

[표 7.4.1] 백색잡음 검정

Test for White Noise for Variable sn	
M =	99
Max(P(*))	83.30509
Sum(P(*))	232.6906

Fisher's Kappa: M*MAX(P(*))/SUM(P(*))	
Kappa	35.44279

Bartlett's Kolmogorov-Smirnov Statistic: Maximum absolute difference of the standardized partial sums of the periodogram and the CDF of a uniform(0,1) random variable.	
Test Statistic	0.664204
Approximate P-Value	<.0001

백색잡음을 검정하기 위해 SPECTRA 프로시저에서 제공하는 통계량은 Fisher의

Kappa 통계량과 Bartlett의 Kolmogorov-Smirnov 통계량이며 두 통계량이 검정하고자 하는 귀무가설 H_0는 자료가 백색잡음이라는 것이다. 표 7.4.1을 보면 Fisher의 Kappa 검정통계량의 값이 35.44279이고, 이는 유의확률 5%에서의 기각값 7.2(Fuller (1976) 참고)보다 크기 때문에 흑점 수의 피리오도그램이 백색잡음이라는 귀무가설을 기각할 수 있다. 또한, Bartlett의 Kolmogorov- Smirnov 검정통계량의 값은 0.664204이고 유의확률이 0.0001보다 작으므로 마찬가지로 흑점 수의 피리오도그램이 백색잡음이라는 귀무가설을 기각할 수 있다. 백색잡음 검정결과 로그변환된 흑점 수의 피리오도그램은 백색잡음이 아니며 이는 로그변환한 흑점 수도 백색잡음이 아님을 의미한다. 또한 이 검정결과는 뒤의 피리오도그램에서 나타난 봉우리들이 랜덤하게 나타난 것이 아님을 확인시켜 준다. 본 교재에서는 두 검정방법에 대한 구체적인 통계량과 부가설명은 생략하므로 이에 대한 자세한 내용은 SAS HELP를 참고하도록 한다. 피리오도그램과 추정된 스펙트럴 밀도함수는 따로 출력되지 않으므로 앞서 저장한 결과를 이용하여 별도로 출력해야 한다. 다음은 SPECTRA 프로시저의 결과를 이용하여 피리오도그램과 평활된 스펙트럴 밀도함수를 그린 결과이다(code-(4)~(7) 참조).

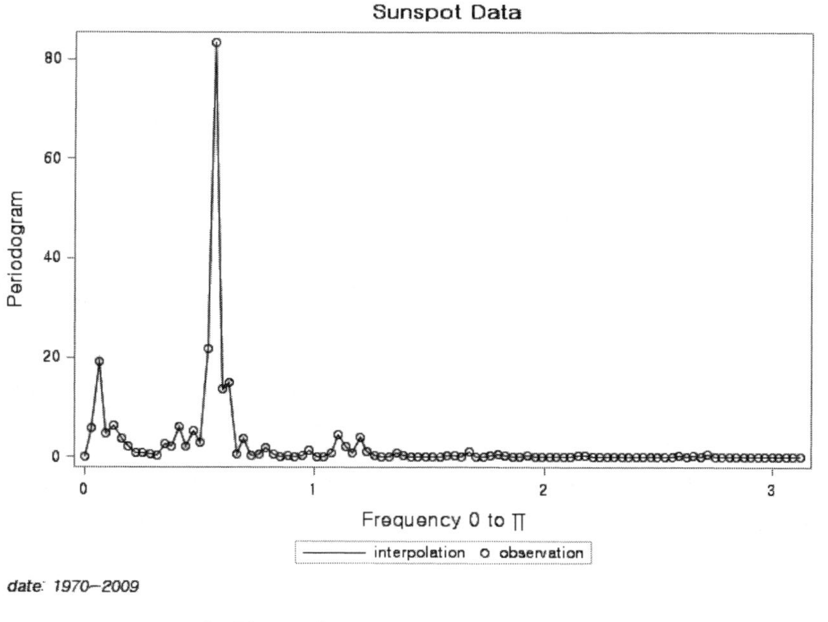

[그림 7.4.3] 진동수에 대한 피리오도그램

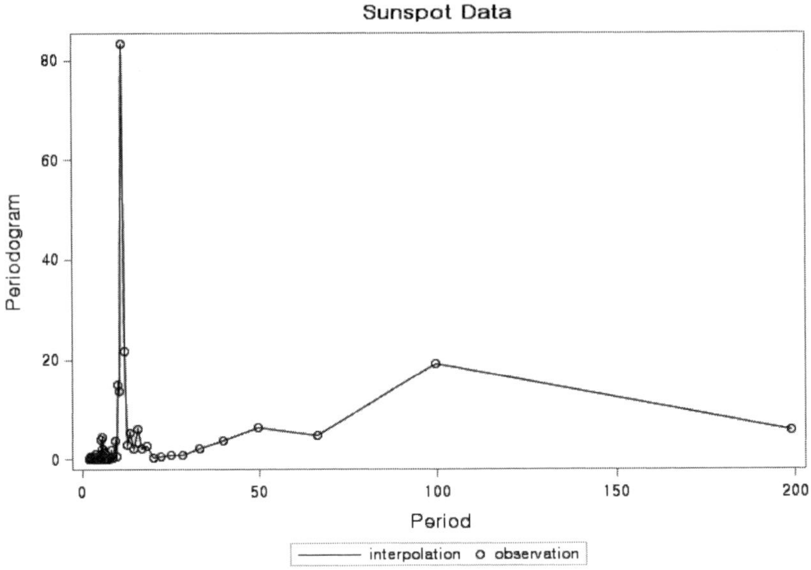

date: 1970–2009

[그림 7.4.4] 주기에 대한 피리오도그램

그림 7.4.3은 진동수에 대한 피리오도그램이다. 자료의 개수가 310개이므로 진동수는 $w_j = \dfrac{2\pi j}{310}$, $j = 1, \cdots, 155$이며 진동수 0.568 부근에서 가장 큰 봉우리를 가지나 진동수 0.063을 비롯한 몇 개의 다른 진동수에서도 작은 봉우리 형태가 나타난다. 그림 7.4.4는 진동수에 대응되는 주기 period$= \dfrac{2\pi}{w_j}$, $j = 1, \cdots, 155$에 대하여 피리오도그램을 그린 것이다. 이때 진동수 0.568에 해당하는 주기, 즉 $\dfrac{2\pi}{0.568} = 11.056$일 때 가장 큰 값을 가지며 진동수 0.063에 해당하는 주기 99.5일 때도 작은 봉우리가 나타난다. 주기가 99.5인 경우는 가장 큰 피리오도그램을 갖는 값인 주기 11.056의 배수이며 시계열 자료가 어떤 주기를 가질 때 그 주기의 정수배를 갖게 되므로 얻어지는 결과이다. 그러나 이 봉우리들을 모두 주기라고 결론 내릴 수는 없으므로 이를 좀 더 명확하게 확인하기 위해 앞서 지정한 가중치를 이용하여 평활시킨 스펙트럴 밀도함수의 추정값을 확인해 보도록 한다. 그림 7.4.5와 그림 7.4.6은 이에 대한 결과이다.

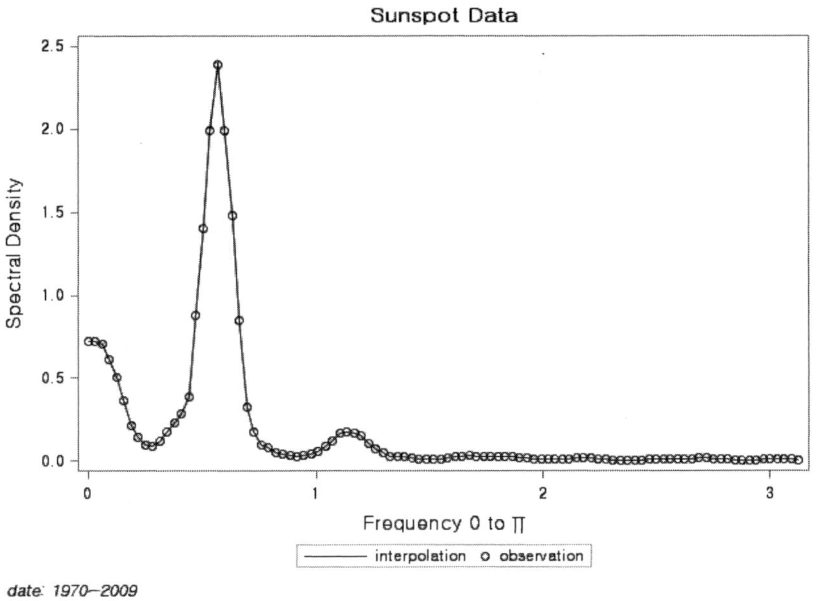

[그림 7.4.5] 진동수에 대한 스펙트럴 밀도함수의 추정값

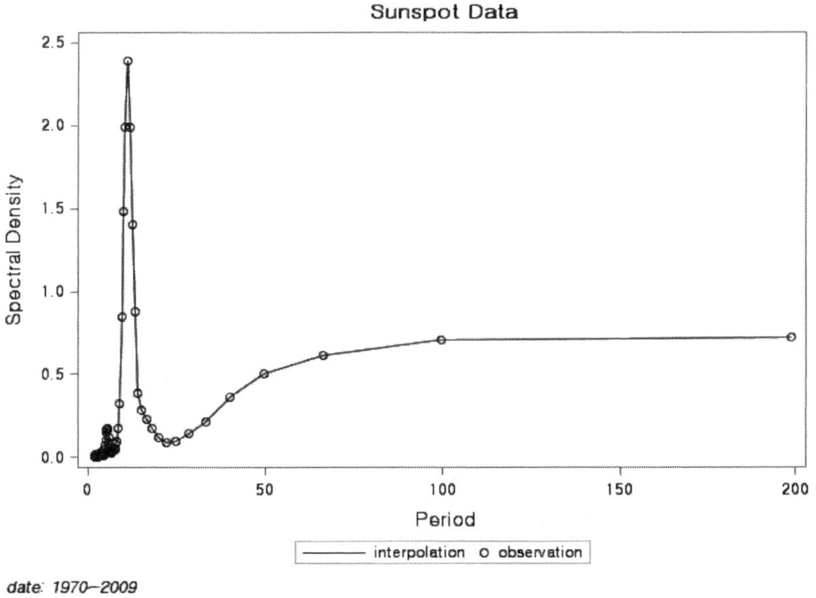

[그림 7.4.6] 주기에 대한 스펙트럴 밀도함수의 추정값

그림 7.4.5는 진동수 $w_j = \frac{2\pi j}{310}$, $j = 1,\cdots,155$에 대한 스펙트럴 밀도함수의 추정값이며 그림 7.4.6은 이에 대응하는 주기 period= $\frac{2\pi}{w_j}$, $j = 1,\cdots,155$에 대한 스펙트럴 밀도함수의 추정값이다. 가중치를 이용하여 평활한 그림 7.4.5와 그림 7.4.6이 그림 7.4.3과 그림 7.4.4에 비해 좀 더 부드러운 곡선 형태를 가짐을 확인할 수 있다. 그림 7.4.5의 스펙트럴 밀도함수의 추정값은 그림 7.4.3의 피리오도그램에 비하여 대부분의 작은 봉우리들이 사라졌으며 진동수 0.568 부근에서 하나의 큰 봉우리를 가진다. 마찬가지로 주기에 대한 스펙트럴 밀도함수의 추정값 역시 진동수 0.568에 대응하는 주기 $\frac{2\pi}{0.568} = 11.056$에서 가장 큰 봉우리 형태를 가짐을 확인할 수 있다. 그림 7.4.7은 위 사실을 좀 더 명확하게 확인하기 위해 주기가 30 미만인 자료들에 대해서만 스펙트럴 밀도함수의 추정값을 플로팅한 그림이다(code-(8) 참조). 위의 결과들을 종합해 보면 태양의 흑점 주기는 11.056년을 주기로 규칙적으로 변동하고 있다고 결론지을 수 있다.

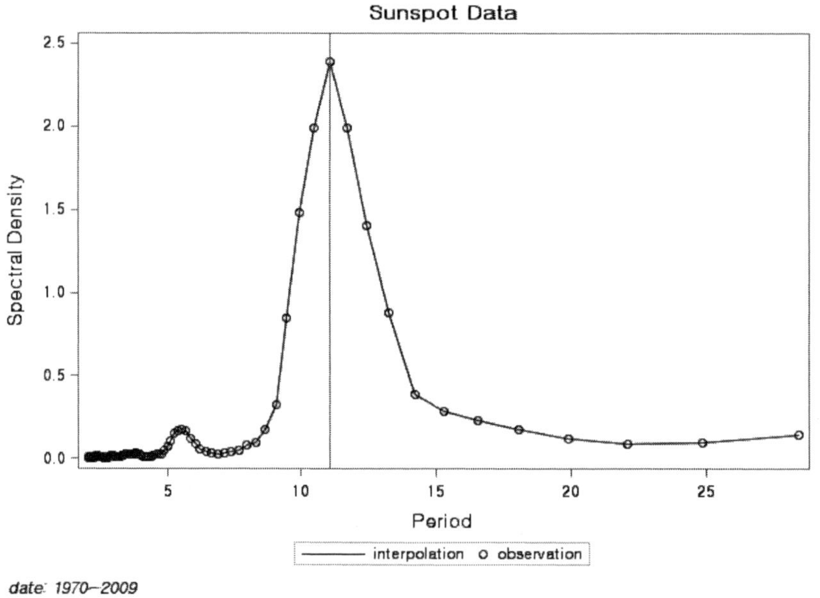

[그림 7.4.7] 주기가 30 미만인 자료의 스펙트럴 밀도함수의 추정값

SAS 코드

```
/* D 드라이브에 있는 SUNSPOT.TXT 파일의 자료를 불러오기 */
PROC IMPORT OUT=sunspot DATAFILE='d:₩sas_ch4_sunspot.txt' DBMS=TAB
      REPLACE;
RUN;

/* (1) 태양 흑점 수 자료의 시계열도 */
PROC SGPLOT DATA=sunspot;
  TITLE1 BOLD "Sunspot Data";
  SERIES X=year Y=sunspotnumber /LEGENDLABEL="interpolation";
  SCATTER X=year Y=sunspotnumber /LEGENDLABEL="observation";
  XAXIS LABEL="Year" VALUES=(1700 to 2010 by 10);
  YAXIS LABEL="Sunspot Number";
  FOOTNOTE1 JUSTIFY=LEFT 'date: 1970~2009';
  FOOTNOTE2 JUSTIFY=LEFT 'source: http://www.ngdc.noaa.gov';
RUN;

/* 태양 흑점 수 자료의 로그변환 */
DATA sunspot1;
  SET sunspot;
  sn=LOG(sunspotnumber);
RUN;

/* (2) 로그변환한 태양 흑점 수 자료의 시계열도 */
PROC SGPLOT DATA=sunspot1;
  TITLE1 BOLD "Sunspot Data";
  SERIES X=year Y=sn /LEGENDLABEL="interpolation";
  SCATTER X=year Y=sn /LEGENDLABEL="observation";
  XAXIS LABEL="Year" VALUES=(1700 to 2010 by 10);
  YAXIS LABEL="Log(Sunspot Number)";
  FOOTNOTE1 JUSTIFY=LEFT 'date: 1970~2009';
RUN;

/* (3) 피리오도그램과 스펙트럴 밀도함수의 추정 */
PROC SPECTRA DATA=sunspot1 OUT=b P S ADJMEAN WHITETEST;
  VAR sn;
  WEIGHTS 1 2 3 4 3 2 1;
RUN;

/* (4) 진동수에 대한 피리오도그램 그림 */
PROC SGPLOT DATA=b;
  TITLE1 BOLD "Sunspot Data";
  SERIES X=freq Y=p_01 /LEGENDLABEL="interpolation";
  SCATTER X=freq Y=p_01 /LEGENDLABEL="observation";
  XAXIS LABEL="Frequency 0 to Π";
  YAXIS LABEL="Periodogram";
```

```
  FOOTNOTE1 JUSTIFY=LEFT 'date: 1970~2009';
RUN;

/* (5) 주기에 대한 피리오도그램 그림 */
PROC SGPLOT DATA=b;
  TITLE1 BOLD "Sunspot Data";
  SERIES X=period Y=p_01 /LEGENDLABEL="interpolation";
  SCATTER X=period Y=p_01 /LEGENDLABEL="observation";
  XAXIS LABEL="Period";
  YAXIS LABEL="Periodogram";
  FOOTNOTE1 JUSTIFY=LEFT 'date: 1970~2009';
RUN;

/* (6) 진동수에 대한 스펙트럴 밀도함수 추정 그림 */
PROC SGPLOT DATA=b;
  TITLE1 BOLD "Sunspot Data";
  SERIES X=freq Y=s_01/LEGENDLABEL="interpolation";
  SCATTER X=freq Y=s_01 /LEGENDLABEL="observation";
  XAXIS LABEL="Frequency 0 to Π";
  YAXIS LABEL="Spectral Density";
  FOOTNOTE1 JUSTIFY=LEFT 'date: 1970~2009';
RUN;

/* (7) 주기에 대한 스펙트럴 밀도함수 추정 그림 */
PROC SGPLOT DATA=b;
  TITLE1 BOLD "Sunspot Data";
  SERIES X=period Y=s_01/LEGENDLABEL="interpolation";
  SCATTER X=period Y=s_01 /LEGENDLABEL="observation";
  XAXIS LABEL="Period";
  YAXIS LABEL="Spectral Density";
  FOOTNOTE1 JUSTIFY=LEFT 'date: 1970~2009';
RUN;

/* (8) 주기가 30 미만인 자료의 스펙트럴 밀도함수의 추정 그림 */
PROC SGPLOT DATA=b;
  TITLE1 BOLD "Sunspot Data";
  WHERE (period<30);
  SERIES X=period Y=s_01/LEGENDLABEL="interpolation";
  SCATTER X=period Y=s_01 /LEGENDLABEL="observation";
  XAXIS LABEL="Period";
  YAXIS LABEL="Spectral Density";
  REFLINE 11 /AXIS=X;
  FOOTNOTE1 JUSTIFY=LEFT 'date: 1970~2009';
RUN;
```

7-5 연습문제

01 복소수값을 갖는 정상시계열 $\{X_t\}$의 자기공분산함수 $\gamma(\cdot)$에 대해 다음이 성립함을 보여라.

(1) $\gamma(0) \geq 0$

(2) 모든 h에 대하여 $|\gamma(h)| \leq \gamma(0)$

(3) 모든 h에 대하여 $\gamma(-h) = \overline{\gamma(h)}$

02 예 7.1.4에 있는 $\{X_t\}$가 정상시계열임을 보여라. 즉, $EX_t = 0$, $Var(X_t) = \sum_{j=1}^{n} \sigma_j^2 < \infty$, $Cov(X_{t+h}, X_t) = \sum_{j=1}^{n} \sigma_j^2 e^{ih\lambda_j}$임을 증명하여라.

03 $F(\nu) = \sum_{\lambda_j \leq \nu} \sigma_j^2$가 우연속 그리고 비감소 함수임을 보여라.

04 만일 $\gamma(\cdot)$가 실함수이고 $\sum_{h=0}^{\infty} |\gamma(h)| < \infty$라면, 스펙트럴 밀도함수 f는 0에 대해서 대칭임을 보여라.

05 $|\phi| < 1$인 경우의 ARMA(1,1) 모형의 스펙트럴 밀도함수를 모수들의 식으로 표현하여 구하여라.

06 Herglotz의 정리에서의 유사분포함수가 유일함을 증명하여라.

07 $-\pi \leq \nu \leq \pi$에서 스펙트럴 밀도함수가 $f(\nu) = (\pi - |\nu|)/\pi^2$인 자기공분산함수를 구하여라.

08 $X_t = \epsilon_t + 2.5\epsilon_{t-1}$, $\{\epsilon_t\} \sim \text{WN}(0, \sigma^2)$으로 정의된 MA(1) 모형 $\{X_t\}$의 자기공분산함수를 구하고 스펙트럴 분포함수를 구하여라.

09 $X_t = \epsilon_t + 2.5\epsilon_{t-1}$, $\{\epsilon_t\} \sim \text{WN}(0, \sigma^2)$일 때, $Y_t = A\cos(\pi t/3) + B\sin(\pi t/3) + X_t$로 정의된 시계열 $\{Y_t\}$를 고려하자. 단, A, B는 $\{\epsilon_t\}$와 독립인 확률변수이다. 이때 $\{Y_t\}$의 자기공분산함수를 구하고, 스펙트럴 분포함수를 구하여라.

10 $\{X_t\}$, $\{Y_t\}$가 정상시계열이고 다음을 만족한다:

$$X_t - \alpha X_{t-1} = Z_t, \qquad \{Z_t\} \sim \mathrm{WN}(0, \sigma^2)$$

$$Y_t - \alpha Y_{t-1} = X_t + W_t, \qquad \{W_t\} \sim \mathrm{WN}(0, \sigma^2)$$

단, $|\alpha| < 1$이고 $\{Z_t\}$와 $\{W_t\}$는 서로 독립이다. 이때 $\{Y_t\}$의 스펙트럴 밀도함수를 구하여라.

11 $\{X_t\}$, $\{Y_t\}$가 평균이 0인 정상시계열이고 스펙트럴 밀도함수가 각각 f_X, f_Y이라고 하자. 모든 $\lambda \in [-\pi, \pi]$에 대하여 $f_X(\lambda) \le f_Y(\lambda)$라고 가정할 때, 다음을 보여라.

(1) $\Gamma_{n,X} - \Gamma_{n,Y}$가 양반정치(non-negative definite) 행렬이다. 단, $\Gamma_{n,Y}$와 $\Gamma_{n,X}$은 각각 $\boldsymbol{Y} = (Y_1, \cdots, Y_n)^T$와 $\boldsymbol{X} = (X_1, \cdots, X_n)^T$의 공분산 행렬이다.

(2) 모든 $\boldsymbol{b} = (b_1, \cdots, b_n)^T \in R^n$에 대하여 $Var(\boldsymbol{b}^T \boldsymbol{X}) \le Var(\boldsymbol{b}^T \boldsymbol{Y})$이다.

12 정규분포를 따르는 정상 ARMA (1, 1) 모형에서 자료를 300개 생성하여 lag-window 스펙트럴 밀도함수를 추정하고, 그림을 그려 실제 스펙트럴 밀도함수와 비교하여라.

8장

비선형 및 장기억 시계열 모형

전통적으로 시계열분석에서는 시계열 모형의 **선형성**(linearity)과 **정규성**(normality)의 조건들 중 하나만을 가정하였다. 그 이유는 주가나 자연현상의 자료에서 보듯 시계열 자료에 갑작스런 쇼크 현상이 나타나는 경우에 이 두 개의 조건 모두를 동시에 가정함이 부적절하기 때문이다. 그러나 실제로는 정규분포를 따르는 자료가 그렇게 많지 않으므로 정규성에 대한 논란은 선형성에 비해 상대적으로 그리 흥미로운 주제로 간주되지 않았다. 주어진 자료가 실제로 선형적 모형을 따르고 있는지에 대한 관심이 고조되기 시작한 이유는 앞 장에서 소개한 ARMA 모형의 광범위한 유용성에도 불구하고 실제의 많은 자료들이 ARMA 모형으로 잘 적합되지 않는다는 사실이 경험적으로 입증되었기 때문이다. 이는 물론 ARMA 모형 자체가 선형 모형인 데 반하여 그 자료들이 비선형적 특징을 가지고 있기 때문에 나타나는 현상으로 그를 통하여 많은 학자들이 **비선형 시계열 모형**(nonlinear time series model)에 많은 관심을 가지게 되었다. 이에 이 장에서는 비선형 시계열 모형의 예들을 알아보고 그 모형들의 쓰임새에 대해 간략히 알아보기로 한다.

한편, 정상시계열 중에는 그 상관계수들이 0으로 수렴하는 속도가 ARMA 모형과 달리 매우 느린 경우가 있다. 이런 성질을 갖는 시계열을 장기억(long memory) 시계열이라고 하며, 장기억을 갖는 대표적인 모형은 뒤에서 소개할 fractional ARIMA 모형이다. 이 장에서는 이들 모형에 대한 성질과 응용사례를 간략히 서술할 것이다.

8-1 비선형 자기회귀모형

■ TAR 모형(threshold autoregressive model)

8.1.1 정의

$\{X_t\}$가 다음의 식을 만족하는 경우

$$X_t = \phi_0^{(i)} + \phi_1^{(i)} X_{t-1} + \cdots + \phi_p^{(i)} X_{t-p} + \sigma^{(i)}\epsilon_t,$$
$$\boldsymbol{X}_{t-1} \in \Omega_i,\ i = 1, \cdots, k \qquad (8.1.1)$$

TAR($\boldsymbol{p}$) 모형을 따른다고 한다. 단, $\{\epsilon_t\}$는 IID$(0,1)$이고 $\boldsymbol{X}_{t-1} = (X_{t-1}, \cdots, X_{t-p})^T$, Ω_i는 R^p의 분할이다. 즉, Ω_i들은 서로소(disjoint)이고 공집합이 아니며 $\bigcup_{i=1}^{k} \Omega_i = R^p$이다. 그리고 $\sigma^{(i)}$들은 양의 실수이다.

● 8.1.2 예

TAR 모형의 간단한 예로 다음을 생각할 수 있다:

$$X_t = \begin{cases} 1 + 0.6X_{t-1} + \epsilon_t, & X_{t-1} \le 0 \\ -1 + 0.4X_{t-1} + \epsilon_t, & X_{t-1} > 0 \end{cases} \quad \text{단, } \{\epsilon_t\} \sim \text{IID } N(0,1)$$

위의 식에서 $X_t = 1 + 0.6X_{t-1} + \epsilon_t$ 모형과 $X_t = -1 + 0.4X_{t-1} + \epsilon_t$ 모형은 각각 정상성을 만족하는 모형이다. 그러나 이들을 확률적으로 결합하여 만든 위의 모형이 정상성을 만족하는지는 다소 불분명하다고 할 수 있다. 그림 8.1.1의 시계열도는 정상성의 특징을 보여 주고 있으므로, 이로부터 각 시점의 국부적인(local) 시계열 모형의 형태와는 무관하게 전반적인(global) 시점에서 TAR 모형이 정상성을 유지하고 있음을 관찰할 수 있다.

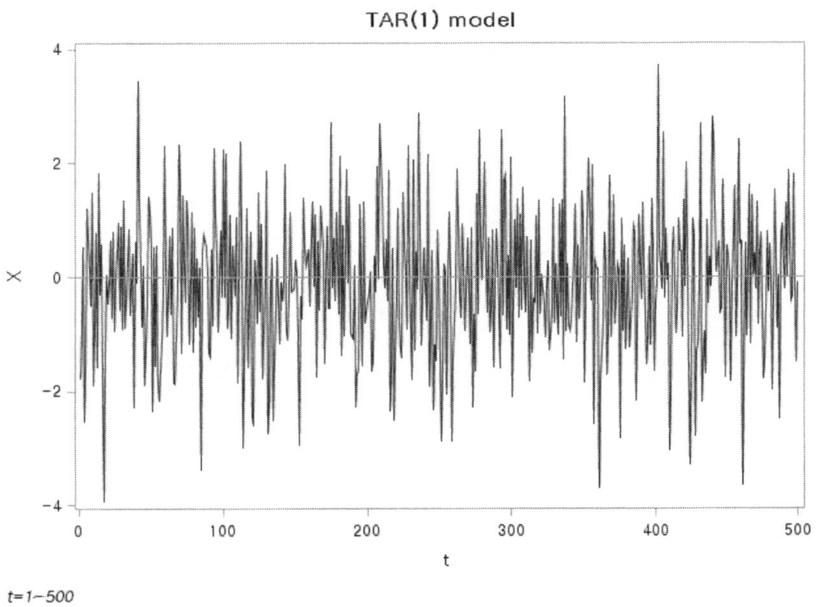

[그림 8.1.1] 예 8.1.2의 TAR 모형의 시계열도

그림 8.1.2는 위의 모형에서 얻어진 자기공분산함수의 값을 플로팅한 그림이다. 정상 AR(1) 모형에서와 같이 자기공분산함수가 0으로 기하급수적으로 수렴하는 것을 볼 수 있다.

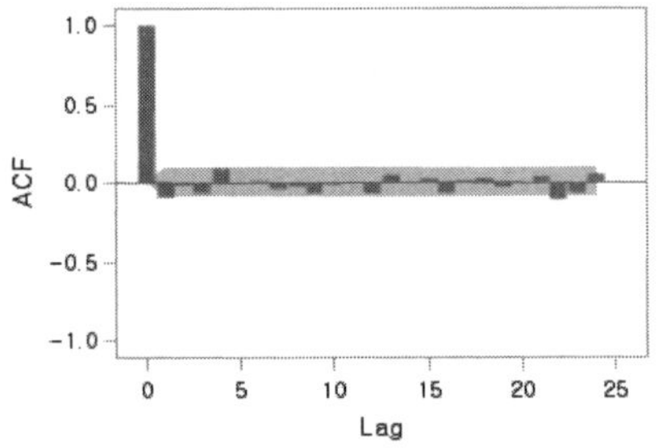

[그림 8.1.2] 예 8.1.2의 TAR 모형의 SACF

● **8.1.3 예**

다음의 TAR(1) 모형에서 회귀모수들에 대한 추론을 생각해 보자:

$$X_t = \phi_1 X_{t-1}^{+} + \phi_2 X_{t-1}^{-} + \epsilon_t,\ \text{단},\ \{\epsilon_t\} \sim \text{IID}(0, \sigma^2),\ |\phi_1| < 1, |\phi_2| < 1 \quad (8.1.2)$$

$|\phi_1|, |\phi_2| < 1$의 조건은 이 모형이 정상성을 만족하게끔 하는 충분조건임이 잘 알려져 있다. 위의 모형에서 $\boldsymbol{\phi} = (\phi_1, \phi_2)^T$의 최소제곱추정량은 다음과 같다:

$$\hat{\boldsymbol{\phi}} = \left(\sum_{t=1}^{n} \boldsymbol{X}_{t-1} \boldsymbol{X}_{t-1}^{T} \right)^{-1} \sum_{t=1}^{n} \boldsymbol{X}_{t-1} X_t \qquad \text{단},\ \boldsymbol{X}_t = (X_t^{+}, X_t^{-})^T$$

이로부터

$$\sqrt{n}(\hat{\boldsymbol{\phi}} - \boldsymbol{\phi}) = \left(\frac{1}{n} \sum_{t=1}^{n} \boldsymbol{X}_{t-1} \boldsymbol{X}_{t-1}^{T} \right)^{-1} \frac{1}{\sqrt{n}} \sum_{t=1}^{n} \boldsymbol{X}_{t-1} \epsilon_t$$

임을 알 수 있고, 이와 더불어 $X_t^{+} X_t^{-} = 0$,

$$\frac{1}{n} \sum_{t=1}^{n} \boldsymbol{X}_{t-1} \boldsymbol{X}_{t-1}^{T} \to E \boldsymbol{X}_1 \boldsymbol{X}_1^{T} := \Lambda, \qquad \frac{1}{\sqrt{n}} \sum_{t=1}^{n} \boldsymbol{X}_{t-1} \epsilon_t \xrightarrow{d} N(0, \Lambda \sigma^2)$$

등의 사실을 이용하면

$$\sqrt{n}(\hat{\boldsymbol{\phi}} - \boldsymbol{\phi}) \xrightarrow{d} N(\boldsymbol{0}, \Lambda^{-1} \sigma^2) \qquad (8.1.3)$$

을 얻을 수 있다. 단, Λ의 i행 j열의 원소들은 다음과 같다:

$$\Lambda_{11} = E(X_1^{+})^2,\ \Lambda_{12} = \Lambda_{21} = 0,\ \Lambda_{22} = E(X_1^{-})^2$$

식 (8.1.2)의 TAR(1) 모형에서 $\phi_1 = 0.7$, $\phi_2 = -0.5$인 경우를 생각해 보자. 양의 값을 갖는 X_t가 주어져 있을 때 X_{t+1}을 예측하는 문제를 고려해 보면 $E(X_{t+1}|X_t) = 0.7X_t$임을 알 수 있다. 이때 TAR(1) 모형 대신에 threshold 효과를 무시하여 단순히 AR(1) 모형 $X_t = \psi X_{t-1} + \epsilon_t$으로 잘못 적합하는 경우를 고려해 보자. 이 경우에는 $E(X_{t+1}|X_t) = \psi X_t$가 되고 ψ에 최소제곱추정량 $\hat{\psi}$를 대입하면 실제의 예측값은 $\hat{\psi}X_t$가 된다. 그러나 이 경우에는 $\phi_2 = -0.5$의 영향으로 인해 $\hat{\psi}$의 값이 0.7과 크게 달라져서 실제의 예측값과 일치하지 않을 수도 있음을 유념해야 한다(연습문제 1 참조).

■ RCA 모형(random coefficient autoregressive model)

RCA 모형은 자료를 플로팅할 때 스파이크 형태의 패턴이 반복해서 나타나는 경우 이를 모형화하는 데 유용함이 잘 알려져 있다. 모형의 모수에 랜덤효과(random effect)를 주어 시계열의 변이가 급격히 커지는 스파이크 현상을 잡아내려는 의도가 담겨져 있는 모형으로서 기존의 AR 모형의 자기회귀 모수에 랜덤효과를 부가한다. 이 모형을 식으로 나타내면 다음과 같다.

8.1.4 정의

$\{X_t\}$가 다음의 모형식을 만족할 때

$$X_t = \sum_{i=1}^{p}(\phi_i + b_t(i))X_{t-i} + \epsilon_t, \tag{8.1.4}$$

$\{X_t\}$가 RCA(p) 모형을 따른다고 한다. 단,

(1) $\{\epsilon_t\}$는 평균이 0이고 분산이 σ^2인 IID 확률변수들이다.

(2) ϕ_i, $i = 1, \cdots, p$는 상수이다.

(3) $\boldsymbol{B}_t = (b_t(1), \cdots, b_t(p))^T$일 때 $\boldsymbol{B}_t$는 평균이 0이고 $E(\boldsymbol{B}_t\boldsymbol{B}_t^T) = \Psi$를 만족하는 IID $p \times 1$ 확률벡터이다. 단, Ψ는 $p \times p$ 양반정치 행렬이다.

(4) $\{\boldsymbol{B}_t\}$와 $\{\epsilon_t\}$는 서로 독립이다.

● 8.1.5 예

RCA 모형의 간단한 예로 다음을 생각할 수 있다:

$$X_t = (-0.1 + b_t)X_{t-1} + \epsilon_t$$

단 7, $\{b_t\} \sim N(0, 0.81)$, $\{\epsilon_t\} \sim \text{IID}\, N(0,1)$이고 $\{b_t\}$와 $\{\epsilon_t\}$는 독립이다. 시계열도를 보면 정상시계열의 특징을 잘 보여 주고 있으며, 간혹 스파이크들이 존재하는 것을 볼 수 있다.

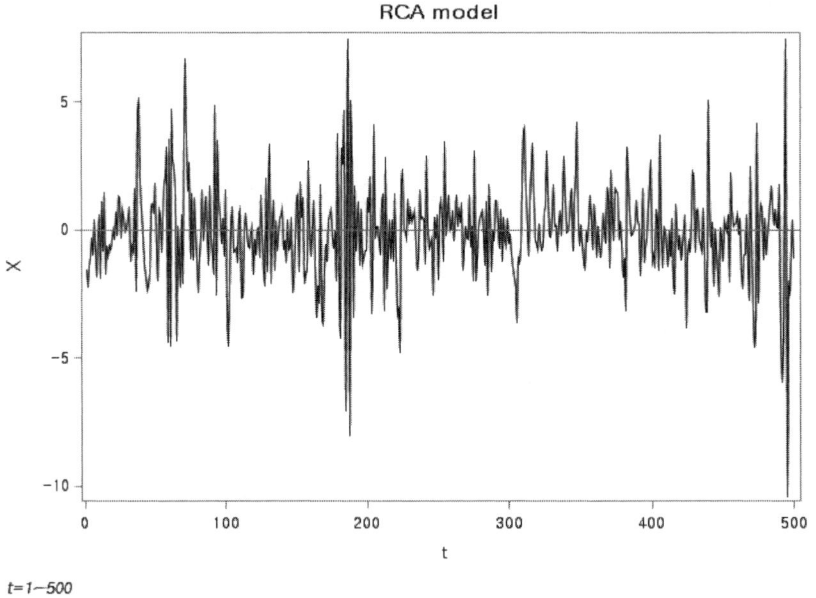

[그림 8.1.3] 예 8.1.5의 RCA 모형의 시계열도

● 8.1.6 예

다음의 RCA(1) 모형에서 모수의 최소제곱추정량을 고려해 보자:

$$X_t = (\phi + b_t)X_{t-1} + \epsilon_t \qquad (8.1.5)$$

단, $\{\epsilon_t\} \sim \text{IID}(0, \sigma^2)$, $\{b_t\} \sim \text{IID}(0, w^2)$은 서로 독립이다. $\phi^2 + w^2 < 1$일 때 RCA(1) 모형이 정상성을 가짐이 잘 알려져 있으며, 위의 식 (8.1.5)로부터 평균이 0이 됨을 알 수 있다.

모수 ϕ의 최소제곱추정량은 $\hat{\phi} = \sum_{t=1}^{n} X_{t-1}X_t \Big/ \sum_{t=1}^{n} X_{t-1}^2$ 이고

$$\sqrt{n}\,(\hat{\phi}-\phi)=\sum_{t=1}^{n}\left(X_{t-1}^2\,b_t+X_{t-1}\epsilon_t\right)\Big/\sum_{t=1}^{n}X_{t-1}^2$$

가 되어 $\sqrt{n}\,(\hat{\phi}-\phi)$는 점근적으로 평균이 0이고, 분산이 다음과 같은 정규분포를 따른다:

$$\tau^2 w^2+\sigma^2\gamma_X(0)^{-2},\ \text{단}\ \tau=EX_1^4,\ \gamma_X(0)=EX_1^2 \tag{8.1.6}$$

참고로, X_s, $s<t$와 (b_u,ϵ_u), $u\ge t$가 서로 독립이므로

$$E\left(X_t^2|X_{t-1}\right)=\left(\phi^2+w^2\right)X_{t-1}^2+\sigma^2 \tag{8.1.7}$$

이 만족됨을 보일 수 있으며, 이를 기초로 위의 ϕ 대신 그 추정량인 $\hat{\phi}$를 대입한 다음의 회귀모형을 고려하면,

$$X_t^2=\left(\hat{\phi}^2+w^2\right)X_{t-1}^2+\sigma^2+\eta_t,\ \{\eta_t\}\sim \mathrm{IID}\left(0,\sigma_\eta^2\right) \tag{8.1.8}$$

$\left(\sigma^2,\omega^2\right)$의 최소제곱추정량을 손쉽게 구할 수 있게 된다. 이렇게 얻어진 최소제곱추정량은 $\left(\sigma^2,\omega^2\right)$의 일치추정량임을 보일 수 있다.

한편, $\gamma(\cdot)$를 자기공분산함수라고 놓고 가정하고 있는 오차항들의 독립성 조건 등을 이용하면, $Eb_tX_{t-h}=0, E\epsilon_tX_{t-h}=0$, $h\ge 1$이기 때문에 식 (8.1.5)로부터

$$\gamma(1)=EX_tX_{t-1}=E(\phi+b_t)X_{t-1}^2+E\epsilon_tX_{t-1}=\phi\gamma(0),$$
$$\gamma(h)=EX_tX_{t-h}=E(\phi+b_t)X_{t-1}X_{t-h}+E\epsilon_tX_{t-h}=\phi\gamma(h-1),\ h\ge 2$$

등의 식을 얻는다. 따라서 $\gamma(h)=\phi^h\gamma(0)$이다. 또한, 식 (8.1.5)로부터

$$\gamma(0)=EX_t^2=E\left[(\phi+b_t)X_{t-1}+\epsilon_t\right]^2=(\phi^2+w^2)\gamma(0)+\sigma^2$$

을 얻을 수 있고, 이를 풀면

$$\gamma(0)=\frac{\sigma^2}{1-\phi^2-w^2}$$

가 되어, 최종적으로

$$\gamma(h)=\frac{\sigma^2\phi^h}{1-\phi^2-w^2}$$

를 얻는다. 특별히, 위의 결과는 RCA(1) 모형의 자기상관함수가 AR(1) 모형과 동일하게 ϕ^h임을 보여 주고 있다. 즉, 이로부터 RCA(1) 모형과 AR(1) 모형의 자기상관함수들의 비교를 통해서는 랜덤효과의 차이를 구별해내지 못함을 알 수 있다. 위의 결과들과 관련하여 연습문제 2를 참조하기 바란다. 본 교재에서는 $\{\epsilon_t\}$와 $\{b_t\}$의 독립성을 가정하고 있으나, 실제 응용에서는 이 가정을 완화하여 (b_t, ϵ_t)가 상관계수가 0이 아닌 IID 확률벡터임을 가정하기도 한다.

RCA 모형에서 랜덤효과인 b_t의 존재여부를 검정하는 방법으로서 LBI(locally best invariant) 검정법(Ha and Lee (2002) 참조)이 유효하다고 잘 알려져 있으나, 본 교재의 수준을 넘어가므로 상세한 설명은 생략한다.

■ 이선형 모형(bilinear model)

8.1.7 정의

$\{X_t\}$가

$$X_t - \sum_{i=1}^{p} \phi_i X_{t-i} = \mu + \epsilon_t + \sum_{i=1}^{q} \theta_i \epsilon_{t-i} + \sum_{i=1}^{r} \sum_{j=1}^{s} \beta_{ij} X_{t-i} \epsilon_{t-j} \qquad (8.1.9)$$

를 만족할 때(단, $\{\epsilon_t\} \sim \text{IID}(0, \sigma^2)$이며 $\mu, \phi_i, \theta_j, \beta_{ij}$, $(i = 1, \cdots, q,\ j = 1, \cdots, p)$ 들은 미지의 모수), 식 (8.1.9)의 모형을 이선형 모형이라고 한다.

모형 (8.1.9)는 Granger와 Anderson에 의해 처음으로 연구되었으며 ARMA 모형에 X_{t-i}와 ϵ_{t-i}를 곱한 항을 더하여 만들어지는 이차식 형태의 비선형 모형이다. 이선형이라는 용어는 ϵ_s, $s < t$들을 고정하면 X_t가 X_s, $s < t$들과 선형관계에 있고 X_s, $s < t$들을 고정시키면 X_t가 ϵ_s, $s < t$들과 선형관계에 있다는 사실로부터 유래한 것이다.

이선형 모형을 모의실험을 통하여 구현해 보면 β_{ij}가 큰 값을 갖는 경우 진폭이 갑작스럽고 크게 폭발하는 현상이 나타남을 알 수 있다. 이러한 이유로 이선형 모형은 금융자료나 지진자료의 분석에 적합한 모형으로 쓰이고 있다.

앞에서 소개한 비선형 시계열 모형들은 매우 다양한 패턴을 보이는 자료를 분석하는 중요한 수단으로 간주되고 있으며, 시계열분석에서 중요한 위치를 차지하고 있다. 자료가 주어진 실제 상황에서는 이들 모형을 적합시키기에 앞서 그 자료가 비선형 모형을 따를 것인지를 검정하는 비선형 검정을 시행해야만 한다. 비선형 모형임이 확실하고 과거의 경험으로부터 어느 정도의 정보가 있는 경우에는 위에서 소개한 기존의 모형 등으로 자료를 적합시키고, 정보가 전혀 없는 경우에는 비모수적 함수추정으로 비선형 모형의 함수형태를 파악하여 이를 바탕으로 기존의 모형을 선택한다. 어떤 경우가 됐건 적합도 검정을 통한 모형진단을 실시하며 이 과정이 끝나고 특정한 모형이 완전히 선택된 이후에는 모수추정의 단계로 들어간다. 또한, 마지막 단계로서 선택된 모형에 기초한 미래예측을 시도한다. 앞에서 기술한 RCA 모형이나 이선형 모형은 모두 스파이크를 갖는 자료의 분석에 이용되고 있으나 변동성이 강한 재정 시계열에서는 이른바 변동성 집중현상을 갖는 등의 현상 등을 반영하기 어려우므로 6장에서 기술한 대로 GARCH 모형을 주로 이용하고 있다.

● 8.1.8 예

이선형 모형의 간단한 예로 다음을 생각할 수 있다:

$$X_t = 0.9X_{t-1}\epsilon_{t-1} + \epsilon_t, \quad \{\epsilon_t\} \sim \text{IID } N(0,1)$$

그림 8.1.4에서 볼 수 있듯이 시계열도에 스파이크 현상이 있음을 알 수 있다. 얼핏 RCA 모형과 유사하게 보이기도 하는데 그림 8.1.3과 비교하면 스파이크가 더 확연하고 뚜렷한 모습을 관찰할 수 있다.

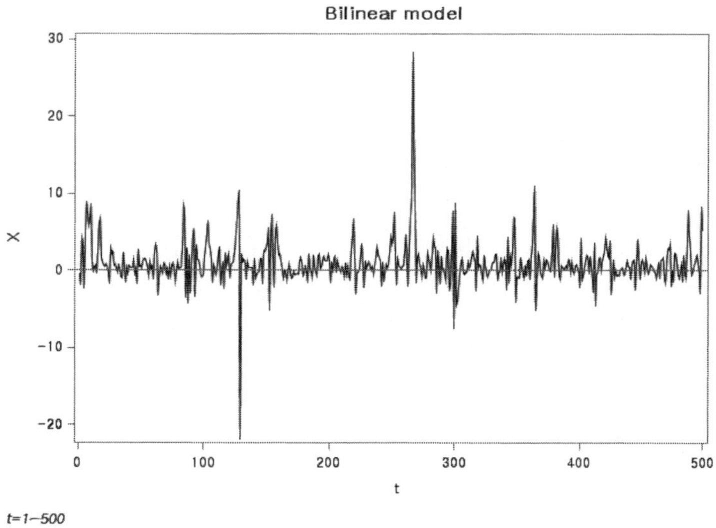

[그림 8.1.4] 예 8.1.8의 이선형 모형의 시계열도

8-2 장기억 확률과정

4장에서 보았듯이 자기상관함수를 구하는 것은 자료의 모형선택에 매우 기본적인 작업이라고 할 수 있으며, 시차가 증가할 때 표본자기상관함수가 0으로 빠르게 감소하면 대부분의 경우 자료에 ARMA 모형을 적합시킨다.

실제로 정상 ARMA 시계열의 자기상관함수 $\rho(k)$는 어떤 상수 $C>0$, $0<\rho<1$에 대하여

$$|\rho(k)| \le C\rho^k,\ k=0,1,2,\cdots$$

의 성질을 만족한다. 이와 같이 기하급수적으로 급격히 감소하는 자기상관함수의 성질 때문에 ARMA 확률과정을 **단기억 확률과정**(short memory process)이라고 부른다. 그런데 어떤 정상시계열 자료의 자기상관함수는 정상성을 만족함에도 불구하고 단기억 확률과정에서의 형태와 달리 매우 느리게 0으로 접근한다. 이와 같은 경우 흔히 정상성이 만족되지 않는다는 판단에 따라 ARIMA 모형을 이용하여 자료의 분석을 시도하게 되는데, 실제로는 자료가 정상성의 특징을 가지고 있으므로 좋은 적합이 이루어지지 않는다. 이러한 까닭으로 0으로 느리게 수렴하는 자기상관함수를 갖는 **장기억 확률과정**(long memory process)의 필요성이 대두되었다. 이른바 **프랙털**(fractal) **효과** 또는 **자기유사**(self-similarity) **효과**와 연관되어 이러한 장기억의 특성을 갖는 시계열이 자연현상에 존재함은 이미 오래 전부터 알려져 왔다. 특히, 물의 특성을 연구하는 수문학 혹은 경제학의 자료들에서 이러한 현상들이 자주 관측된다.

8.2.1 정의

정상성을 만족하는 확률과정 $\{X_t\}$의 자기상관함수 $\rho(k)$가 $0<d<1/2$인 어떤 실수 d에 대하여

$$\rho(k) \sim Ck^{2d-1},\ k\rightarrow\infty\ \ (\text{단, } C>0)$$

을 만족할 때 $\{X_t\}$를 **장기억 확률과정**(long memory process)이라고 한다.

경우에 따라서는 음수의 d를 고려할 때도 있지만 장기억의 성질을 잘 나타내는 것은 양수이므로 본 교재에서는 위의 정의를 장기억 확률과정의 정의로 사용한다. 왜냐하면 d가 음수인 경우에는 자기상관함수의 상대적으로 빠른 수렴속도로 인하여 장기

억의 특성을 잘 반영하지 못하며, 상관함수의 무한 합이 유한이기 때문에 모수의 추정에서 ARMA 모형과 같은 단기억 확률과정과 유사한 점근분포의 성질이 나타나기 때문이다. 이 경우에는 장기억 확률과정보다는 ARMA 모형을 이용하는 분석이 좀 더 현실적이다.

이 장에서는 장기억 확률과정을 소개하고, 기본적인 성질 및 SAS를 이용하여 실제 자료를 분석하는 방법을 기술한다. 보다 상세한 이론적 배경 및 증명방법들은 Brockwell and Davis (1993)를 참조하기 바란다.

■ fractional ARIMA 모형

일반화된 이항정리는 다음과 같이 표현된다:

임의의 실수 d에 대하여

$$(1-x)^d = \sum_{j=0}^{\infty}\binom{d}{j}(-x)^j, \quad \binom{d}{j} = \frac{d(d-1)\cdots(d-j+1)}{j!}$$

또한, 일반화된 감마함수 $\Gamma(\cdot)$를 이용하면,

$$\pi_j := (-1)^j\binom{d}{j} = \frac{\Gamma(j-d)}{\Gamma(j+1)\Gamma(-d)}, \quad \Gamma(x) = \begin{cases} \int_0^{\infty} t^{x-1}e^{-t}, & x > 0 \\ \infty, & x = 0 \\ x^{-1}\Gamma(1+x) & x < 0 \end{cases}$$

와 같이 쓸 수 있다. 위의 이항정리를 이용하면 실수 d에 대하여 다음과 같은 차분작용소를 정의할 수 있다. 즉,

$$\nabla^d = (1-B)^d = \sum_{j=0}^{\infty}\pi_j B^j \tag{8.2.1}$$

8.2.2 정의

$\{\pi_j\}$가 식 (8.2.1)에 있는 수열이라고 하자. 정상확률과정 $\{X_t\}$가 어떤 실수 $0 < d < 1/2$에 대하여

$$\nabla^d X_t = \sum_{j=0}^{\infty}\pi_j X_{t-j} = \epsilon_t, \quad \{\epsilon_t\} \sim \mathrm{IID}(0,\sigma^2)$$

식을 만족할 때 $\{X_t\}$를 ARIMA$(0,d,0)$ 확률과정 혹은 부분누적잡음(fractionally integrated noise)이라고 부른다.

8.2.3 참고

위의 정의 8.2.2에서 d가 양의 정수인 경우에 $\{X_t\}$는 기존의 ARIMA$(0,d,0)$ 확률과정이고, 따라서 정상성을 만족하지 못한다. d가 1보다 작은 양의 실수라는 점에서 위의 확률과정을 특히 fractional ARIMA$(\boldsymbol{0},\boldsymbol{d},\boldsymbol{0})$ 확률과정 또는 FARIMA$(\boldsymbol{0},\boldsymbol{d},\boldsymbol{0})$ 확률과정이라고 한다.

정의 8.2.2의 부분누적잡음은 우리가 다루고자 하는 FARIMA 확률과정의 가장 단순한 형태이며 이를 이용하여 더욱 일반적인 형태의 장기억 확률과정을 정의할 수 있다.

8.2.4 정리

0과 1/2 사이의 실수 d에 대하여 ARIMA$(0,d,0)$ 확률과정 $\{X_t\}$는

$$X_t=\sum_{j=0}^{\infty}\psi_j\epsilon_{t-j}=\nabla^{-d}\epsilon_t,\quad \psi_j=\frac{\Gamma(j+d)}{\Gamma(j+1)\Gamma(d)},\ j=0,1,2,\cdots$$

와 같이 표현되며, 이는 정의 8.2.2를 만족하는 유일한 정상확률과정이다.

8.2.5 참고

$f(\cdot),\gamma(\cdot),\rho(\cdot),\alpha(\cdot)$를 각각 $\{X_t\}$의 스펙트럴 밀도함수, 자기공분산함수, 자기상관함수, 부분자기상관함수라고 하면 다음이 성립한다:

$$f(\lambda)=|1-e^{-i\lambda}|^{-2d}\frac{\sigma^2}{2\pi}=\left|2\sin\frac{\lambda}{2}\right|^{-2d}\frac{\sigma^2}{2\pi},\quad -\pi\le\lambda\le\pi$$

$$\gamma(0)=\sigma^2\Gamma(1-2d)/\Gamma^2(1-d)$$

$$\rho(h)=\frac{\Gamma(h+d)\Gamma(1-d)}{\Gamma(h-d+1)\Gamma(d)},\quad h=1,2,\cdots$$

$$\alpha(h)=d/(h-d),\quad h=1,2,\cdots$$

특히, Stirling의 공식을 이용하면 $j,h\to\infty$ 일 때

$$\pi_j\sim j^{-d-1}/\Gamma(1-d),$$

$$\psi_j\sim j^{d-1}/\Gamma(d),$$

$$\rho(h)\sim h^{2d-1}\Gamma(1-d)/\Gamma(d)$$

임을 보일 수 있다.

차분의 정도를 나타내는 차분계수 d의 값이 1/2 이상인 경우에 정리 8.2.4를 만족하는 확률과정은 정상성을 가질 수 없다는 것이 알려져 있다.

8.2.6 정의

$0 < d < 1/2$이고 $\phi(\cdot), \theta(\cdot)$가 각각 차수가 p, q인 다항식이라 하자. 정상확률과정 $\{X_t\}$가

$$\phi(B)\nabla^d X_t = \theta(B)\epsilon_t, \quad \{\epsilon_t\} \sim \text{IID}(0, \sigma^2)$$

을 만족할 때 $\{X_t\}$를 **ARIMA(p, d, q) 확률과정**이라고 한다.

8.2.7 참고

차분의 정도를 의미하는 d가 1보다 작은 실수라는 점에서 정의 8.2.6의 $\{X_t\}$를 fractional ARIMA$(\boldsymbol{p}, \boldsymbol{d}, \boldsymbol{q})$ 모형 또는 FARIMA$(\boldsymbol{p}, \boldsymbol{d}, \boldsymbol{q})$ 모형이라고도 한다.

ARMA 확률과정이 백색잡음에 의한 다항식으로 표현되는 차분방정식을 만족시키는 반면에, FARIMA 확률과정은 부분누적잡음에 의하여 결정되는 차분방정식을 만족한다고 볼 수 있다. 왜냐하면 정의 8.2.6의 식을

$$\phi(B)X_t \;=\; \theta(B)(\nabla^{-d}\epsilon_t)$$

의 형태로 표현할 수 있기 때문이다. 다음의 정리는 잘 알려져 있는 사실들이며 증명 없이 이를 기술하도록 한다.

8.2.8 정리

$0 < d < 1/2$인 실수이고 다항식 $\phi(\cdot), \theta(\cdot)$가 공통근을 갖지 않을 때 다음이 성립한다.

(1) $|z| \le 1$를 만족하는 임의의 z에 대하여 $\phi(z) \ne 0$이면 정의 8.2.6의 $\{X_t\}$가

$$X_t = \sum_{j=0}^{\infty} \psi_j \nabla^{-d} \epsilon_{t-j}$$

로 유일하게 표현된다. 단, $\psi(z) = \sum_{j=-\infty}^{\infty} \psi_j z^j = \frac{\theta(z)}{\phi(z)}$이다. 이 경우, $\{X_t\}$를 인과적이라고 한다.

(2) $\{X_t\}$가 가역적이기 위한 필요충분조건은 $|z| \leq 1$를 만족하는 임의의 z에 대하여 $\theta(z) \neq 0$이다.

(3) $\{X_t\}$가 인과적이고 가역적이면 자기상관함수 $\rho(\cdot)$는 $h \to \infty$일 때,

$$\rho(h) \sim Ch^{2d-1} \quad (\text{단, } C > 0)$$

이고, 스펙트럴 밀도함수 $f(\cdot)$는 다음에 있는 식과 같으며 0 근처의 λ에 대하여

$$f(\lambda) = \frac{\sigma^2}{2\pi}\left|\frac{\theta(e^{-i\lambda})}{\phi(e^{-i\lambda})}\right|^2 |1-e^{-i\lambda}|^{-2d} \approx \frac{\sigma^2}{2\pi}\left|\frac{\theta(1)}{\phi(1)}\right|^2 \lambda^{-2d}$$

인 성질을 갖는다.

위의 정리로부터 ARIMA(p,d,q) 확률과정이 장기억 확률과정이며 $\lambda = 0$에서 스펙트럴 밀도함수의 값이 무한대로 발산함을 알 수 있다.

● 8.2.9 예

FARIMA 시계열의 예를 살펴보자. 다음의 그림 8.2.1은

$$(1-0.5B)(1-B)^{0.3}X_t = (1+0.3B)\epsilon_t, \quad \{\epsilon_t\} \sim \text{IID } N(0,1)$$

을 만족하는 $\{X_t\} \sim$ ARIMA(1,0.3,1) $(t = 1, \cdots, 200)$을 생성하여 그린 것이다. 그림 8.2.1에서 볼 수 있듯이 전체적으로는 정상성을 만족하는데 ARMA 확률과정보다는 증가와 감소의 현상이 오래 지속됨을 알 수 있으며, 이 때문에 짧은 구간에서는 마치 추세가 있는 것처럼 보이기도 한다. 이 자료에 대하여 표본자기상관함수를 플로팅하면 그림 8.2.2와 같이 자기상관계수가 0으로 느리게 감소함을 알 수 있다.

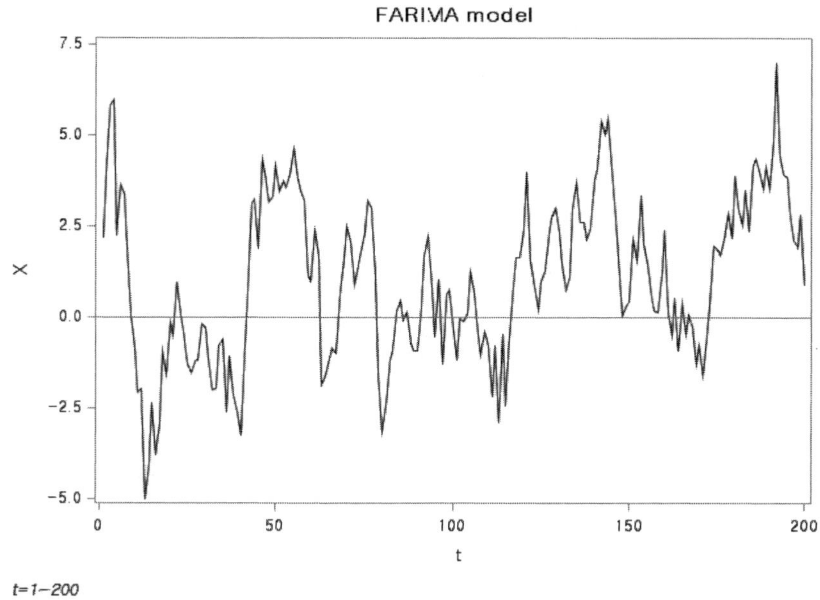

[그림 8.2.1] 예 8.2.9 FARIMA 모형의 시계열도

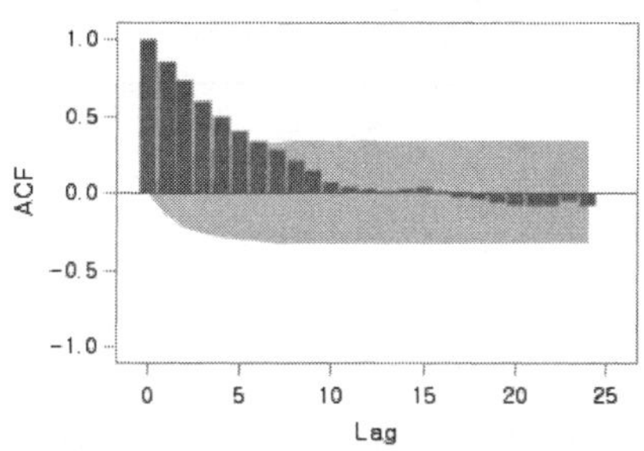

[그림 8.2.2] 예 8.2.9 FARIMA 모형의 표본자기상관함수

■ fractional ARIMA 모형의 모수추정

실제의 시계열 자료 분석에서는 평균이 0이 아닌 확률모형을 이용하여 자료를 설명해야 하는 경우가 많으며, 이런 경우에는 평균을 포함하는 확률과정을 고려해야만 한다. 확률과정 $\{X_t-\mu\}$ (단, $\mu=EX_1$)가 인과적이고 가역인 ARIMA(p,d,q) 확률과정이라 하자. 즉, 정리 8.2.8의 조건을 만족하는 다항식 $\phi(\cdot)$, $\theta(\cdot)$에 대하여

$$\phi(B)\nabla^d(X_t-\mu)\ =\theta(B)\epsilon_t,\quad \{\epsilon_t\}\sim \mathrm{IID}(0,\sigma^2) \tag{8.2.2}$$

이 성립하며 $0<d<1/2$이다. 이때 $\{X_t\}$가 정상확률과정이라는 것을 고려하면 평균 μ의 추정량으로 표본평균 $\overline{X}=n^{-1}(X_1+\cdots+X_n)$을 사용할 수 있다. 또한 $h\to\infty$일 때 $\rho(h)\to 0$가 성립하기 때문에 $n\to\infty$이면

$$E(\overline{X}-\mu)^2\to 0$$

임을 보일 수 있다. 따라서 $\overline{X}$는 μ의 일치추정량이다. 그런데 좀 더 세밀한 분석을 해보면, $n\to\infty$일 때, 어떤 상수 $D>0$에 대하여

$$n^{1-2d}E(\overline{X}-\mu)^2\to D$$

임을 보일 수 있고, 이 사실로부터 IID 확률변수나 ARMA 모형의 경우에 비하여 표본평균의 수렴속도가 더 느림을 알 수 있다. 일반적으로 장기억 확률과정의 표본평균의 점근분포는 정규분포가 아닐 수도 있음이 잘 알려져 있다.

ARMA 모형에서와 마찬가지로 자기상관함수는 표본자기상관계수를 이용하여 추정한다. 즉, $\rho(h)$의 추정량으로서 표본자기상관계수

$$\hat{\rho}(h)=\frac{\sum_{k=1}^{n-h}\left(X_k-\overline{X}\right)\left(X_{k+h}-\overline{X}\right)}{\sum_{k=1}^{n}\left(X_k-\overline{X}\right)^2}$$

를 이용한다.

평균과 자기상관함수 외에도 FARIMA 모형을 이용하여 시계열 자료를 분석할 때는 차분계수 d, 백색잡음의 분산 σ^2, 다항식 $\phi(\cdot)$와 $\theta(\cdot)$의 차수 p와 q, 그리고 이 두 다항식의 계수 $\phi_1,\cdots,\phi_p,\theta_1,\cdots,\theta_q$를 추정할 필요가 있다. 이들의 추정에는 이노베이션 알고리즘과 정규우도함수를 이용한 최대우도추정법이 사용될 수 있다. 또한, 피리오도그램과 스펙트럴 밀도함수 $f(\lambda)$의 형태를 이용한 최소제곱법을 사용하여 차분계수 d를 독립적으로 추정할 수도 있다. 이 경우에 추정된 d의 값을 이용하여 자료를 차분하면 ARMA 모형을 따르는 자료를 얻을 수 있으므로 ARMA 모형에서 적용되는 기존의 방법을 이용하여 나머지 모수를 추정할 수 있다.

8.2.10 참고 (d의 추정법)

FARIMA 모형에서 차분계수 d를 추정하는 방법은 여러 가지가 있지만 여기에

서는 가장 널리 쓰이는 방법 중의 하나인 피리오도그램과 스펙트럴 밀도함수 $f(\lambda)$의 형태를 이용한 최소제곱법을 소개한다. ARIMA(p,d,q) 모형의 스펙트럴 밀도함수

$$f(\lambda)=|1-e^{-i\lambda}|^{-2d}f_u(\lambda),\ 단,\ f_u(\lambda)=\frac{\sigma^2}{2\pi}\frac{|\theta(e^{-i\lambda})|^2}{|\phi(e^{-i\lambda})|^2}$$

의 양변에 로그를 취하면

$$\log f(\lambda)=\log f_u(0)-d\log|1-e^{-i\lambda}|^2+\log\big(f_u(\lambda)/f_u(0)\big)$$

를 얻는다. 다음, λ를 Fourier 진동수 $w_j=2\pi j/n\in(0,\pi)$로 대체하여 $\log I_n(w_j)$(여기서 $I_n(\cdot)$는 정의 7.3.1에 있는 피리오도그램)를 양변에 더해주면 다음과 같은 식을 얻는다:

$$\log I_n(w_j)=\log f_u(0)-d\log|1-e^{-iw_j}|^2+\log\big(I_n(w_j)/f_u(w_j)\big)+\log\big(f_u(w_j)/f_u(0)\big)$$

만일 w_j가 0에 가까우면, 우변의 마지막 항은 무시할 수 있으므로 위의 식을 다음과 같은 단순회귀방정식으로 표현할 수 있다:

$$Y_j=a+bx_j+\varepsilon_j,\ \ j=1,\cdots,B.$$

(단, $Y_j=\log I_n(w_j)$, $x_j=\log|1-e^{-iw_j}|^2$, $\epsilon_j=\log(I_n(w_j)/f(w_j))$,
$a=\log f_u(0)$, $b=-d(x_j=\log(4\sin^2(w_j/2)))$로도 표현할 수 있음)

위에서 B를 정하는 것은 다소 어려운 일이나 본 교재에서는 편의상 표본개수의 제곱근으로 놓는다. 위의 회귀모형에서 최소제곱추정법을 이용하여 $\hat{d}$을 구하면 다음과 같다:

$$\hat{d}=-\sum_{i=1}^{B}(x_i-\bar{x})(y_i-\bar{y})\Big/\sum_{i=1}^{B}(x_i-\bar{x})^2 \tag{8.2.3}$$

다음 절의 SAS 실습에서는 이러한 과정이 SAS 프로그램에서 어떻게 적용되는지를 실제 자료를 분석하면서 살펴보도록 한다.

8-3 SAS 실습

이 장에서는 장기억 성질을 가지는 실제 자료를 SAS를 이용하여 분석하는 과정을 소개하고자 한다. 이를 위해 B.C. 3435년부터 A.D. 1969년까지 Campito 산악지대 나무의 연별 나이테 너비 자료(tree ring measurements)[18]를 이용하기로 한다. 기후학 분야에서는 수목의 나이테를 이용하여 수목의 생장 당시의 환경과 기후 변화를 조사하며 기후학과 관련된 온도나 강수량 등의 자료가 흔히 장기억 성질을 가진다는 사실은 이미 잘 알려져 있다.

8-3-1 Campito 산악지대 나무의 나이테 자료에 FARIMA 모형 적합

그림 8.3.1은 B.C. 3435년부터 A.D. 1969년까지 총 5405개의 나무의 나이테 자료의 시계열도를 그린 프로그램의 결과이다(code-(1) 참조).

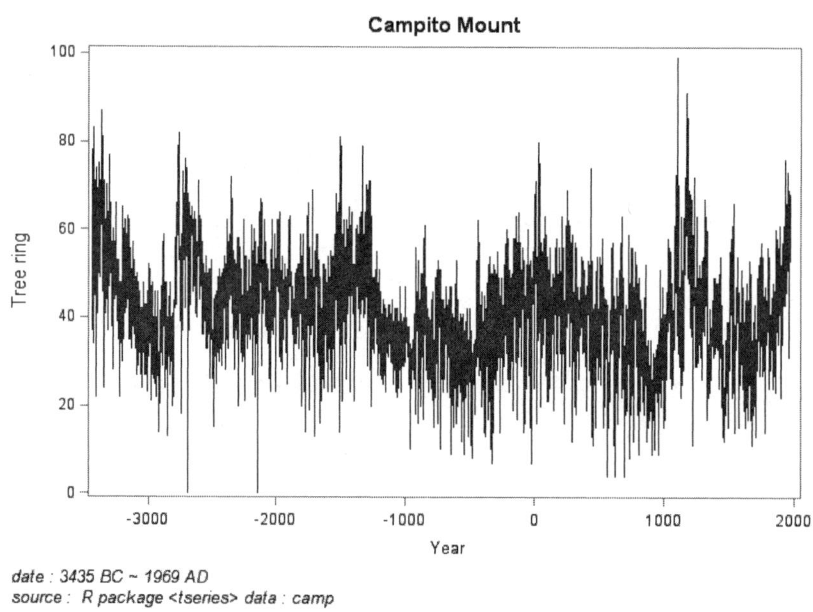

[그림 8.3.1] Campito 산악지대 나이테 자료의 시계열도

그림 8.3.1의 시계열도에서 보듯이 시계열상에 특별한 추세를 감지할 수 없고 대체적으로 정상성의 성질이 만족되는 듯이 보인다. 그러나 자료의 관측기간이 장구한

18) 출처: Time Series Data Library(http://robjhyndman.com/TSDL)

점을 고려할 때 통상적인 정상성을 갖는 ARMA 확률과정에 비해 시계열 값의 증가와 감소 현상이 상당 기간 지속됨을 관찰할 수 있다. 따라서 자료가 장기억 현상을 가지며 ARMA 모형보다는 FARIMA 모형의 특성이 존재함을 확인할 수 있다. 장기억 현상을 좀 더 명확하게 확인하기 위해 ARIMA 프로시저를 이용하여 SACF, SPACF와 ADF 단위근검정을 시행하는 프로그램의 결과를 보면 다음과 같다(code-(2) 참조).

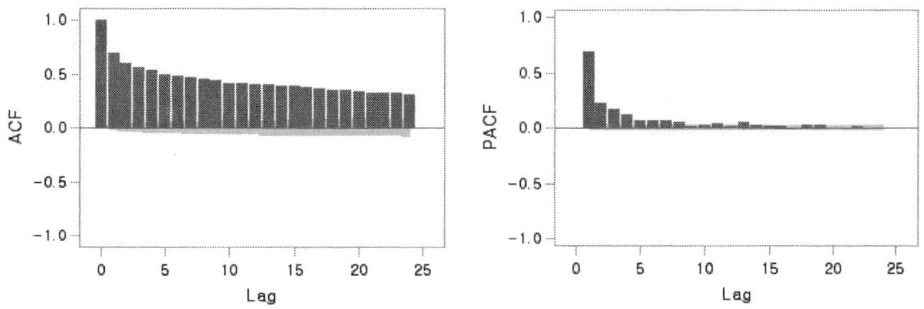

[그림 8.3.2] 나이테 자료의 SACF와 SPACF

[표 8.3.1] ADF 단위근검정

Augmented Dickey-Fuller Unit Root Tests							
Type	Lags	Rho	Pr < Rho	Tau	Pr < Tau	F	Pr > F
Zero Mean	0	-118.469	0.0001	-7.72	<.0001		
	1	-58.6695	<.0001	-5.40	<.0001		
	2	-36.4026	<.0001	-4.26	<.0001		
Single Mean	0	-1656.23	0.0001	-31.26	<.0001	488.45	0.0010
	1	-1044.03	0.0001	-22.83	<.0001	260.51	0.0010
	2	-727.898	0.0001	-18.46	<.0001	170.37	0.0010
Trend	0	-1737.67	0.0001	-32.15	<.0001	516.82	0.0010
	1	-1110.72	0.0001	-23.52	<.0001	276.70	0.0010
	2	-780.175	0.0001	-19.04	<.0001	181.22	0.0010

그림 8.3.1의 시계열도를 보면 평균이 0이 아니며 추세가 두드러지게 나타나지 않으므로 평균이 존재하는 경우의 단위근검정을 시행하도록 한다. 표 8.3.1에서 평균이 존재하는 경우(Single Mean)의 결과를 보면 모든 lag에서 유의확률이 0.001보다 작게 나오므로 단위근이 존재한다는 귀무가설을 기각할 수 있다.

[표 8.3.2] 요약 통계량

The MEANS Procedure

Analysis Variable : treering				
N	Mean	Std Dev	Minimum	Maximum
5405	42.2928770	11.7672922	0	99.0000000

그림 8.3.2는 표본자기상관함수가 정상시계열에 비해 상당히 느리게 감소함을 보여 주고 있으나 단위근검정결과 단위근은 존재하지 않으므로 주어진 자료가 장기억의 성질을 가짐을 알 수 있다. 이런 경우에 ARMA 모형으로 자료를 적합하면 ARMA 모형의 차수가 과하게 커져서 추정 과정에 여러 문제점이 발생하므로 장기억 확률과정인 FARIMA 모형을 적합하는 것이 바람직하다고 할 수 있다.

지금 위의 ARIMA(p,d,q)을 위의 자료에 적합해 보는 과정을 생각해 보자. 고려하는 ARIMA(p,d,q) 확률과정 모형은 아래와 같다:

$$\phi(B)\nabla^d(X_t-\mu)=\theta(B)\epsilon_t,\quad \{\epsilon_t\}\sim \text{IID}(0,\sigma^2).$$

단, $\phi(\cdot)$, $\theta(\cdot)$는 각각 차수가 p, q인 다항식이다.

그림 8.3.1의 시계열도에서 확인할 수 있듯이 평균이 0이 아니므로 표본평균으로 μ를 추정한다(표 8.3.2 참조). 그리고 추정된 평균을 빼준 값 $(X_t-\hat{\mu})$를 생성한다(code-(3) 참조).

다음으로 추정해야 하는 모수는 차분계수 d이다. 차분계수 d를 추정하는 방법은 여러 방법이 있지만, 여기에서는 가장 널리 쓰이는 방법 중에 하나인 피리오도그램과 스펙트럴 밀도함수 $f(\lambda)$의 형태를 이용하는 최소제곱법의 방법을 사용하여 차분계수 d를 추정하도록 한다. 평균을 0으로 만든 $X_t-42.2928770$ 자료의 차분계수 d를 추정하는 프로그램의 결과가 표 8.3.3에 요약되어 있다. 이에 대한 이론적 배경은 참고 8.2.10의 내용을 참조하기 바란다(code-(4) 참조).

[표 8.3.3] 차분계수 d의 추정치

Parameter Estimates					
Variable	DF	Parameter Estimate	Standard Error	t Value	Pr > |t|
Intercept	1	3.75573	0.57732	6.51	<.0001
d	1	-0.52532	0.08119	-6.47	<.0001

표 8.3.3을 보면 d에 대한 추정치가 0.52532임을 알 수 있다. 이제 차분한 자료들의 성질을 확인해 보기 위해서 추정된 $\hat{d}$로 차분된 자료를 생성하고 그 시계열도를 그려보도록 하자. 그림 8.3.3을 보면 시계열의 증감현상이 상당기간 지속되는 현상이 사라진 것을 쉽게 확인할 수 있다. 즉, 시계열도상에서 장기억 확률과정의 특징이 더 이상 나타나지 않는다고 할 수 있다. 표본자기상관계수를 구하는 SAS 프로그램의 결과는 그림 8.3.4에 있다. 또한 표 8.3.4는 잔차검정 결과를 보여 주고 있다(code-(5)~(7) 참조).

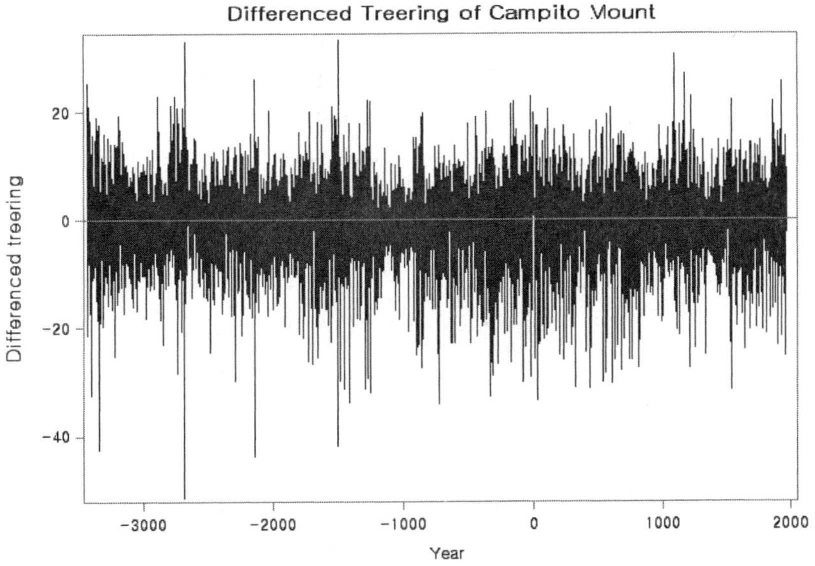

[그림 8.3.3] $d = 0.52532$로 차분한 나이테 자료의 시계열도

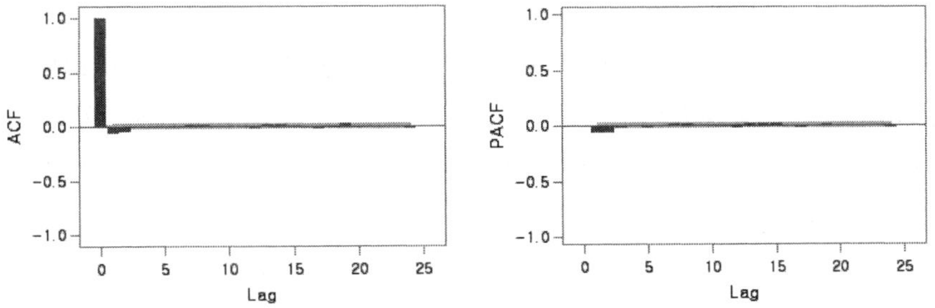

[그림 8.3.4] 차분된 나이테 자료의 SACF와 SPACF

[표 8.3.4] 차분된 나이테 자료의 포트맨토 검정

Autocorrelation Check for White Noise									
To Lag	Chi-Square	DF	Pr > ChiSq	Autocorrelations					
6	46.51	6	<.0001	-0.068	-0.058	-0.014	0.001	-0.016	-0.014
12	53.46	12	<.0001	0.013	0.017	-0.012	-0.016	0.005	-0.020
18	57.79	18	<.0001	0.016	0.008	0.007	0.003	-0.020	-0.003
24	66.37	24	<.0001	0.022	-0.004	-0.018	0.005	0.003	-0.027

[표 8.3.5] 차분된 나이테 자료에 대한 ARMA(p,q) 모형 적합결과

Minimum Information Criterion				
Lags	MA 0	MA 1	MA 2	MA 3
AR 0	4.162641	4.157431	4.155455	4.156074
AR 1	4.158256	4.156035	4.15671	4.157633
AR 2	4.155891	4.156688	4.158249	4.159192
AR 3	4.15621	4.157621	4.159192	4.160214

Error series model: AR(6)

Minimum Table Value: BIC(0,2) = 4.155455

그림 8.3.4는 차분된 자료의 표본자기상관계수에서 장기억 확률과정의 특징이 사라진 것을 보여 주고 있지만 표 8.3.4에 있는 잔차검정의 결과가 차분된 나이테 자료들 간의 자기상관관계가 존재하는 것을 보여 주고 있으므로 차분된 자료에 ARMA 모형을 적합시킨다. 이를 위해 $p,q=0,1,2,3$의 조합들로 모형을 적합시키고 가장 작은 BIC값을 가지는 모형을 잠정모형으로 선택한다(code-(8) 참조).

표 8.3.5를 보면 BIC값을 이용한 결과 차분된 자료의 모형으로 ARMA(0,2)가 선택된다. 즉, 원래의 자료는 ARIMA(0,0.52532,2)을 따른다고 잠정적인 결론을 내릴 수 있다. 이제 ARIMA(0,0.52532,2) 모형에서 모수들의 값을 추정하도록 한다(code-(9) 참조).

모수 추정의 결과 표 8.3.6에서 확인할 수 있듯이 첫 번째 모수는 −0.07479이고, 두 번째 모수는 −0.06107이다. 다음은 과적합 진단의 일환으로서 ARIMA(0,0.52532,3)와 ARIMA(1,0.52532,2) 모형에 대한 모수를 추정해 본 결과이다(code-(10),(11) 참조).

[표 8.3.6] FARIMA(0,0.52532,2)의 모수 추정결과

Conditional Least Squares Estimation					
Parameter	Estimate	Standard Error	t Value	Approx Pr > |t|	Lag
MU	0.01046	0.09405	0.11	0.9114	0
MA1,1	0.07479	0.01358	5.51	<.0001	1
MA1,2	0.06107	0.01358	4.50	<.0001	2

[표 8.3.7] ARIMA(0,0.52532,3)의 모수 추정결과

Conditional Least Squares Estimation					
Parameter	Estimate	Standard Error	t Value	Approx Pr > |t|	Lag
MU	0.01031	0.09237	0.11	0.9112	0
MA1,1	0.07386	0.01361	5.43	<.0001	1
MA1,2	0.06032	0.01362	4.43	<.0001	2
MA1,3	0.01709	0.01361	1.26	0.2092	3

[표 8.3.8] FARIMA(1,0.52532,2)의 모수 추정결과

Conditional Least Squares Estimation					
Parameter	Estimate	Standard Error	t Value	Approx Pr > |t|	Lag
MU	0.01020	0.09137	0.11	0.9111	0
MA1,1	0.38979	0.18916	2.06	0.0394	1
MA1,2	0.03591	0.02365	1.52	0.1290	2
AR1,1	0.31594	0.18913	1.67	0.0949	1

표 8.3.7과 표 8.3.8의 결과는 추가된 모수들이 유의하지 않음을 보여 주고 있다. 따라서 최종모형으로서 ARIMA(0,0.52532,2)을 선택한다. 그리고 선택된 모형을 기초로 포트맨토 검정을 실시한다. 잔차진단의 결과는 표 8.3.9와 같으며 잔차들의 상관관계가 존재하지 않음을 시사하고 있다. 또한, 그림 8.3.5의 잔차의 SACF 및 SPACF가 1 이상의 모든 시차에서 0에 가까우므로 잔차의 IID 가정이 만족됨을 확인할 수 있다(code-(12) 참조).

[표 8.3.9] ARIMA(0,0.52532,2) 모형의 포트맨토 검정결과

Autocorrelation Check of Residuals									
To Lag	Chi-Square	DF	Pr > ChiSq	Autocorrelations					
6	3.92	4	0.4166	0.001	0.002	-0.015	-0.002	-0.017	-0.013
12	10.10	10	0.4315	0.011	0.016	-0.011	-0.016	0.003	-0.019
18	14.18	16	0.5855	0.016	0.009	0.008	0.002	-0.019	-0.003
24	21.55	22	0.4870	0.019	-0.003	-0.017	0.002	0.000	-0.026
30	27.70	28	0.4807	-0.002	0.015	0.018	-0.023	-0.007	-0.001
36	46.34	34	0.0771	-0.007	-0.005	-0.025	0.030	-0.040	-0.014
42	53.85	40	0.0706	-0.005	0.002	-0.033	-0.012	-0.001	-0.012
48	56.82	46	0.1317	0.002	-0.015	0.014	-0.005	0.003	0.010

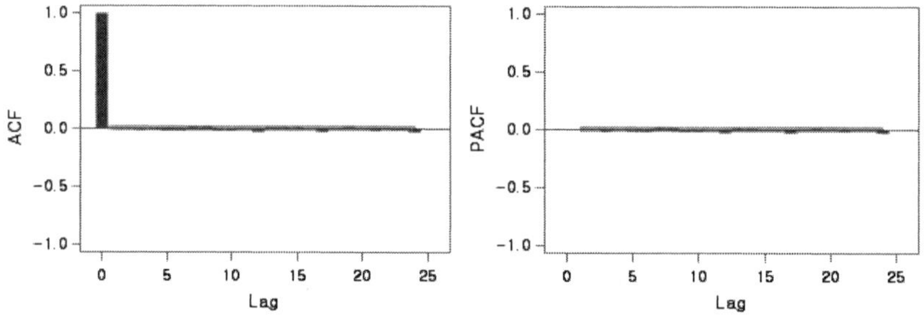

[그림 8.3.5] ARIMA(0,0.52532,2) 모형 잔차의 SACF와 PSACF

지금까지의 모든 결과를 종합하면 결론적으로 B.C. 3435년부터 A.D. 1969년까지 Campito 산악지대 나무의 나이테 자료는 ARIMA(0,0.52532,2)의 모형을 따른다고 할 수 있으며 얻어진 모형식은 다음과 같다:

$$\nabla^{0.52532}(X_t - 42.2928770) = (1 - 0.07479B - 0.06107B^2)\epsilon_t$$

SAS 코드

```
/*D 드라이브에 있는 SAS_CH8_TREERING.TXT 파일의 자료를 불러오기*/
PROC IMPORT OUT=treering DATAFILE='D:\sas_ch8_treering.txt'
      DBMS=TAB REPLACE;
RUN;

/*년도변수 입력*/
```

```
DATA treering;
  year=-3436;
  DO t=1 TO 5405;
    SET treering;
    year=year+1;
    OUTPUT;
  END;
RUN;

/* (1) 나이테 자료의 시계열도*/
PROC SGPLOT DATA=treering;
  TITLE1 BOLD "Campito Mount";
  SERIES X=year Y=treering /LEGENDLABEL="interpolation";
  XAXIS LABEL="Year";
  YAXIS LABEL="Tree ring";
  FOOTNOTE1 JUSTIFY=left 'date : 3435 BC ~ 1969 AD';
  FOOTNOTE2 JUSTIFY=left 'source : R package <tseries> data : camp';
RUN;

/* (2) SACF, SPACF와 ADF 검정결과 */
PROC ARIMA DATA=treering;
  IDENTIFY VAR=treering STATIONARITY=(ADF);
RUN;

/* (3) 표본평균과 (X_t − μ)자료 생성*/
PROC MEANS DATA=treering;
  VAR treering;
RUN;

DATA treering;
  DO t=1 TO 5405;
    SET treering;
    adjtreering= treering-42.2928770; OUTPUT;
  END;
RUN;

/* (4) periodgram I_n( · )과 주기 생성 및 d 추정 */
PROC SPECTRA DATA=treering OUT=out1;
  VAR adjtreering;
RUN;

DATA out1;
  SET out1;
  B=73; /* B값 지정 , sqrt(5405)의 내림값 */
  IF _n_<= B;
  IF p_01>0 THEN y=log(p_01); /*y 값 생성 */
```

```
  IF freq>0 THEN d=log(4*sin(freq/2)**2); /* d값 생성, d_j = ln[4sin^2(w_j/2)] */
RUN;

PROC REG;
  MODEL y=d;
RUN;

/* (5) 차분된 자료 생성*/
PROC IML;
  USE treering; /* 읽어 올 원자료 지정하여 open하기  */
  READ all;       /* 원자료의 모든 변수를 읽기 */
  x=adjtreering; /* 나이테 자료로 5404*1 행렬 만들기 */
  d=0.52532;    /* 차분계수 정해주기 */
  CALL FDIF(dtree, x, d);  /* subroutine 'fdif' 사용하여 차분된 자료 행렬로 생성하기 */
  CREATE diftreering VAR {dtree}; /* 차분된 자료로 변수명은 'dtree'로 정하고 */
                                  /* 자료 이름은 'diftreering'로 자료 생성하기*/
  APPEND FROM dtree;              /* dtree 행렬로부터 자료를 가져옴*/
QUIT;

DATA diftreering;  /* 결측치가 있는 첫 항 제거하기 */
  SET diftreering;
  IF dtree=. THEN DELETE;
RUN;

DATA diftreering; /* 년도변수 생성하기 */
  year=-3436;
  DO t=1 TO 5405;
    SET diftreering;
    year=year+1;
    OUTPUT;
  END;
RUN;

/* (6) 차분된 자료의 시계열도 */
PROC SGPLOT DATA=diftreering;
  TITLE1 BOLD "Differenced Treering of Campito Mount";
  SERIES X=year Y=dtree /LEGENDLABEL="interpolation";
  XAXIS LABEL="Year";
  YAXIS LABEL="Differenced treering";
  REFLINE 0 /AXIS=y;
  FOOTNOTE1 JUSTIFY=LEFT 'date:3436 BC ~ 1969 AD';
RUN;

/* (7) 차분된 자료의 SACF, SPACF와 잔차검정 */
PROC ARIMA DATA=diftreering;
  IDENTIFY VAR=dtree STATIONARITY=(ADF);
RUN;
```

```
/* (8) 차분된 자료의 ARMA(p,q) BIC값 측정 (p, q = 0,1,2,3.)*/
PROC ARIMA DATA=diftreering;
  IDENTIFY VAR=dtree P=(0:3) Q=(0:3) MINIC;
RUN;

/* (9) ARIMA(0,0.52532,2)의 모수 추정*/
PROC ARIMA DATA=diftreering;
  IDENTIFY VAR=dtree;
  ESTIMATE Q=2 PLOT;
RUN;

/* (10) ARIMA(0,0.52532,3)의 모수 추정 */
PROC ARIMA DATA=diftreering;
  IDENTIFY VAR=dtree;
  ESTIMATE Q=3 PLOT;
RUN;

/* (11) ARIMA(1,0.52532,2)의 모수 추정 */
PROC ARIMA DATA=diftreering;
  IDENTIFY VAR=dtree;
  ESTIMATE P=1 Q=2 PLOT;
RUN;

/* (12) ARIMA(0,0.52532,2) 모형의 포트맨토 검정*/
PROC ARIMA DATA=diftreering;
  IDENTIFY VAR=dtree;
  ESTIMATE Q=2 PLOT;
RUN;
```

8-4 연습문제

01 (1) 다음의 TAR(1) 모형을 따르는 시계열 $X_1,\cdots,X_{300}$을 생성하고 그 시계열도를 그려라:

$$X_t = \begin{cases} 0.7X_{t-1} + \epsilon_t, & X_{t-1} \ge 0 \\ -0.5X_{t-1} + \epsilon_t, & X_{t-1} < 0 \end{cases} \quad \text{단, } \{\epsilon_t\} \sim \text{IID } N(0,1)$$

또, $\phi = (\phi_1, \phi_2)^T$의 최소제곱추정량

$$\hat{\phi} = \left(\sum_{t=1}^{300} \boldsymbol{X}_{t-1} \boldsymbol{X}_{t-1}^T \right)^{-1} \sum_{t=1}^{300} \boldsymbol{X}_{t-1} X_t, \quad X_0 = 0$$

을 구하고, 잔차 $\hat{\epsilon_t} = X_t - \hat{\phi_1} X_{t-1}^+ - \hat{\phi_2} X_{t-1}^- \, (t = 1, \cdots, 300)$의 시계열도를 그려라. 아울러 $\{X_t\}$ 및 $\{\hat{\epsilon_t}\}$에 기초한 QQ-plot을 이용하여 $\{X_t\}$와 $\{\epsilon_t\}$의 정규성을 검정하여라.

(2) 위의 과정을 500번 반복하여 구한 최소제곱추정량 $\hat{\phi_1}$과 $\hat{\phi_2}$을 500개 구하여 이들의 분포(marginal distribution)가 각각 정규분포를 따름을 QQ-plot을 통해 확인하여라.

(3) 자료에 AR(1) 모형을 적합시켜 얻은 모수를 구하고, 모수의 추정값을 위에서 구한 최소제곱추정량과 비교하여라.

02 다음의 모형을 따르는 자료 300개를 생성하고

$$X_t = (0.5 + b_t) X_{t-1} + \epsilon_t$$

$$(\text{단}, \ \{\epsilon_t\} \sim \text{IID } N(0,1), \ \{b_t\} \sim \text{IID } N(0, 0.25) \text{이고 서로 독립})$$

예 8.1.6에 있는 RCA(1) 모형의 모수들인 ϕ, w^2, σ^2을 최소제곱법을 이용하여 추정하여라. 또한, 이를 이용하여 $\gamma(h)$, $h = 0, 1, 2, 3$을 구하여라.

03 ex_ch8_3.txt 자료를 가지고 FARIMA 모형

$$\phi(B) \nabla^d (X_t - \mu) = \theta(B) \epsilon_t, \quad \{\epsilon_t\} \sim \text{IID}(0, \sigma^2)$$

의 모수들을 추정하여라.

04 ex_ch8_4.txt[19]는 1948년 1월부터 1990년 7월까지 미국의 Consumer Price Index Inflation 자료이다. 이 자료를 가지고 FARIMA 모형

$$\phi(B) \nabla^d (X_t - \mu) = \theta(B) \epsilon_t, \ \{\epsilon_t\} \sim \text{IID}(0, \sigma^2)$$

에 적합시켜라.

19) 출처: Bureau of Labor Statistics(http://www.bls.gov)

9장

다변량 시계열

일상생활에서 시계열 자료를 분석할 때 단변량이 아닌 이변량 이상의 자료를 분석하는 경우가 많다. 특히, 자산의 포트폴리오를 구성하는 경우 포트폴리오를 구성하는 각 항목 자체는 물론 그 항목들의 전체적인 합의 형태도 매우 중요하다. 예를 들면 value-at-risk 등을 분석하는 위험관리 분야에서 다변량 시계열 분석의 역할이 막중하다고 할 수 있다. 다변량 시계열의 응용분야는 매우 광범위하므로 모든 주제들을 섭렵해서 다루는 것은 불가능하다. 본 교재에서는 입문을 위해 다변량 시계열과 그 정상성에 대한 정의를 알아보고 특히 가장 기초적인 모형에 해당하는 다변량 ARMA 모형에 대해 공부하도록 한다.

9-1 다변량 시계열 모형

다변량 시계열은 일변량 시계열이 하나 이상 모여 있는 형태의 시계열이라고 할 수 있다. 즉, k개의 단변량 시계열들 $Y_{1t},\cdots,Y_{kt}$들이 주어져 있을 때 이를 벡터로 놓은 형태의 $\boldsymbol{Y}_t=(Y_{1t},\cdots,Y_{kt})^T$를 k차원의 다변량 시계열이라고 한다. 다변량 시계열에 대한 정상성은 단변량의 것과 크게 다르지 않으며 그에 대한 정의는 다음과 같다.

9.1.1 정의

다변량 시계열 $\{\boldsymbol{Y}_t\}$가 임의의 정수 $t_1,\cdots,t_m$과 h(단, h와 m은 1 이상의 정수) 그리고 k차원 실벡터 $\boldsymbol{y}_1,\cdots,\boldsymbol{y}_m$에 대하여

$$P\left(\boldsymbol{Y}_{t_1}\le \boldsymbol{y}_1,\cdots,\boldsymbol{Y}_{t_m}\le \boldsymbol{y}_m\right)=P\left(\boldsymbol{Y}_{t_1+h}\le \boldsymbol{y}_1,\cdots,\boldsymbol{Y}_{t_m+h}\le \boldsymbol{y}_m\right)$$

이면, $\{\boldsymbol{Y}_t\}$는 강정상성을 만족한다.

단, 벡터 $\boldsymbol{x}=(x_1,\cdots,x_k)^T$, $\boldsymbol{y}=(y_1,\cdots,y_k)^T$에 대하여

$$(\boldsymbol{x}\le \boldsymbol{y})=(x_1\le y_1,\cdots,x_k\le y_k)$$

이다.

9.1.2 정의

다변량 시계열 $\{\boldsymbol{Y}_t\}$가 다음의 조건을 만족하면 정상시계열의 성질을 만족한다

고 한다.

(1) 모든 t에 대하여 $E\boldsymbol{Y}_t = \boldsymbol{\mu}$

(2) 모든 $1 \le i \le k$ 및 t에 대하여 $EY_{it}^2 < \infty$

(3) 모든 $1 \le i, j \le k$ 및 t, h에 대하여 $Cov(Y_{it}, Y_{j,t+h}) = Cov(Y_{i0}, Y_{jh})$

9.1.3 정의

$\{\boldsymbol{Y}_t\}$가 정상시계열일 때 다음과 같이 정의되는 $k \times k$ 행렬 형태의 함수 $\boldsymbol{\Gamma}(\cdot) = (\gamma_{ij}(\cdot))_{i,j=1}^{k}$:

$$\Gamma_{ij}(h) = Cov(Y_{it}, Y_{j,t+h}), \quad h = 0, \pm 1, \pm 2, \cdots$$

를 자기공분산함수라고 한다. 즉,

$$\boldsymbol{\Gamma}(h) = E(\boldsymbol{Y}_t - \boldsymbol{\mu})(\boldsymbol{Y}_{t+h} - \boldsymbol{\mu})^T, \ \boldsymbol{\mu} = E\boldsymbol{Y}_1$$

9.1.4 정리

자기공분산함수 $\boldsymbol{\Gamma}(\cdot)$는 다음의 성질을 만족한다.

(1) $\boldsymbol{\Gamma}(-h) = \boldsymbol{\Gamma}(h)^T$

(2) $|\Gamma_{ij}(h)| \le \sqrt{\Gamma_{ii}(0)}\sqrt{\Gamma_{jj}(0)}$

(3) 임의의 $\boldsymbol{a}_i \in R^k$에 대하여 $\sum_{i,j=1}^{k} \boldsymbol{a}_i^T \boldsymbol{\Gamma}(i-j)\boldsymbol{a}_j \ge 0$

증명은 1장의 것들과 유사하므로 연습문제로 남겨둔다(연습문제 1 참조).

9.1.5 정의

다변량 시계열 $\{\boldsymbol{Y}_t\}$가 다음의 식

$$\boldsymbol{Y}_t - \boldsymbol{\Phi}_1 \boldsymbol{Y}_{t-1} - \cdots - \boldsymbol{\Phi}_p \boldsymbol{Y}_{t-p} = \boldsymbol{\epsilon}_t + \boldsymbol{\Theta}_1 \boldsymbol{\epsilon}_{t-1} + \cdots + \boldsymbol{\Theta}_q \boldsymbol{\epsilon}_{t-q}, \quad \{\boldsymbol{\epsilon}_t\} \sim \text{IID}(\boldsymbol{0}, \boldsymbol{\Sigma}) \tag{9.1.1}$$

를 만족할 때, 벡터 ARMA(p,q) 모형(VARMA model)을 따른다고 한다. 단,

$\boldsymbol{\Phi}_1, \cdots, \boldsymbol{\Phi}_p, \boldsymbol{\Theta}_1, \cdots, \boldsymbol{\Theta}_q, \boldsymbol{\Sigma}$는 $k \times k$ 행렬들이고 $\boldsymbol{\Sigma}$는 양정치 행렬이다.

다음 정리는 1장의 단변량의 경우와 유사한 결과로서 복소평면의 단위원 안에 행렬식 형태의 함수를 0으로 하는 근이 없는 경우 다변량 ARMA 모형이 정상성의 성질을 가짐을 의미하고 있다. 이에 대한 증명은 본 교재의 수준을 넘으므로 생략한다.

9.1.6 정리

단위원 안에 있는 모든 복소수 $|z| \leq 1$에 대하여

$$\det\left(\boldsymbol{I} - \boldsymbol{\Phi}_1 z - \cdots - \boldsymbol{\Phi}_p z^p\right) \neq 0$$

이면 정의 9.1.5에 있는 $\{\boldsymbol{Y}_t\}$는 정상시계열이고 다음과 같은 선형결합형태의 표기가 가능하다:

$$\boldsymbol{Y}_t = \sum_{i=0}^{\infty} \boldsymbol{C}_i \boldsymbol{\epsilon}_{t-i} \qquad (9.1.2)$$

단, $\boldsymbol{C}_0 = \boldsymbol{I}_k$ ($k \times k$ 단위행렬)이고 $k \times k$ 행렬 $\boldsymbol{C}_i$들은 다음의 항등식을 만족한다:

$$\sum_{i=0}^{\infty} \boldsymbol{C}_i z^i \times \left(\boldsymbol{I} - \boldsymbol{\Phi}_1 z - \cdots - \boldsymbol{\Phi}_p z^p\right) = \boldsymbol{I} + \boldsymbol{\Theta}_1 z + \cdots + \boldsymbol{\Theta}_q z^q \qquad (9.1.3)$$

참고로, 평균이 $\boldsymbol{\mu}$인 ARMA(p, q) 모형은 다음과 같다:

$$\boldsymbol{Y}_t - \boldsymbol{\mu} - \boldsymbol{\Phi}_1(\boldsymbol{Y}_{t-1} - \boldsymbol{\mu}) - \cdots - \boldsymbol{\Phi}_p(\boldsymbol{Y}_{t-p} - \boldsymbol{\mu}) = \boldsymbol{\epsilon}_t + \boldsymbol{\Theta}_1 \boldsymbol{\epsilon}_{t-1} + \cdots + \boldsymbol{\Theta}_q \boldsymbol{\epsilon}_{t-q},$$

$$\{\boldsymbol{\epsilon}_t\} \sim \text{IID}(\boldsymbol{0}, \boldsymbol{\Sigma})$$

● 9.1.7. 예

$\boldsymbol{\Phi}_1 = \begin{pmatrix} \phi_{11} & \phi_{12} \\ \phi_{21} & \phi_{22} \end{pmatrix} = \begin{pmatrix} 0.5 & 0.5 \\ 0 & 0.5 \end{pmatrix}$이고 $\boldsymbol{\Theta}_1 = \begin{pmatrix} \theta_{11} & \theta_{12} \\ \theta_{21} & \theta_{22} \end{pmatrix} = \boldsymbol{\Phi}_1^T$인 이변량 ARMA (1,1) 모형에서 (9.1.2)에 있는 $\boldsymbol{C}_i$들을 구해보자. 지금 (9.1.3)에 있는 항등식을 고려하면

$$\sum_{i=0}^{\infty} \boldsymbol{C}_i z^i \times (\boldsymbol{I} - \boldsymbol{\Phi}_1 z) = \boldsymbol{I} + \boldsymbol{\Theta}_1 z, \qquad |z| \leq 1$$

이고

$$\sum_{i=0}^{\infty} \boldsymbol{C}_i z^i = \begin{pmatrix} 1-0.5z & -0.5z \\ 0 & 1-0.5z \end{pmatrix}^{-1} \begin{pmatrix} 1+0.5z & 0 \\ 0.5z & 1+0.5z \end{pmatrix}$$

$$= (1-0.5z)^{-2} \begin{pmatrix} 1 & 0.5z(1+0.5z) \\ 0.5z(1-0.5z) & 1-0.25z^2 \end{pmatrix}$$

가 되어

$$\boldsymbol{C}_0 = \boldsymbol{I}, \quad \boldsymbol{C}_i = 2^{-i} \begin{pmatrix} i+1 & 2i-1 \\ 1 & 2 \end{pmatrix}, \; i = 1, 2, \cdots$$

임을 알 수 있다.

9.1.8 정의

$(1-B)^d \boldsymbol{Y}_t = \left((1-B)^d Y_{1t}, \cdots, (1-B)^d Y_{kt}\right)^T$이 정상시계열일 때 $\boldsymbol{Y}_t \sim I(d)$라고 표시한다. 또한, $(1-B)^{d-1}\boldsymbol{Y}_t$가 비정상이고 $\boldsymbol{Y}_t \sim I(d)$일 때, 어떤 양의 정수 $\delta < d$, 그리고 벡터 $\boldsymbol{\alpha} \in R^k$에 대하여 $\boldsymbol{\alpha}^T \boldsymbol{Y}_t \sim I(\delta)$이 성립하면 $\boldsymbol{Y}_t$가 벡터 α로 공적분(cointegration)되었다고 한다.

● **9.1.9 예**

C_t를 사람당 실질 소비량, 그리고 I_t를 한 사람당 실질 가처분소득이라 하자. 또한, $C_t, I_t \sim I(1)$이고 어떤 $a, b \in (0,1)$에 대하여 $C_t = a + bI_t + u_t$, $Eu_t = 0$, $u_t \sim I(0)$이라 하자. 이때 $\boldsymbol{Y}_t = (C_t, I_t)^T$가 $\boldsymbol{\alpha} = (1, -b)^T$로 공적분되어 있다고 할 수 있다.

시계열들 사이에 공적분이 존재할 경우에는 **벡터 오차수정모형**(vector error correction model: VECM)이 유용함이 알려져 있다. 이에 대한 정의는 다음과 같다.

9.1.10 정의

공적분 순위(cointegration rank)가 $r(\le k)$인 VECM(p) 모형은 다음과 같이 정의된다:

$$\triangle \boldsymbol{Y}_t = \delta + \boldsymbol{\Pi} \boldsymbol{Y}_{t-1} + \sum_{i=1}^{p-1} \boldsymbol{\Phi}_i^* \triangle \boldsymbol{Y}_{t-i} + \epsilon_t, \quad \{\epsilon_t\} \sim \mathrm{IID}(\boldsymbol{0}, \boldsymbol{\Sigma}) \qquad (9.1.4)$$

단, $\triangle = 1 - B$은 차분 작용소이고, $\boldsymbol{\Pi} = \alpha\beta^T$, α, β는 $k \times r$ 행렬이며, $\boldsymbol{\Phi}_i^*$는 $k \times k$ 행렬이다.

위의 정의는 다음과 같이 VAR 모형의 형태로도 나타낼 수 있다:

$$\boldsymbol{Y}_t = \delta + \left(\boldsymbol{I}_k + \boldsymbol{\Pi} + \boldsymbol{\Phi}_1^*\right)\boldsymbol{Y}_{t-1} + \sum_{i=2}^{p-1}\left(\boldsymbol{\Phi}_i^* - \boldsymbol{\Phi}_{i-1}^*\right)\boldsymbol{Y}_{t-i} - \boldsymbol{\Phi}_{p-1}^*\boldsymbol{Y}_{t-p} + \epsilon_t \quad (9.1.5)$$

단, $\boldsymbol{I}_k$는 $k \times k$ 단위행렬이다.

한편, Johansen (1988)은 공적분 순위에 대한 검정법을 제시하였다. 즉, 귀무가설 $H_0 : r \le r_0$와 대립가설 $H_1 : r > r_0$에 대하여 대각합 통계량

$$\lambda_{trace}(r) = -n \sum_{i=r+1}^{k} \log\left(1 - \hat{\lambda}_i\right) \quad (9.1.6)$$

을 제시하였다. 단, n은 표본의 크기, $\hat{\lambda}_i$는 $\boldsymbol{\Pi}$의 추정량의 고유값 중에서 i번째로 큰 값을 의미한다. $\lambda_{trace}(r_0)$의 값이 클수록 H_0를 기각하게 되는데, 귀무가설 아래에서 검정통계량의 분포는 오차수정모형에서의 상수항, r_0, 추세변수, 자료의 차수 등에 따라 달라진다. 자세한 내용은 Johansen (1988)을 참조하길 바란다.

9-2 정상 다변량 시계열에서 추론

이 절에서는 시계열 자료의 평균과 공분산함수에 대한 추론을 공부한다. 다음의 결과들은 단변량 시계열의 결과와 유사하며 그 증명은 생략하기로 한다.

9.2.1 정리

$\{\boldsymbol{Y}_t\}$가 $\boldsymbol{Y}_t = \boldsymbol{\mu} + \sum_{i=0}^{\infty} \boldsymbol{C}_i \epsilon_{t-i}$인 정상시계열이고(단, $\{\epsilon_t\} \sim \text{IID}(\boldsymbol{0}, \boldsymbol{\Sigma})$이고 $\boldsymbol{C}_i$는 $\sum_{i=0}^{\infty} \|\boldsymbol{C}_i\| < \infty, \|\boldsymbol{C}_i\| = \sup\{\|\boldsymbol{C}_i \boldsymbol{y}\| : \|\boldsymbol{y}\| \le 1\}$를 만족하는 $k \times k$ 행렬들) $\hat{\boldsymbol{\mu}} = \frac{1}{n}\sum_{t=1}^{n} \boldsymbol{Y}_t$일 때, 다음이 성립한다.

(1) $P(\hat{\boldsymbol{\mu}} \to \boldsymbol{\mu}, n \to \infty) = 1$

(2) 모든 $1 \le i \le k$에 대하여 $\gamma_{ii}(n) \to 0$이면, $E(\hat{\boldsymbol{\mu}} - \boldsymbol{\mu})^T(\hat{\boldsymbol{\mu}} - \boldsymbol{\mu}) \to 0$

(3) 모든 $1 \le i \le k$에 대하여 $\sum_{h=0}^{\infty} |\gamma_{ii}(h)| < \infty$이면,

$$nE(\hat{\boldsymbol{\mu}} - \boldsymbol{\mu})^T(\hat{\boldsymbol{\mu}} - \boldsymbol{\mu}) \to \sum_{i=1}^{k} \sum_{h=-\infty}^{\infty} \gamma_{ii}(h)$$

9.2.2 정리

$\{\boldsymbol{Y}_t\}$가 정리 9.2.1에 있는 정상시계열일 때, 자기공분산 함수는 $\Gamma(h)=\sum_{i=0}^{\infty}\boldsymbol{C}_i\Sigma\boldsymbol{C}_{i+h}^T$가 되고 다음과 같이 정의되는 표본자기공분산 함수 $\hat{\Gamma}(\cdot)$

$$\hat{\Gamma}(h)=\frac{1}{n}\sum_{t=1}^{n-|h|}(\boldsymbol{Y}_t-\hat{\boldsymbol{\mu}})(\boldsymbol{Y}_{t+|h|}-\hat{\boldsymbol{\mu}})^T$$

는 다음을 만족한다:

$$P(\hat{\Gamma}(h)\rightarrow\Gamma(h), n\rightarrow\infty)=1$$

즉, $\hat{\Gamma}(\cdot)$는 $\Gamma(\cdot)$의 일치추정량이다.

다변량 ARMA 모형에서의 모수추정은 단변량 ARMA 모형의 것과 유사하게 정규 최대우도추정량 등을 이용하여 추정한다. 이렇게 추정된 모수의 추정량이 일치성을 가지고 있으며 점근적으로 정규분포를 따름은 잘 알려져 있는 사실이다. 본 교재에서는 이에 대한 상세한 설명을 생략하며 SAS 실습에서 실제로 이를 어떻게 구현할지 설명하도록 한다.

● 9.2.3 예

이변량 정상 ARMA(1,1) 모형에서 모수에 대한 추정을 고려해보자. 예 9.1.7에서 언급한 이변량 ARMA(1,1) 모형을 따르는 10,000개의 자료를 생성하여 SAS의 VARMAX 프로시저를 이용하여 추정한 결과가 다음과 같다(단, $\{\boldsymbol{\epsilon}_t\}\sim$ IID $N(\boldsymbol{0},\boldsymbol{I}_{2\times 2})$).

모수	추정값	표준오차	t 값	유의확률
ϕ_{11}	0.48498	0.01081	44.85	0.0001
ϕ_{12}	0.49747	0.01347	36.94	0.0001
θ_{11}	0.51300	0.01140	−45.02	0.0001
θ_{12}	−0.00049	0.01094	0.04	0.9646
ϕ_{21}	−0.00998	0.01215	−0.82	0.4114
ϕ_{22}	0.52000	0.01592	32.66	0.0001
θ_{21}	0.50779	0.01408	−36.08	0.0001
θ_{22}	0.47277	0.01516	−31.19	0.0001

9-3 상태공간 모형

상태공간 모형은 다양한 형태의 시계열 자료를 빠르게 분석할 수 있는 강력한 도구를 제공하는 모형이다. 특히, **예측과 잡음제거**(prediction and filtering)의 문제를 매우 간결하게 해결해 주는 **칼만 필터링**(Kalman filtering) 방법은 시계열 분석에서 가장 유명한 알고리즘들 중의 하나이다. 이러한 상태공간 모형의 개념과 칼만 필터링은 원래 선형계(linear system)의 제어와 관련된 제어공학(control engineering) 분야로부터 비롯되었으나 현재는 계량경제 등과 같은 다른 분야들에도 많이 응용되고 있으며, 다변량 시계열 분석에도 사용된다. Akaike (1974)는 상태공간 모형을 이용하여 다변량 ARMA 모형을 모형화하는 과정에서 발생하는 비유일성(non-identifiability) 문제를 해결하는 방법을 제시하였다. 이 절에서는 Akaike의 상태공간 모형을 이용한 다변량 ARMA 모형화 등을 간략하게 소개한다.

9.3.1 정의

$\{\boldsymbol{Y}_t\}$와 $\{\boldsymbol{X}_t\}$가 각각 v, w차원 확률벡터의 열이라 할 때 **상태공간 모형**(stat space model)은 다음과 같다:

$$\boldsymbol{Y}_t = \boldsymbol{F}_t \boldsymbol{Y}_{t-1} + \epsilon_t, \quad t = 1,2,\cdots \tag{9.3.1}$$

$$\boldsymbol{X}_t = \boldsymbol{H}_t \boldsymbol{Y}_t + \eta_t, \quad t = 1,2,\cdots \tag{9.3.2}$$

단, $\boldsymbol{F}_1, \boldsymbol{F}_2, \cdots$는 $v \times v$ 전이행렬(transition matrix)이고, $\boldsymbol{H}_1, \boldsymbol{H}_2, \cdots$는 $w \times v$ 전이행렬이며, ϵ_t, η_t는 각각 $v \times 1$ 그리고 $w \times 1$ 확률벡터이다. 이때 $\boldsymbol{Y}_t, \boldsymbol{X}_t$를 각각 시간 t에서의 **상태벡터**(state vector), 그리고 **관측값벡터**(observation vector)라고 하고, 식 (9.3.1)과 식 (9.3.2)를 각각 상태공간 모형의 **상태방정식**(state equation)과 **관측방정식**(observation equation)이라고 부른다.

9.3.2 가정

(1) 상태방정식 (9.3.1)의 $\boldsymbol{F}_1, \boldsymbol{F}_2, \cdots$는 미리 정해진 $v \times v$ 행렬이다.

(2) 관측방정식 (9.3.2)의 $\boldsymbol{H}_1, \boldsymbol{H}_2, \cdots$는 미리 정해진 $w \times v$ 행렬이다.

(3) $\boldsymbol{Y}_0$, $\left(\epsilon_t^T, \eta_{t-1}^T\right)^T$, $t = 1,2,\cdots$는 유한의 이차적률(finite second moment)을 가지며 서로 직교인(orthogonal) 확률벡터들의 열이다. 여기서, 두 확률벡터

$\boldsymbol{X}$와 $\boldsymbol{Y}$에 대하여 $E(\boldsymbol{X}\boldsymbol{Y}^T) = 0$일 때 서로 직교한다고 하며 간략히 $\boldsymbol{X} \perp \boldsymbol{Y}$로 표기한다.

(4) $\eta_0 = 0$이고 모든 t에 대하여 $E\epsilon_t = 0$, $E\eta_t = 0$이다.

(5) 모든 t에 대하여 $E(\epsilon_t \epsilon_t^T) = Q_t$, $E(\eta_t \eta_t^T) = R_t$, $E(\epsilon_{t+1} \eta_t^T) = S_t$이고 $\{\boldsymbol{Q}_t\}$, $\{\boldsymbol{R}_t\}$와 $\{\boldsymbol{S}_t\}$는 모두 미리 정해진 $v \times v$, $w \times w$, $v \times w$ 행렬들이다.

● 9.3.3 예

정상시계열 $\{Y_t\}$가 AR(p) 모형을 따른다고 하자. 즉,

$$Y_t = \phi_1 Y_{t-1} + \phi_2 Y_{t-2} + \cdots + \phi_p Y_{t-p} + \epsilon_t, \ \{\epsilon_t\} \sim \mathrm{WN}(0, \sigma^2)$$

이며, 특성함수 $\phi(z) = 1 - \phi_1 z - \phi_2 z^2 - \cdots - \phi_p z^p$의 근은 복소평면 위에서 단위원의 밖에 존재한다. 이 경우, 상태벡터를 $\boldsymbol{Y}_t = (Y_{t-p+1}, Y_{t-p+2}, \cdots, Y_t)^T$와 같이 놓으면

$$\boldsymbol{Y}_t = \begin{pmatrix} 0 & 1 & 0 & \cdots & 0 \\ 0 & 0 & 1 & \cdots & 0 \\ \vdots & \vdots & \vdots & \ddots & \vdots \\ 0 & 0 & 0 & \cdots & 1 \\ \phi_p & \phi_{p-1} & \phi_{p-2} & \cdots & \phi_1 \end{pmatrix} \boldsymbol{Y}_{t-1} + \begin{pmatrix} 0 \\ 0 \\ \vdots \\ 0 \\ 1 \end{pmatrix} \epsilon_t$$

의 상태방정식이 성립하고, 또한

$$Y_t = (0, 0, \cdots, 1)\boldsymbol{Y}_t$$

의 관측방정식이 성립한다. 위에서 Y_t는 (9.3.2)의 $\boldsymbol{X}_t$의 역할을 하고 있다.

● 9.3.4 예: 다변량 ARMA(p,q) 모형에서 예측값에 대한 상태공간 표현

다변량 시계열 $\{\boldsymbol{Y}_t\}$가 식 (9.1.1)과 같은 ARMA(p,q) 모형을 따르고, 단위원 안에 있는 모든 복소수 $|z| \le 1$에 대하여 $\det(I - \boldsymbol{\Phi}_1 z - \cdots - \boldsymbol{\Phi}_p z^p) \ne 0$라고 가정하자. 그러면, 정리 9.1.6에 의하여 $\boldsymbol{Y}_t = \sum_{i=0}^{\infty} \boldsymbol{C}_i \boldsymbol{\epsilon}_{t-i}$로 표현될 수 있다. 그리고 $sp(\boldsymbol{Y}_t, \boldsymbol{Y}_{t-1}, \cdots)$를 $\boldsymbol{Y}_t, \boldsymbol{Y}_{t-1}, \cdots$의 선형결합체들로 이루어진 집합이라 하고 $\boldsymbol{Y}_{|t}$를 $\boldsymbol{Y}$의 $sp(\boldsymbol{Y}_t, \boldsymbol{Y}_{t-1}, \cdots)$으로의 정사영이라고 하자. 이때 다음의 관계식이 성립한다:

$$\boldsymbol{Y}_{t+i|t} - \boldsymbol{\Phi}_1 \boldsymbol{Y}_{t+i-1|t} - \cdots - \boldsymbol{\Phi}_p \boldsymbol{Y}_{t+i-p|t} = \boldsymbol{\epsilon}_{t+i|t} + \boldsymbol{\Theta}_1 \boldsymbol{\epsilon}_{t+i-1|t} + \cdots + \boldsymbol{\Theta}_q \boldsymbol{\epsilon}_{t+i-q|t} \tag{9.3.3}$$

위에서 $i \le 0$일 때 $\boldsymbol{Y}_{t+i|t} = \boldsymbol{Y}_{t+i}$이고 $i \ge 0$일 때 $\boldsymbol{\epsilon}_{t+i|t} = \mathbf{0}$이다. 따라서 $i \ge p+1$일 때 식 (9.3.3)의 우변이 0이 된다. 그러므로 $\boldsymbol{Y}_{t+i|t}\,(i=0,1,\cdots)$는 $\boldsymbol{Y}_{t|t}, \boldsymbol{Y}_{t+1|t}, \cdots, \boldsymbol{Y}_{t+K-1|t}$(단, $K = \max(p, q+1)$)의 선형결합으로 표현될 수 있다. 그리고 특별히 다음이 성립한다:

$$\boldsymbol{Y}_{t+K|t} = \boldsymbol{\Phi}_1 \boldsymbol{Y}_{t+K-1|t} + \boldsymbol{\Phi}_2 \boldsymbol{Y}_{t+K-2|t} + \cdots + \boldsymbol{\Phi}_K \boldsymbol{Y}_{t|t}$$
$$(\text{단, } \boldsymbol{\Phi}_m = \mathbf{0},\ m = p+1, p+2, \cdots, K)$$

식 (9.1.2)로부터 다음을 유도할 수 있다:

$$\boldsymbol{Y}_{t+i+1|t+1} = \boldsymbol{Y}_{t+i+1|t} + \boldsymbol{C}_i \boldsymbol{\epsilon}_{t+1} \tag{9.3.4}$$

따라서 식 (9.3.3)과 식 (9.3.4)로부터 벡터 $\boldsymbol{V}_t = \left(\boldsymbol{Y}_{t|t}^T, \boldsymbol{Y}_{t+1|t}^T, \cdots, \boldsymbol{Y}_{t+K-1|t}^T\right)^T$에 대하여 다음의 상태공간 표현이 가능하다:

$$\boldsymbol{V}_{t+1} = \begin{pmatrix} 0 & \boldsymbol{I} & 0 & \cdots & 0 \\ 0 & 0 & \boldsymbol{I} & \cdots & 0 \\ \vdots & \vdots & \vdots & \ddots & \vdots \\ 0 & 0 & 0 & \cdots & \boldsymbol{I} \\ \boldsymbol{\Phi}_K & \boldsymbol{\Phi}_{K-1} & \boldsymbol{\Phi}_{K-2} & \cdots & \boldsymbol{\Phi}_1 \end{pmatrix} \boldsymbol{V}_t + \begin{pmatrix} \boldsymbol{C}_0 \\ \boldsymbol{C}_1 \\ \vdots \\ \boldsymbol{C}_{K-2} \\ \boldsymbol{C}_{K-1} \end{pmatrix} \boldsymbol{\epsilon}_{t+1}, \tag{9.3.5}$$

$$\boldsymbol{Y}_t = (\boldsymbol{I}\ 0\ 0\ \cdots\ 0)\, \boldsymbol{V}_t$$

위의 결과로부터 $\boldsymbol{V}_t$가 주어졌을 때 $\boldsymbol{V}_{t+1}$의 예측값 $\hat{\boldsymbol{V}}_{t+1}$은 다음과 같이 주어진다:

$$\hat{\boldsymbol{V}}_{t+1} = \begin{pmatrix} 0 & \boldsymbol{I} & 0 & \cdots & 0 \\ 0 & 0 & \boldsymbol{I} & \cdots & 0 \\ \vdots & \vdots & \vdots & \ddots & \vdots \\ 0 & 0 & 0 & \cdots & \boldsymbol{I} \\ \boldsymbol{\Phi}_K & \boldsymbol{\Phi}_{K-1} & \boldsymbol{\Phi}_{K-2} & \cdots & \boldsymbol{\Phi}_1 \end{pmatrix} \boldsymbol{V}_t$$

즉, 시초의 값 $\hat{\boldsymbol{V}}_0$가 주어져 있고 추정량 $\hat{\boldsymbol{\Phi}}_1, \cdots \hat{\boldsymbol{\Phi}}_K$가 주어져 있으면 $\hat{\boldsymbol{V}}_t$를 다음과 같이 반복적으로 구할 수 있다.

$$\hat{\boldsymbol{V}}_{t+1} = \begin{pmatrix} 0 & \boldsymbol{I} & 0 & \cdots & 0 \\ 0 & 0 & \boldsymbol{I} & \cdots & 0 \\ \vdots & \vdots & \vdots & \ddots & \vdots \\ 0 & 0 & 0 & \cdots & \boldsymbol{I} \\ \hat{\boldsymbol{\Phi}}_K & \hat{\boldsymbol{\Phi}}_{K-1} & \hat{\boldsymbol{\Phi}}_{K-2} & \cdots & \hat{\boldsymbol{\Phi}}_1 \end{pmatrix} \hat{\boldsymbol{V}}_t$$

많은 경우, 다변량 시계열이 주어지면 이를 AIC 등을 이용하여 적절한 VAR(p) 모형으로 적합시키고 이를 이용하여 식 (9.3.5)와 같은 상태방정식을 얻는다(9-6-3 및 연습문제 6 참조).

● 9.3.5 예

예 9.2.3에서 생성된 자료를 이용하여 STATESPACE 프로시저로 추정된 결과를 살펴보자. 이에 대한 자세한 SAS 실습은 9-6-3절에 소개되어 있다. 이변량 벡터 $\boldsymbol{Y}_t = (Y_{1t},\ Y_{2t})^T$에 대하여, $K=2$이므로

$$\boldsymbol{V}_t = (Y_{1,t|t},\ Y_{2,t|t},\ Y_{1,t+1|t},\ Y_{2,t+1|t})^T$$

가 되고 STATESPACE 프로시저를 사용하면 식 (9.3.5)의 상태공간 표현으로 다음과 같이 모수들이 추정된다.

State Vector			
$Y_{1,t\|t}$	$Y_{2,t\|t}$	$Y_{1,t+1\|t}$	$Y_{2,t+1\|t}$

Estimate of Transition Matrix			
0	0	1	0
0	0	0	1
0.031296	−0.0047	0.44148	0.521507
−0.003	−0.00911	−0.00409	0.524599

Input Matrix for Innovation	
1	0
0	1
0.997896	0.498116
0.499201	0.99187

$$\begin{pmatrix} Y_{1,t+1|t+1} \\ Y_{2,t+1|t+1} \\ Y_{1,t+2|t+1} \\ Y_{2,t+2|t+1} \end{pmatrix} = \begin{pmatrix} 0 & 0 & 1 & 0 \\ 0 & 0 & 0 & 1 \\ 0.031296 & -0.0047 & 0.44148 & 0.521507 \\ -0.003 & -0.00911 & -0.00409 & 0.524599 \end{pmatrix} \begin{pmatrix} Y_{1t} \\ Y_{2t} \\ Y_{1,t+1|t} \\ Y_{2,t+1|t} \end{pmatrix} + \begin{pmatrix} 1 & 0 \\ 0 & 1 \\ 0.997896 & 0.498116 \\ 0.499201 & 0.99187 \end{pmatrix} \begin{pmatrix} \epsilon_{1,t+1} \\ \epsilon_{2,t+1} \end{pmatrix}$$

위의 결과로부터

$$\boldsymbol{\Phi}_1 = \begin{pmatrix} 0.5 & 0.5 \\ 0 & 0.5 \end{pmatrix} \text{와 } \hat{\boldsymbol{\Phi}}_1 = \begin{pmatrix} 0.44148 & 0.521507 \\ -0.00409 & 0.524599 \end{pmatrix},$$

$$\boldsymbol{C}_1 = \begin{pmatrix} 1 & 0.5 \\ 0.5 & 1 \end{pmatrix} \text{와 } \hat{\boldsymbol{C}}_1 = \begin{pmatrix} 0.997896 & 0.498116 \\ 0.499201 & 0.99187 \end{pmatrix}$$

을 비교해 볼 수 있으며, 다음 결과로부터

Variance Matrix for Innovation	
1.007884	0.008125
0.008125	0.978627

$$Var\begin{pmatrix}\epsilon_{1,t+1}\\ \epsilon_{2,t+1}\end{pmatrix} = \begin{pmatrix}1 & 0\\ 0 & 1\end{pmatrix} \text{와 } \widehat{Var}\begin{pmatrix}\epsilon_{1,t+1}\\ \epsilon_{2,t+1}\end{pmatrix} = \begin{pmatrix}1.007884 & 0.008125\\ 0.008125 & 0.99187\end{pmatrix}$$

을 비교해볼 수 있다.

9-4 다변량 GARCH 모형

하나의 자산에 대한 수익의 변동성을 고려할 때는 6장에서 소개된 단변량 GARCH 모형 등을 생각해 볼 수 있다. 하지만 실제 자료 분석에서는 여러 가지 자산으로 이루어진 포트폴리오의 변동성을 고려하게 되는 상황이 좀 더 일반적일 것이다. 따라서 시간에 따른 변동성의 변화를 반영하면서도 다변량 자료의 복잡한 구조를 모형화할 수 있는 다변량 모형의 개발이 필요하다. 단변량 GARCH 모형을 확장하여 다음과 같은 **다변량 GARCH 모형**을 생각할 수 있다.

d개의 시계열을 Y_{it}, $i=1,\cdots,d$로 놓고 이들로 이루어진 다변량 시계열 벡터를 $\boldsymbol{Y}_t$라고 두자. 그리고 정보 $\mathcal{F}_{t-1}$이 주어졌을 때, $\sigma_{ii,t} = Var(Y_{i,t}|\mathcal{F}_{t-1})$, $\sigma_{ij,t} = Cov(Y_{i,t}Y_{j,t}|\mathcal{F}_{t-1})$라고 정의하면 $\boldsymbol{\Sigma}_t = (\sigma_{ij,t})$는 $\boldsymbol{Y}_t$에 대한 조건부 공분산 행렬이 된다. 단변량 GARCH 모형을 확장한 가장 간단한 형태의 다변량 GARCH 모형은 다음과 같다:

$$\boldsymbol{Y}_t = \boldsymbol{\Sigma}_t^{1/2}\epsilon_t,\ \{\epsilon_t\} \sim \text{IID}(0, \boldsymbol{I}_d),\quad E(\boldsymbol{Y}_t\boldsymbol{Y}_t^T|\mathcal{F}_{t-1}) = \boldsymbol{\Sigma}_t \tag{9.4.1}$$

그러나 다변량 GARCH 모형은 형태가 매우 복잡하고 변수의 개수가 늘어나면 추정해야 하는 모수가 많아지므로 추정에 많은 어려움이 생긴다. 따라서 조건부 공분산 행렬 $\boldsymbol{\Sigma}_t$에 여러 가지 제약 조건을 주어 보다 효율적으로 추정하기 위한 방법이 개발되어 왔다. 조건부 공분산 행렬 $\boldsymbol{\Sigma}_t$의 형태에 따라 **BEKK(Baba-Engle-Kraft-Kroner) 모형** 및 **CCC(conditional constant correlation)-GARCH 모형**을 비롯한 다양한 다변량 GARCH 모형이 개발되어 있다. 위 모형에 대한 자세한 내용 및 추론은 본 교재의 수준을 넘어가므로 관심이 있는 독자는 Bollerslev (1990)과 Engle and Kroner (1995) 등을 참고하기 바란다. 또한 SAS의 VARMAX 프로시저를 이용하면 다양한 다변량 GARCH 모형을 이론적 어려움 없이 적합할 수 있다. 이에 대한 내용은 SAS 실습을 참조하기 바란다.

9-5 SCOMDY 모형

식 (9.4.1)의 모형의 간단한 예로서 GARCH(1,1) 모형이 d개 있을 때 오차항들이 다변량 정규분포를 따르는 경우를 생각해 볼 수 있다. 즉, 다음과 같은 d개의 GARCH(1,1) 모형에서

$$Y_{it} = \sigma_i \xi, \quad i = 1, \cdots, d,$$
$$\sigma_{it}^2 = \alpha_{i0} + \alpha_{i1} Y_{i,t-1}^2 + \alpha_{i2} \sigma_{i,t-1}^2$$

$\boldsymbol{\xi}_i = (\xi_{1i}, \cdots, \xi_{di})^T$가 IID 다변량 정규분포를 따르는 경우를 의미한다. 위 식에서 $\boldsymbol{\xi}_i$가 정규분포를 따르지 않는 경우에는 기저분포에 대한 모형화를 시도해야 하는데, 이 절에서는 위의 모형보다 더욱 포괄적인 준모수적 코퓰라(copula)를 기반으로 하는 **다변량 역학모형**(semiparametric copula-based multivariate conditional dynamic model: SCOMDY model)을 간략하게 소개하도록 한다. 코퓰라는 다변량 분포를 모형화하기 위한 방법으로 매우 각광을 받아왔다.

Sklar는 연속형 확률벡터 $\boldsymbol{Y} = (Y_1, \cdots, Y_d)^T$가 주어져 있고 Y_i들의 주변분포들이 F_i일 때, $\boldsymbol{Y}$의 분포함수 F가 다음의 형태를 따른다는 것을 보였다:

$$F(\boldsymbol{y}) = C(F_1(y_1), \cdots, F_d(y_d)). \text{ 단, } \boldsymbol{y} = (y_1, \cdots, y_d)^T$$

여기서, C는 $[0,1]^d$에서 정의된 실함수이다. 따라서 F를 결정하는 데 있어서 C의 역할이 절대적임을 알 수 있다. 일반적으로 다변량 정규분포를 제외하고는 일변량의 경우와는 달리 다변량 분포에 대한 모형족의 선택에 많은 제약이 따르므로, 이 C 함수를 모형화하여 F에 대한 적절한 모델링을 하는 방법을 주로 이용한다. C 함수로서는 Gaussian 코퓰라, Archimedean 코퓰라, Frank 코퓰라, Clayton 코퓰라 등이 주로 쓰이고 있다. 예를 들어, $d = 2$인 경우, Gaussian 코퓰라는

$$C(u,v;\rho)=\Phi_\rho\left(\Phi^{-1}(u),\Phi^{-1}(v)\right)$$

으로 표현된다. 단, Φ는 표준정규분포이고 Φ_ρ는 상관계수가 ρ이고 평균이 0, 분산이 1인 이변량 정규분포함수를 의미한다. 또한, Archimedean 코퓰라는

$$C(u,v)=\varphi^{-1}(\varphi(u)+\varphi(v))$$

인데, φ는 $[0,1]$에서 정의되는 양의 값을 갖는 convex 함수이다. 특히,

$$\varphi(t)=\log\left(e^{-\theta}-1\right)-\log\left(e^{-\theta t}-1\right),\ \ \theta\neq 0$$

인 경우, 이를 Frank 코퓰라라고 하며, $\varphi(t)=\left(t^{-\theta}-1\right)/\theta$, $\theta\neq 0$인 경우, Clayton 코퓰라라고 한다. 이상에서 보듯이 코퓰라는 미지의 모수를 포함하는 경우가 대부분이다. 더 자세한 내용은 Joe (1997)을 참조하기 바란다.

일변량 확률변수의 분포함수를 추정할 때에는 주로 표본분포함수를 이용하므로, $\boldsymbol{Y}_i=\left(Y_{1i},\cdots,Y_{di}\right)^T$, $i=1,\cdots,n$이 주어져 있으면, 우선 적절한 C를 선택한 이후에 F_i를 표본분포함수 $\hat{F}_i$으로 추정하여 $\hat{F}(\boldsymbol{y})=C\left(\hat{F}_1(y_1),\cdots,\hat{F}_d(y_d)\right)$로 놓으면 이 함수가 F의 추정량이 된다. 단,

$$\hat{F}_i(y)=\frac{1}{n}\sum_{j=1}^{n}I\left(Y_{ij}\leq y\right),\ \ i=1,\cdots,d$$

이다. 함수 C에 미지의 모수가 포함되어 있는 경우에는 이를 자료로부터 추정해야만 한다.

Chen and Fan (2006)은 코퓰라를 이용하여 준모수적 코퓰라를 기반으로 SCOMDY 모형을 제안하였다. $\left\{\left(\boldsymbol{Y}_t^T,\boldsymbol{X}_t^T\right)^T:t=1,2,\cdots,n\right\}$이 벡터 확률과정이라고 하자. 단, Y_t는 d차원 확률과정이고 X_t는 Y_t와 구분되는 벡터 외생변수(exogeneous variable)이다. 또한, $\mathcal{F}_{t-1}$을 $\left\{Y_{t-1},Y_{t-2},\cdots,X_t,X_{t-1},\cdots\right\}$에 의한 과거의 정보라고 놓으면, SCOMDY 모형은 다음과 같이 정의된다.

9.5.1 정의

$\{\boldsymbol{Y}_t\}$가 다음의 모형식을 만족할 때 SCOMDY 모형을 따른다고 한다:

$$\boldsymbol{Y}_t=u_t(\boldsymbol{\theta}_{01})+\sqrt{H_t(\boldsymbol{\theta}_0)}\,\boldsymbol{\epsilon}_t$$

단, $\boldsymbol{\theta}_0 = (\boldsymbol{\theta}_{01}^T, \boldsymbol{\theta}_{02}^T)^T$에서 $\boldsymbol{\theta}_{01}$과 $\boldsymbol{\theta}_{02}$는 공통의 원소를 갖지 않으며,

$$\mu_t(\boldsymbol{\theta}_{01}) = E(\boldsymbol{Y}_t | \mathcal{F}_{t-1}) = (\mu_{1t}(\boldsymbol{\theta}_{01}), \mu_{2t}(\boldsymbol{\theta}_{01}), \cdots, \mu_{dt}(\boldsymbol{\theta}_{01}))^T$$

은 $\mathcal{F}_{t-1}$이 주어졌을 때 $\boldsymbol{Y}_t$의 조건부 평균이고,

$$H_t(\boldsymbol{\theta}_0) = diag(h_{1t}(\boldsymbol{\theta}_0), \cdots, h_{dt}(\boldsymbol{\theta}_0)),$$
$$h(\boldsymbol{\theta}_0) = h(\boldsymbol{\theta}_{01}, \boldsymbol{\theta}_{02}) = E\left[(Y - \mu(\boldsymbol{\theta}_{01}))^2 | \mathcal{F}_{t-1}\right],\ i = 1, \cdots, d$$

는 $\mathcal{F}_{t-1}$이 주어졌을 때 Y_{it}의 조건부 분산이다. 여기서, $diag(a_1, a_2, \cdots, a_d)$는 대각원소가 $a_1, a_2, \cdots, a_d$이고 나머지 원소는 모두 0인 정방 행렬을 의미한다. 한편, 다변량 오차항 $\boldsymbol{\epsilon}_t = (\epsilon_{1t}, \cdots, \epsilon_{dt})^T,\ t = 1, \cdots, n$은 $E(\epsilon_{it}) = 0$이고, $E(\epsilon_{it}^2) = 1$을 만족하며 $\mathcal{F}_{t-1}$과 독립인 IID 확률벡터이다. 또한, $\boldsymbol{\epsilon}_t = (\epsilon_{1t}, \cdots, \epsilon_{dt})^T$의 결합 분포는 $F(\boldsymbol{x}) = C(F_1(x_1), \cdots, F_d(x_d) : \alpha)$이다. 단, F_i는 $\{\epsilon_{it}\}$의 주변분포이고, $C(u_{1,} \cdots, u_d) = C(u_1, \cdots, u_d : \alpha) : [0,1]^d \to [0,1]$는 코퓰라 모수가 α인 코퓰라 함수이다.

SCOMDY 모형은 매우 포괄적인 다변량 시계열 모형으로서 기존에 널리 사용되어 온 GARCH, VAR, Markov switching 모형 등도 SCOMDY 모형의 특별한 예에 해당된다. Chen and Fan (2006)은 Kullback–Leibler information criterion을 이용하여 코퓰라 모수를 추정하고 그 점근분포를 유도하였으며, 모형 선택에 대한 검정법도 함께 제시하였다. 자세한 내용은 Chen and Fan (2006)을 참조하길 바란다.

9-6 SAS 실습

9-6-1 PROC VARMAX

SAS의 VARMAX 프로시저는 다변량 시계열 자료의 분석에 사용되며 특히 외생 변수가 포함된 벡터 ARMA(VARMAX) 모형을 적합하고 이에 대한 모수 추정과 예측 등을 가능하게 해준다. 경제 시계열 분석에서 다변량 시계열의 경우 변수들 간의 상관관계뿐만 아니라 다른 변수들의 과거 값에도 의존하는 현상이 흔하게 나타난다. VARMAX 프로시저에서는 식 (9.1.1)의 VARMA 모형에 외생변수를 추가한 벡터

ARMA(VARMAX) 모형을 이용하여 다변량 시계열 구조를 가진 변수들 간의 다양한 상호의존 관계를 모형화해준다. VARMAX 프로시저에서 가정하는 VARMAX(p, q, s) 모형은 다음과 같다:

$$\boldsymbol{Y}_t = \sum_{i=1}^{p} \boldsymbol{\Phi}_i \boldsymbol{Y}_{t-i} + \sum_{i=0}^{s} \boldsymbol{\Theta}_i^* \boldsymbol{X}_{t-i} + \boldsymbol{\epsilon}_t - \sum_{i=1}^{q} \boldsymbol{\Theta}_i \boldsymbol{\epsilon}_{t-i}$$

(단, $\boldsymbol{X}_t = (X_{1t}, \cdots, X_{rt})^T$는 외생변수(또는 종속변수)임)

VARMAX 프로시저는 정상성을 만족하는 다변량 시계열 자료에 대하여 VARMAX(p, q, s) 모형 적합을 위한 다양한 정보기준 및 검정통계량을 제공해 주며 모형 진단을 위한 잔차 검정의 결과까지 출력해 준다. 또한 고차원의 문제를 해결하기 위해 벡터 오차수정모형(VECM)을 제공한다. VARMAX 프로시저에 대한 내용은 매우 방대하므로 본 절에서는 9장의 내용과 관련 있는 부분만 간략하게 소개한다.

PROC VARMAX를 이용한 일반적인 SAS 형식은 다음과 같다.

```
PROC VARMAX options;
  ID variable INTERVAL=value;
  MODEL dependent=regressors /options;
  COINTEG RANK=numbers /options;
  GARCH options;
  RESTRICT restriction,...,restriction;
RUN;
```

ID문은 입력 데이터 세트의 관측값들을 식별할 변수를 지정해 주며 INTERVAL에는 그 변수의 간격을 지정할 수 있다. 특히 시계열 분석에서는 ID문에 날짜변수가 주로 이용되며 일반적인 형식은 다음과 같다.

```
ID variable INTERVAL=value;
```

MODEL문은 VARMA 모형 적합을 위한 종속변수와 외생변수를 정의할 수 있으며 dependent에 독립변수 $\boldsymbol{Y}_t$를, regressors에 외생변수 $\boldsymbol{X}_t$를 각각 지정할 수 있다. 예를 들어

```
MODEL y1-y4=x1-x5 /options
```

인 경우는 벡터 (Y_1, Y_2, Y_3, Y_4)를 종속변수로, 벡터 $(X_1, X_2, X_3, X_4, X_5)$를 외생변수로 지정하여 모형을 적합한다. 또한 다음과 같이 각각의 종속변수에 대하여 서로 다른 외생변수를 지정할 수도 있다.

```
MODEL y1=x1-x3, y2=x3-x5, y3 y4=x1-x5 /options
```

한편, MODEL문에서는 option을 이용하여 VARMA 모형을 적합하고 모수를 추정할 수 있으며 사용할 수 있는 option과 그에 대한 내용은 다음과 같다.

```
DIF=(variable (number-list)) : 지정된 변수들을 입력한 숫자만큼 차분
DIFX(number-list) : 모든 외생변수들을 입력한 숫자만큼 차분
DIFY(number-list) : 모든 종속변수들을 입력한 숫자만큼 차분
NOINT : 상수항이 없는 모형을 적합
METHOD=value : VARMA 모형의 모수 추정하는 방법을 최소제곱추정법(LS) 혹은 최대 우도추
               정법(ML)으로 지정(METHOD=LS,ML)
P=(number-list) : AR 모형의 차수 p를 결정하며 default는 0
Q=(number-list) : MA 모형의 차수 q를 결정하며 default는 0
XLAG=(number-list) : 외생변수의 차수 s를 결정하며 default는 0
```

예를 들어 DIF($Y_1(1,4)$ $Y_3(1)$ $X_2(2)$)라는 option이 지정되면 Y_{1t}, Y_{3t}, X_{2t} 대신 차분된 변수 $(1-B^4)(1-B)Y_{1t}$, $(1-B)Y_{3t}$ 그리고 $(1-B^2)X_{2t}$를 이용하여 모형을 적합하게 된다. 또한 MA 부분이 없는 VARMAX(1,0,2)의 모형을 가정하고 최대우도추정법을 이용하여 모수를 추정하고자 할 때는 다음과 같이 지정할 수 있다.

```
MODEL y1 y2 = x1 x2 /P=1 XLAG=2 METHOD=ML;
```

주어진 시계열 자료의 정상성이 의심된다면 MODEL문에서 다음과 같은 option을 이용하여 단위근이 존재하는지, 또 공적분이 존재하는지에 대한 검정결과를 출력할 수 있다.

```
DFTEST : Dickey-Fuller 단위근 검정을 출력
COINTTEST=(JOHANSEN) : JOHANSEN 방법을 이용한 공적분 순위 검정을 출력
ECM=(RANK=number NORMALIZE=variable) : 오차수정모형을 적합
```

DFTEST를 이용하면 자료의 정상성 검정을 위한 Dickey-Fuller 단위근검정 결

과를 출력하며 COINTTEST를 이용하면 식 (9.1.6)의 Johansen 공적분 순위 검정 결과를 출력해 준다. 또한 공적분 관계가 있는 경우 ECM을 이용하면 오차수정모형을 적합할 수 있다. 이때 RANK에는 공적분 순위 검정결과 얻어진 공적분 순위를 지정해 주며 NORMALIZE를 이용하면 공적분 벡터를 정규화하여 모형에 적합하게 된다.

VARMAX 모형에서 정의되는 AR 부분의 차수나 MA 부분의 차수는 option에서 지정하거나 다양한 정보기준들로 자동으로 선택되게 할 수 있다. 정보기준 통계량을 출력하고 이를 최소로 하는 값을 갖는 차수로 모형을 자동 선택하게 하는 option은 다음과 같다.

```
MINIC=(TYPE=value P=number Q=numberr)
: 각 차수별 정보기준값들을 출력(TYPE=AIC, AICC, FPE, HQC, SBC)
```

MINIC option을 이용하면 AR과 MA 차수를 따로 지정하지 않아도 지정한 TYPE의 정보기준 통계량을 최솟값으로 해주는 모형을 자동 적합시킨다. 이때 P와 Q에 추정하고자 하는 AR 차수와 MA 차수의 최댓값을 지정해 주면 그 범위 안에서 정보기준 통계량 값을 최소로 갖는 차수의 모형이 적합된다.

COINTEG문은 식 (9.1.4)의 오차수정모형(VECM)을 적합할 때 이용되며 형식은 다음과 같다.

```
COINTEG RANK=number : 오차수정모형을 적합
```

변수 사이의 공적분 관계가 있는 경우 오차수정모형(VECM)을 적합해야 하며 RANK에는 공적분 검정결과 얻어진 공적분 차수 r을 지정해 주면 된다. VECM 모형을 적합하는 경우는 method로 적합방법을 지정하여도 자동으로 최대우도추정법에 의해 모수가 추정된다. 앞서 언급한 MODEL문의 ECM option을 이용해도 VECM(p) 모형을 적합할 수 있는데, 이 두 가지 방법을 이용하여 공적분 순위가 1인 VECM(2) 모형에 적합하는 예는 다음과 같다.

```
PROC VARMAX DATA=one;
   MODEL y1-y3 /P=2 ECM=(RANK=1);
RUN;
```

```
PROC VARMAX DATA=one;
   MODEL y1-y3 /P=2;
   COINTEG RANK=1;
RUN;
```

GARCH문은 식 (9.4.1)과 같은 다변량 GARCH 모형을 적합할 때 이용되며 형식은 다음과 같다.

```
GARCH FORM=value OUTHT=SAS-data-set
```

FORM=BEKK 또는 CCC는 BEKK 모형, CCC-GARCH 모형을 적합시켜 주고 OUTHT option은 조건부 공분산 행렬을 지정한 데이터 세트에 출력해 준다.

마지막으로 RESTRICT문은 모형에서 특정한 모수에 특정한 값을 미리 정해줄 때 이용되며 형식은 다음과 같다.

```
RESTRICT restriction, ..., restriction;
```

restriction에는 parameter=value의 형태를 사용하여 특정한 값을 지정할 수 있으며, 이때 모수들은 CONST(i), AR(l,i,j), MA(l,i,j) 등으로 표현할 수 있다. CONST(i)은 $\{\boldsymbol{Y}_t\}$의 i번째 시계열 Y_{it}의 모형식에서 상수항을 나타내며, AR(l,i,j)과 MA(l,i,j)는 각각 i번째 종속변수 Y_{it}의 모형식에서 $Y_{j,t-l}$의 AR 계수와 $\epsilon_{j,t-l}$의 MA 계수를 나타낸다. 다음은 이변량 VAR(2) 모형의 AR 모수에 미리 지정된 값들을 정해주는 예시이다.

```
PROC VARMAX DATA=one;
   MODEL y1 y2 / P=2;
   RESTRICT AR(1,1,2)=0, AR(2,1,2)=0.3;
RUN;
```

이 경우 다음과 같은 VARMAX(2,0,0) 모형, 즉 VAR(2) 모형이 적합된다:

$$\begin{pmatrix} Y_{1t} \\ Y_{2t} \end{pmatrix} = \begin{pmatrix} AR(1,1,1) & 0 \\ AR(1,2,1) & AR(1,2,2) \end{pmatrix} \begin{pmatrix} Y_{1t-1} \\ Y_{2t-1} \end{pmatrix} + \begin{pmatrix} AR(2,1,1) & 0.3 \\ AR(2,2,1) & AR(2,2,2) \end{pmatrix} \begin{pmatrix} Y_{1t-2} \\ Y_{2t-2} \end{pmatrix} + \epsilon_t.$$

9-6-2 자료분석

1) 다음은 미국의 실질 국내 총생산과 실질 가처분 개인 소득의 자료[20]를 분석한 예이다. 1966년 1분기에서 2012년 4분기까지 분기별 자료를 이용하였다.

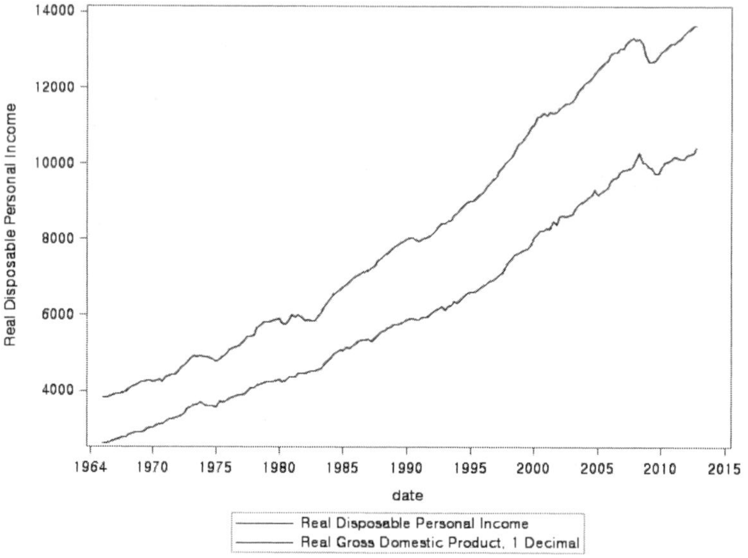

[그림 9.6.1] 원자료의 시계열도

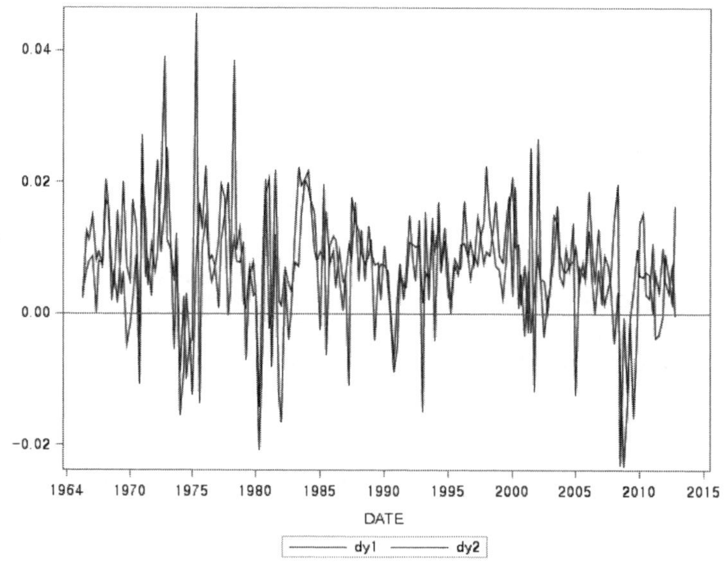

[그림 9.6.2] 로그변환하여 차분한 시계열도

20) 출처: St. Luis Fed Economic Research(http://research.stlouisfed.org)

그림 9.6.1은 미국의 실질 국내 총생산과 실질 가처분 개인 소득의 시계열도이다 (code-(1) 참조). 두 시계열 모두 시간의 흐름에 따라 증가하는 추세를 가지며 시간에 따라 변동성의 크기가 일정하지 않는 비정상시계열의 특징을 가짐을 알 수 있다. 따라서 로그변환과 차분을 통하여 자료를 정상화시켜 분석에 이용하도록 한다. 로그변환된 미국의 실질 국내 총생산(Y_1)과 로그변환된 실질 가처분 개인 소득(Y_2)의 자료의 차분을 위해서 DIFY=(1) option을 이용하였으며 1차 차분하여 모형에 적합하기로 한다(code-(3) 참조). 그림 9.6.2에서 볼 수 있듯이 로그변환과 차분을 통해 얻어진 자료 ∇Y_1과 ∇Y_2는 정상시계열의 특징을 가지고 있으므로 VARMA 모형을 적합해 보기로 한다.

우선, VARMA 모형의 차수 p와 q를 결정해야 한다. 이를 위해서 VARMAX 프로시저의 MINIC option을 이용하였으며 표 9.6.1은 각 차수별 정보기준 통계량 AIC

[표 9.6.1] 차수별 모형의 AIC 값

Minimum Information Criterion Based on AIC						
Lag	MA 0	MA 1	MA 2	MA 3	MA 4	MA 5
AR 0	-19.11152	-19.18274	-19.20006	-19.2587	-19.24068	-19.21419
AR 1	-19.23709	-19.2143	-19.19259	-19.22752	-19.20752	-19.1768
AR 2	-19.23078	-19.20478	-19.16331	-19.19458	-19.18072	-19.14577
AR 3	-19.22641	-19.20426	-19.17062	-19.15954	-19.16776	-19.15456
AR 4	-19.19146	-19.22075	-19.17858	-19.15074	-19.13966	-19.14338
AR 5	-19.184	-19.19603	-19.16185	-19.1397	-19.13856	-19.11205

[표 9.6.2] 모형의 모수 추정

Model Parameter Estimates						
Equation	Parameter	Estimate	Standard Error	t Value	Pr > |t|	Variable
y1	CONST1	0.00737	0.00073	10.17	0.0001	1
	MA1_1_1	0.17522	0.07905	2.22	0.0279	e1(t-1)
	MA1_1_2	-0.17168	0.08831	-1.94	0.0534	e2(t-1)
	MA2_1_1	-0.01343	0.08017	-0.17	0.8671	e1(t-2)
	MA2_1_2	-0.21830	0.08981	-2.43	0.0160	e2(t-2)
	MA3_1_1	0.03544	0.07561	0.47	0.6398	e1(t-3)
	MA3_1_2	-0.25868	0.08601	-3.01	0.0030	e2(t-3)
y2	CONST2	0.00681	0.00088	7.71	0.0001	1
	MA1_2_1	-0.14160	0.06957	-2.04	0.0433	e1(t-1)
	MA1_2_2	-0.22337	0.07798	-2.86	0.0047	e2(t-1)
	MA2_2_1	0.00305	0.07095	0.04	0.9658	e1(t-2)
	MA2_2_2	-0.22028	0.07508	-2.93	0.0038	e2(t-2)
	MA3_2_1	-0.09624	0.07316	-1.32	0.1900	e1(t-3)
	MA3_2_2	-0.01202	0.07494	-0.16	0.8727	e2(t-3)

[표 9.6.3] 오차항의 공분산

Covariances of Innovations		
Variable	y1	y2
y1	0.00008	0.00003
y2	0.00003	0.00006

값들을 출력한 결과이다. AR 차수가 0이고 MA 차수가 3일 때 AIC 값이 -19.2587로 가장 작은 값을 가짐을 알 수 있다. 따라서 MINIC option에 의하여 자동으로 VMA(3) 모형이 적합된다.

표 9.6.2와 표 9.6.3은 앞의 결과를 토대로 VMA(3) 모형이 적합된 결과이다. NOINT option을 쓰지 않았으므로 상수항이 있는 VMA(3) 모형이 적합되며 METHOD option을 따로 지정하지 않았으므로 default인 최대우도추정방법을 이용하여 모수가 추정된다. 최소제곱법을 이용하여 추정하고자 하는 경우에는 METHOD =LS로 지정하면 된다.

위의 결과로부터 적합된 모형은 다음과 같다:

$$\triangle Y_t = \begin{pmatrix} 0.00737 \\ 0.00681 \end{pmatrix} + \epsilon_t - \begin{pmatrix} 0.17522 & -0.17168 \\ -0.14160 & -0.22337 \end{pmatrix} \epsilon_{t-1}$$

$$- \begin{pmatrix} -0.01343 & -0.21830 \\ 0.00305 & -0.22028 \end{pmatrix} \epsilon_{t-2} - \begin{pmatrix} 0.03544 & -0.25868 \\ -0.09624 & -0.01202 \end{pmatrix} \epsilon_{t-3}$$

$$\text{단, } \Sigma = \begin{pmatrix} 0.00008 & 0.00003 \\ 0.00003 & 0.00006 \end{pmatrix}$$

표 9.6.4는 적합된 모형의 다양한 정보기준들을 보여 준다. 정보기준 통계량은 모형선택 기준이 되는 통계량으로 4장에서 언급한 AIC와 BIC를 비롯하여 여러 가지 다양한 통계량이 개발되어 있으며 다변량 모형의 선택에 자주 이용되는 정보기준은 다음과 같다:

[표 9.6.4] 정보기준 통계량

Information Criteria	
AICC	-19.1548
HQC	-19.0616
AIC	-19.1608
SBC	-18.9162
FPEC	4.771E-9

- Akaike information criterion(AIC) $= \log(|\hat{\Sigma}|) + 2r/T$
- corrected AIC(AICC) $= \log(|\hat{\Sigma}|) + 2r/(T - r/k)$
- Hannan−Quinn criterion(HQC) $= \log(|\hat{\Sigma}|) + 2r\log(\log(T))/T$
- final prediction error(FPE) $= (\frac{T + r/k}{T - r/k})^{k}|\hat{\Sigma}|$
- Schwarz Bayesain criterion(SBC) = Bayesian information criterian(BIC) $= \log(|\hat{\Sigma}|) + r\log(T)/T$

단, r은 추정하고자 하는 모수의 개수, k는 종속 변수의 개수, T는 모형 추정에 이용되어진 관측 값의 개수이며 $\hat{\Sigma}$은 Σ의 최대우도추정량이다. 모형을 선택할 때는 가장 작은 정보기준 값을 가지는 모형을 선택하면 된다.

그러나 표 9.6.2를 보면 모수의 유의성을 검정하는 t검정결과 유의확률이 매우 큰 모수들이 몇 가지 나타남을 확인할 수 있다. 예를 들어 표 9.6.2의 모수 MA2_1_1, MA3_1_1, MA2_2_1과 MA3_2_2의 추정값이 상대적으로 큰 유의확률 (0.8671, 0.6398, 0.9658, 0.8727)을 가지게 된다. 따라서 유의하지 않다고 판단되는 모수에 대해서는 RESTRICT문을 이용하여 모수에 제약조건을 줄 수 있다. 다음은 표 9.6.2의 결과를 바탕으로 유의하지 않은 모수에 RESTRICT문을 이용하여 0의 값을 할당하여 다시 자료를 적합하여 얻어진 결과들이다(code−(4) 참조).

[표 9.6.5] RESTRIC문을 이용한 새로운 모수 추정

Model Parameter Estimates						
Equation	Parameter	Estimate	Standard Error	t Value	Pr > |t|	Variable
y1	CONST1	0.00737	0.00073	10.06	0.0001	1
	MA1_1_1	0.17870	0.07456	2.40	0.0175	e1(t-1)
	MA1_1_2	-0.17954	0.08793	-2.04	0.0426	e2(t-1)
	MA2_1_1	0.00000	0.00000			e1(t-2)
	MA2_1_2	-0.22142	0.08001	-2.77	0.0062	e2(t-2)
	MA3_1_1	0.00000	0.00000			e1(t-3)
	MA3_1_2	-0.24014	0.07542	-3.18	0.0017	e2(t-3)
y2	CONST2	0.00681	0.00088	7.73	0.0001	1
	MA1_2_1	-0.14030	0.06670	-2.10	0.0368	e1(t-1)
	MA1_2_2	-0.23200	0.07688	-3.02	0.0029	e2(t-1)
	MA2_2_1	0.00000	0.00000			e1(t-2)
	MA2_2_2	-0.21169	0.06481	-3.27	0.0013	e2(t-2)
	MA3_2_1	-0.10440	0.05754	-1.81	0.0713	e1(t-3)
	MA3_2_2	-0.00001	0.00000			e2(t-3)

[표 9.6.6] 오차항의 공분산

Covariances of Innovations		
Variable	y1	y2
y1	0.00007	0.00003
y2	0.00003	0.00006

표 9.6.5를 살펴보면 모수들의 추정량이 대부분 유의함을 알 수 있다. 따라서 새롭게 적합된 VMA(3) 모형은 다음과 같다:

$$\triangle Y_t = \begin{pmatrix} 0.00737 \\ 0.00681 \end{pmatrix} + \epsilon_t - \begin{pmatrix} 0.17870 & -0.17954 \\ -0.14030 & -0.23200 \end{pmatrix} \epsilon_{t-1}$$

$$- \begin{pmatrix} 0 & -0.22142 \\ 0 & -0.21169 \end{pmatrix} \epsilon_{t-2} - \begin{pmatrix} 0 & -0.24014 \\ -0.10440 & -0.00001 \end{pmatrix} \epsilon_{t-3}$$

$$\text{단, } \Sigma = \begin{pmatrix} 0.00007 & 0.00003 \\ 0.00003 & 0.00006 \end{pmatrix}$$

표 9.6.7은 RESTRICT option을 이용하여 모수의 제약을 준 VMA(3) 모형의 정보기준 통계량이며 표 9.6.4에 비하여 정보기준 통계량들이 더 작은 값을 가짐을 확인할 수 있다.

[표 9.6.7] 정보기준 통계량

Information Criteria	
AICC	-19.2308
HQC	-19.1376
AIC	-19.2368
SBC	-18.9922
FPEC	4.422E-9

마지막으로 적합된 모형이 타당한지를 검토하기 위해 모형진단을 시행한다. 이를 위해 PRINT option의 DIAGNOSE명령을 이용하여 잔차검정의 결과를 출력하도록 하였으며 표 9.6.8~표 9.6.13은 이에 대한 결과이다.

[표 9.6.8] 잔차들의 교차 상관관계

Cross Correlations of Residuals			
Lag	Variable	y1	y2
0	y1	1.00000	0.38615
	y2	0.38615	1.00000
1	y1	0.00632	0.00097
	y2	0.00603	-0.00809
2	y1	0.01140	-0.00022
	y2	0.00690	0.02148
3	y1	-0.00162	-0.00517
	y2	0.04638	0.02856
4	y1	0.02711	0.09571
	y2	0.01642	0.09101
5	y1	-0.12165	-0.05921
	y2	-0.08296	-0.07567
6	y1	0.01175	0.11467
	y2	0.00382	0.02089

[표 9.6.9] 잔차들의 교차 상관관계의 도식적 표현

Schematic Representation of Cross Correlations of Residuals							
Variable/Lag	0	1	2	3	4	5	6
y1	++	..	..	..	..	..	..
y2	++	..	..	..	..	..	..
+ is > 2*std error, - is < -2*std error, . is between							

[표 9.6.10] 잔차들에 대한 포트맨토 검정

Portmanteau Test for Cross Correlations of Residuals			
Up To Lag	DF	Chi-Square	Pr > ChiSq
4	4	3.15	0.5325
5	8	6.67	0.5728
6	12	9.55	0.6557

표 9.6.8은 잔차의 교차 상관관계를 나타내고 표 9.6.9는 이를 도식적으로 표현한 것이다. 이를 살펴보면 유의수준 0.05에서 시차 1에서 시차 6까지의 잔차의 교차 상관관계가 0에 유의하게 가까운 것을 확인할 수 있다. 표 9.6.10은 잔차의 포트맨토 검정을 이용하여 백색잡음인지 아닌지를 검정한 결과이다. 이 또한 시차 6까지 자기

상관관계가 없다는 귀무가설을 유의수준 0.05에서 기각할 수 없다. 따라서 이를 종합하여 볼 때 잔차들 사이에는 자기상관관계가 존재하지 않음을 확인할 수 있다.

[표 9.6.11] 각 시계열에 대한 분산분석

Univariate Model ANOVA Diagnostics				
Variable	R-Square	Standard Deviation	F Value	Pr > F
y1	0.1256	0.00861	4.24	0.0005
y2	0.1440	0.00776	4.96	0.0001

[표 9.6.12] 정규성 검정과 ARCH 효과검정

Univariate Model White Noise Diagnostics					
		Normality		ARCH	
Variable	Durbin Watson	Chi-Square	Pr > ChiSq	F Value	Pr > F
y1	1.97827	100.30	<.0001	0.31	0.5755
y2	2.01242	58.79	<.0001	1.74	0.1883

[표 9.6.13] AR 효과검정

Univariate Model AR Diagnostics								
	AR1		AR2		AR3		AR4	
Variable	F Value	Pr > F	F Value	Pr > F	F Value	Pr > F	F Value	Pr > F
y1	0.01	0.9327	0.01	0.9860	0.01	0.9992	0.04	0.9973
y2	0.01	0.9132	0.05	0.9555	0.08	0.9722	0.43	0.7880

표 9.6.11은 각각의 시계열 자료가 얼마나 잘 적합되었는지 분산분석표를 이용하여 확인한 결과이다. 유의확률 0.05에서 두 시계열 자료의 모형 모두 유의함을 확인할 수 있다.

표 9.6.12는 6장에서 소개한 정규성 검정을 위한 Jarque-Bera 검정과 ARCH 효과검정을 위한 LM 검정결과이다. 유의수준 0.05에서 두 시계열 모두 잔차들이 정규성을 가진다는 귀무가설을 기각할 수 있으나 ARCH 효과가 있다는 귀무가설을 기각할 수는 없다. 따라서 오차항은 조건부 이분산성의 특징은 가지지 않으나 정규분포를 따르지 않는다고 할 수 있다. 표 9.6.13은 잔차가 자기상관관계가 있는지 검정하고자 잔차에 각각 AR(1)부터 AR(4) 모형까지 적합시켰을 때의 F 통계량값과 이에 대한 유의확률을 보여 주는 결과이다. Y_1과 Y_2 모두 모든 차수에서 유의확률이 매우 크

므로 AR 모형이 유의하지 않다는 귀무가설을 기각하지 못하므로 잔차가 AR 효과가 없다는 사실을 알 수 있다. 따라서 잔차의 자기상관관계가 없음을 재차 확인할 수 있다. 그러므로 잔차분석 결과 잔차는 백색잡음이나 정규분포를 따르지 않음을 알 수 있다.

표 9.6.14는 LEAD(=5) option을 이용하여 5시차 후의 예측치, 표준오차 및 95% 신뢰구간을 나타낸다.

[표 9.6.14] 예측

Forecasts						
Variable	Obs	Time	Forecast	Standard Error	95% Confidence Limits	
y1	189	2013:1	9.25949	0.00861	9.24262	9.27636
	190	2013:2	9.26621	0.01156	9.24355	9.28887
	191	2013:3	9.27210	0.01450	9.24368	9.30052
	192	2013:4	9.27947	0.01767	9.24484	9.31410
	193	2014:1	9.28684	0.02035	9.24695	9.32672
	194	2014:2	9.29421	0.02272	9.24968	9.33873
y2	189	2013:1	9.52821	0.00776	9.51300	9.54342
	190	2013:2	9.53301	0.01273	9.50806	9.55796
	191	2013:3	9.54068	0.01730	9.50677	9.57460
	192	2013:4	9.54750	0.02116	9.50603	9.58897
	193	2014:1	9.55431	0.02441	9.50647	9.60215
	194	2014:2	9.56113	0.02728	9.50766	9.61459

2) 다음은 미국의 3개월 Treasury Bill의 유통시장금리(Y_1)와 6개월 Treasury Bill의 유통시장금리(Y_2) 자료를 분석한 예이다. 1959년 1분기부터 2012년 4분기까지 분기별 자료[21]를 이용하였다.

21) 출처: St. Luis Fed Economic Research(http://research.stlouisfed.org)

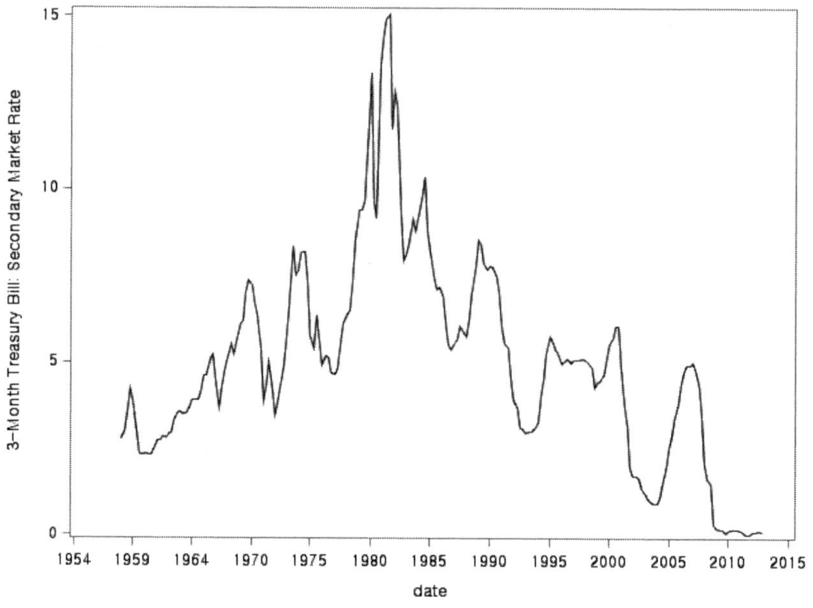

[그림 9.6.3] Y_1의 시계열도

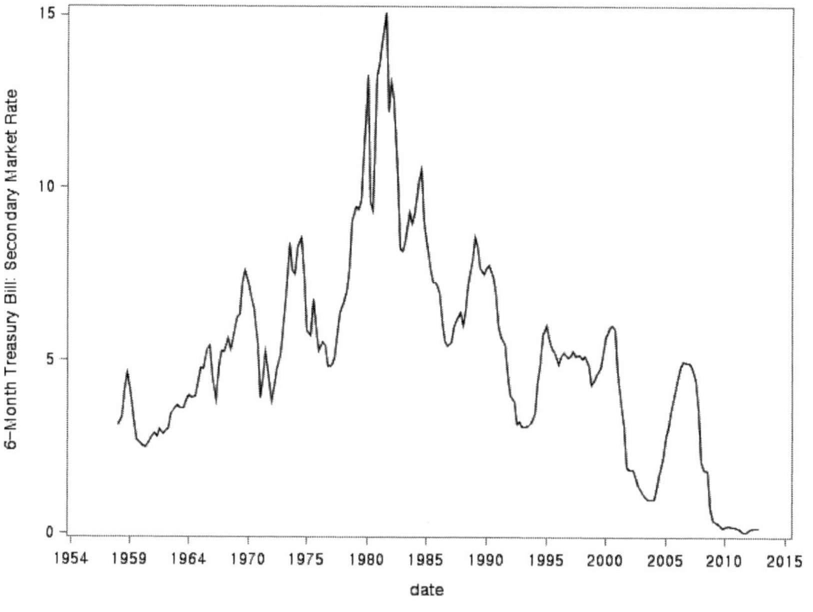

[그림 9.6.4] Y_2의 시계열도

그림 9.6.3과 그림 9.6.4는 3개월 Treasury Bill의 유통시장금리(Y_1)와 6개월 Treasury Bill의 유통시장금리(Y_2)의 시계열도이다(code-(5),(6) 참조). 두 시계열 모두 시간의 흐름에 따라 평균이 변하며 자료의 분산이 일정하지 않는 비정상시계열의 특징을 가짐을 알 수 있다. 그러나 시간에 따른 두 시계열의 변화 양상은 매우 유사한 형태로 진행되므로 두 시계열의 일차결합이 정상시계열이 되는 공적분 관계가 있는 것으로 판단된다. 따라서 앞서 언급한 VARMAX 프로시저를 이용하여 각 시계열의 정상성과 두 시계열 사이의 공적분 관계를 보다 정확하게 검증해 보도록 한다(code-(7) 참조).

[표 9.6.15] Dickey-Fuller 단위근검정

Dickey-Fuller Unit Root Tests						
Variable	Type	Rho	Pr < Rho	Tau	Pr < Tau
y1	Zero Mean	-2.94	0.2379	-1.24	0.1982
	Single Mean	-10.12	0.1271	-2.10	0.2440
	Trend	-12.48	0.2805	-2.49	0.3318
y2	Zero Mean	-2.61	0.2663	-1.18	0.2184
	Single Mean	-9.10	0.1632	-1.97	0.3003
	Trend	-11.56	0.3294	-2.39	0.3827

표 9.6.15는 VARMAX 프로시저의 DFTEST option을 이용하여 각 변수들의 정상성을 확인하기 위한 Dickey-Fuller 검정을 시행한 결과이다. 그림 9.6.3과 그림 9.6.4의 시계열도를 보면 Y_1, Y_2가 추세를 가진다고 판단하기에는 무리가 있고 평균이 0 근방이 아니므로 Single Mean에 해당하는 부분의 검정통계량 Rho 값과 Tau 값 및 유의확률을 참고하도록 한다. 이때 모든 검정통계량의 유의확률이 유의수준 0.05에서 단위근을 가진다는 귀무가설을 기각할 수 없으므로 두 시계열 자료 모두 비정상성을 가짐을 확인할 수 있다.

[표 9.6.16] 공적분 순위 검정

Cointegration Rank Test Using Trace						
H0: Rank=r	H1: Rank>r	Eigenvalue	Trace	5% Critical Value	Drift in ECM	Drift in Process
0	0	0.1231	29.4913	12.21	NOINT	Constant
1	1	0.0077	1.6400	4.14		

표 9.6.16은 VARMAX 프로시저의 COINTTEST option을 이용하여 두 시계열 사이의 공적분 관계를 확인하기 위한 Johansen 공적분 순위 검정의 결과이다. Johansen 공적분 순위 검정은 상수항 δ가 없는 식 (9.1.4)의 VECM 모형을 가정했을 때 공적분 순위 r에 대한 검정이며 표 9.6.16의 첫 번째 열은 $H_0 : r = 0$과 $H_1 = r > 0$임을 검정한 결과이며, 두 번째 열은 $H_0 : r = 1$과 $H_1 = r > 1$를 검정한 결과이다. 식 (9.1.6)의 검정통계량의 값이 1.6400이다. 따라서 두 시계열 사이에는 하나의 공적분 관계가 있음을 확인할 수 있다. 표 9.6.15와 표 9.6.16의 결과 두 변수는 각각 비정상성을 가지고 하나의 공적분 관계를 가지므로 이를 모형화한 공적분 순위 $r = 1$인 오차수정 모형(VECM)을 적합하기로 한다.

[표 9.6.17] 차수별 모형의 AIC 값

Minimum Information Criterion Based on AIC						
Lag	MA 0	MA 1	MA 2	MA 3	MA 4	MA 5
AR 0	0.3416749	0.0505374	-0.074389	-0.120302	-0.117595	-0.126491
AR 1	-4.500121	-4.58196	-4.589626	-4.577814	-4.574998	-4.569699
AR 2	-4.534115	-4.552103	-4.564138	-4.580751	-4.562643	-4.566131
AR 3	-4.584309	-4.558134	-4.588439	-4.612487	-4.587578	-4.628759
AR 4	-4.645161	-4.615442	-4.629087	-4.624381	-4.593253	-4.630433
AR 5	-4.632241	-4.609122	-4.609763	-4.611406	-4.605477	-4.636779

우선, VECM 모형의 모수를 추정하기에 앞서 VECM 모형의 차수 p를 결정하여야 한다. 이를 위해 VAR(p) 모형을 적합하고 정보기준 통계량의 값을 최소로 하는 p를 선택하기로 한다. 표 9.6.17은 VARMAX 프로시저의 MINIC option을 이용하여 정보기준 통계량 AIC를 출력한 결과이다. $q = 0$일 때, 정보기준 통계량이 최소인 p가 4(AIC 값은 -4.645161)이므로 MINIC option에 의하여 VECM(4) 모형이 자동으로 적합된다.

표 9.6.18은 앞선 결과를 토대로 공적분 순위를 1로 지정하여 VECM(4) 모형을 적합한 결과이다. VECM 모형을 적합하는 option은 앞서 설명하였듯이 ECM option이나 COINTEG option을 이용할 수 있다. 여기에서는 COINTEG option을 이용하였으며 NORMALIZE option을 사용하였으므로 표준화된 공적분 벡터를 이용하여 모형을 적합하고, 별도로 METHOD option을 지정하지 않았으므로 default인 최대우도추정방법을 이용하여 모수를 추정한다.

[표 9.6.18] ECM 모형의 모수 추정

Model Parameter Estimates						
Equation	Parameter	Estimate	Standard Error	t Value	Pr > |t|	Variable
D_y1	AR1_1_1	-0.93828	0.28711			y1(t-1)
	AR1_1_2	0.91683	0.28054			y2(t-1)
	AR2_1_1	0.87135	0.34949	2.49	0.0135	D_y1(t-1)
	AR2_1_2	-0.51981	0.35812	-1.45	0.1482	D_y2(t-1)
	AR3_1_1	0.38274	0.32665	1.17	0.2427	D_y1(t-2)
	AR3_1_2	-0.69407	0.33432	-2.08	0.0391	D_y2(t-2)
	AR4_1_1	0.52296	0.31464	1.66	0.0980	D_y1(t-3)
	AR4_1_2	-0.22775	0.32397	-0.70	0.4829	D_y2(t-3)
D_y2	AR1_2_1	-0.63397	0.28027			y1(t-1)
	AR1_2_2	0.61948	0.27386			y2(t-1)
	AR2_2_1	0.88408	0.34116	2.59	0.0102	D_y1(t-1)
	AR2_2_2	-0.56834	0.34959	-1.63	0.1056	D_y2(t-1)
	AR3_2_1	0.49937	0.31887	1.57	0.1189	D_y1(t-2)
	AR3_2_2	-0.80210	0.32635	-2.46	0.0148	D_y2(t-2)
	AR4_2_1	0.55718	0.30714	1.81	0.0711	D_y1(t-3)
	AR4_2_2	-0.27534	0.31625	-0.87	0.3850	D_y2(t-3)

[표 9.6.19] 오차항의 공분산

Covariances of Innovations		
Variable	y1	y2
y1	0.43864	0.41835
y2	0.41835	0.41798

결과적으로 표 9.6.18과 표 9.6.19를 근거로 적합된 벡터 오차수정모형이 다음과 같음을 알 수 있다:

$$\triangle Y_t = \begin{pmatrix} -0.93828 & 0.91683 \\ -0.63397 & 0.61948 \end{pmatrix} Y_{t-1} + \begin{pmatrix} 0.87135 & -0.51981 \\ 0.88408 & -0.56834 \end{pmatrix} \triangle Y_{t-1}$$

$$+ \begin{pmatrix} 0.38274 & -0.69407 \\ 0.49937 & -0.80210 \end{pmatrix} \triangle Y_{t-2} + \begin{pmatrix} 0.52296 & 0.22775 \\ 0.55718 & -0.27534 \end{pmatrix} \triangle Y_{t-3} + \epsilon_t$$

$$\text{단, } \Sigma = \begin{pmatrix} 0.43864 & 0.41835 \\ 0.41835 & 0.41798 \end{pmatrix}$$

마지막으로 적합된 모형이 타당한지를 검토하기 위해 모형진단을 시행해보기로 한다. 이를 위해 PRINT option의 DIAGNOSE 명령을 이용하여 잔차검정의 결과를 출력하도록 하였으며 표 9.6.20~표 9.6.25는 이에 대한 결과이다.

[표 9.6.20] 잔차의 교차 상관관계

Cross Correlations of Residuals			
Lag	Variable	y1	y2
0	y1	1.00000	0.97703
	y2	0.97703	1.00000
1	y1	0.02169	0.01923
	y2	0.02126	0.01920
2	y1	-0.09335	-0.07253
	y2	-0.09095	-0.07003
3	y1	0.08144	0.06873
	y2	0.07957	0.06645
4	y1	-0.06728	-0.05893
	y2	-0.06117	-0.05085
5	y1	0.09870	0.08119
	y2	0.09023	0.06593
6	y1	0.07265	0.04154
	y2	0.07876	0.03869

[표 9.6.21] 잔차들의 교차 상관관계의 도식적 표현

Schematic Representation of Cross Correlations of Residuals							
Variable/Lag	0	1	2	3	4	5	6
y1	++	..	..	..	..	..	..
y2	++	..	..	..	..	..	..
+ is > 2*std error, - is < -2*std error, . is between							

표 9.6.20은 잔차의 교차 상관관계를 나타내고 표 9.6.21은 이를 도식화한 것이다. 표 9.6.21을 살펴보면 유의수준 0.05에서 시차 1에서 시차 6까지 뚜렷한 상관관계가 없음을 알 수 있다.

[표 9.6.22] 잔차들에 대한 포트맨토 검정

Portmanteau Test for Cross Correlations of Residuals			
Up To Lag	DF	Chi-Square	Pr > ChiSq
5	4	16.61	0.0023
6	8	31.76	0.0001

표 9.6.22는 잔차의 포트맨토 검정을 이용하여 백색잡음인지 아닌지를 검정한 결과이다. 유의확률이 0.0001이므로 잔차들이 유의수준 0.05에서 자기상관관계가 없다는 귀무가설을 기각한다.

[표 9.6.23] 각 시계열에 대한 분산분석

Univariate Model ANOVA Diagnostics				
Variable	R-Square	Standard Deviation	F Value	Pr > F
y1	0.2138	0.66230	7.92	<.0001
y2	0.1932	0.64652	6.98	<.0001

표 9.6.23은 각각의 시계열 자료가 얼마나 잘 적합되었는지 분산분석표를 이용하여 확인한 결과이다. 유의확률이 0.0001 미만이므로 두 시계열 자료의 모형 모두 유의함을 확인할 수 있다.

[표 9.6.24] 정규성 검정과 ARCH 효과

Univariate Model White Noise Diagnostics					
		Normality		ARCH	
Variable	Durbin Watson	Chi-Square	Pr > ChiSq	F Value	Pr > F
y1	1.95095	486.10	<.0001	14.34	0.0002
y2	1.95678	300.54	<.0001	9.80	0.0020

[표 9.6.25] AR 효과검정

Univariate Model AR Diagnostics								
	AR1		AR2		AR3		AR4	
Variable	F Value	Pr > F	F Value	Pr > F	F Value	Pr > F	F Value	Pr > F
y1	0.07	0.7924	1.01	0.3649	1.25	0.2941	1.32	0.2639
y2	0.06	0.8125	0.57	0.5660	0.75	0.5244	0.76	0.5498

표 9.6.24는 6장에서 소개한 정규성 검정을 위한 Jarque-Bera 검정과 ARCH 효과검정을 위한 LM 검정결과이다. 유의수준 0.05에서 두 시계열 모두 잔차들이 정규분포이고 ARCH 효과가 없다는 귀무가설을 각각 기각할 수 있다. 따라서 두 시계열 자료 모두 정규분포를 따르지 않고 ARCH 효과를 가짐을 확인할 수 있으며 두꺼운 꼬리를 갖고 조건부 이분산성을 모형화하는 다변량 GARCH 모형 등으로의 확장을 시도

해 볼 수 있다. 표 9.6.25를 통해서 잔차들에 AR 효과가 없음을 확인할 수 있다.

[표 9.6.26] AR 모형 표현

Infinite Order AR Representation			
Lag	Variable	y1	y2
1	y1	0.93307	0.39701
	y2	0.25011	1.05114
2	y1	-0.48860	-0.17425
	y2	-0.38471	-0.23377
3	y1	0.14022	0.46631
	y2	0.05781	0.52676
4	y1	-0.52296	0.22775
	y2	-0.55718	0.27534

식 (9.1.4)의 VECM 모형을 식 (9.1.5)의 VAR 모형의 형태로 나타낼 수 있으므로 표 9.6.26과 같이 PRINT=(IARR) option을 이용하면 적합된 VECM(4) 모형을 VAR(4) 모형의 형태로 나타낼 수 있다.

9-6-3 PROC STATESPACE

이 절에서는 SAS의 STATESPACE 프로시저를 이용하여 시계열 자료를 상태공간 모형을 이용하여 분석하는 방법에 대하여 소개하고자 한다. 특히 자료가 다변량 시계열인 경우 다음에 소개하는 STATESPACE 프로시저는 유용한 분석 도구가 된다.

PROC STATESPACE를 이용하는 일반적인 형식은 다음과 같다.

```
PROC STATESPACE options ;
      VAR variable (difference, difference, ...) ... ;
      ID variable ;
      RESTRICT F(row,column)=value ... G(row,column)=value ... ;
RUN;
```

VAR문은 분석할 변수를 지정할 때 사용되며, ID문은 입력 데이터 세트의 관측값들을 식별할 변수(주로 날짜 변수)로 지정해 준다.

RESTRICT문은 식 9.3.1과 9.3.2의 전이행렬 F와 G의 원소값들을 미리 할당할 때 사용되며 형식은 다음과 같다.

```
RESTRICT F(row,column)=value ... G(row,column)=value ... ;
```

예를 들어 상태공간 모형에서 모수의 추정 결과 전이행렬 F의 3행 2열 원소인 F(3,2)와 G의 4행 1열 원소인 G(4,1)의 값들이 유의하지 않다고 판단될 때 RESTRICT문을 이용하여 다음과 같이 변수에 제약조건을 줄 수 있다.

```
RESTRICT F(3,2)=0 G(4,1)=0;
```

1) Box와 Jenkins의 가스로(gas furnace) 자료[22]를 이용한 분석

다음은 가스로에 입력되는 가스의 비율(Y_1)과 배출 가스의 이산화탄소 농도(Y_2)를 이용한 자료 분석이다.

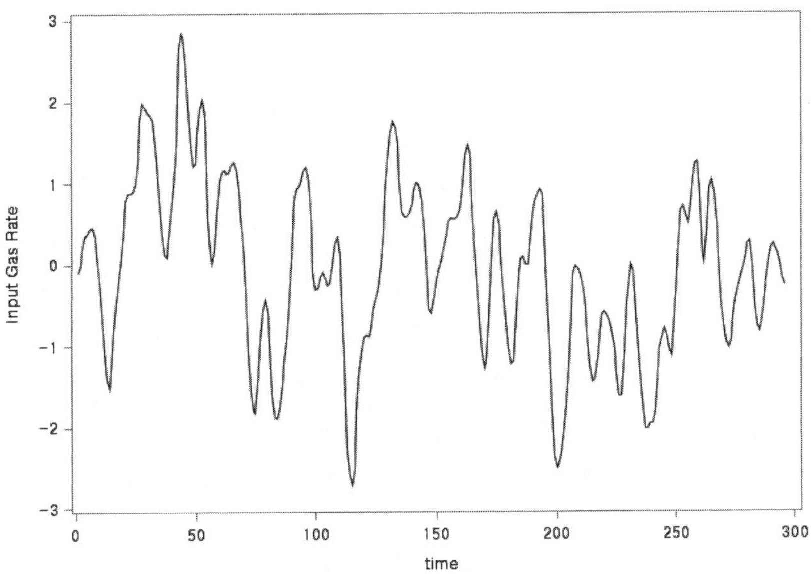

source: Box & Jenkins(1976)

[그림 9.6.5] Gas Rate(Y_1)의 시계열도

22) 출처: Box and Jenkins (1976)

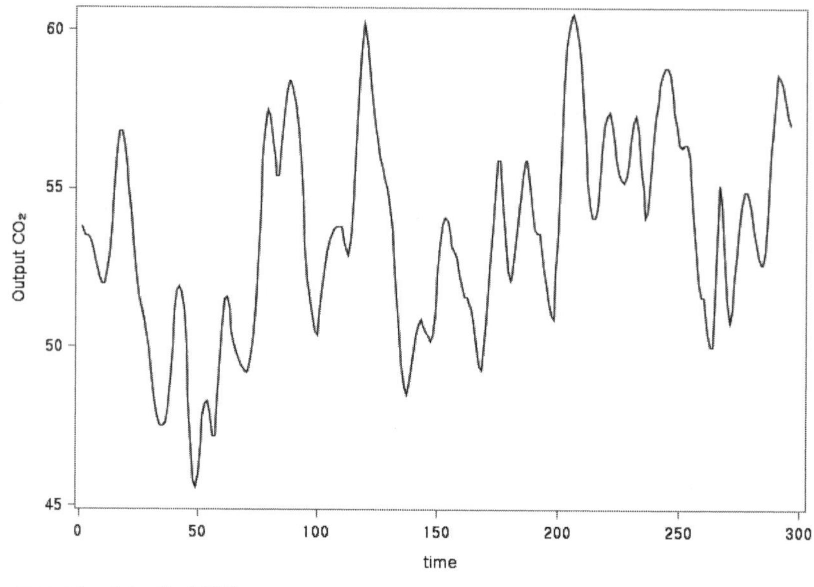

source: Box & Jenkins(1976)

[그림 9.6.6] $CO_2(Y_2)$의 시계열도

그림 9.6.5와 그림 9.6.6은 각각 Gas Rate(Y_1)와 $CO_2(Y_2)$의 시계열도 그림이다(code–(8)~(9) 참조). 그림 9.6.5와 그림 9.6.6의 시계열도를 보면 Gas Rate(Y_1)는 0을 중심으로 랜덤하게 움직이는 정상적인 시계열의 특징을 가지고 있지만 CO_2 (Y_2)의 경우는 평균이 0이 아님을 확인할 수 있다. 다음은 ARIMA 프로시저를 이용하여 정상성을 확인하기 위한 ADF 단위근검정의 결과이다. STATESPACE 프로시저는 기본적으로(NOCENTER option이 사용되지 않는 한) 평균이 0인 변수들을 이용하여 상태공간 분석을 실시한다. 따라서 평균을 뺀 변수들을 이용하여 단위근검정을 실시하도록 한다(code–(10) 참조).

표 9.6.27과 표 9.6.28의 결과는 각각 추정된 평균을 뺀 Gas Rate(Y_1)와 $CO_2(Y_2)$의 단위근검정결과이다. 두 자료에서 모두 평균을 빼고 검정을 하였으므로 zero mean의 결과를 확인해 보면, 두 자료 모두 시차 0,1,2에서 유의확률이 낮으므로 단위근을 가진다는 귀무가설을 기각할 수 있다. 따라서 Gas Rate(Y_1)와 $CO_2(Y_2)$ 변수는 정상성을 가진다고 결론을 낼 수 있다. 두 변수의 정상성을 확인하였으므로 STATESPACE 프로시저를 이용하여 상태분석을 시행해 보기로 한다. 다음은 STATESPACE 프로시저를 시행했을 때 기본적으로 출력되는 결과들이다(code–(11) 참조).

[표 9.6.27] 평균을 뺀 Gas Rate(Y_1)의 ADF 단위근검정결과

Augmented Dickey-Fuller Unit Root Tests							
Type	Lags	Rho	Pr < Rho	Tau	Pr < Tau	F	Pr > F
Zero Mean	0	-13.9851	0.0089	-2.67	0.0076		
	1	-118.733	0.0001	-7.68	<.0001		
	2	-52.4906	<.0001	-4.89	<.0001		
Single Mean	0	-13.9850	0.0491	-2.67	0.0818	3.55	0.1608
	1	-118.731	0.0001	-7.66	<.0001	29.37	0.0010
	2	-52.4911	0.0015	-4.88	0.0001	11.90	0.0010
Trend	0	-15.5645	0.1600	-2.82	0.1898	3.99	0.3758
	1	-134.152	0.0001	-8.14	<.0001	33.13	0.0010
	2	-60.6264	0.0007	-5.19	0.0001	13.47	0.0010

[표 9.6.28] 평균을 뺀 CO_2(Y_2)의 ADF 단위근검정결과

Augmented Dickey-Fuller Unit Root Tests							
Type	Lags	Rho	Pr < Rho	Tau	Pr < Tau	F	Pr > F
Zero Mean	0	-7.4684	0.0583	-1.87	0.0591		
	1	-104.688	0.0001	-7.15	<.0001		
	2	-33.2504	<.0001	-3.88	0.0001		
Single Mean	0	-7.4648	0.2440	-1.86	0.3489	1.77	0.6184
	1	-104.674	0.0001	-7.13	<.0001	25.45	0.0010
	2	-33.2301	0.0015	-3.87	0.0027	7.51	0.0010
Trend	0	-9.8363	0.4422	-2.26	0.4557	2.68	0.6401
	1	-126.591	0.0001	-7.93	<.0001	31.41	0.0010
	2	-42.9815	0.0007	-4.45	0.0021	9.97	0.0010

[표 9.6.29] 기초 통계량

Variable	Mean	Standard Error
y1	-0.05683	1.072766
y2	53.50912	3.202121

표 9.6.29는 두 변수의 기초 통계량을 출력한 것으로 Y_1의 평균은 -0.05683이고 Y_2의 평균은 53.50912임을 확인할 수 있다. 앞서 언급했듯이 STATESPACE 프로시저는 평균이 0인 변수들을 이용하여 상태공간 분석을 실시하므로 실제 분석에 이용되는 변수들은 추정된 평균을 뺀 $Y_1 + 0.05683$과 $Y_2 - 53.50912$이다. 상태공간 모형을 결정하기 위하여 먼저 상태벡터를 결정하기 위한 과정으로 적절한 VAR

(p) 모형을 적합해 보자. 이를 위해 정보기준을 이용하여 두 변수들을 가장 잘 설명할 수 있는 모형을 선택한다.

[표 9.6.30] 각 차수에 따른 VAR 모형의 정보기준

Information Criterion for Autoregressive Models										
Lag=0	Lag=1	Lag=2	Lag=3	Lag=4	Lag=5	Lag=6	Lag=7	Lag=8	Lag=9	Lag=10
651.3862	-1033.57	-1632.96	-1645.12	-1651.52	-1648.91	-1649.34	-1643.15	-1638.56	-1634.8	-1633.59

표 9.6.30은 VAR(p) 모형을 적합하였을 때 정보기준 AIC 값을 각각의 차수에 대하여 나타난 표이다. 차수가 4일 때 AIC 값이 −1651.52로 가장 작은 값을 가지므로 VAR(4) 모형이 가장 적절함을 알 수 있다. 따라서 상태벡터를 결정하기 위한 **정준상관분석**(canonical correlation analysis)에서 고려되어야 할 시차는 4이며, 이를 통해 식 (9.3.5)와 유사한 상태방정식을 얻을 수 있다. 정준상관분석에 대해 좀 더 관심이 있는 독자는 Akaike, H. (1976) 및 이영준 (2002)을 참조하기 바란다.

[표 9.6.31] 정준상관분석

y1(T;T)	y2(T;T)	y1(T+1;T)	Information Criterion	Chi Square	DF
1	1	0.804883	292.9228	304.7481	8

y1(T;T)	y2(T;T)	y1(T+1;T)	y2(T+1;T)	Information Criterion	Chi Square	DF
1	1	0.906681	0.607529	122.3358	134.7237	7

y1(T;T)	y2(T;T)	y1(T+1;T)	y2(T+1;T)	y1(T+2;T)	Information Criterion	Chi Square	DF
1	1	0.909434	0.610278	0.186274	-1.54701	10.34705	6

y1(T;T)	y2(T;T)	y1(T+1;T)	y2(T+1;T)	y2(T+2;T)	Information Criterion	Chi Square	DF
1	1	0.91014	0.618937	0.206823	0.940392	12.80924	6

y1(T;T)	y2(T;T)	y1(T+1;T)	y2(T+1;T)	y2(T+2;T)	y2(T+3;T)	Information Criterion	Chi Square	DF
1	1	0.912963	0.628785	0.226598	0.083258	-7.94103	2.041584	5

표 9.6.31은 정준상관분석을 통하여 상태벡터를 선택하는 과정이다. default로 이 과정은 화면에 출력되지 않으나 CANCORR option을 이용하면 그 과정을 출력 창에서 확인할 수 있다. 정준상관분석을 이용하여 상태벡터를 선택하는 과정은 다음과 같다. 변수를 추가할 때 정보기준이 양이면 유의한 상관관계가 있다고 판단되어 상관벡터에 추가시키고, 정보기준이 음이면 유의한 상관관계가 없다고 판단하여 상태벡터에

포함시키지 않는다. 예를 들어 표 9.6.32에서 $Y_{1,t|t}$, $Y_{2,t|t}$에 $Y_{1,t+1|t}$가 추가될 때 정보기준이 292.9228로 양의 값을 가지므로 $Y_{1,t+1|t}$가 상태벡터에 추가된다. 비슷한 방법으로 $Y_{1,t|t}$, $Y_{2,t|t}$, $Y_{1,t+1|t}$에 $Y_{2,t+1|t}$가 추가되는 과정에서도 양의 정보기준을 가지므로 다시 $Y_{2,t+1|t}$가 추가되고, $Y_{1,t+2|t}$는 정보기준이 음이므로 제외된다. 따라서 일련의 과정을 거친 뒤에 선택된 상태벡터는 $(Y_{1,t|t}, Y_{2,t|t}, Y_{1,t+1|t}, Y_{2,t+1|t}, Y_{2,t+2|t})^T$이다.

모형에 필요한 상태벡터를 정하고 나면 앞서 실시한 정준상관분석과 AR 차수 결정 과정에서 얻어지는 정보 등을 이용하여 모수를 추정하게 된다. STATESPACE 프로시저는 최대우도추정법을 이용하여 상태공간 모형과 그 모수를 추정한다. 추정에 대한 내용과 자세한 방법은 SAS help를 참조하기 바란다.

[표 9.6.32] 상태벡터

State Vector				
y1(T;T)	y2(T;T)	y1(T+1;T)	y2(T+1;T)	y2(T+2;T)

[표 9.6.33] 전이행렬의 추정값

Estimate of Transition Matrix				
0	0	1	0	0
0	0	0	1	0
-0.86192	0.030609	1.724235	-0.05483	0
0	0	0	0	1
-0.34839	0.292124	-0.09435	-1.09823	1.671418

[표 9.6.34] 오차항의 입력행렬

Input Matrix for Innovation	
1	0
0	1
1.92442	-0.00416
0.015621	1.258495
0.08058	1.353204

[표 9.6.35] 오차항의 공분산행렬

Variance Matrix for Innovation	
0.035579	-0.00728
-0.00728	0.095577

표 9.6.32~표 9.6.35의 결과를 바탕으로 최종적으로 선택된 상태공간 모형의 상태방정식은 다음과 같다:

$$\begin{pmatrix} Y_{1,t+1|t+1}+0.05683 \\ Y_{2,t+1|t+1}-53.50912 \\ Y_{1,t+2|t+1}+0.05683 \\ Y_{2,t+2|t+1}-53.50912 \\ Y_{2,t+3|t+1}-53.50912 \end{pmatrix}$$

$$= \begin{pmatrix} 0 & 0 & 1 & 0 & 0 \\ 0 & 0 & 0 & 1 & 0 \\ -0.86192 & 0.030609 & 1.724235 & -0.05483 & 0 \\ 0 & 0 & 0 & 0 & 1 \\ -0.34839 & 0.292124 & -0.09435 & -1.09823 & 1.671418 \end{pmatrix} \begin{pmatrix} Y_{1,t|t}+0.05683 \\ Y_{2,t|t}-53.50912 \\ Y_{1,t+1|t}+0.05683 \\ Y_{2,t+1|t}-53.50912 \\ Y_{2,t+2|t}-53.50912 \end{pmatrix}$$

$$+ \begin{pmatrix} 1 & 0 \\ 0 & 1 \\ 1.92442 & -0.00416 \\ 0.015621 & 1.258495 \\ 0.08058 & 1.353204 \end{pmatrix} \begin{pmatrix} \epsilon_{1,t+1} \\ \epsilon_{2,t+1} \end{pmatrix},$$

$$Var\begin{pmatrix} \epsilon_{1,t+1} \\ \epsilon_{2,t+1} \end{pmatrix} = \begin{pmatrix} 0.035579 & -0.00728 \\ -0.00728 & 0.95577 \end{pmatrix}$$

일반적으로 STATESPACE 프로시저에서 고려되는 관측방정식은 $\boldsymbol{Y}_t = (\boldsymbol{I}, 0)\boldsymbol{V}_t$ 형태이며, 이 경우 관측방정식은

$$\boldsymbol{Y}_t = (\boldsymbol{I}_2, \boldsymbol{0}_{2\times 3}) \begin{pmatrix} Y_{1,t|t}+0.05683 \\ Y_{2,t|t}-53.50912 \\ Y_{1,t+1|t}+0.05683 \\ Y_{2,t+1|t}-53.50912 \\ Y_{2,t+2|t}-53.50912 \end{pmatrix}$$

이다.

마지막으로 STATESPACE 프로시저의 LEAD option을 이용하면 적합된 상태공간 모형을 이용하여 미래 시점의 값들을 예측할 수 있다. LEAD option을 이용하여 차수를 지정하면 추정된 평균을 다시 더해서 원자료 Y_1과 Y_2의 예측값들을 출력해 준다. LEAD=10으로 지정하였으므로 10시차 뒤의 시점까지의 예측값과 잔차 등이 출력된다(code-(12)~(13) 참조).

[표 9.6.36] 예측

time	y1	FOR1	RES1	STD1	y2	FOR2	RES2	STD2
286	-0.740	-0.75109	0.01109	0.18862	53.0	53.0565	-0.05646	0.30916
287	-0.528	-0.57409	0.04609	0.18862	54.3	53.7258	0.57419	0.30916
288	-0.204	-0.30103	0.09703	0.18862	56.0	55.2019	0.79808	0.30916
289	0.034	0.04302	-0.00902	0.18862	57.0	56.8162	0.18379	0.30916
290	0.204	0.11899	0.08501	0.18862	58.0	57.2335	0.76655	0.30916
291	0.253	0.23110	0.02190	0.18862	58.6	57.6992	0.90078	0.30916
292	0.195	0.16094	0.03406	0.18862	58.5	57.9574	0.54263	0.30916
293	0.131	0.02684	0.10416	0.18862	58.3	57.5450	0.75505	0.30916
294	0.017	-0.00082	0.01782	0.18862	57.8	57.2747	0.52526	0.30916
295	-0.182	-0.14985	-0.03215	0.18862	57.3	56.8336	0.46641	0.30916
296	-0.262	-0.39559	0.13359	0.18862	57.0	56.4523	0.54766	0.30916
297	.	-0.32357	.	0.18862	.	56.3536	.	0.30916
298	.	-0.38901	.	0.40922	.	55.8104	.	0.49666
299	.	-0.43878	.	0.61951	.	55.3481	.	0.64833
300	.	-0.45947	.	0.79011	.	55.0106	.	0.75150
301	.	-0.44790	.	0.91008	.	54.8232	.	0.86819
302	.	-0.41017	.	0.98348	.	54.7647	.	1.10748
303	.	-0.35762	.	1.02275	.	54.7804	.	1.48351
304	.	-0.30217	.	1.04149	.	54.8085	.	1.91052
305	.	-0.25293	.	1.04994	.	54.8030	.	2.30118
306	.	-0.21465	.	1.05402	.	54.7440	.	2.60731

그림 9.6.7과 그림 9.6.8은 표 9.6.36의 결과를 이용하여 실제값과 예측값을 동시에 나타낸 것이다(code-(14)~(15) 참조).

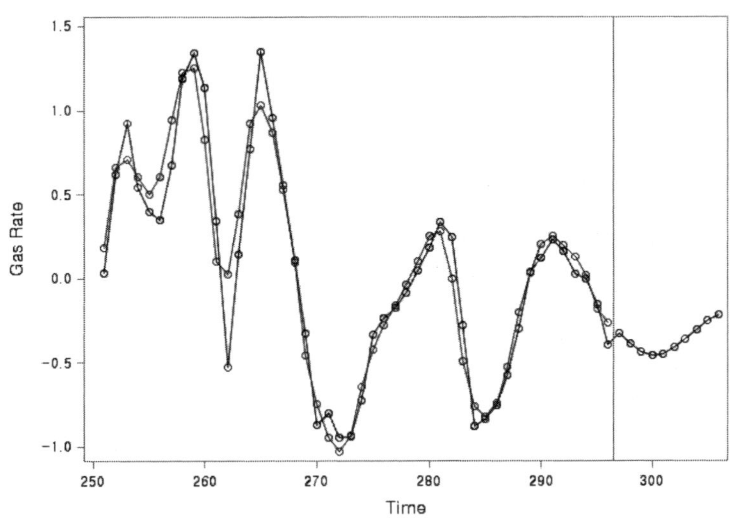

source: Box & Jenkins(1976)

[그림 9.6.7] Gas Rate(Y_1)의 예측

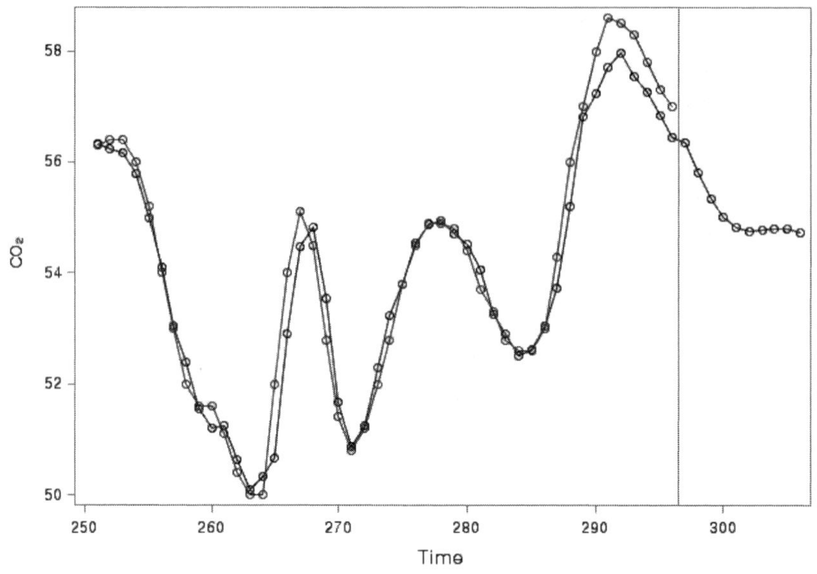

[그림 9.6.8] $CO_2(Y_2)$의 예측

SAS 코드

```
/* VARMAX 프로시저 첫 번째 자료분석 */

PROC IMPORT OUT=USdatalast DATAFILE='D:₩sas_ch9_US.txt' DBMS=TAB
      REPLACE;
RUN;

/* 날짜 생성 및 라벨 붙이기 */
DATA usdatalast1;
  SET usdatalast;
  DATE=INTNX( 'qtr' , '01jan66'd, _n_-1);
  FORMAT DATE yyq.;
  LABEL dpic96=Real Disposable Personal Income
         gdpc1=Real Gross Domestic Product, 1 Decimal;
RUN;

/* (1) 원자료에 대한 시계열도 */
PROC SGPLOT DATA=usdatalast1;
   SERIES X=date Y=dpic96;
   SERIES X=date Y=gdpc1;
RUN;
```

```
/* 원자료를 로그변환 후 차분 */
DATA usdatalast2;
  SET usdatalast1;
  y1=LOG(dpic96);
  y2=LOG(gdpc1);
  dy1=DIF(y1);
  dy2=DIF(y2);
  LABEL y1='log(Real Disposable Personal Income)'
        y2='log(Real Gross Domestic Product, 1 Decimal)';
RUN;

/* (2) 로그변환하고 차분한 후 시계열도 */
PROC SGPLOT DATA=usdatalast2;
   SERIES X=date Y=dy1;
   SERIES X=date Y=dy2;
RUN;

/* (3) VARMAX 프로시저를 이용한 자료 분석 */
PROC VARMAX DATA=usdatalast2;
   ID DATE INTERVAL=qtr;
   MODEL y1 y2 /DIFY=(1) MINIC=(type=AIC)
                PRINT=(estimates);
RUN;

/* (4) restrict문을 이용한 자료 분석 */
PROC VARMAX DATA=usdatalast2;
   ID DATE INTERVAL=qtr;
   MODEL y1 y2 / DIFY=(1) Q=3
     PRINT=(estimates diagnose) LAGMAX=6;
   RESTRICT MA(2,1,1)=0, MA(3,1,1)=0, MA(2,2,1)=0, MA(3,2,2)=0;
   OUTPUT LEAD=6;
RUN;

/* VARMAX 프로시저 두 번째 자료분석 */

PROC IMPORT OUT=USTB DATAFILE='D:₩sas_ch9_USTB.txt' DBMS=TAB
  REPLACE;
RUN;

/* 날짜 생성 및 라벨 붙이기 */
DATA ustbdata;
   SET ustb;
   DATE=INTNX( 'month', '01dec58'd, _n_-1);
   FORMAT DATE yymmdd10.;
   y1=tb3ms;
   y2=tb6ms;
```

```
    KEEP date y1 y2;
    LABEL y1='3-Month Treasury Bill: Secondary Market Rate'
            y2='6-Month Treasury Bill: Secondary Market Rate';
RUN;

/* (5) y1에 대한 시계열도 */
PROC SGPLOT DATA=ustbdata;
    SERIES X=date Y=y1;
RUN;

/* (6) y2에 대한 시계열도 */
PROC SGPLOT DATA=ustbdata;
    SERIES X=date Y=y2;
RUN;


/* (7) VARMAX 프로시저를 이용한 USTB자료에 대한 분석 */
PROC VARMAX DATA=ustbdata;
    ID DATE INTERVAL=month;
    MODEL y1 y2 /NOINT LAGMAX=6 DFTEST MINIC=(type=AIC)
                  PRINT=(iarr(4) estimates diagnose)
                  COINTTEST=(johansen);
    COINTEG RANK=1 NORMALIZE=y1;
RUN;

/* STATESPACE 프로시저를 이용한 자료 분석 */

PROC IMPORT OUT=gasfurnace DATAFILE='D:₩sas_ch9_gasfurnace.txt' DBMS=TAB
   REPLACE;
RUN;

/* 시간 생성 및 라벨붙이기  */
DATA seriesj;
   SET gasfurnace;
   y1=gasrate;
   y2=co2;
   cy1=y1+0.05683;
   cy2=y2-53.50912;
   LABEL y1 = 'Input Gas Rate'
           y2 = 'Output CO2';
   time + 1 ;
   KEEP time y1 y2 cy1 cy2;
RUN;

/* (8) y1에 대한 시계열도 */
PROC SGPLOT DATA=seriesj;
    SERIES X=time Y=y1;
```

```
RUN;

/* (9) y2에 대한 시계열도 */
PROC SGPLOT DATA=seriesj;
   SERIES X=time Y=y2;
RUN;

/* (10) 정상성 검정 */
PROC ARIMA DATA=seriesj;
   IDENTIFY VAR=cy1 STATIONARITY=(ADF);
   IDENTIFY VAR=cy2 STATIONARITY=(ADF);
RUN;

/* (11) STATESPACE 프로시저를 이용한 자료 분석 */
PROC STATESPACE DATA=seriesj CANCORR;
   VAR y1 y2;
RUN;

/* (12) LEAD option을 이용한 예측 */
PROC STATESPACE DATA=seriesj OUT=out LEAD=10;
   VAR y1 y2;
   ID time;
RUN;

/* (13) 예측값 출력 */
PROC PRINT DATA=out;
    ID time;
    WHERE (time>285);
RUN;

/* (14) Gas Rate의 예측도 */
PROC SGPLOT DATA=out NOAUTOLEGEND;
   WHERE (time>250);
   SERIES X=time Y=for1 /MARKERS
     MARKERATTRS=(SYMBOL=circle COLOR=blue)
     MARKERATTRS=(SYMBOL=circle COLOR=blue)
     LINEATTRS=(PATTERN=solid COLOR=blue);
   SERIES X=time Y=y1 / MARKERS
     MARKERATTRS=(SYMBOL=circle COLOR=red)
     LINEATTRS=(PATTERN=solid COLOR=red);
   REFLINE 296.5 / AXIS=X;
   XAXIS LABEL="Time" LABELATTRS=(size=11pt);
   YAXIS LABEL="Gas Rate" LABELATTRS=(size=11pt);
   FOOTNOTE2 JUSTIFY=left 'source: Box & Jenkins(1976)';
RUN;

/* (15) CO2의 예측도 */
```

```
PROC SGPLOT DATA=out NOAUTOLEGEND;
  WHERE (time>250);
    SERIES X=time Y=for2 / MARKERS
    MARKERATTRS=(SYMBOL=circle COLOR=blue)
    MARKERATTRS=(SYMBOL=circle COLOR=blue)
    LINEATTRS=(PATTERN=solid COLOR=blue);
  SERIES X=time Y=y2 / MARKERS
    MARKERATTRS=(SYMBOL=circle COLOR=red)
    LINEATTRS=(PATTERN=solid COLOR=red);
  REFLINE 296.5 / AXIS=X;
  XAXIS LABEL="Time" labelattrs=(size=11pt);
  YAXIS LABEL="CO2" labelattrs=(size=11pt);
  FOOTNOTE2 JUSTIFY=LEFT 'source: Box & Jenkins(1976)';
RUN;
```

9-7 연습문제

01 정리 9.1.4를 증명하여라.

02 $\{Y_t\}$가 인과성을 만족하는 ARMA 과정일 때 다음을 만족하는 $\rho \in (0,1)$과 상수 K가 존재함을 보여라: 모든 i, j와 h에 대하여 $|\gamma_{ij}(h)| \le K\rho^{|h|}$

03 다음의 이변량 ARMA(1,1) 모형의 공분산 행렬 함수를 구하여라.

$$\begin{pmatrix} Y_{t1} \\ Y_{t2} \end{pmatrix} = \begin{pmatrix} 0.7 & 0 \\ 0 & 0.6 \end{pmatrix} \begin{pmatrix} Y_{t-1,1} \\ Y_{t-1,2} \end{pmatrix} + \begin{pmatrix} \epsilon_{t1} \\ \epsilon_{t2} \end{pmatrix} + \begin{pmatrix} 0.5 & 0.6 \\ -0.7 & 0.8 \end{pmatrix} \begin{pmatrix} \epsilon_{t-1,1} \\ \epsilon_{t-1,2} \end{pmatrix}$$

$$\{\epsilon_t\} \sim \mathrm{IID}N\left(\begin{pmatrix} 0 \\ 0 \end{pmatrix}, \begin{pmatrix} 1 & 0.71 \\ 0.71 & 2 \end{pmatrix} \right)$$

04 예 9.1.9의 결과를 확인하여라.

05 실수 ϕ_1, ϕ_2가 모든 실수 $|x| \le 1$에 대하여 $1 - \phi_1 x - \phi_2 x^2 \ne 0$을 만족하고, $\{u_t\} \sim \mathrm{AR}(1)$, $\{\epsilon_t\} \sim \mathrm{IID}(0,1)$이 독립이고 $u_t = \rho u_{t-1} + \eta_t$, $\{\eta_t\} \sim \mathrm{IID}(0,1)$를 만족한다고 하자.

(1) $v_t = \phi_1 v_{t-1} + \phi_2 u_t + \epsilon_t$를 만족하는 정상시계열이 존재함을 보여라.

(2) $\{v_t\}$의 ACF를 구하여라.

06 VAR(p) 모형에서 식 (9.3.5)와 같은 상태공간 모형을 구하여라.

07 다음의 이변량 SCOMDY 모형을 고려하자:

$$\boldsymbol{Y}_t = (y_{1t},\, y_{2t})^T,\ \ i = 1,2,$$

$$y_{it} = \sigma_i \xi_{it},$$

$$\sigma_{it}^2 = \alpha_{i0} + \alpha_{i1} y_i + \alpha_{i2} \sigma_{i,t-1}^2$$

단, $\{\xi_{1t}\} \sim \mathrm{IID}(0,1)$, $\{\xi_{2t}\} \sim \mathrm{IID}(0,1)$이고 $(\xi_{1t},\, \xi_{2t})^T$의 결합분포함수는 $C(\Phi(\xi_1), \Phi(\xi_2); \rho)$이다. 여기서 $C(u, v; \rho)$는 Gaussian 코퓰라이다. 이 경우에서 $\boldsymbol{Y}_t$의 조건부분산을 구하고 $\{\boldsymbol{Y}_t\}$가 식 (9.4.1)을 만족함을 보여라.

08 $\boldsymbol{\Phi}_1 = \begin{pmatrix} \phi_{11} & \phi_{12} \\ \phi_{21} & \phi_{22} \end{pmatrix} = \begin{pmatrix} 0.3 & 0.8 \\ 0 & 0.3 \end{pmatrix}$, $\boldsymbol{\Theta}_1 = \begin{pmatrix} \theta_{11} & \theta_{12} \\ \theta_{21} & \theta_{22} \end{pmatrix} = \boldsymbol{\Phi}_1^T$이고 $\{\boldsymbol{\epsilon}_t\} \sim \mathrm{IID}\,N(\boldsymbol{0}, \boldsymbol{I}_{2\times 2})$인 이변량 ARMA(1,1) 모형을 따르는 10,000개의 자료를 생성하고 SAS 프로그램을 이용하여 그 자료의 모형을 추정하여라.

10장

이산형 시계열 모형

시계열 자료는 일정한 시간 동안 순차적으로 관측된 결과로서 다양한 값을 가질 수 있다. 이러한 시계열 자료가 실수인 값을 갖는 경우, ARMA 모형이나 GARCH 모형을 적합시켜 분석한다는 것을 앞장에서 배웠다. 하지만 시계열 자료가 특별히 정수값을 갖는 경우에는 이와 같은 전통적인 방법으로는 분석이 불가능하다.

시계열 자료가 실수가 아니고 정수인 경우의 시계열을 **이산형 시계열**(count time series)이라고 한다. 이산형 시계열 자료의 예로 1분마다 관찰된 특정 주식의 거래 수, 한 지역의 월별 자동차 사고 수, 병원에 입원한 일일 환자 수, 특정 지역의 월별 지진 횟수 등을 들 수 있다. 그림 10.1과 10.2는 각각 2001년부터 2021년까지의 연

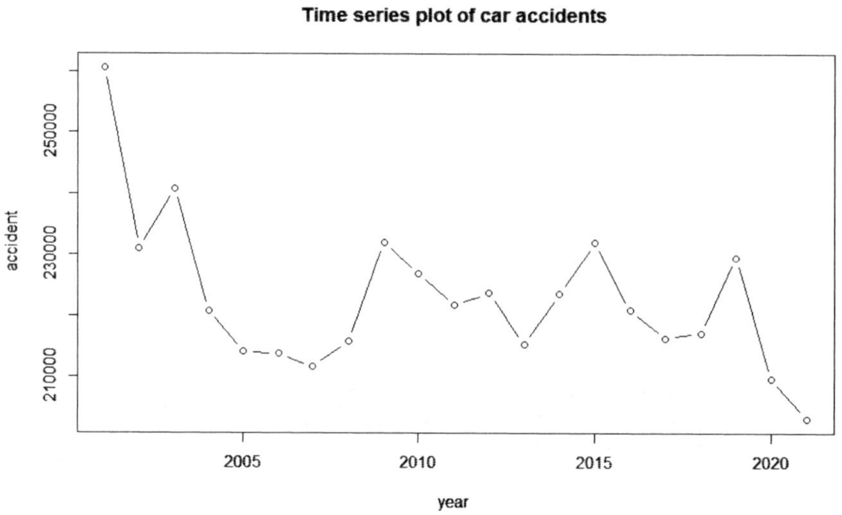

[그림 10.1] 연도별 자동차 교통사고 수

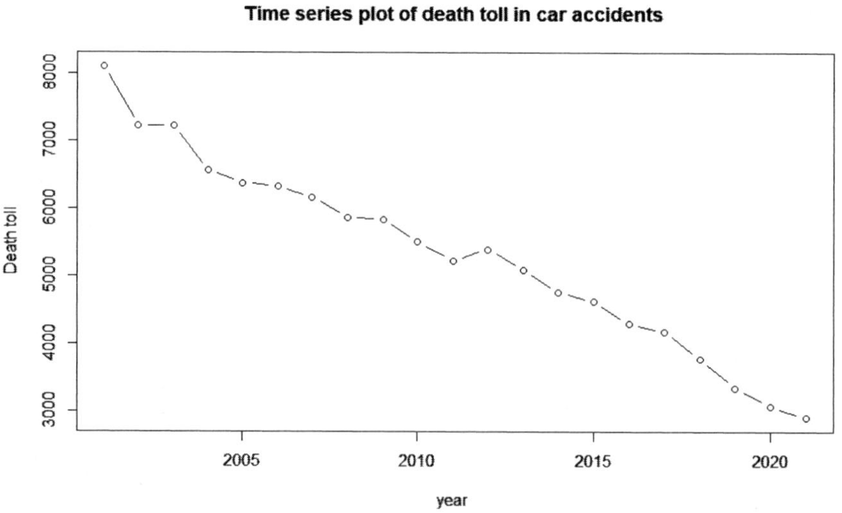

[그림 10.2] 연도별 자동차 교통사고 사망자 수

도별 자동차 교통사고 수와 그로 인한 사망자 수(단위: 명)를 나타낸 시계열도이다.

그림 10.1과 10.2의 각 점은 연도별 자동차 교통사고 수와 그로 인한 사망자 수를 나타내고 있다. 이와 같이 시계열 자료가 정수값을 갖는 경우, 기존의 ARMA 모형과 GARCH 모형을 사용할 수 없으므로 이를 적합하기 위한 모형으로 INAR(integer-valued autoregressive model) 및 INGARCH(integer-valued generalized autoregressive conditional heteroskedastic) 모형을 고려한다. McKenzie (1985)와 Al-Osh와 Al-Zaid (1987)가 INAR 모형을 도입한 이래 많은 연구자들이 이 모형을 분석에 이용하였다. Ferland 외 (2006)는 조건부 시계열의 분포가 과거의 시계열과 모수에 의존하는 Poisson 분포인 INGARCH 모형을 제안했으며, 그 이후 Davis와 Liu (2016) 및 Lee와 Lee (2019) 등이 후속 연구를 통해 INGARCH 모형에서의 추론 방법을 개발하였다. 보다 구체적인 내용은 Weiss (2018)를 참조하길 바란다.

이 장의 실습은 R 소프트웨어를 이용하여 분석하였고, 자료 분석 예시에서 사용된 오하이오의 주별 매독 환자 발생 건수 데이터 사용을 위해 ZIM package를 이용하였다.

10-1 INAR(1) 모형

10.1.1 정의

확률변수 Y와 실수 $\alpha \in (0,1)$에 대하여 작용소 $\circ$ (thinning operator)는 다음과 같이 정의된다.

$$\alpha \circ Y = \sum_{i=1}^{Y} w_i,$$

단, w_i들은 성공확률이 α인 IID 베르누이 확률변수들이고 Y가 0의 값을 갖는 경우에는 $\alpha \circ Y$는 0으로 간주한다.

10.1.2 정의

정수값 0, 1, 2 등의 값을 갖는 시계열 y_t, $t=1,2,\dots$,가 다음의 식을 만족하면 INAR(1) 모형을 따른다고 한다.

$$y_t = \alpha \circ y_{t-1} + \epsilon_t \tag{10.1.1}$$

단, ϵ_t는 IID인 이산형 확률변수들이다. 위 식에서 $\alpha \circ y_{t-1}$는 브랜칭 프로세스(branching process)와 밀접한 연관이 있으며 ϵ_t는 이민(immigration) 개체수로 볼 수 있다.

● 10.1.3 예

ϵ_t가 평균 μ인 포아송 분포를 따를 때 INAR(1) 모형의 시계열도는 다음과 같다.

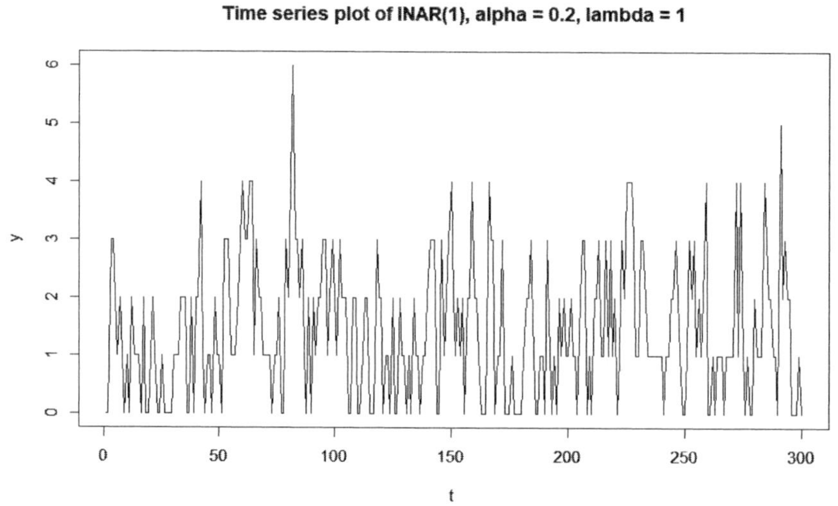

[그림 10.1.1] INAR(1) 모형의 시계열도($\alpha=0.2, \mu=1$)

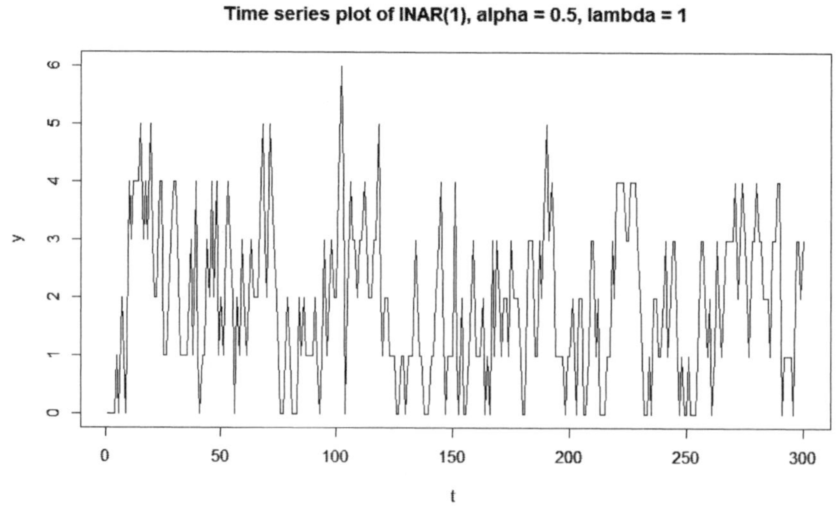

[그림 10.1.2] INAR(1) 모형의 시계열도($\alpha=0.5, \mu=1$)

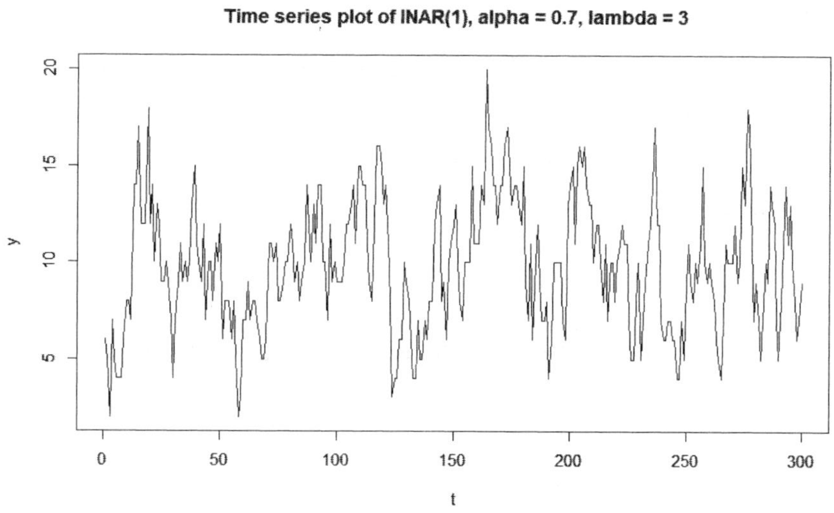

[그림 10.1.3] INAR(1) 모형의 시계열도($\alpha = 0.7, \mu = 3$)

식 (10.1.1)로부터 오차항의 평균이 μ일 때, y_t의 조건부 기댓값은 다음과 같다.

$$E(y_t | y_{t-1}) = \alpha y_{t-1} + \mu \qquad (10.1.2)$$

일반적으로 오차항 ϵ_t의 분포로는 포아송 분포 또는 기하분포를 고려한다. y_t는 정상 시계열이며 식 (10.1.2)로부터 (α, μ)를 최소제곱 추정량으로 추정한다.

위의 식 (10.1.2)를 이용하여 $y_1, \ldots, y_n$이 주어져 있을 때, 최소제곱 추정량 $(\hat{\alpha}, \hat{\beta})$은 다음과 같이 정의된다.

$$\sum_{t=1}^{n} (y_t - \alpha\, y_{t-1} - \mu)^2 \text{을 최소로 하는 } (\alpha, \mu)$$

즉,

$$(\hat{\alpha}, \hat{\mu})^T = \begin{pmatrix} \sum_{t=1}^{n} y_{t-1}^2 & \sum_{t=1}^{n} y_{t-1} \\ \sum_{t=1}^{n} y_{t-1} & n \end{pmatrix}^{-1} \begin{pmatrix} \sum_{t=1}^{n} y_t \\ \sum_{t=1}^{n} y_{t-1} y_t \end{pmatrix} \qquad (10.1.3)$$

이 최소제곱 추정량은 일치 추정량이며 점근적으로 정규분포를 따른다.

● **10.1.4 예**

그림 10.1.4는 2000년 1월부터 2017년 12월까지 캘리포니아주의 월별 지진 횟수에 대한 시계열도이다. 이 데이터는 미국지질조사국에서 운영하는 지진위험프로그램에서 추출하였다. 월별 지진 횟수는 INAR 모형을 적합하는 것이 바람직하다고 잘 알려져 있다. INAR 모형을 적합했을 때, 최소제곱 추정량은 다음과 같다:

$$y_t = \alpha \circ y_{t-1} + \epsilon_t, \quad \hat{\alpha} = 0.016, \quad \hat{\mu} = 1.016$$

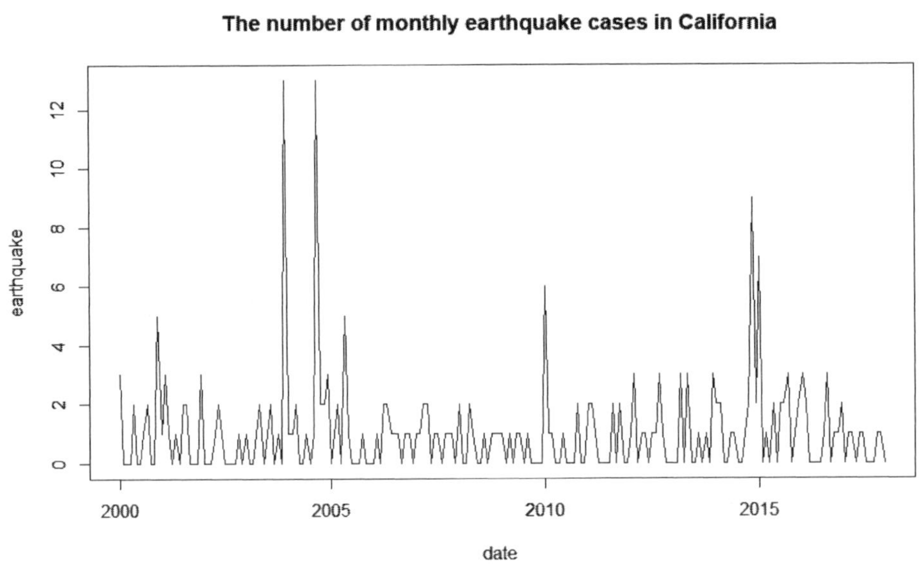

[그림 10.1.4] 캘리포니아주의 월별 지진 횟수에 대한 시계열도

10-2 INGARCH(1,1) 모형

INAR 모형과 대비하여 INGARCH 모형은 y_t의 조건부 평균값을 모형화하는 특징을 가지고 있다. y_t의 과거의 정보에 대한 조건부 평균값이 다음과 같은 축차식(recursive formula)을 만족한다고 가정하자.

$$\mu_t = \omega + \alpha y_{t-1} + \beta \mu_{t-1}, \quad t = 1, \ldots, n \tag{10.2.1}$$

단, ω는 양의 실수, α, β는 그들의 합이 1보다 작은 양의 실수이고 초기값 y_0, u_0는 각각 임의의 양의 정수와 실수이다. 이때 y_t는 모수 μ_t인 포아송 분포에 의해 생성된다. 즉, y_t의 조건부 분포는 다음과 같다.

$$P(y_t = k \mid I_t) = \frac{e^{-\mu_t}\mu_t^k}{k!},\ \ k = 0, 1, \ldots \tag{10.2.2}$$

단, I_t는 과거의 정보를 의미하며, 위의 식 (10.2.1)과 (10.2.2)을 고려하여 INGARCH(1,1) 모형을 다음과 같이 표기한다.

10.2.1 정의 (INGARCH(1,1) 모형)

$$y_t | I_t \sim \text{Poisson}(\mu_t),\ \ \mu_t = \omega + \alpha y_{t-1} + \beta\mu_{t-1} \tag{10.2.3}$$

포아송 분포의 성질에 의하여 y_t의 조건부 분산도 μ_t와 일치하게 된다.

● 10.2.2 예

INGARCH(1,1) 시계열의 시계열도를 그리면 다음과 같다.

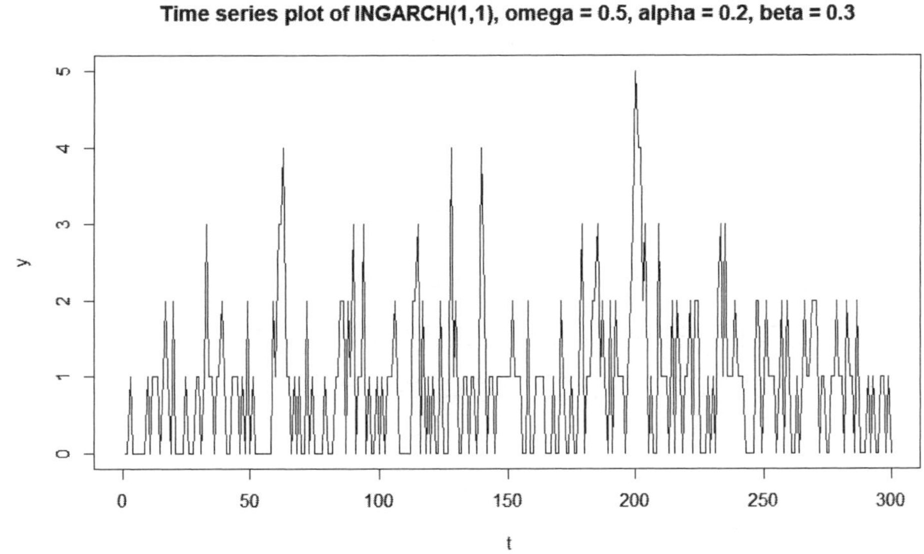

[그림 10.2.1] INGARCH(1,1) 모형의 시계열도($\omega = 0.5, \alpha = 0.2, \beta = 0.3$)

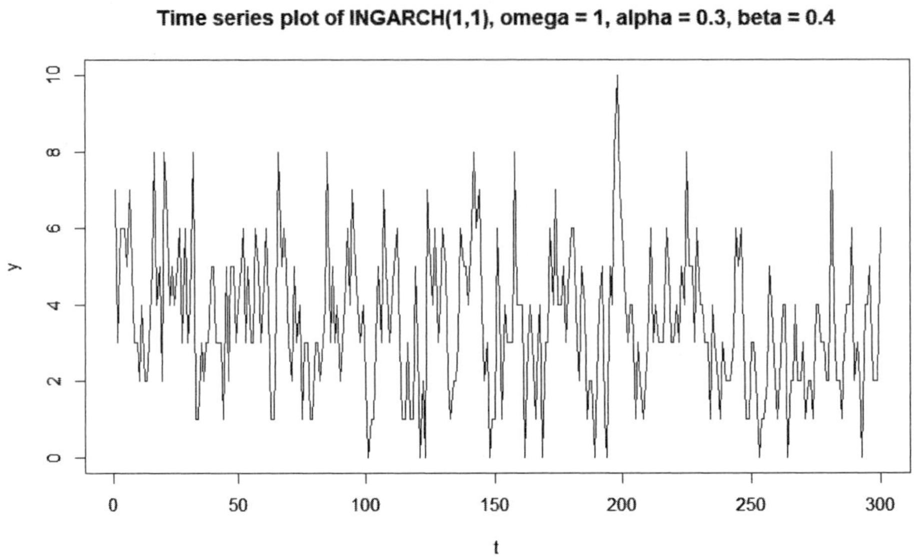

[그림 10.2.2] INGARCH(1,1) 모형의 시계열도($\omega=1, \alpha=0.3, \beta=0.4$)

위의 식 (10.2.3)으로부터 후행 연산자 B를 이용한 식은 다음과 같이 얻어지며

$$(1-\beta B)\mu_t = \omega + \alpha y_{t-1}$$

이를 다시 쓰면

$$\mu_t = \frac{\omega}{1-\beta} + \sum_{j=1}^{\infty} \alpha \beta^j y_{t-j} \tag{10.2.4}$$

가 되어 μ_t가 (ω, α, β)의 함수 형태임을 알 수 있다.

$y_1, \ldots, y_n$이 주어져 있을 때 (ω, α, β)의 조건부 최대우도 추정량은 다음과 같은 조건부 우도함수 또는 로그 우도함수를 최소로 하는 값으로 정의된다.

$$L(\omega, \alpha, \beta) = \Pi_{t=1}^{n} \frac{e^{-\mu_t} \mu_t^{y_t}}{y_t!}$$

및

$$l(\omega, \alpha, \beta) = \sum_{t=1}^{n} (y_t \log(\mu_t) - \mu_t)$$

이렇게 얻어진 최대우도 추정량 $(\hat{\omega}, \hat{\alpha}, \hat{\beta})$는 일치 추정량이고 점근적으로 정규분포를 따른다(Lee와 Lee (2019) 참조). 포아송 분포는 널리 이용되는 보편적인 분포이나 이외 음이항(negative binomial) 분포 등을 포함하는 단일모수 지수족(one parameter exponential family) 분포가 쓰이기도 한다.

● 10.2.3 예

그림 10.2.3은 1990년 1월부터 2001년 12월까지 피츠버그 경찰 관찰로 11번 구역의 월별 마약 사건 건수에 대한 시계열도이다. INGARCH 모형을 적합했을 때, 최대우도 추정량에 의해 얻어진 모형식은 다음과 같다.

$$y_t | I_t \sim \mathrm{Poisson}(\mu_t)$$
$$\mu_t = 0.118 + 0.205 y_{t-1} + 0.921 \mu_{t-1}$$

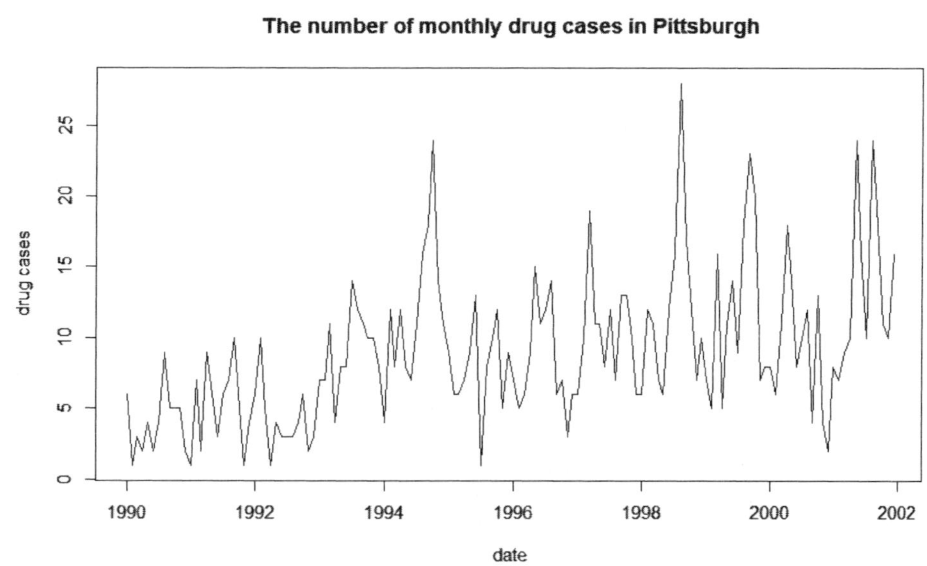

[그림 10.2.3] 피츠버그의 월별 마약 사건 건수에 대한 시계열도

10-3 변화점 검정

변화점 검정은 잔차를 이용하여 누적합 검정을 시행하면 된다. INAR(1)의 경우, 잔차는 다음과 같이 구해지며

$$\hat{\epsilon}_t = y_t - \hat{\alpha} y_{t-1} - \hat{\mu} \tag{10.3.1}$$

INGARCH(1,1)의 경우에는

$$\hat{\epsilon}_t = y_t - \hat{\mu}_t, \quad \hat{\mu}_t = \hat{\omega} + \hat{\alpha} y_{t-1} + \hat{\beta} \mu_{t-1} \tag{10.3.2}$$

가 된다. 단, $y_0, \hat{\mu}_0$는 임의의 초기값으로 주어진다. 이 경우, 위의 식 (10.3.1) 및 (10.3.2)의 잔차를 기반으로 하는 누적합 검정 통계량은 다음과 같이 주어진다.

$$\hat{T}_n = \frac{1}{\sqrt{n}\,\hat{\tau}} \left| \sum_{t=1}^{k} \hat{\epsilon}_t - \left(\frac{k}{n}\right) \sum_{t=1}^{n} \hat{\epsilon}_t \right|, \quad \hat{\tau}^2 = \frac{1}{n} \sum_{t=1}^{n} \hat{\epsilon}_t^2 - \left(\frac{1}{n} \sum_{t=1}^{n} \hat{\epsilon}_t\right)^2 \tag{10.3.3}$$

유의순준 5%에서 $\hat{T}_n > 1.358$이면 변화점이 있는 것으로 간주하고 $\hat{T}_n$을 최대로 하는 k를 변화점으로 간주한다(6장 5절 참조).

● 10.3.1 예

그림 10.3.1은 2007년 1월부터 2010년 12월까지 오하이오의 주별 매독 발생 횟수에 대한 시계열도이다. 이 자료에 INAR 모형을 적합한 결과 최소제곱 추정량은 다음과 같다.

$$y_t = \alpha \circ y_{t-1} + \epsilon_t, \ \hat{\alpha} = 0.559, \ \hat{\mu} = 1.094$$

잔차를 이용한 변화점 검정을 유의수준 5%에서 시행한 결과 모수 변화가 있었음을 관찰할 수 있고, 2009년 2월 셋째 주가 모수의 변화점(그림 10.3.1의 수직선)으로 탐지되었다. 2009년 2월 셋째 주를 기준으로 자료를 그 이전과 그 이후 두 부분으로 나누어 모형을 적합시킨 결과는 다음과 같으며, 이로부터 변화점을 무시하고 적합한 처음의 결과와 상당한 차이가 있음을 알 수 있다.

(1) 2007년 1월~2009년 2월 셋째 주:

$$y_t = \alpha \circ y_{t-1} + \epsilon_t, \ \hat{\alpha} = 0.175, \ \hat{\mu} = 3.633$$

(2) 2009년 넷째 주~2010년 12월:

$$y_t = \alpha \circ y_{t-1} + \epsilon_t, \ \hat{\alpha} = 0.078, \ \hat{\mu} = 0.343$$

한편, 이 자료에 INGARCH 모형을 적합한 결과 추정된 모형식은 다음과 같다.

$$y_t|I_t \sim \text{Poisson}(\mu_t)$$
$$\mu_t = 1.253 + 0.352 y_{t-1} + 0.247 \mu_{t-1}$$

적합한 INGARCH 모형의 추정량을 통해 얻어진 잔차를 이용하여 변화점 검정을 유의수준 5%에서 시행한 결과 모수 변화가 있었음을 관찰할 수 있었고, INAR 모형을 이용했을 때와 같은 지점에서 변화점이 탐지되었다. 또한 다음과 같은 결과를 얻는다.

(1) 2007년 1월~2009년 2월 셋째 주:

$$y_t|I_t \sim \text{Poisson}(\mu_t)$$
$$\mu_t = 0.545 + 0.106 y_{t-1} + 0.771 \mu_{t-1}$$

(2) 2009년 넷째 주~2010년 12월:

$$y_t|I_t \sim \text{Poisson}(\mu_t)$$
$$\mu_t = 0.029 + 0.112 y_{t-1} + 0.805 \mu_{t-1}$$

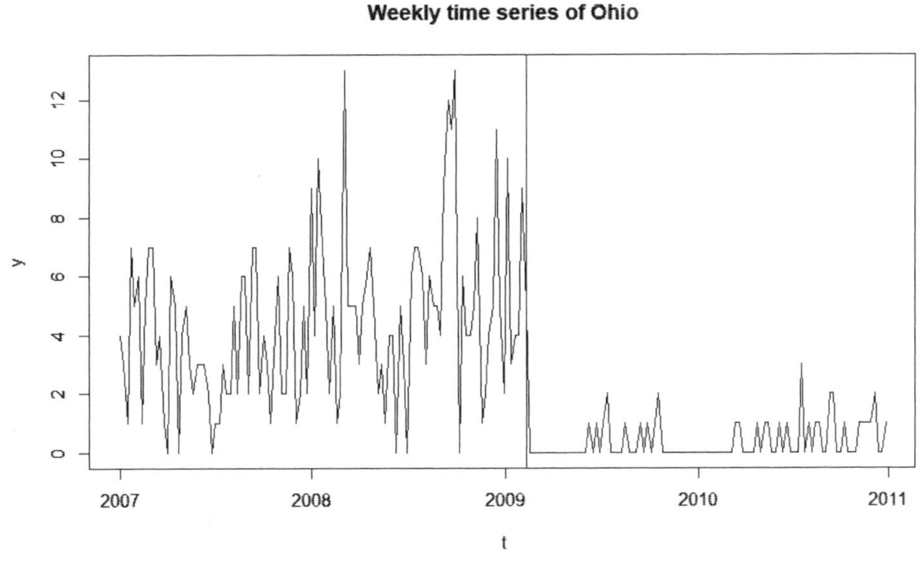

[그림 10.3.1] 오하이오의 주별 매독 발생 횟수에 대한 시계열도

10-4 연습문제

01 $\alpha = 0.1, 0.3, 0.5$이고 $\epsilon_t \sim$ IID Poisson(3)인 INAR(1) 모형을 따르는 자료를 주어진 α에 따라 각각 10,000개 생성하고 시계열도를 그려 비교하여라. 또한 R 프로그램을 이용하여 그 자료의 모형을 추정하여라.

02 $\omega = 1,\ \alpha = 0.3,\ \beta = 0.2$인 INGARCH(1,1) 모형을 따르는 10,000개의 자료를 생성하고 R프로그램을 이용하여 그 자료의 모형을 추정하여라(초기값 $\mu_0 = y_0 = 1$).

03 식 (10.2.4)를 구하여라.

04 INGARCH(1,1) 모형이 ARMA(1,1) 모형으로 표현됨을 보여라.
(힌트: $\epsilon_t = y_t - \mu_t$)

05 시계열 y_t가 INGARCH(1,1) 모형을 따를 때, y_t의 평균이 $Ey_t = \dfrac{\omega}{1-\alpha-\beta}$를 만족함을 보여라. 연습문제 2번에서 생성한 자료의 표본 평균을 구하고 $\dfrac{\omega}{1-\alpha-\beta}$에 주어진 모수를 대입하여 비교하여라.

06 다음 자료(ex_ch10_1.txt)는 2000년 1월부터 2017년 12월까지 워싱턴주의 월별 지진 횟수 자료이다. 이 자료에 대해 INAR(1) 모형과 INGARCH(1,1) 모형을 적합하고 유의수준 5%에서 변화점 검정을 실시하여라.

```
1 1 2 2 0 2 2 1 1 8 5 4 4 8 7 9 10 5 10 5 8 4 11 1 9 5 11 10 15 16 11 7 9 6
8 6 7 12 8 1 3 2 4 7 4 2 5 6 5 1 2 0 4 2 1 5 49 131 3 7 0 3 7 3 0 2 13 5 5
0 3 0 3 1 1 1 1 3 12 10 4 8 3 8 2 2 4 2 1 1 0 0 1 1 2 0 0 0 1 2 1 0 1 0 0 1
0 0 1 0 2 0 0 0 2 0 0 1 0 0 0 0 2 0 1 1 0 0 0 0 2 0 0 2 0 1 1 0 3 1 2 2 1 0
1 0 2 1 0 0 1 1 1 0 0 0 2 0 1 2 0 1 0 5 2 1 1 2 0 2 0 0 1 0 1 0 1 1 0 0 1 1
0 1 1 0 1 0 2 1 2 0 1 1 0 1 0 0 4 0 1 1 0 1 3 2 1 1 4 2 2 0 0 2 0 0
```

참고문헌

- Ahlfors, L. (1953). *Complex Analysis*, McGraw-Hill, New York.
- Akaike, H. (1974). Markovian Representation of Stochastic Processes and Its Application to the Analysis of Autoregressive Moving Average Processes, *Annals of the Institute of Statistical Mathematics*, **26**, 363–387.
- Akaike, H. (1976), Canonical Correlations Analysis of Time Series and the Use of an Information Criterion, *System Identification: Advances and Case Studies*, 27-96, New York: Academic Press.
- Akaike, H. (1978). Time series analysis and control through parametric models, *Applied time series analysis*, Academic Press, New York.
- Al-Osh, M.A. and Alzaid, A.A. (1987) First order integer-valued autoregressive (INAR(1)) process. J. Time Ser. Anal. 8, 261–275.
- An, H. and Cheng, B. (1991). A Kolmogorov-Simornov type statistic with application to test for nonlinearity in time series, *International statistical review*, **99**, 287-307.
- Anderson, O. (1976). *Time series analysis and Forecasting*. The Box-Jenkins Approach, Butterworths, London
- Aoki (1987). *State space Modelling of Time Series*, Springer-Verlag, Berlin.
- Ash, R. (1972). *Real analysis and Probability*, Academic Press, New York.
- Baillie, R., Bollerslev, T. and Mikkelson, H. (1966). Fractionally Integrated Generalized Autoregressive Conditional Heteroskedasticity, *Journal of Econometrics*, **74**, 3-30.
- Beran, J. (1994). *Statistics for long-memory processes*, Chapman & Hall, New York.
- Billingsley, P. (1999). *Probability and Measure*, Wiley-Interscience, New York.
- Bollerslev, T. (1986) Generalized Autoregressive Conditional Heteroskedasticity, *Journal of Econometrics*, **31**, 307-27.
- Bollerslev, T. (1987). A Conditionally Heteroskedastic Time Series Model for Speculative Prices and Rates of Return, *Review of Economics and Statistics*, **69**,

542-6

- Bollerslev, T. (1990). Modeling the Coherence in Short-Run Nominal Exchange Rates: A Multivariate Generalized ARCH Model, *Review of Econometrics and Stochastics*, **72**, 498–505.
- Bollerslev. T. (1988). On the Correlation Structure for the Generalized Autoregressive Conditional Heteroskedastic Process, *Journal of Time series Analysis*, **9**, 121-32.
- Box, G., Jenkins, G. amd Reinsel, G. (1994). *Time series analysis : Forecasting and control*, Prentice-Hall, New York.
- Brockwell, P. and Davis, R. (1991). *Time series : theory and methods, 2nd edition,* Springer, New York.
- Cambanis, S. and Soltani, A. (1982). Prediction of stable processes : spectral and moving average representations, *Z. Wahr. verw. Geb,* **66**, 593-612.
- Chan, N. H. (2010). *Time Series: Applications to Finance with R and S-Plus*, Wiley, New York.
- Chen, X. and Fan, Y. (2006). Estimation and model selection of semiparametric copula-based multivariate dynamic models under copula misspecification, *Journal of Econometrics*, **135**, 125–54.
- Cline, D. (1983). Estimation and linear prediction for regression, autoregression and ARMA with infinte variance data, Ph. D. Dissertation, Statistics Department, Colorado State University.
- Cline, D. and Brockwell, P. (1985). Linear prediction of ARMA processes with infinite variance, *Stoch. Proc. their Appl,* **19**, 281-296.
- Davis, R. A. and Liu, H. (2016). Theory and inference for a class of nonlinear models with application to time series of counts. Stat Sinica 26, 1673-1707.
- Davis, R. and Resnick, S. (1986). Limit theory for the sample covariance and correlation functions of moving averages, *Annals of Statistics,* **14**, 533-558.
- Ding, Z., Granger, C. and Engle, R. (1993). A long Memory Property of Stock Returns and a new Model, *Journal of Empirical Finance,* **1**, 83-106.
- Doob, J. (1953). *Stochastic Processes*, John-Wiley, New York.
- Engle, R. (1982). Autoregressive Conditional Heteroskedasticity with Estimate of

the Variance of U.K. inflation, *Econometrica*, **50**, 987-1008.

- Engle, R. and Bollerslev, T. (1986). Modelling the persistence of conditional variances, *Econometric Reviews*, **5**, 1-50.
- Engle, R. and Gonzalez-Rivera, G. (1991). Semiparametric ARCH Models, *Journal of Business and Economic Statistics*, **9**, 345-59.
- Engle, R. F. and Kroner, K. F. (1995). Multivariate Simultaneous Generalized ARCH, *Econometric Theory*, **11**, 122–150.
- Ferland, R., Latour, A., Oraichi, D. (2006) Integer-valued GARCH processes. J. Time Ser. Anal. 27, 923–942.
- Findley, D. F., Bell, W. R., Chen, B., Monsell, C., and Otto, M. C., (1988) New Capabilities and Methods of the X-12 ARIMA Seosonal Adjustment Program, *the Journal of Business and Economic Statistics,* **16**.
- Fuller, W. (1976). *Introduction to Statistical Time Series*, John Wiley, New York.
- Glosten, L., Jagannathan, R. and Runkle, D. (1993). Relationship Between the Expected Value and the Volatility of the Nominal Excess Return on Stocks, *Journal of Finance*, **48**, 1779-801.
- Gouriéroux, C. (1997). *ARCH Models and Financial Applications*, Springer-Verlag, New York.
- Granger, C. (1980). Long memory relationships and the aggregation of dynamic models, *Econometrics*, **14**, 227-238.
- Ha, J. and Lee, S. (2002). Coefficient constancy test in AR-ARCH models. *Statistics and Probability Letters*. **57**, 65-77.
- Hamilton, J. (1994). *Time Series Analysis*, Princeton University Press, Princeton.
- Hannan and Deistler. (1988). *The Statistical Theory of Linear Systems*, John Wiley, New York.
- Higgins, M. and Bera, A. (1992). A class of Nonlinear ARCH Models, *International Economic Review*, **33**, 137-58.
- Hogg, R. and Carig, A. (1995). *Introduction to Mathematical Statistics*, Prentice-Hall, New Jersey.
- Hurst, H. (1951). Long-term storage capacity of reservoirs, *Trans. Amer. Soc. civil Engrs*. **116**, 778-808.

- Hurst, H.E., (1956) Methods of using long term storage in reservoirs, *Proceedings of the Institute of Civil Engineers*, **1**, 519-543.
- Joe, H. (1997). *Multivariate Models and Dependence Concepts*, London: Chapman and Hall.
- Johansen, S. (1988). Statistical Analysis of Cointegration Vectors, *Journal of Economic Dynamics and Control*, **12**, 231–254.
- Jorion, P. (1988). On Jump Processes in the Foreign Exchange and Stock Markets, *Review of Financial Studies*, **1**, 427-45.
- Kalman, R. (1960). A new approach to linear filtering and prediction problems, *Trans. ASME, J. Basic Eng.*, **83D**, 35-45.
- Lamperti, J. (1966). *Probability*, Benjamin, New York.
- Lawrence, A.J. and Kottegoda, N. (1977). Stochastic modelling of riverflow time series, *J. Roy. Stat. Soc. A*, **140**, 1-47.
- Lee, Y. and Lee, S. (2019). CUSUM test for general nonlinear integer-valued GARCH models. Ann. Inst. Stat. Math. 71, 1033-1057.
- Lehmann, E. (1983). *Theory of Point Estimation*, John-Wiley, New York.
- Ljung, G. and Box, G. (1978). On a Measure of lack of fit in time series models, *Biometrika*, **65**, 297-303.
- McDonald, J. and Newey, W. (1988). Partially Adaptive Estimation of Regression Models via the Generalized t Distribution, *Econometric Review*, **4**, 428-57.
- McKenzie, E. (1985) Some simple models for discrete variate time series. J. Am. Water Resour. Assoc. 21, 645–650.
- McLeod, A. and Hipel, K. (1978). Preservation of the rescaled adjusted range, IA reassessment of the Hurst phenomenon, *Water Resources Res.*, **14**, 491-508.
- McLeod, A. and Li, W. (1983). Diagnostic checking ARMA time series models using squared-residual autocorrelations, *Journal of Time Series Analysis*, **4**, 269-273.
- Mills, T. (1999). *The Econometric Modelling of Financial Time Series, 2nd ed.* Cambridge University Press, Cambridge.
- Nelson, D. (1990). Stationarity and Persistence in the GARCH(1,1) Model, *Econometric Theory*, **6**, 318-34.

- Nelson, D. (1991). Conditional Heteroskedasticity in Asset Returns, *Econometrica*, **59**, 347-70.
- Priestley, M. (1988). *Non-linear and Non-Stationary Time Series Analysis*, Academic Press, London.
- SAS 9.3 Product Documentation.
- Taqqu, M. (1975). Weak convergence to fractional Brownian motion and to the Rosenblatt process. *Z. Wahr. verw. Geb*, **31**, 287-302.
- Tong, H. (1993). *Non-Linear Time Series*, Oxford University Press, Oxford.
- Tsay, R. S. (2010). *Analysis of Financial Time Series*, Wiley, New York.
- Wei, W. (1990). *Time Series Analysis*, Adison-Wesley, New York.
- Weiss, C.H. (2018) An Introduction to Discrete-Valued Time Series, Wiley, New York.
- Zakovian, J. (1994). Threshold Heteroskedastic Models, *journal of Economic Dynamics and Control*, **18**, 931-55.
- 이상열. (2001). 시계열분석의 원리, 자유아카데미.
- 이영준. (2002). 정준상관분석의 이해, 석정.
- 이일해. (1996). 선형대수학, 희중당.
- 조신섭, 손영숙. (1999). 시계열분석, 율곡출판사.
- 조신섭, 이정형. (1997). SAS/ETS를 이용한 경제시계열분석, 한국방송통신대학교.
- 조신섭, 황선영. (1995). 시계열분석, 한국방송통신대학교.
- 최병선. (1995) 단변량시계열분석1, 세경사.

찾아보기

ㅅ

ㅇ

ㅈ

ㅊ

ㅋ

ㅌ

ㅍ

저자 소개

이 상 열
서울대학교 계산통계학과 이학사
University of Maryland, College Park, 통계학 박사
숙명여자대학교 통계학과 조교수
현) 서울대학교 통계학과 교수

시계열 분석 – 이론 및 SAS 실습 – 제2판

저 자 이상열
발 행 인 김지영
발 행 처 자유아카데미
주 소 경기도 파주시 회동길 37-42
파주출판도시
전 화 031-955-1321
팩 스 031-955-1322
홈페이지 www.freeaca.com
전자우편 main@freeaca.com (대표)
editor@freeaca.com (편집)
crm@freeaca.com (영업)
등 록 제406-2003-017호, 1980. 7. 12
제2판1쇄 2023년 2월 28일 발행

저자와의 협의하에 인지생략

무단 복제를 금하며, 잘못된 책은 바꾸어 드립니다.
ISBN 979-11-5808-423-3 93310